Vorwort

Am 11. September 2001 entführte eine Handvoll fanatischer Terroristen vier Passagierflugzeuge mit 266 Menschen an Bord. Die kerosinbeladenen Maschinen wurden zu Bomben, die das World Trade Center in New York und 40 Minuten später einen Teil des Pentagon in Washington in Schutt und Asche legten. Tausende starben einen qualvollen Tod.

Schnell machten die USA den islamischen Fundamentalisten Osama Bin Laden als Drahtzieher der verheerenden Anschläge aus und erklärten dem internationalen Terrorismus den Krieg.

Der Angriff auf die Wahrzeichen der Supermacht Amerika leitete zweifellos eine neue Ära in der Geschichte der gewalttätigen Attacken ein. Doch seit es die Menschheit gibt, wissen wir von Attentaten auf Politiker, Stars und Mächtige. Manchmal sollten sie die Geschichte verändern, manchmal ein persönliches Bedürfnis des Täters befriedigen, und oft wurden sie mit der Theorie des Johannes von Salisbury legitimiert: »*Einen Tyrannen zu töten ist nicht nur erlaubt, sondern recht und billig. Denn wer das Schwert nimmt, soll durch das Schwert umkommen.*« So äußerte sich ebendieser im »Policraticus«, der ersten ausführlichen Staatslehre des Mittelalters. Ironie des Schicksals, daß er zwei Jahre später Sekretär eines Mannes wurde, der durch das Schwert umkam – Thomas Becket.

»*Wo es sich um Sein oder Nichtsein des Vaterlandes handelt, hat völlig außer Betracht zu bleiben, ob etwas gerecht oder ungerecht, menschlich oder grausam, löblich oder schändlich ist: Jede Rücksicht ist hintanzusetzen, alles ist zu tun, was dem Vaterland Leben und Freiheit retten kann.*« Dessen war sich der italienische Politiker und Geschichtsschreiber Niccolò Machiavelli ganz sicher und legitimierte so seinerseits auch Mord als Mittel der Wahl.

1805, immerhin drei Jahrhunderte später, fragte sich der Dichter Heinrich von Kleist in aller Öffentlichkeit: »*Warum sich nur nicht einer findet, der diesem bösen Geist der Welt die Kugel durch den Kopf jagt.*« Gemeint war Napoleon, der sich selbstherrlich zum Kaiser der Franzosen gekrönt und gewissermaßen als eine der ersten Amtshandlungen seine Familie mit Pfründen in Gestalt italienischer Fürstentümer versorgt hatte.

Überzeugte und wahrhaftige Christen wie Dietrich Bonhoeffer zeichneten mitverantwortlich für die Vorbereitung eines Anschlages, der Leben und Wahnsinn Adolf Hitlers ein Ende setzen sollte – und bis heute ist sich die internationale Vernunft einig, daß das Mißlingen des Attentats einer der schwersten Fehlschläge des Jahrhunderts war.

Allen Vorsichtsmaßnahmen zum Trotz müssen sich Prominente und Mächtige stets dessen bewußt sein, daß ihr Leben durch Attentate bedroht ist. Einige haben das Glück, die Anschläge heil zu überstehen, wie Konrad Adenauer, der 1952 den bedrohlichen Folgen einer Brandbombe nur knapp entging. Unter den Staatsmännern besonders gefährdet scheinen von jeher die amerikanischen Präsidenten zu sein. Vier von ihnen starben eines gewaltsamen Todes, und nicht weniger als zehn überlebten Angriffe auf ihr Leben. Der erste Mordanschlag auf einen von ihnen galt Andrew Jackson: Am 30. Januar 1835 gab ein geistesgestörter Anstreicher namens Richard Lawrence zwei Schüsse auf das Staatsoberhaupt ab. Lawrence, der sich für Richard III. hielt, war erbost darüber, daß die Regierung der abgefallenen Kolonien keine Anstalten machte, auf seine Schadensersatzforderungen einzugehen.

In zwei Fällen aus den USA zeigen sich auffallende Parallelen, die zu beweisen scheinen, daß Geschichte sich tatsächlich wiederholt. So hatten Abraham Lincoln und John F. Kennedy mehr Gemeinsamkeiten als nur das Präsidentenamt:

- Abraham Lincoln wurde 1846 in den Kongreß gewählt, John F. Kennedy kam 1946 in den Kongreß.
- Abraham Lincoln gewann 1860 die Wahl zum Präsidenten der Vereinigten Staaten, John F. Kennedy erhielt das Amt 1960.
- Die Namen »Lincoln« und »Kennedy« bestehen aus je sieben Buchstaben.
- Beide Präsidenten wurden an einem Freitag erschossen.

- Beide Männer wurden durch einen Schuß in den Kopf getötet.
- Beide Präsidentenpaare verloren ein Kind, während sie im Weißen Haus lebten.
- Abraham Lincolns Sekretärin hieß Kennedy und riet ihm dringend davon ab, in das Theater zu gehen, in dem er dann ermordet wurde. Kennedys Sekretärin hieß Lincoln und versuchte zu verhindern, daß er nach Dallas fuhr, wo er dann erschossen wurde.
- Beide Männer wurden von Südstaatlern getötet.
- Ihre jeweiligen Nachfolger im Amt hießen »Johnson«.
- Andrew Johnson, der nach Lincoln Präsident wurde, wurde 1808 geboren. Lyndon B. Johnson, der Nachfolger Kennedys, kam 1908 auf die Welt.
- John Wilkes Booth, der Lincoln ermordete, wurde 1838 geboren. Lee Harvey Oswald, der Mörder Kennedys, kam 1939 zur Welt.
- Beide Attentäter hatten drei Namen, die aus je 15 Buchstaben bestehen.
- Booth flüchtete nach dem Anschlag aus einem Theater und wurde in einem Lagerhaus gefunden. Oswald kam aus einem Theater und wurde in einem Lagerhaus gestellt.

Zum Prozeß kam es bei beiden nicht: Oswald wurde vor Beginn der Verhandlungen erschossen. Bei Booth streiten sich die Gelehrten: Einige sagen, er sei bei seiner Verhaftung erschossen worden, andere, er habe sich selbst gerichtet oder sei im Lagerhaus verbrannt.

Charakterlich gemeinsam waren den Tätern neben der Bereitschaft zur Gewaltanwendung auch Neid und Eifersucht. Oswald litt unter seinem außerordentlich erfolgreichen Bruder. Booth, der Lincolns Leben mit dem großspurigen Ruf *»Hic semper tyrannis!«* beendete, ertrug den schauspielerischen Ruhm des seinen nur schwer. Als man ihn einmal nach einem Triumph seines Bruders hänselte, antwortete er angeblich voller Aggression: *»Wenn ich eines Tages abtrete, bin ich Amerikas berühmtester Mann.«*

Mit diesem Ausspruch reiht sich Booth in die lange Kette derer, die eine zerstörerische Tat wählten, um wahrgenommen, wenn nicht gar berühmt zu werden. Als »Herostraten« werden sie bezeichnet, benannt nach einem gewissen Herostratos. Er war es, der

356 v. Chr. den Tempel der Artemis in Ephesos, eines der Weltwunder, in Schutt und Asche legte, angeblich, um zu Ruhm zu gelangen. Für seine Prominenz bezahlte er mit dem Leben.

Ob Ruhmsucht, Rache, Unterdrückung, politische Intrige, Verschwörung, Eifersucht oder Leidenschaft das Motiv für ein Attentat war, ob gedungene Mörder oder fehlgeleitete Fanatiker am tödlichen Werk waren – das vorliegende Buch klagt keinen an und rechtfertigt niemanden. Es versucht vielmehr, Ursache, Vollzug und Auswirkung der im Laufe der Jahrhunderte international wesentlichen Attentate zu beschreiben.

Katja Doubek, Sperlonga, im Frühjahr 2003

A

Alexander I. Karadordević
König von Jugoslawien. 1888–1934

A

Seit 1914 Prinzregent für seinen Vater, Peter I. Karadordević, proklamierte Alexander I. 1918 das »Königreich der Serben, Kroaten und Slowenen« (SHS-Staat) und bestieg 1921 dessen Thron. Er bemühte sich um Verständigung mit Rumänien und Italien und vollzog den außenpolitischen Anschluß an Frankreich. In enger Zusammenarbeit mit der französischen Regierung beteiligte er sich 1934 an der Gründung des Balkanpakts.

König Alexander I. hatte ohnehin alle Mühe, sein kompliziert strukturiertes Reich aus Serbien, Kroatien-Slovenien, Montenegro, Bosnien und Herzegovina in Ordnung zu halten, als ein Mord geschah, der weitreichende Folgen haben sollte. Stjepan Radić, der kroatische Führer, war im Parlament einem Anschlag zum Opfer gefallen, und Alexander I., ein militärischer Hardliner, löste als Reaktion sofort das Parlament auf. Im nächsten Schritt setzte er sich selbst als Diktator ein und gab seinem Königreich den Namen »Jugoslawien« (Nation der Südslawen). Wenig später verkündete er 1931 eine neue Verfassung, konnte jedoch gegen die Feindseligkeit und den erbitterten Widerstand des Kroatenführers Ante Pavelić nicht alle Punkte durchsetzen. Noch während die Diskussion lief, entschied sich Pavelić, den verhaßten Diktator zu töten, und begab sich auf die Suche nach einem Verbündeten. Der war in Gestalt des mächtigen italienischen Faschisten Benito Mussolini bald gefunden, und die beiden Männer machten sich in aller Stille an die sorgfältige Planung eines Attentats auf den jugoslawischen König.

Einen willigen Täter – das wußte er – hatte Pavelić unter seinen

Getreuen, und so engagierte er den jungen kroatischen Nationalisten und Profikiller Vlada Chernozamsky, der sich im Zuge einer Verschwörung bereits als äußerst hilfreich und nützlich erwiesen und seine Zuverlässigkeit und unbedingte Loyalität zu Pavelić bewiesen hatte. Der kroatische Führer wollte nichts dem Zufall überlassen. Er sicherte die Flucht seines gedungenen Attentäters durch die Unterstützung seiner gut vernetzten Organisation, versorgte den Killer mit ausgezeichneten Waffen und einem falschen Paß. Im nachhinein verhalf ihm diese professionelle Planung zu dem Ruf, eine der ersten Terroristenorganisationen im modernen Sinne geprägt zu haben. Nach ausführlichen Vorbereitungen galt es nur noch, einen geeigneten Augenblick zu finden, um den Anschlag erfolgreich auszuführen.

Am 9. Oktober 1934 befand sich Alexander I. in Frankreich. Sinn und Ziel der Reise war es, einen Friedensvertrag auszuhandeln. Auf dem Weg zu den entscheidenden Gesprächen fuhr der König, umjubelt von vielen Zuschauern, in Begleitung des Außenministers Louis Barthon und des französischen Generals Alfonse Georges durch die Straßen von Marseille. Plötzlich löste sich ein Mann aus der Menge und ging auf das Auto zu. Ehe man ihn daran hindern konnte, sprang er auf das Trittbrett des Wagens, und während er sich mit der einen Hand festhielt, feuerte er mit der anderen das Magazin seiner Pistole in das Innere des Fahrzeugs.

Alexander I. wurde zweimal getroffen, Barthon erlitt eine Schußverletzung, und General Georges trug vier oberflächliche Streifwunden davon. Entsetzt und hilflos mußte er mit ansehen, wie der jugoslawische König binnen zwei Minuten die letzten Atemzüge tat. Ein schockierter Kameramann vergaß trotz seines Schreckens den Beruf nicht, sicherte sich blitzschnell einen Platz in der ersten Reihe der Umstehenden, hielt seine Kamera auf das Geschehen und wurde damit der erste, der jemals einen Anschlag live filmte.

Nachdem Chernozamsky seine Kugeln verschossen hatte, sprang er vom Wagen und rannte davon. Dicht auf seinen Fersen die Polizei und Sicherheitskräfte, die den Attentäter um jeden Preis fangen wollten. 40 Menschen wurden verletzt, während sie den Flüchtigen in einer atemlosen Hetzjagd durch die Gassen und Winkel von Marseille verfolgten. Währenddessen versuchte man, wenigstens das Leben des verwundeten Barthon zu retten. Doch die Bemühungen blieben ohne Erfolg, wenige Stunden später starb auch er an Blutverlust.

Schließlich gelang es den Polizisten, Chernozamsky zu stellen. Sie warfen ihn zu Boden und entluden ihre aufgestauten Aggressionen, indem sie den Wehrlosen zunächst nach Strich und Faden verprügelten, um ihm dann aus nächster Nähe einen Kopfschuß zu verpassen, dem er wenige Stunden später erlag. Dank guter Ermittlungsarbeit konnten nach kurzer Zeit einige Mitverschwörer entdeckt und verhaftet werden und zu lebenslangen Gefängnisstrafen verurteilt werden. Pavelić selbst floh nach Italien und wurde nie für das von ihm geplante Verbrechen zur Verantwortung gezogen.

Holm Sundhausen, Experiment Jugoslawien. Von der Staatsgründung bis zum Staatszerfall, B. I. Verlag, Mannheim, 1993

Alexander II. Nikolajewitsch
Zar von Russland. 1818–1881

Alexander II. bestieg 1855 – während des Krimkriegs – den Thron. Zwischen 1861 und 1868 führte er grundlegende Reformen durch, die eine Periode der Erneuerung des sozialen, wirtschaftlichen und politischen Lebens in Rußland einleiteten. Die Aufhebung der Leibeigenschaft trug ihm den Beinamen »Zar-Befreier« ein. Die Außenpolitik Alexanders II. hatte zum Ziel, die Isolierung Rußlands zu überwinden. Nach einem vergeblichen Annäherungsversuch an Frankreich verständigte sich der Zar mit Preußen. Die Konsequenz der Verhandlungen war 1872 der Dreikaiserbund mit Wilhelm I. und Franz Joseph I.

Wie das Amt des amerikanischen Präsidenten, erwies sich im Laufe der Jahrhunderte auch der Besitz des russischen Zepters als nicht ungefährlich. Von den 18 Zaren der Romanow-Dynastie verloren fünf ihr Leben gewaltsam. Zar Nikolaus hatte mit autoritärer Hand im Laufe seiner Regierungszeit beinahe alle Intellektuellen ins Exil getrieben. Als 1855 sein wesentlich liberalerer Sohn Alexander den Thron bestieg, hegten nicht nur diese Hoffnungen auf positive Veränderungen im Land.

Der junge Alexander II. wußte darum und wurde zunächst den

allgemeinen Erwartungen mehr als gerecht. Justizreformen und weitaus schwächere Zensur sowie die Abschaffung der Leibeigenschaft gehörten zu seinen ersten wesentlichen Neuerungen, die er erweiterte, indem er die monarchistischen Zügel in Landkreisen und Gemeinden lockerte und ein wenig mehr Selbstverwaltung zugestand. Doch all seine Bemühungen um ein – im Rahmen der Möglichkeiten – moderneres Rußland brachten seine Kritiker nicht zum Schweigen. Verärgert nahm der Zar Berichte seiner Polizei zur Kenntnis, die besagten, daß besonders die besser gebildete Jugend große Sympathien für die Bewegung der Nihilisten hegte. In geheimen Bünden und Vereinigungen kamen die jungen Leute zusammen und diskutierten den Umsturz der Gesellschaft. Als es 1863 zum Aufstand in Polen kam, drei Jahre später der Student Karakosow ein Attentat auf den Zaren verübte und er bei der Pariser Weltausstellung 1867 nur knapp dem Anschlag eines politischen Patrioten namens Beresowski entging, war es um die Freundlichkeit des Zaren geschehen. Er beschloß, der Stimmung im Land mit härterer Hand zu begegnen. Zu spät – denn schon war er Ziel von revolutionären Mordplänen.

Am 2. April 1879 (Zeitangabe nach dem alten Julianischen Kalender, der in Rußland bis 1918 galt) befand sich der Zar auf seinem obligatorischen Morgenspaziergang, als Alexander Solowjew, ein monarchieverdrossener Lehrer, aus unmittelbarer Nähe seine Waffe auf ihn richtete, schoß – und sein Opfer verfehlte. Geistesgegenwärtig hatte sich der Zar geduckt und rannte hakenschlagend in den schützenden Winterpalast. Der erfolglose Attentäter wurde ergriffen, vor ein Militärgericht gestellt und zum Tode verurteilt. Im August desselben Jahres formierte sich eine terroristische Gruppe mit dem Namen »Narodnaja Wolja« (Der Wille des Volkes). Den harten Kern der Organisation bildete eine 32köpfige Gruppe von Männern und Frauen, die den Zaren auf einer Konferenz feierlich zum Tode verurteilten. Im November unternahmen sie den ersten Versuch:

Sorgfältig hatten zwei Mitglieder des »Volkswillens«, Alexander Michailow und Andrej Scheljabow, eine Eisenbahnstrecke vermint, die der Zar für gewöhnlich auf der Rückreise von der Krim frequentierte. Auf Anraten seiner Sicherheitskräfte wählte er jedoch an diesem Tag zunächst einen anderen Weg und entging so der ersten Mine. Die zweite versagte, die dritte explodierte erst, als der kaiserliche Salonwagen bereits vorbeigefahren war, und richtete keinen nennenswerten Schaden an. Unverdrossen unternahmen die Verschwörer vier weitere Versuche nach dem gleichen Strickmuster: Sie gruben Tunnel und brachten Sprengladungen unter Eisenbahnstrecken an, auf denen sie den Kaiser auf seinen verschiedenen Reisen erwarteten. Doch alle derartigen Versuche, den Zaren zu töten, blieben vergeblich, entweder die Ladungen gingen nicht hoch, oder der für die Zündung verantwortliche Verschwörer kam zu spät, oder die Route des Zuges war kurzfristig geändert worden. Beim letzten Anschlag hatten umsichtige Leibwächter die übliche Reihenfolge der Waggons geändert, so daß den verdutzten Attentätern statt der verhaßten kaiserlichen Gebeine eine Ladung Früchte um die Ohren flog. Nach diesen mißlungenen Versuchen kam der »Volkswille« im Winter 1880/81 zu dem Ergebnis, daß das Sprengen von Zügen sie ihrem Ziel nicht näher bringen würde.

Inzwischen war ein anderer Versuch, den Zaren umzubringen, ebenfalls gescheitert, allerdings mit tragischen Konsequenzen. Der Schreiner Stepan Chalturin hatte sich um eine Anstellung auf der Jacht Alexanders II. beworben, diese auch bekommen und war dann in den Winterpalast versetzt worden. Innerhalb von vier Monaten gelang es Chalturin, nicht weniger als 100 Pfund Dynamit in kleinen Dosen in den Palast zu schmuggeln und unter seinem Bett zu verstecken. Noch während er den Sprengstoff hortete, hatte die Polizei Wind von einem etwaigen Attentatsplan bekommen und führte umfangreiche Ermittlungen und Verhöre durch. Der Schreiner spielte so überzeugend den freundlich-unbedarften Tölpel, daß man es nicht einmal für nötig hielt, sein Zimmer zu durchsuchen. Am 5. Februar 1880 ließ er die Ladung um 18.20 Uhr im Keller, zwei Stockwerke unter dem Speisesaal des Zaren, hochgehen. Die Explosion erschütterte das Gebäude, alle Lichter erloschen, elf Menschen starben, 56 wurden verletzt. Der Zar war nicht unter ihnen. Er hatte Prinz Alexander von Hessen zu einer Privataudienz empfangen und sich zum Abendessen verspätet. Das Chaos, das der Detonation folgte, ermöglichte Chalturin die unbemerkte Flucht. Erst zwei Jahre später wurde er bei einem weiteren Attentat festgenommen und hingerichtet.

Allen Rückschlägen zum Trotz gab der »Volkswille« nicht auf, und am 13. März 1881 fuhr Alexander II. warm zugedeckt in seinem Schlitten dem zwanzigsten und tödlichen Anschlag auf sein Leben entgegen. Die Verschwörer hatten schon vor einiger Zeit an der Malaja Sadowaja – einer Straße zwischen Winterpalast und Paradeplatz – einen kleinen Laden gemietet. Getarnt als biedere Käseverkäufer, versteckten sie Sprengstoff und Waffen in Kisten und Fässern und trieben des Nachts vom Keller aus einen Tunnel unter die Straße. Während sie dort unten emsig ihre mörderischen Pläne schmiedeten, war jedoch auch die Polizei nicht faul. Zwischen Oktober 1880 und Februar 1881 gelang es, die meisten der führenden Köpfe des »Volkswillens« zu verhaften. Als die braven Beschützer des Zaren von mißtrauischen Nachbarn jedoch einen Hinweis auf den merkwürdigen Käseladen bekamen, gingen sie dem zwar nach und kehrten im Verkaufsraum das Unterste zuoberst, doch die konspirativen Fässer im Keller erschienen ihnen gänzlich unverdächtig.

A

Ende Februar war Scheljabow, der den entscheidenden Anschlag auf Alexander II. geplant hatte, festgenommen worden. Seine Verhaftung war ein schwerer Schlag für die Terroristen, die sich dadurch allerdings nicht von ihrem Vorhaben abbringen ließen. Die Tochter des Generalgouverneurs von St. Petersburg und Scheljabows Geliebte, Sophia Perowskaja, übernahm das Kommando. Diesmal hatte sich »Narodnaja Wolja« besser vorbereitet; nicht nur, daß die Straße, die der Zar zu benutzen pflegte, unterirdisch vermint war, nein, auch für den Fall, daß das Opfer kurzfristig einen anderen Weg wählen sollte, war vorgesorgt, indem man zusätzlich Bombenwerfer postiert hatte. Alexanders Sicherheitsbeamte änderten die Route in der Tat, so daß Schlitten und berittene Kosaken der Dynamitladung auswichen und auf einer Straße am Katharinen-Kanal auftauchten. Von der anderen Seite des Kanals gab eine Verschwörerin den beiden Reservewerfern das verabredete Zeichen. Die Nitroglyceringranate des 19jährigen Nikolai Rysakow beschädigte den Schlitten des Zaren, verletzte einige Passanten und einen Kosaken. Besorgt und leichtsinnig verließ Alexander II. sein Gefährt, um das Ausmaß der Katastrophe zu begutachten und mit dem bereits festgenommenen Rysakow zu sprechen. Unbemerkt hatte sich währenddessen der zweite Attentäter, ein junger adliger Student namens Ignatius Grinewitskij, dem Zaren genähert und schleuderte ihm die zweite Bombe direkt vor die Füße. Der Täter erlag seinen Verletzungen ebenso wie Alexander II., der von seinen fassungslosen Bediensteten in aller Eile in den Winterpalast gebracht wurde, wo er eine Stunde später starb.

Den bereits inhaftierten Verschwörern machte man den Prozeß, sie wurden zu langen Haftstrafen oder zum Tode verurteilt. Zur Hinrichtung am 3. April fanden sich etwa 80000 Schaulustige ein, die von 12000 Soldaten in Schach gehalten wurden. Außer, daß der schwergewichtige Michailow zweimal aus der Schlinge rutschte, gab es jedoch keine Zwischenfälle, und so gestattete man nach vollbrachter Henkerstat dem abergläubischen Hochadel, sich als Glücksbringer jeweils ein paar Zentimeter des Exekutionsstrickes abzuschneiden.

Vera Figner, Das Attentat auf den Zaren Alexander II., Autoren Edition, Königstein, 1981

Salvador Allende Gossens
Chilenischer Politiker. 1908–1973

Nach seinem Medizinstudium und der abgeschlossenen Arztausbildung arbeitete er zunächst in den Krankenhäusern der Armenviertel, bevor Salvador Allende Gossens, Onkel der chilenischen Schriftstellerin Isabel Allende, beschloß, auf politischer Ebene Gutes für sein Land zu tun. Mehrere erfolglose Kandidaturen brachten ihn nicht von diesem Ziel ab, bis er schließlich 1970 zum Präsidenten gewählt wurde. Allende versuchte, ein sozialrevolutionäres Programm durchzusetzen: Veränderung der wirtschaftlichen und sozialen Rahmenbedingungen durch die Verstaatlichung in- und ausländischer Industrieunternehmen sowie Auflösung des Großgrundbesitzes. Mit seinen Reformen machte sich der Staatschef jedoch mehr Feinde als Freunde, und Ende August erklärte ihn der chilenische Kongreß für abgesetzt.

Als am 11. September 1973 gegen elf Uhr Soldaten in den Präsidentenpalast stürmten, fragte Salvador Allende seine Sekretärinnen: *»Was wollen die?« – »Präsident«*, war die Antwort, *»sie geben uns noch zehn Minuten Zeit.«*

Allendes Pressesekretärin und Vertraute, Frida Modak, beschrieb später die letzten Stunden im Präsidentenpalast. *»Wir waren nur noch unter uns. Die engsten Mitarbeiter des Präsidenten: zwei seiner Töchter, sein Pressereferent Augusto Olivares, einige Mädchen aus der Presseabteilung, die Militäradjutanten und ich. Der Präsident war alles andere als deprimiert. Wir saßen zusammen im großen Empfangssaal in der Nähe seines Büros, er unterhielt sich mit uns und machte uns Mut. Er war einfach gekleidet: beiger Pullover mit Rollkragen, braune Hosen. Er hörte sich im Radio die Bekanntmachungen der Streitkräfte an und sagte: ›Niemals werde ich mich ergeben. Ich setze mein Leben ein für das, was ich denke und woran ich glaube.‹ Plötzlich schrie jemand aus dem ersten Stock, die Soldaten hätten den Eingang eingeschlagen und seien über die Treppe auf dem Weg zum Präsidentenflügel. Während sie raufkamen, schlugen sie auf die Leute ein, die ihnen auf der Treppe entgegenkamen. Dabei brüllten sie: ›Ihr habt zehn Minuten, um euch zu ergeben!‹«* Der Präsident versuchte seine Mitarbeiter dazu zu bewegen, sich in Sicherheit zu bringen, doch keiner rührte sich. Daraufhin bestellte er per Funk bei den Militärs einen Jeep, um die Frauen abzuholen. Seine Töchter wollten ihn nicht verlassen, unter anderem auch, weil sie Angst hatten, als Geiseln genommen zu werden. Allende blieb hart: Dann sollen sie euch töten und als Frauenmörder in die Geschichte eingehen. Er rief erneut den Kommandanten der Kampftruppen an und verlangte noch einmal den Jeep. Sie sind zwar ein Verräter, ließ er ihn wissen, aber ich hoffe, Sie respektieren zumindest das Leben der Frauen. Sein Appell schien erfolgreich. Am Ausgang des Palastes erwartete ein Polizist die Frauen, von einem Jeep war allerdings nichts zu sehen, und an der nächsten Straßenecke suchte auch der Polizist das Weite.

Allende verabschiedete sich von seinen treuen Begleitern und ging in den Keller. Dort starb er, wie er kurz zuvor angekündigt hatte. *»Entweder vollende ich 1976 meine legale Amtsperiode, oder man muß mich tot aus dem Präsidentenpalast tragen.«*

Am Dienstag, den 11. September 1973, um 14.23 Uhr, wurde er ausgestreckt in einem der Empfangsräume im ersten Stock des Palastes gefunden, die Kleidung verkohlt. Das Gesicht des Präsidenten war kaum noch zu erkennen. Eine Maschinenpistolengarbe war oberhalb des rechten Schulterblattes in den Hals gedrungen. An Wange und Nase traten die Projektile aus. Sie hatten fast die ganze rechte Gesichtshälfte weggerissen. Auch der Rumpf wies Einschußlöcher auf. Offiziell hieß es hinterher: Selbstmord. Als seine Leiche später der Witwe übergeben wurde, hatte er auch im Rücken mehrere Einschußlöcher.

Seine Mitarbeiter hatten sich in den weniger gefährdeten Südflügel zurückgezogen, wo sie erst am späten Nachmittag gefunden und festgenommen wurden. Einer von ihnen, Olivares, der seinen Chef zu Lebzeiten auf Schritt und Tritt begleitete, hatte sich seine Pistole in die Mundhöhle gesteckt und abgedrückt.

Erst am Nachmittag des 12. September erfuhren die Chilenen durch ein Radiokommuniqué der Junta offiziell vom Tod Allendes. Nach der Mitteilung spielten die Militärsender das französische Chanson »Je t'aime, moi non plus«.

Alejandra Rojas, Allende, das Ende einer Ära, Aufbau Verlag, Berlin, 1998; Stern, 39/1973

Benigno (Ninoy) Aquino Jr.
Philippinischer Politiker. 1932–1983

Der 40jährige Senator Benigno Aquino war auf den Philippinen derartig beliebt und angesehen, daß Freunde und Feinde gleichermaßen davon ausgingen, er werde Ferdinand Marcos' Nachfolger, wenn dessen Amtszeit ausliefe. Der Zeitpunkt näherte sich, und nichts lag dem Präsidenten und seiner Frau Imelda ferner, als auf Macht, Pfründe und Privilegien zu verzichten. Um seine Position möglichst auf Lebzeiten zu sichern, ergriff Marcos die Initiative und ernannte sich selbst kurzerhand zum Oberbefehlshaber des Landes. Auf diese Weise als Diktator etabliert, war sein größtes Anliegen, die politischen Gegner außer Gefecht zu setzen. Benigno Aquino, ganz oben auf der Liste, wurde verhaftet. Man beschuldigte ihn absurder Delikte wie Mord, illegalen Waffenbesitzes, Vergewaltigung und subversiver Tätigkeit. Selbstverständlich befanden ihn die Verantwortlichen anschließend in allen Punkten für schuldig und verurteilten ihn 1977 zum Tode.

Doch statt Aquino hinrichten zu lassen, entschied Marcos sich zunächst dafür, ihn gefangenzuhalten. Eine angeborene Herzschwäche und die miserablen Haftbedingungen führten nach einigen Jahren dazu, daß der prominente Häftling zunehmend unter Herzproblemen litt, die eine Operation dringend erforderlich machten. Ferdinand Marcos ignorierte zunächst alle internationalen Proteste gegen Aquinos Gefangenschaft. Erst als Amerikas Präsident Jimmy Carter persönlich intervenierte, gestattete der Diktator die Ausreise des Patienten. Aquino und seine Frau wurden in die USA geflogen, wo er sich sofort einer Operation unterzog und die Zeit der Rekonvaleszenz verbrachte.

Währenddessen trat das Regime Marcos die Menschenrechte auf den Philippinen weiterhin mit Füßen. Nachrichten über die Zustände in seiner Heimat brachten Aquino im Exil zu der Überzeugung, daß es aus politischen Gründen nötig sei, wieder nach Manila zurückzukehren. Die diesbezüglichen Diskussionen veranlaßten Imelda Marcos, persönlich zu den Aquinos nach New York zu reisen, um ihnen die Rückkehr auszureden. Um ganz sicherzugehen, daß ihre Botschaft richtig verstanden wurde, veranlaßte die philippinische First Lady ihr amerikanisches Konsulat, den Aquinos unter keinen Umständen reisegültige Pässe auszustellen. Ferdinand Marcos wiederholte derweil aus der Ferne alle einst gegen den Senator ausgesprochenen Anklagen und fügte hinzu, er könne nicht für seine Sicherheit im Lande garantieren und Aquino solle lieber auf seine zahlreichen Freunde hören, die ihm unisono rieten, in den Vereinigten Staaten zu bleiben. Doch Aquino hatte sich entschieden, in sein Land zurückzukehren, und teilte seinen Ratgebern mit: *»Ich bin entschlossen zurückzukommen. Wenn es das Schicksal will, daß ich getötet werde, soll es so sein.«*

Am 21. August 1983 war es soweit. Unter falschem Namen und mit vielen Umwegen flog er nach Manila, wo trotz der sorgfältig getroffenen Vorsichtsmaßnahmen jeder zu wissen schien, daß der Staatsfeind Nummer 1 auf dem Weg nach Hause war. Um ihn gebührend willkommen zu heißen, hatten seine Freunde die Stadt über und über mit gelben Bändern dekoriert; etwa 20000 Anhänger waren zum Flughafen gekommen, ihn in Empfang zu nehmen. Die Regierung hatte das Gelände des Flughafens allerdings vollständig absperren lassen, und General Fabian Ver kündigte an, man werde den unerwünschten Ankömmling mit derselben Maschine zurückschicken, mit der er lande.

Kurz vor Ende der Reise begab sich Benigno Aquino in den Waschraum der China Airlines Boeing 767 und zog eine kugelsichere Weste unter seinen weißen Safarianzug. *»Meine Chancen, diesen Flug zu überleben, sind zehn Prozent«*, sagte er einem mitfliegenden Reporter der »Newsweek«. Kaum war die Maschine auf dem Rollfeld zum Stehen gekommen, erhielten die Passagiere den Befehl, sitzen zu bleiben. Wenig später enterten drei bewaffnete Männer das Flugzeug, schubsten die Leibwächter grob zur Seite und umringten Aquino. Sie zwangen ihn zum hinteren Ausgang, wo auf der Plattform der Metalltreppe bereits weitere uniformierte Männer Posten bezogen hatten. Die Journalisten an Bord rannten nach hinten, um zu sehen, was geschehen würde, wurden jedoch mit Waffengewalt gestoppt und bekamen die Tür vor der Nase zugeschlagen. Plötzlich war eine Salve von Schüssen zu hören. Ein Mann vom Fernsehen versuchte das Geschehen aus einem Fenster zu filmen, doch auch hier waren die Bewaffneten sofort zur Stelle und hinderten ihn brutal an seinem Tun. Währenddessen hatten es einige Passagiere geschafft, die Fenster der ersten Klasse zu erreichen, und sahen Benigno Aquino mit dem Gesicht nach unten auf dem Boden liegen. Aus einer großen Wunde am Hinterkopf spritzte Blut. Neben ihm, ebenfalls mit dem Gesicht nach unten, lag ein Mann im Mechanikeranzug. Drei Männer standen über Aquino und feuerten noch immer auf seinen leblosen Körper. Schließlich hob jemand den Leichnam auf, warf ihn in einen bereitstehenden Wagen und jagte davon.

Der Tote wurde in einem Sarg mit Glasdeckel aufgebahrt, und jeder der etwa 30000 Defilanten konnte sehen, daß man nicht die geringste Anstrengung unternommen hatte, das von Verletzungen entsetzlich entstellte Gesicht herzurichten. Die offizielle Verlautbarung hieß, daß Rolando Galman, der Mann im Mechanikeranzug, als Einzeltäter ein Attentat auf Aquino verübt habe und sofort von Sicherheitskräften erschossen worden sei. Dennoch wurde der Mord untersucht, und im Zuge der Ermittlungen entdeckte man in der korrupten philippinischen Armee eine Verschwörung auf höchster Ebene. Fünfzehn Offiziere von Rang und Namen wurden schließlich verhaftet, angeklagt – und sämtlich im Dezember 1985 freigesprochen.

Corazon Aquino, die Witwe des Ermordeten, nahm unverzüglich den Kampf gegen das Regime auf. Als sie 1986 tatsächlich die Präsidentschaft übernahm, schwor sie bittere Rache gegen die ins Exil geflohenen Eheleute Marcos. Entschlossen und unversöhnlich machte sie gleichermaßen Jagd auf die drei Billionen Dollar, die die beiden ins Ausland geschafft hatten, und auf die Mörder ihres Mannes. Am 28. September 1990 wurden in einem neuen Verfahren sechzehn Offiziere für schuldig befunden und zu lebenslangen Gefängnisstrafen verurteilt.

Howard Chua-Eoan, Aquino, Chelsea House, New York, 1988

A

José María Aznar Lopez

Spanischer Politiker. * 1953

In seiner Jugend war José María Aznar nach eigener Aussage vielmehr am zielstrebigen Verlauf seines Jurastudiums als an Politik interessiert. Als 26jähriger Staatsbeamter verfaßte er einige Zeitungsartikel, in denen er die mit großer Mehrheit vom spanischen Volk akzeptierte demokratische Verfassung kritisierte, weil sie nach seinem Dafürhalten die nationale Einheit des Landes gefährde. Diese jugendliche Einschätzung änderte sich im Laufe der Jahre, und als er 1989 an die Spitze der in Volkspartei (PP, Partido Popular) umbenannten Volksallianz trat, führte er die Partei entschieden zur rechten Mitte. Öffentlich ließ er wissen, er gehöre zu der Generation der Demokraten, sei schon in die Demokratie hineingeboren worden. Dies mag politisch betrachtet zutreffen, biologisch stimmt es nicht, denn Aznar entstammt nachweislich im Gegenteil einer nichtdemokratischen, durch und durch von der Ideologie des Franco-Regimes geprägten Familie.

1995 bemühte sich Aznar als Chef der Opposition bewußt und mit beachtlichem Erfolg, besonders junge Wähler anzusprechen. Als seine Partei bei den spanischen Kommunalwahlen ein außergewöhnlich gutes Ergebnis erzielte, ließ er die Öffentlichkeit in einem Interview wissen: *»Diese Wahlen sind die letzte Sprosse auf der Leiter«,* denn der nächste Schritt würde ihn direkt in den Moncloa-Palast, Sitz des spanischen Regierungschefs, führen.

Offenbar war es genau das, was Mitglieder der baskischen Terrororganisation ETA (Enzkadi ta Askatasuna, das Baskenland und seine Freiheit) verhindern wollten, indem sie am Mittwoch, den 19. April 1995, in Madrid einen Anschlag verübten. Als der Präsident der PP in Madrid wenige hundert Meter von seinem Wohnort entfernt eine große Kreuzung passierte, explodierte direkt neben seinem Wagen eine Autobombe. Es war 8.15 Uhr am Morgen und Aznar befand sich in der Rushhour auf dem Weg in die Parteizentrale. *»Die Terroristen müssen den Weg sorgfältig ausspioniert haben«,* so Angel Rodriguez, Pressesprecher der PP, denn der konservative Oppositionschef hielt sich gewissenhaft an die Sicherheitsempfehlungen von Polizei und Regierung. Jeden Morgen wählte er spontan einen anderen Weg, um vom Wohnpark Conde de Orgaz im Osten Madrids zu seinem Büro zu gelangen. Dergleichen Manöver wurden allen als gefährdet eingestuften Politikern nahegelegt.

A

Auf der Fahrt ins Stadtzentrum konnte Aznar einzig die Kreuzung, an der die Bombe vermutlich per Fernzündung aktiviert wurde, nicht vermeiden. *»Ein Feuerball«*, wie ein Begleitpolizist leicht verletzt und unter Schock sagte. Nach Schätzung der Polizei hatten die Attentäter etwa 25 Kilo Sprengstoff in einem gestohlenen Fiat Uno am Rande der Straße versteckt. Die Detonation setzte mehrere parkende Autos in Brand. Durch die entstandene Druckwelle stürzte ein benachbartes Haus ein, eine ältere Bewohnerin erlitt so schwere Verletzungen, daß sie noch am Nachmittag im Krankenhaus im Koma lag. Insgesamt trugen 16 Personen, darunter die vier Leibwächter der Polizei, mehr oder weniger gravierende Verwundungen davon. Nur die außergewöhnlich starke Panzerung des 16 Tonnen wiegenden Gefährts rettete das Leben des Politikers, seines Chauffeurs und einer Leibwache. Während der Innenraum einigermaßen unversehrt blieb, wurde der Rest des Fahrzeugs so schwer in Mitleidenschaft gezogen, daß Zeugen sich wunderten, die Überlebenden aussteigen zu sehen. Der Kühler der dunklen Limousine war völlig zerfetzt, das Heck stark verbeult. Nachdem sein schockierter Fahrer angehalten hatte, versuchte Aznar das Fahrzeug zu verlassen. Die hinteren Türen waren jedoch verkeilt, so daß der schlanke und nicht sehr große Aznar über die Rücksitze nach vorne kletterte und durch die Vordertür ins Freie gelangte. Er begab sich sofort in eine nahegelegene Entbindungsklinik, wo er Erste Hilfe erhielt, und wurde wenig später in ein Spital gebracht. Die intensiven und ausführlichen

Untersuchungen förderten zu seiner Erleichterung nichts als eine blutige Schramme im Gesicht zu Tage. *»Ich bin in Ordnung«,* sagte er zu den Ärzten und rief zuerst seine Frau Ana Botella und dann die Parteizentrale an. Binnen kurzem informierten Hörfunk und Fernsehen die spanische Bevölkerung von Anschlag und Unversehrtheit des Opfers. Das Fernsehen zeigte noch einmal die Bilder von Aznar am Sarg seines Parteifreundes Gregorio Ordóñez. Der stellvertretende Bürgermeister von San Sebastian war im Baskenland die Hoffnung der PP gewesen und im Januar von einem Killer der ETA durch Genickschuß kaltblütig niedergestreckt worden. Vom ersten Schock befreit, wies Aznar die in seiner Partei laut gewordene Kritik, die Regierung habe nicht ausreichend für seinen Schutz gesorgt, heftig zurück und erklärte, er habe niemandem etwas vorzuwerfen. Ironisch fügte er hinzu, sein »Berufsrisiko« sei ihm seit langem bewußt. Medien und Bevölkerung waren beeindruckt von der Souveränität und Kaltblütigkeit, mit der Aznar auf das Attentat reagierte. König Juan Carlos und Ministerpräsident Felipe González sprachen ihm telefonisch Glückwünsche zum glimpflichen Ausgang des Anschlags aus. Doch der Regierungschef wertete die Tat noch am selben Abend *»als schweren Schlag gegen das Land«,* der *»sehr ernst genommen«* werden müsse.

Erneut bewies die ETA ihre Fähigkeit, so gut wie jedes Ziel, das sie zum Opfer eines Anschlags erwählte, zu erreichen oder zumindest in Gefahr zu bringen. Auch diesmal gelang den Terroristen die unerkannte Flucht in einem Auto, das etwa eine Stunde später nahe beim Bahnhof Chamartín in einem Wohngebiet explodierte und ebenfalls Verletzte hinterließ. Frustriert gab die spanische Polizei zu, daß es ihr allen Bemühungen zum Trotz nicht gelang, den Terroristen das Handwerk zu legen.

Frankfurter Allgemeine Zeitung, 31. 05. 1995; Neue Zürcher Zeitung, 20. 04. 1995, Süddeutsche Zeitung, 20. 04. 1995/21. 04. 1995

B

Bagoas

Persischer Eunuch. † 336 v. Chr.

Im vorchristlich persischen Reich hatten Eunuchen (vom griechischen »eunouchos« = »Kämmerer«, eigentlich »Bettschützer«, durch Kastration zeugungsunfähig gemachter Mann) nicht selten große Macht und politischen Einfluß. Beides wußte einer der mächtigsten von ihnen, der Eunuch Bagoas, für sich und seinen Vorteil zu nutzen. Als leitender Kommandant der Armee eroberte er 343 v. Chr. Ägypten und befahl seinen Truppen als erstes, die ägyptischen Tempel zu plündern. Huldvoll nahm er nicht nur die gestohlenen Schätze aus den Händen seiner Soldaten entgegen, sondern ließ sich auch die gesamten Heiligen Schriften bringen. Gold und Edelsteine verleibte Bagoas unverzüglich seinen Privatschatullen ein, während er die Schriften für horrende Preise an die verzweifelten ägyptischen Priester zurückverkaufte. Auf dem Höhepunkt seiner Karriere hatte er auf diese und ähnliche Weise erhebliche Reichtümer akkumuliert und darüber hinaus die totale politische Kontrolle an sich gezogen. Das Geheimnis seines Erfolgs war ebenso einfach wie kriminell und wirkungsvoll. Seine Position erlaubte es ihm, Könige nach Belieben einzusetzen, und er erlaubte sich, dieselben ebenfalls nach Belieben ermorden zu lassen, wenn sie sich seinen politischen Plänen widersetzten.

Dessen vollkommen gewahr, tat König Artaxerxes III. eine geraume Zeit alles, was sein Ratgeber Bagoas ihm einflüsterte. So ließ er auf Wunsch des machtbesessenen Eunuchen unter anderem beinahe seine gesamte entferntere Verwandtschaft töten, damit ihm und seinen Söhnen erbrechtlich niemand in die Quere kommen konnte. Es dauerte nicht lange und Artaxerxes hatte sich im mörderischen Doppelpack mit Bagoas den Ruf eines außergewöhnlich brutalen Monarchen erobert, der Widersacher ohne Skrupel aus dem Weg räumte.

Im Jahr 340 v. Chr. hatte Philipp von Makedonien mit seinem Heer bereits die Städte Pirinthus und Byzanz angegriffen und schickte sich an, weiter und tiefer ins Persische Reich vorzudringen. König Artaxerxes und sein Berater Bagoas entwickelten unterschiedliche Pläne, um der drohenden Gefahr zu begegnen. Weit davon entfernt, sich auf eine gemeinsame Linie zu einigen, wurde ihre Auseinandersetzung immer heftiger, bis Bagoas schließlich die Geduld mit seinem Herrscher verlor und 338 v. Chr. für dessen Tod sorgte. Einmal dabei, ließ er auch gleich alle Söhne ermorden – nur den jüngsten und schwächsten Erben, Arses, verschonte der mächtige Eunuch, um ihn zu seiner willenlosen Marionette auf dem Thron zu machen. Während der folgenden zwei Jahre mußte er allerdings feststellen, daß er sich diesmal verrechnet hatte. Arses war zwar jung, aber mitnichten gewillt, sich und seine Entscheidungen von Bagoas manipulieren zu lassen. Zu dessen Ärger widersprach der frischgebackene Herrscher andauernd und maßte sich auch noch an, seinen Willen durchzusetzen. Daß dies auf die Dauer nicht gutgehen konnte, wußte der König, dem Bagoas' Methoden nicht verborgen geblieben waren. Er beschloß, sich all seiner Sorgen in Gestalt des Eunuchen zu entledigen und diesen vergiften zu lassen.

Zu seinem Unglück rechnete Arses nicht mit dem gut organisierten Informationssystem an seinem Hof. Noch bevor der Plan wirklich konkrete Formen angenommen hatte, erhielt Bagoas Kunde vom königlichen Vorhaben. Er zögerte keinen Augenblick, Arses und seine gesamte Familie ins Jenseits befördern zu lassen. Keiner wurde verschont, und so blieb niemand, der die Thronfolge hätte antreten können.

Auf der Suche nach einem passenden Kandidaten verfiel Bagoas schließlich auf ein ganz weit entferntes Mitglied der Familie und machte den Mann zu König Darius III. Doch auch hier mußte er sehr bald und zu seinem Ärger feststellen, daß der auserwählte Herrscher keineswegs die gebührende Dankbarkeit in Form von unbedingtem Gehorsam zeigte. Im Gegenteil, Darius III. ließ sich schlicht und ergreifend gar nichts von dem einst so mächtigen Eunuchen sagen. In Anbetracht der für ihn widrigen Umstände fand Bagoas es von unbedingtem Vorteil, eine weitere königliche Vergiftung vorzunehmen. In einer Mischung aus Unaufmerksamkeit und Selbstüberschätzung machte er jedoch den Fehler, die höfischen Loyalitäten falsch einzuschätzen. Diese hatten sich nämlich durch seine schwindende Macht bereits zu seinen Ungunsten verschoben, und so wurde dem König der bevorstehende Anschlag rechtzeitig zugetragen.

Der Abend des geplanten Mordes war gekommen. Bagoas, daran gewöhnt, daß seine Vorhaben gelangen, freute sich regelrecht darauf, mit seinem Opfer zu soupieren und ihm direkt gegenüberzusitzen, wenn Darius das Gift trinken würde. Aufmerksam und voller Vorfreude verfolgte der Eunuch, wie der Becher mit dem tödlichen Wein vor seinen König gestellt wurde. Doch der Herrscher hatte ganz eigene Pläne. Ohne mit der Wimper zu zukken, schob er das Gefäß seinem Gegenüber zu und befahl den Wachen, Bagoas zum Trinken zu zwingen. Die taten wie geheißen, und Bagoas starb an seinem eigenen Gebräu.

In den folgenden fünf Jahren focht Darius III. mehr oder weniger erfolglos gegen Alexander den Großen. In der berühmten Schlacht von Arbela ließ er schließlich seine völlig geschwächte Armee im Stich, floh nach Bactria und gab Alexander damit die Gelegenheit, die führungslosen Soldaten einfach abzuschlachten. Das feige Verhalten seines Königs rief General Bessus auf den Plan, der Darius nach Bactria folgte und ihn dort ermordete.

Josef Wiesenhofer, Das antike Persien von 550 v. Chr. – 650 n. Chr., Artemis & Winkler, München, 1994

Thomas Becket
Erzbischof von Canterbury. 1118–1170

Seit 1155 war Becket Kanzler, Freund und Ratgeber König Heinrichs II., der ihn 1162 zum Erzbischof von Canterbury erhob. Bekket legte noch im selben Jahr das Kanzleramt nieder und wurde ein unerbittlicher Verfechter kirchlicher Rechte und päpstlicher Politik. Bei den Verhandlungen von Clarendon stellte er sich gegen den König, wurde daraufhin der Felonie angeklagt und floh wegen seiner drohenden Verhaftung nach Frankreich zu Papst

Alexander III. Nach langen Verhandlungen kam es schließlich zu einer Einigung zwischen dem Papst, dem König und dem Erzbischof von Canterbury.

Als Becket am 1. Dezember 1170 aus der Verbannung wieder nach England zurückkehrte, erwartete ihn in Sandwich eine große Anzahl euphorischer Anhänger. Äußerst mißlaunig und höchst beunruhigt waren dagegen einige Höflinge, die sich die Ländereien des abwesenden Kirchenfürsten angeeignet hatten. Bereit, die Besitztümer notfalls mit Gewalt zu verteidigen, wurden sie durch die Anwesenheit königlicher Emissäre nur mit Mühe daran gehindert, den Heimkehrer gleich an Ort und Stelle zu töten. Kaum in Canterbury eingetroffen, zögerte Becket seinerseits keinen Augenblick, seine wiedergewonnene Macht zu demonstrieren. Er exkommunizierte die Bischöfe Gilbert von London und Jocelin von Salisbury und enthob auch Roger von York seines Amtes. Die drei eilten stehenden Fußes zum König, der in der Normandie Weihnachten feierte. Sie beklagten sich bitterlich und malten dem Regenten Beckets Beliebtheit beim Volk in den schillerndsten Farben aus.

Seine Hoheit zelebrierte daraufhin einen seiner berühmt-berüchtigten Tobsuchtsanfälle, wütete gegen alle Feiglinge und Verräter und beschimpfte jeden, der *»seinen Herren von diesem kleinen Angestellten beleidigen«* lasse. Ob er im Zuge seiner Tiraden tatsächlich den Befehl gab, den Bischof von Canterbury zu verhaften, oder ob vier seiner anwesenden Ritter in vorauseilendem Gehorsam beschlossen, dem verhaßten Kirchenfürsten den Garaus zu machen, ist nicht eindeutig geklärt.

Am 29. Dezember 1170 erzwangen sich die Barone Reginald Fritz Urse, Hugh de Moreville, Richard Brito und William de Tracy den Zutritt zu Beckets Schlafzimmer. Die Eindringlinge beschuldigten den Bischof, den Frieden des Landes gebrochen zu haben, und forderten ihn auf, sich unverzüglich ins Exil zu begeben. Als Becket sich höflich weigerte, dem Befehl Folge zu leisten, verließen sie sein Gemach und kündigten an, bewaffnet zurückzukehren. Widerwillig ließ sich der Bedrohte von einigen Mönchen in die Kirche bringen und bezog im linken Seitenschiff vor einem Pfeiler Stellung. Wenig später erschienen wie angekündigt die vier bewaffneten Barone in der Kathedrale, im Schlepptau einen weiteren Verbündeten, Kaplan Hugh Mauclerc. Ob das folgende Handgemenge tatsächlich den Tod Beckets oder möglicherweise nur seine Verhaftung oder Verschleppung zum Ziel hatte, ist nicht erwiesen. Der Bischof setzte sich vehement zur Wehr und fiel den Angreifern zum Opfer.

Sein Tod durch die Schwerthiebe seiner Feinde ließ eine Welle des Entsetzens durch das Land gehen, und König Heinrich II. begriff schnell, daß er sich um jeden Preis von dem Mord distanzieren mußte. In einer schauspielerischen Großleistung pilgerte er zerknirscht, barfuß und im Büßerhemd nach Canterbury, küßte pathetisch den Stein, auf dem Thomas Becket sein Leben ausgehaucht hatte, betete am Grab des Toten und verdrückte sogar ein paar Zähren. Dann krönte er die Vorstellung, indem er sich von den Bischöfen und jedem der 80 Mönche geißeln ließ. So geläutert kündigte er öffentlich an, daß er 200 Ritter ins Heilige Land schikken und die »gottlosen Statuten von Clarendon«, mittels derer er seine gewohnheitsmäßigen königlichen Rechte schriftlich niederlegen hatte lassen, widerrufen werde. Faktisch führte er das ganze Theater jedoch ad absurdum, indem die Statuten in Kraft blieben und er Beckets Mörder nicht verfolgte, sondern vielmehr in gehabter Manier an seinem Hof leben ließ.

Canterbury wurde zum Wallfahrtsort, der Todesstein zum Wunderborn. Blinde erhielten dort ihr Augenlicht zurück, Aussätzige, Besessene, Wassersüchtige und Epileptiker konnten geheilt werden. Kranke und unglückliche Menschen strömten in Scharen herbei, sprachen lange Gebete und kündeten von den Wundern, derer sie teilhaftig geworden waren. 1173 sprach der Papst den Toten heilig. 350 Jahre später versuchte Heinrich VIII. dem Kult ein für allemal ein Ende zu setzen. Er befahl, daß man den Schrein öffnen und dem Skelett Beckets den Prozeß machen solle, da dieser zu Lebzeiten widerrechtlich päpstliche Autorität beansprucht habe. Des Königs Wille geschah, Thomas Beckets Gebeine wurden schuldig gesprochen, öffentlich verbrannt und verscharrt.

Eine Wallfahrt zum Grab des Heiligen bildet den Rahmen für Geoffrey Chaucers »The Canterbury Tales«, die ab 1387 entstanden. Person und Werk des Thomas Becket wurden vielfach Gegenstand der Literatur, so bei C. F. Meyer »Der Heilige«, Novelle, 1880; T. S. Elliot »Murder in the Cathedral«, 1935; I. Pizzetti diente Becket 1958 als Vorlage für seine Oper »L'assassinio nella cattedrale«, und J. Anouilh verfaßte 1959 das Drama »Becket ou l'honneur de Dieu«.

Pierre Aubé, Thomas Becket, Benziger Verlag, Zürich, 1990; Paul Gerhard Schmidt (Hrsg.), Die Vita des Heiligen Thomas Becket, Steiner Verlag, Stuttgart, 1991

Folke Bernadotte Graf von Wisborg
Schwedischer Diplomat. 1895–1948

B

Folke Bernadotte, ein Neffe König Gustavs V. von Schweden, war zunächst Offizier, bis er 1943 Vizepräsident und 1946 Präsident des schwedischen Roten Kreuzes wurde. 1945 erreichte Bernadotte durch Verhandlungen mit Heinrich Himmler, der durch ihn erfolglos ein Angebot über Waffenstillstandsgespräche an die Westmächte übermitteln ließ, die Freilassung von etwa 20000 vorwiegend dänischen und norwegischen Häftlingen aus nationalsozialistischen Konzentrationslagern. Im Auftrag des Sicherheitsrates der UNO ging Bernadotte 1948 nach Palästina, um im Krieg zwischen Israel und den arabischen Staaten zu vermitteln. Er hatte sich bereit erklärt, die schwierige und gefährliche Aufgabe für sechs Monate zu übernehmen.

Der Graf war sich über die Gefahr, von der er bei allen seinen Schritten im »dreimal heiligen Land« umgeben war, keinen Augenblick im unklaren. Sein Testament war aufgesetzt, alle Anordnungen für seine Beerdigung hatte er persönlich getroffen. Dennoch verzichtete er auf den Sonderschutz, den man ihm anbot. *»Keine bewaffneten Wachen, keine Panzerwagen«,* lautete seine Devise. Bereits in der ersten Zeit seiner Vermittlungstätigkeit hagelte es Drohbriefe auf seinen Schreibtisch. Der Umstand, daß *»nicht der kleinste Teil von ihnen aus Kreisen jüdischer Organisationen kam«,* wie Bernadotte der Presse mitteilte, war dazu angetan, das Risiko beträchtlich zu erhöhen. Der Vermittler zwischen den Fronten mußte so nicht nur mit der zufällig abgefeuerten Kugel eines Verrückten, sondern viel wahrscheinlicher mit von langer Hand vorbereiteten, wohlüberlegten und kaltblütigen Mordplänen rechnen.

Im Juli 1948 war sein weißes UNO-Flugzeug bereits von einem unbekannten Flieger über dem Mittelmeer verfolgt worden, und am Tag seiner Ermordung wurde er zunächst wiederum aus der Luft bedroht. Am Mittag des 17. September kam eine Meldung über den Äther: *»Dringend! Benachrichtigt alle Flugzeuge, nicht im Flughafen Kalandia niederzugehen. Sie werden dort beschossen.«* So also begrüßte Palästina den Diplomaten, der mit einem weithin sichtbaren roten Kreuz auf dem Flugzeug Frieden bringen sollte.

»Das ist ein offensichtlicher Versuch, mich zu erschrecken. Aber man ist im Irrtum. Ich bin nicht aus der Ruhe zu bringen«, bemerkte Bernadotte und setzte seinen Flug wie geplant fort. Seine Einschätzung der Lage erwies sich als richtig; wenig später stellte sich heraus, daß die scheinbar von den Vereinten Nationen abgesandte Warnung von einem jüdischen Untergrundsender aus der Nähe von Haifa stammte.

Das Flugzeug landete ohne Zwischenfall, und Bernadotte machte sich mit dem Auto auf den Weg in die Innenstadt von Jerusalem. Als das Fahrzeug um den Scopusberg herumfuhr, prallte eine Kugel, die offenbar aus der Richtung der jüdischen Universität abgefeuert worden war, an der Bordschwelle ab und drang dann in das linke Hinterrad des Wagens. Der Graf zeigte sich unbeeindruckt: *»Ich mag solche Irrläufer nicht. Und ich mag auch nicht gerne beschossen werden«*, ließ er seine Begleiter wissen. Die Kolonne war jetzt auf dem Weg zum jüdisch besetzten Vorort Katamon. Sie bestand aus drei Kraftwagen, die beiden ersten führten die Rote-Kreuz-Flagge, der dritte und letzte die blauweiße UNO-Fahne mit dem Globus. In diesem Auto saßen Folke Bernadotte, General Aage Lindström, Bernadottes Stabschef, und der französische Beobachter André Serot.

Eben hatten sie eine Straßensperre passiert, deren Schlagbaum insgesamt dreimal hochgelassen wurde, um je ein Fahrzeug durchzulassen, als sie plötzlich angehalten wurden. Straßenkontrollen waren nichts Unübliches, und so maß man der Sache zunächst keine besondere Bedeutung bei. Zwei bewaffnete Männer in israelischer Uniform gingen an den haltenden Wagen entlang. Unvermittelt begann der eine auf Bernadottes Auto zu schießen. Im gleichen Augenblick hob der zweite seine Maschinenpistole, stieß den Lauf durch die Entlüftungsöffnung des hinteren Fensters und feuerte eine Salve ab. Ehe irgend jemand etwas unternehmen konnte, rannten die beiden zu ihrem Jeep und preschten unerkannt davon. Oberst Serot war sofort tot. Lindström, selbst verletzt, sah nach Bernadotte: *»Bist du verwundet, Folke?«* Der Graf schien zu nicken, und schon jagte Lindström den Wagen zum nächsten Krankenhaus. *»Noch ist Hoffnung«*, diagnostizierte der Arzt nach einer ersten oberflächlichen Untersuchung, doch Folke Bernadotte erlag seinen Verletzungen bereits auf dem Weg in den Operationssaal. Es war 17.00 Uhr am Nachmittag.

B

Als die vorläufige Regierung Israels 19 Stunden später endlich Ermittlungen anordnete, ließ sich nur noch rekonstruieren, daß die Mörder per Flugzeug zunächst in die Tschechei geflohen waren, um von dort aus unterzutauchen. Der Leiter der Sicherheitskräfte der Vereinten Nationen in Palästina, Oberst Frank Begeley, wunderte sich öffentlich: *»Graf Bernadotte pflegte seine Reisen und Bewegungen in Palästina geheimzuhalten. Die Nachricht, daß er am 17. September in Jerusalem sein würde, stand jedoch am 15. September in einer jüdischen Zeitung; die Schlagzeile zu dem Bericht lautete: Des Grafen letzte Fahrt!«* Eine Erklärung für diese Tatsache bekam der Oberst nicht.

Während die Ermittlungen zur Aufklärung des Attentats liefen, wurden immer wieder Stimmen laut, die auf der Seite der Mörder waren. So ließ sich unter anderem aus New York der Politiker Ben Hecht vernehmen: *»Die Ermordung des Grafen Bernadotte war die eines Esels, der einen derart feinen Tod gar nicht verdient hat. Er war nichts als ein gewerbsmäßiges Werkzeug, dazu angestellt, den Engländern die Kastanien aus dem Feuer zu holen.«* Vor dem Hintergrund dieser Stimmung wurden schließlich zwei Emigranten aus Polen verhaftet und im Dezember 1948 vor Gericht gestellt. Nathan Friedemann Yellin und sein Helfer Matiyahu Shmulevitz präsentierten sich vor der Verhandlung fröhlich in die Kameras lächelnd und äußerst guter Dinge der Presse. Sie wußten, das Höchste, was sie zu erwarten hatten, waren zehn Jahre – mit der Gewißheit einer Revision bei guter Führung.

Folke Bernadotte, An Stelle von Waffen, Verlagsanstalt Hermann Klemm, Freiburg im Breisgau, 1950; Ralph Hewins, Bernadotte, Leben und Werk, Verlag der Parma-Edition, Frankfurt a. M., 1952

Otto Eduard Leopold Fürst von Bismarck

Staatsmann. 1815–1898

Nach dem Studium der Rechtswissenschaft in Göttingen und Berlin, seiner Referendarzeit und einigen Jahren, in denen Bismarck seine Güter in Pommern bewirtschaftete, war er 1847/48 konservatives Mitglied des Vereinigten Landtags, sowie 1849/50 Abgeordneter in der Zweiten Kammer und im Erfurter Parlament. 1862 ernannte König Wilhelm I. ihn zum preußischen Ministerpräsidenten und Außenminister. 1871 wurde er Reichskanzler. In dieser auf ihn zugeschnittenen Position war er als einziger Minister nur dem Monarchen, nicht aber dem Reichstag verantwortlich. Am 20. März 1890 wurde Bismarck wegen persönlicher und sachlicher Gegensätze nach 19 Jahren im Amt von Kaiser Wilhelm II. entlassen und zog sich nach Schloß Friedrichsruh zurück.

Über das Attentat des württembergischen Studenten Ferdinand Cohen-Blind auf Otto von Bismarck am 7. Mai 1866 Unter den Linden in Berlin sind bei Historikern verschiedene Versionen im Umlauf. Manche behaupten, es habe sich um die Tat eines Psychopathen gehandelt, andere, daß der Attentäter eine Art Politkrimineller gewesen sei, wiederum andere sind davon überzeugt, daß es sich um einen von Bismarck geschickt gegen seine eigene Person inszenierten Mordanschlag gehandelt habe, mit dem Ziel, politische Gegner mundtot zu machen und die Bevölkerung Preußen-Deutschlands auf den unmittelbar mit Österreich bevorstehenden Krieg einzustimmen. Richtig ist sicher, daß Bismarck die Öffentlichkeitswirkung, die der Anschlag auf sein Leben hatte, nicht ungelegen kam. Die öffentliche Meinung war zu diesem Zeitpunkt gegen ihn, und er verstand es meisterlich, den Vorfall für seine Zwecke auszuschlachten. Er war davon überzeugt, daß es sich nicht um einen Einzeltäter, sondern um eine großangelegte Verschwörung handelte, und schaltete sich mit Verve in die Ermittlungen ein. Verärgert griff er immer wieder in die Untersuchungen ein, wenn ihm deren Ergebnisse nicht paßten. Zuweilen unterstellte er der Polizei sogar, sie sympathisiere mit dem Schützen, was die Verantwortlichen entsetzt von sich wiesen. Welche Gründe der Attentäter hatte, war ihm gleichgültig; Bismarck bestand darauf, nur deshalb nicht ernsthaft verletzt worden zu sein, weil eine göttliche Fügung dies verhindert habe.

Zum Verlauf der Tat teilte die Polizei der Öffentlichkeit mit: »*Als der Herr Ministerpräsident Graf von Bismarck heute nachmittag nach fünf Uhr, vom Vortrage bei seiner Majestät dem Könige zurückkehrend, zu Fuß die Lindenpromenade entlangging, wurde er von einem ihm unbekannten Menschen in der Gegend der Schadowstraße angegriffen. Nachdem das betreffende Individuum zwei Schüsse aus seinem sechsläufigen Taschenrevolver gegen den Rücken des Herrn Ministerpräsidenten abgegeben, ohne ihn getroffen zu haben, drehte sich letzterer um und ergriff den Täter, welcher aber wiederum auf ihn zielte und während des Ringens Gelegenheit fand, noch drei Schüsse abzufeuern. Obgleich diese in unmittelbarer Nähe abgegeben wurden und den Herrn Ministerpräsidenten auf die Brust trafen, ist derselbe wunderbarerweise dennoch unverletzt. Eine der Kugeln hat alle Bekleidungsstücke durchbohrt und ist bis auf das seidene Unterhemd gedrungen. Der Verbrecher nennt sich Blind, ist 22 Jahre alt, will aus London und erst seit drei Tagen in Berlin sein. Er räumt das Verbrechen unumwunden ein.*«

Ein unbekannter Augenzeuge, der sich in nächster Nähe Bismarcks befunden hatte, konnte mit weiteren Details aufwarten:

»Das 1. Bataillon 2. Garde-Regiment kehrte Montag nachmittag von Spandau zurück, und marschierte vom Tor kommend, um fünf Uhr rechts die Linden entlang. In der Höhe der Schadowstraße wurden dicht hintereinander drei Schüsse gehört, die man anfangs für übermüthige übel angebrachte Äußerungen kriegerischer Theilname hielt, wie sie wohl vorkommen. Der auf dem gepflasterten Reitwege vor dem Bataillon reitende Commandeur des 2. Garde-Regiments, Oberst von Pape und dessen Adjutant, Lieutnant Baron von Collas, sahen jedoch nach dem dritten Schusse einen Mann mit einem Revolver zielen, und erkannten sogleich darauf den Grafen Bismarck, welcher mit starken entschlossenen Schritten auf denselben losging und ihn ergriff, wobei der Verbrecher noch zwei Schüsse in unmittelbarer Nähe auf die Brust des Grafen Bismarck abfeuerte, dann aber den Revolver von sich warf. Der Oberst von Pape, der Lieutnant von Collas und gleich drauf der Batallions-Commandeur Major von Petery waren sofort dem Grafen Bismarck zur Seite, ebenso das Publicum, das in höchster Wut über den in den Händen des Grafen Bismarck befindlichen Mörder herfiel, und mit dem Rufe: Schlagt den Hund tot! ihn niederschlug. Die mittlerweile hin-

zugekommenen Offiziere und Soldaten übernahmen jedoch den Mörder und er wurde unter dem Kommando des Lieutnant Chorus zum Polizeibureau in die Dorotheenstraße abgeführt. – Graf Bismarck bewahrte eine bewundernswürdige Ruhe. Er richtete an den Mörder die Frage: »Wer sind Sie und wo sind Sie her?« – welche Frage aber nicht beantwortet wurde. Vorgenannte Offiziere geleiteten sodann den Grafen Bismarck aus dem Getümmel, und er begab sich unter Begleitung zu Fuß in seine Wohnung. Die Frage, ob er verwundet sei, beantwortete Bismarck dahin, daß er drei Stellen auf der Brust und eine am Rücken fühle, es könne aber nicht erheblich sein. Der Paletot war vorn ganz verbrannt und zerrissen.«

Während Graf von Bismarck nach Hause gebracht wurde, stellte sich heraus, daß ein junger Buchbindergesell, der ihm zu Hilfe geeilt war, einen Streifschuß am Schulterblatt davongetragen hatte. Wenig später schickte der Ministerpräsident seinen Arzt zu dem Verwundeten, der ihm zu seiner Erleichterung mitteilte, die Verletzung sei nicht schwer und es gehe dem Patienten recht gut. Der Graf selbst war tatsächlich unverletzt geblieben und berichtete am Abend einigen engen Freunden von seinen Empfindungen direkt nach dem Anschlag:

»Als Jäger sagte ich mir: die letzten beiden Kugeln müssen gesessen haben, ich bin ein toter Mann. Eine Rippe tat zwar etwas weh, ich konnte aber zu meiner Verwunderung bequem nach Hause gehen. Hier untersuchte ich die Sache. Ich fand Löcher im Überzieher, im Rock, Weste und Hemde; an der seidenen Unterjacke aber waren die Kugeln abgeglitten, ohne die Haut zu verletzen. Die Rippe schmerzte etwas wie von einem Stoß, das ging aber bald über. Es kommt bei Rotwild vor, daß eine Rippe elastisch federt, wenn die Kugel aufschlägt. Man kann nachher erkennen, wo sie abgesplittert ist, weil da einige Haare fehlen. So mag auch meine Rippe gefedert haben. Oder vielleicht ist die Kraft der Schüsse nicht voll entwickelt worden, weil die Mündung des Revolvers unmittelbar auf meinen Rock drückte.«

Inzwischen wurde Ferdinand Cohen-Blind von der Polizei vernommen und gab bereitwillig Auskunft. Der 24jährige gebürtige Badener hatte Naturwissenschaften und Landwirtschaft studiert und war tatsächlich erst vor wenigen Tagen nach Berlin gekommen. Als Stiefsohn des im Londoner Exil lebenden Sozialdemokraten

Karl Blind hatte er keinerlei Bedenken gehabt, sich unter seinem richtigen Namen im Hotel einzutragen. Am Tage des Attentats war er in ein Café gegangen, hatte sich ein Bier bestellt und den Kellner gefragt, ob Bismarck nicht des öfteren Unter den Linden entlanggehe. Höflich bestätigte der Kellner seinem Gast, daß dies der Fall sei, und ließ den Fremden wissen, auch heute – und zwar demnächst – werde der Ministerpräsident vorbeikommen. Auf diese Information hin, warf Cohen-Blind ein Geldstück auf den Tisch, stürzte aus dem Lokal und attackierte wenig später sein Opfer.

Der kleine, aber kräftige Mann erklärte während des Verhörs immer wieder, daß er den Entschluß gefaßt habe, den Grafen Bismarck zu töten.

Eine Stuttgarter Zeitung veröffentlichte weitere Informationen zum Attentäter. Wegen des Exils seines Stiefvaters war er zunächst in Belgien und seit 1852 in London erzogen worden. Er war der Liebling aller Lehrer und absolvierte so exzellente Prüfungen, daß er mehrfach sogar mit Preisen ausgezeichnet wurde. Schon sehr früh entwickelte Cohen-Blind einen absonderlich ausgeprägten Patriotismus und beschloß, sich an der Waffe ausbilden zu lassen, um später für sein Vaterland und die Freiheit kämpfen zu können. Mit 16 trat er bei den englischen Freiwilligen ein und erwies sich bald als ausgezeichneter Schütze.

Auf dem Revier mußte sich der Attentäter einer Leibesvisitation unterziehen, bei der der Beamte jedoch nichts weiter als eine Uhr, ein Taschentuch, etwas Geld, einen Kamm, eine Börse und einen Stadtplan von Berlin zutage förderte. Rechts und links von einem Polizisten bewacht, wurde er verhört und gab zu Protokoll, daß er schon vor Jahren entschieden habe, den Ministerpräsidenten zu töten, da dieser ein Verräter an der deutschen Sache sei. Für eine kurze Pause wurde das Verhör unterbrochen, Cohen-Blind, noch immer bewacht, nutzte die Zeit, um sein Taschentuch aus der Hose zu ziehen und sich vermeintlich den Schweiß von der Stirn zu wischen. Plötzlich fuhr er mit dem Tuch vom Gesicht hinab zum Hals, machte eine ruckartige Bewegung und schnitt sich mit einem Messer, das der Beamte übersehen hatte, die Kehle durch. Eilig herbeigerufene Ärzte leisteten Erste Hilfe, doch in den frühen Morgenstunden des kommenden Tages war Cohen-Blind tot. Bismarck tobte, verlangte Disziplinarstrafen für alle, die an der mangelhaften Durchsuchung des Attentäters beteiligt waren, und forderte die Entfernung des Polizeipräsidenten. Den zitierte er kurz darauf zu sich und beschimpfte ihn eine geraume Weile, bis der Gescholtene, der das Amt seinerzeit nur widerwillig übernommen hatte, sich schließlich zur Wehr setzte: *»Habe ich mich denn nicht lange genug gesträubt, Polizeipräsident zu werden?« – »Nein, nicht lange genug«*, entgegnete der erboste Graf und wandte sich ab.

Jahre später wurde er noch einmal Opfer eines Attentats, doch auch diesmal kam er mehr oder weniger mit dem Schrecken davon.

Am 13. Juli 1874 feuerte der Böttchergeselle Eduard Franz Ludwig Kullmann, Mitglied eines katholischen Gesellenvereins, aus einem einläufigen Terzerol einen Schuß auf den Reichskanzler und verletzte ihn leicht an der rechten Hand. Bismarck machte kein großes Aufheben von dem Anschlag und erklärte im Reichstag, der Mann habe ihn wegen der Kirchengesetze umbringen wollen. Es gelte, so wiederholte er in immer neuen Wendungen, die Reihen noch fester zu schließen, um eine Partei zu bekämpfen, die Meuchelmörder zu ihren Taten inspiriere.

Bismarck selbst wurde zu etwas ganz anderem inspiriert – er ließ sich die Waffe von Cohen-Blind schenken, kaufte die von Kullmann und hatte fortan beide tagtäglich geladen auf seinem Schreibtisch liegen. Das Unterhemd, das er am Tage des ersten Attentats getragen hatte, mußte seine Frau angeblich eigenhändig stopfen; es wird bis heute sorgsam aufbewahrt.

Lothar Gall, Bismarck, der weiße Revolutionär, Ullstein Verlag, Frankfurt/Berlin/Wien, 1980; Franz Herre, Bismarck, der preußische Deutsche, Kiepenheuer & Witsch, Köln, 1991; Julius H. Schoeps, Bismarck und sein Attentäter, Ullstein Verlag, Frankfurt/Berlin/Wien, 1984

Gerold (Gero) Hermann Johannes von Braunmühl

Deutscher Diplomat. 1935–1986

Die Ahnenreihe derer von Braunmühl läßt sich bis in das frühe 17. Jahrhundert zurückverfolgen, und Gerold von Braunmühl gab seinen Eltern berechtigte Hoffnungen, die Tradition des Hauses aufrechtzuerhalten. Bereits vier Jahre nach dem Abitur legte er

1959 sein erstes und 1964 das zweite juristische Staatsexamen ab. Zwischendurch promovierte er 1963 zum Dr. jur., um nach den Examina in Bologna und Washington Internationale Beziehungen zu studieren und die Ausbildung mit einem Master's Degree abzuschließen. 1966 trat Braunmühl in den Auswärtigen Dienst ein. Zunächst war er Attaché an der Deutschen Botschaft in Washington, dann arbeitete er in der Zentrale im Deutschland- und Berlinreferat; danach ging er an die Botschaft von Neu Delhi und später nach Moskau. Seit 1977 war er in der Bonner Zentrale des Auswärtigen Amtes und wurde zu einem der engsten Mitarbeiter Hans-Dietrich Genschers.

Es war ein Freitagabend im Oktober 1986, an dem die Terroristen der RAF erneut zuschlugen, und wieder einmal zeigte sich, daß die Mitglieder der staatsfeindlichen Organisation völlig unberechenbar agierten. Gerade hatte das BKA aus einer Liste die sogenannten »qualifizierten Gefährdeten« herausgefiltert. Ergebnis: Hans-Jürgen Wischnewski (drei Kreuze), Kurt Rebmann (vier Kreuze) und an der Spitze Außenminister Hans-Dietrich Genscher (fünf Kreuze) – der Name des Genscher-Vertrauten Dr. Gerold von Braunmühl hatte auf keiner Liste gestanden.

Die Uhr zeigte kurz vor halb zehn. Hilde von Braunmühl kam von einem Theaterabend zurück und wartete auf ihren Mann, der – wie üblich – erst spät aus dem Außenministerium nach Hause kam. Als Gerold von Braunmühl an seinem Haus in der Bonner Buchholzstraße 34a im Taxi vorfuhr und sich seine Aktentasche aus dem Kofferraum reichen ließ, kam aus dem Dunkel plötzlich eine vermummte, kleine Gestalt auf ihn zu und schoß dreimal. Schwer getroffen, versuchte der Diplomat, sich auf die andere Straßenseite zu schleppen und hinter einem geparkten Wagen in Sicherheit zu bringen. Da tauchte unmittelbar neben ihm eine zweite vermummte Gestalt auf und tötete ihn mit zwei Schüssen aus nächster Nähe. Der Taxifahrer, ein 24jähriger Student, konnte noch sehen, wie die Attentäter in einem Opel Kadett flüchteten. Von den Schüssen alarmiert, rannte Hilde von Braunmühl auf die Straße, doch weder sie noch der inzwischen eingetroffene Notarzt konnten ihrem Mann helfen. Entsetzt mußte Frau von Braunmühl mit ansehen, wie der Leichnam ihres Mannes, bedeckt mit einem weißen Tuch, abtransportiert wurde.

Wenig später fanden die Ermittler ein Bekennerschreiben der RAF: *»Heute haben wir den Geheimdiplomaten Braunmühl, politischer Direktor im Außenministerium, erschossen.«* Zwar gingen sehr bald eine ganze Reihe von Hinweisen aus der Bevölkerung bei der Polizei ein, doch handfeste Spuren ergaben sich daraus nicht. Wie Hohn wirkte es auf die Ermittler, als sie feststellen mußten, daß der Diplomat von Kugeln aus derselben Waffe getroffen worden war, mit der man fast auf den Tag vor neun Jahren den entführten Arbeitgeberpräsidenten Hanns-Martin Schleyer ermordet hatte.

Gerold von Braunmühl war nicht als Person, sondern als Funktionsträger des Staates Ziel eines Attentats geworden. In ihrem Bekennerbrief bezeichneten die Täter den Ministerialdirektor als *»eine der zentralen Figuren in der Formierung westeuropäischer Politik im imperialistischen Gesamtsystem«*, und sie waren allen Ernstes davon überzeugt, durch ihre Tat den *»BRD-Staat so erschüttert«* zu haben, *»daß er nicht mehr handlungsfähig«* sei.

»Wer erleuchtet Euch? Wer macht Euch zu Auserwählten Eurer elitären Wahrheit? Wer gibt Euch das Recht zu morden?« fragten im Herbst 1986 die Brüder des ermordeten Diplomaten. In einem offenen Brief in der Berliner Tageszeitung »taz« appellierten sie an die Täter: *»Hört auf. Kommt zurück. Habt den Mut, Euer geistiges Mordwerkzeug zu überprüfen. Treffend sind nicht Eure Argumente, treffend sind nur Eure Kugeln.«*

Daß die Verwandten die öffentliche Diskussion mit den Attentätern suchten, führte zu scharfen Kontroversen. Die Bonner Tageszeitung »Die Welt« formulierte: *»Wer sich mit denen außerhalb der Gerichte einläßt, setzt das Ansehen der Opfer aufs Spiel, schadet der Demokratie und dem Rechtsstaat.«* Dagegen hielt der Gießener Psychoanalytiker Horst Eberhard Richter: *»Wenn noch irgend etwas die Freunde der RAF dazu bringen könnte, den Sinn von terroristischen Morden zu bezweifeln, dann ist es gewiß sehr viel eher die Methode der Brüder des ermordeten Gerold von Braunmühl als diejenige der Gesetzesverschärfung, die sie vielleicht als Bestätigung interpretieren dürften.«*

Die Auseinandersetzung um schärfere Gesetze wurde besonders von konservativen Politikern angeheizt, und prompt meldete sich eine »Autonome Gruppe Osnabrück« mit einem höhnischen Leserbrief in der »taz« zu Wort: *»Ein System, das von Mord, Ausbeutung und Unterdrückung lebt, darf sich nicht wundern, wenn zurückgeschlagen wird.«* Ein gewisser »Autonomer vom Dienst« ließ sich vernehmen: *»Ich rege mich über ein paar Tonnen toter Fische mehr auf, als über die Erschießung von Braunmühls.«*

Pastor Heinrich Albertz, der unbeirrbar immer wieder zwischen Terroristen und Staatsmacht zu vermitteln suchte, äußerte sich über dergleichen Briefeschreiber: *»Sie wollen nicht wahrhaben, daß es sich um sinnlosen Mord gehandelt hat, daß damit endlich aufgehört werden muß, daß diese Gewalt denen dient, die diesen Staat immer mehr zu einem Polizei-, Atom- und Militärstaat umwandeln wollen.«*

Stern, 16. 10. 1986/04. 12. 1989

Siegfried Buback
Generalbundesanwalt. 1920–1977

Der Beamtensohn aus Meißen in Sachsen studierte Rechtswissenschaften und bestand 1941 das erste Examen. 1947 kehrte er aus der Kriegsgefangenschaft zurück, und drei Jahre später absolvierte Buback die zweite juristische Staatsprüfung. 1953 wurde er zum Staatsanwalt befördert und machte eine kontinuierliche Karriere, die 1974 in seiner Berufung zum Generalbundesanwalt gipfelte. In dieser Funktion gehörte Siegfried Buback zu den meistgefährdeten Personen der Bundesrepublik; entsprechend bemühte man sich, sein Leben zu schützen und die notwendigen Sicherheitsmaßnahmen zu ergreifen.

Am 7. April 1977 hielt gegen 8.30 Uhr im Fichtenweg, Karlsruhe, ein blauer Dienst-Mercedes vor dem Einfamilienhaus der Familie Buback. Aus Vorsicht hatte der 30jährige Fahrer Wolfgang Göbel die Nummernschilder zuvor ausgetauscht. Buback nahm auf dem Beifahrersitz Platz, im Fond des Wagens saß Georg Wurster, Chef des bundesanwaltschaftlichen Fahrdienstes.

Es war 9.15 Uhr, als der Fahrer an einer roten Ampel halten mußte. Plötzlich schob sich auf der rechten Abbiegerspur ein schweres Motorrad der Marke Suzuki an den Mercedes heran. Fahrer und Beifahrer trugen Motorradanzüge, ihre Gesichter waren hinter den Visieren der Helme verborgen. Die Ampel schaltete auf Grün, und in dem Augenblick, als der Wagen sich in Bewegung setzte, feuerte der Motorradbeifahrer aus einem automatischen Gewehr in das Fenster und die Seitentür des blauen Mercedes. Die Kugeln durchschlugen Glas und Metall, doch das Auto rollte weiter und kam erst an einem Begrenzungspfahl zum Stillstand. Fahrer Wolfgang Göbel war tödlich getroffen worden. Generalbundesanwalt Buback wurde von Helfern vorsichtig auf den Rasen am Straßenrand gebettet, wo er wenig später seinen Verletzungen erlag. Den schwerverwundeten Georg Wurster brachte man in ein Krankenhaus, dort starb auch er.

Die Polizei löste sofort eine Ringfahndung aus, die allerdings erfolglos blieb.

Am Nachmittag trat in Bonn der »Kleine Krisenstab« zusammen. Die Bundesanwaltschaft übernahm die Ermittlungen und veranlaßte auf der Stelle verschärfte Haftbedingungen für die in Stammheim einsitzenden Mitglieder der RAF. Wenige Tage später wurde bei der Deutschen Presseagentur in Frankfurt ein Bekennerschreiben in den Briefkasten geworfen: *»Für Akteure des Systems wie Buback findet die Geschichte immer einen Weg. Am 7. 4. 77 hat das Kommando Ulrike Meinhof Generalbundesanwalt Siegfried Buback hingerichtet.«*

Rechtsanwalt Otto Schily und andere Anwälte gaben eine Erklärung ab, in der sie *»mit tiefer Empörung und Abscheu den sinnlosen und brutalen Mord verurteilten«*. Die *»hinterhältige Ermordung«* sei *»ein schweres Verbrechen gegen den Rechtsstaat«*.

Und genau als dieses war die Tat gedacht. Von langer Hand geplant, sollte auch der tödliche Anschlag auf Buback dazu dienen, die Freilassung der Stammheimer Häftlinge voranzutreiben. Deswegen waren auch die Terroristen Peter Jürgen Boock und Brigitte Mohnhaupt kurz vor dem Attentat gemeinsam nach Bagdad gereist, um dort Wadi Haddad, den Paten aller europäischen Terroristen, zu treffen.

Während Siegfried Bubacks letzte Lebensstunden schlugen, erfreute sich das Pärchen an der Romantik seines Zielortes. Am Morgen nach der Ankunft wachten sie in einem kleinen Haus auf; die Sonne schien, Boock öffnete das Fenster und pflückte eine Orange vom Baum, die er im Bett schälte und mit seiner Freundin teilte: *»Es war tierisch, eigentlich unwirklich, unglaublich und unwirklich.«*

Wenig später trafen sie Wadi Haddad, der seine ganze Truppe mitgebracht hatte und die zwei Terroristen wie Staatsgäste begrüßte. Nach einem opulenten Mahl begannen die Verhandlungen. Die Befreiungsaktion rücke jetzt in greifbare Nähe, teilten die Deutschen ihrem Gastgeber mit, und sie seien auf der Suche nach Ländern, die die Freigepreßten zuverlässig aufnehmen würden. *»Kein großes Problem«*, sagte Haddad, *»das läßt sich ziemlich schnell regeln. Nordkorea käme in Frage, Jemen, Irak, vielleicht auch Algerien. Das aber nur im Notfall.«* Als Landestation, sinnierte er weiter, könne auch Somalia in Betracht kommen, aber nicht, um dort zu bleiben. Allerdings sei auch der Irak problematisch, schließlich befände sich dort die gesamte palästinensische Struktur. Die solle man besser nicht gefährden. Man einigte sich auf den Jemen, und das gefährliche Paar kehrte unbehelligt über Malta, Paris und Brüssel nach Amsterdam zurück. Am selben Nachmittag erhielten sie in ihrem Unterschlupf den erwarteten Anruf: *»Er ist tot. Die Sache ist gelaufen!«* Gemeint war Siegfried Buback – und Brigitte Mohnhaupt setzte sich sofort an ihre Schreibmaschine, um das fällige Bekennerschreiben zu verfassen.

Ein Mitglied des verantwortlich zeichnenden Kommandos Ulrike Meinhof war der gesuchte Terrorist Christian Klar. Die Untersuchungen der Polizei ergaben, daß man ihn in den Vortagen des Attentats bei Übungsfahrten auf dem Suzuki-Motorrad gesehen hatte und später im Fluchtwagen der Mörder, einem silbergrauen Alfa, als Beifahrer identifizieren konnte. Dank einer zuverlässigen Zeugin ließen sich sogar Teile des Tages vor dem Attentat rekonstruieren:

Am 6. April, einen Tag vor den tödlichen Schüssen, waren drei junge Männer in einen Weinladen gekommen, hatten verschiedene Weine probiert und schließlich, ohne auf den Preis zu achten, 18 Flaschen gekauft. Der Geschäftsführerin fielen die drei auf, weil sie zwar sehr gepflegt gekleidet, aber extrem muffig und schweigsam waren. Außerdem bemerkte sie beim Verladen der Kartons den außergewöhnlich edel und teuer wirkenden Alfa Romeo, mit dem das Trio vorgefahren war. 24 Stunden später war

Siegfried Buback tot, der inzwischen gefundene Fluchtwagen bereits von der Polizei auseinandergenommen worden, und Christian Klar, Knut Folkerts und Günter Sonnenberg warteten in einer konspirativen Wohnung bei einem ordentlichen Schluck Wein darauf, daß sich der Fahndungsdruck wieder legte.

Die Bundesregierung setzte eine Belohnung von 200 000 Mark für die Ergreifung der Täter aus. Am 3. Mai 1977 wurde in Singen der Terrorist Sonnenberg nach einem Feuergefecht mit der bekannten Terroristin Verena Docker schwer verletzt gefaßt.

Stefan Aust, Der Baader Meinhof Komplex, Wilhelm Goldmann Verlag, München, 1998; Stern, 03. 09. 1987

C

Gaius Julius Caesar

Römischer Feldherr und Staatsmann. 100–44 v. Chr.

Julius Caesar wurde 63 v. Chr. vom Volk zum Pontifex maximus gewählt und trat in dieser Funktion im Dezember im Senat gegen die von Cicero für die Anhänger Catilinas geforderte Todesstrafe auf. Nach siegreichen Kämpfen in Spanien kehrte er nach Rom zurück, verzichtete auf einen Triumph und bewarb sich 59 v. Chr. um ein Konsulat, das er auch erhielt. Mit Licinius Crassus und Pompeius schloß er ein politisches Bündnis, das »erste Triumvirat«. Durch seine Siege, reiche Beute und ein enormes Heer wurde Caesar zum mächtigsten Mann in Rom.

Obwohl der Imperator bereits zwei Anschläge auf sein Leben überstanden hatte, entließ er wenige Wochen vor seinem Tod die spanischen Leibwächter, die ihn bis dahin beschützt hatten. Sorglos bestand er in der Regel darauf, Rom zu Fuß zu durchqueren, und vermied, sich von einer Senatsdelegation auf seinen Wegen begleiten zu lassen.

Es war im Sommer 45 v. Chr., als Gaius Trebonius, römischer Konsul und erklärter Gegner Caesars, das erste Attentat plante. Caesar befand sich soeben auf der Rückreise aus Spanien und weilte in Narbo (heute Narbonne). Mangels Gelegenheit und wohl auch, weil er im letzten Augenblick noch weiche Knie bekam, führte Trebonius den tödlichen Streich nicht aus. Von seiner Idee, den mächtigen Feldherrn zu ermorden, ließ er allerdings nicht ab, sondern schloß sich alsbald den Verschwörern der Iden des März an. Auch ein anderes Mitglied der Gruppe, Cassius, an seines Schwagers Brutus Seite, vehementer Befürworter von Caesars Ermordung, hatte zuvor schon einmal eine günstige Gelegenheit ergreifen wollen. Sorgfältig bereitete er im kleinasiatischen Tarsus die mörderische Tat vor. Die Götter sorgten auch dieses Mal dafür, daß ihrem Protegé nichts geschah; sein Schiff landete woanders als erwartet, und Cassius mußte seinen Posten unverrichteter Dinge verlassen.

Am Abend des 14. März speiste Caesar mit Lepidus, dem Anführer der Reiterei, und einigen Freunden. Man unterhielt sich unter anderem auch über philosophische Fragen, und die Gäste hatten sich darüber geäußert, welcher Tod ihnen am liebsten wäre. Caesar hatte keinen Zweifel: Er sagte, am liebsten sei ihm ein plötzliches und unerwartetes Ende.

In dieser Nacht, so berichtet Plutarch, lag Caesar neben seiner dritten Frau Calpurnia, als alle Türen und Fenster des Raumes plötzlich aufflogen, als sei ein Windstoß durch das ganze Haus gefahren. Angeblich hatte Calpurnia schreckliche Alpträume und stöhnte im Schlaf. Als Caesar sie weckte, erzählte sie ihm, sie habe geträumt, er sei ermordet worden, und flehte ihn an, das Haus nicht zu verlassen. Caesar war von den seltsamen Träumen und heftigen Bitten seiner Frau beunruhigt und fühlte sich nicht wohl. Deshalb und weil er seinen Besuch im Senat verschieben wollte, schickte er am Morgen nach Mark Anton. Seine Ärzte rieten ihm, zu Hause zu bleiben, und die Auguren meldeten, daß die Voraussagen für diesen Tag ungünstig gewesen seien. Im Senat warteten die Attentäter auf Caesar.

Die treibende Kraft der Verschwörung war Gaius Cassius, ein fähiger General, der unter Pompeius als Admiral gedient hatte; er war mit einer Schwester von Brutus verheiratet und hatte bei Pharsalus gegen Caesar gekämpft – um dann später unter die Amnestie zu fallen. Er war schon seit langem ein glühender Republikaner und hatte sich als Anführer der wenigen Senatoren hervorgetan, die dagegen gestimmt hatten, Caesar nach der Schlacht von Munda Ehrungen zu erweisen. Cassius war verbittert und hatte das Gefühl, Caesar habe ihn bei der Vergabe der wichtigen Staatsämter ungerecht übergangen, und er sollte auch seinen Schwager Marcus Brutus für die Verschwörung gewinnen. Der war jung, gebildet, ein Intellektueller und wurde von Caesar wie ein Sohn behandelt – der er möglicherweise auch wirklich war. Brutus' ganzer Stolz galt jedoch seinem legalen Vater, dem Mann von Caesars Geliebter Servilia. Caesar hatte Brutus ein hohes Amt gegeben, und der machte sich mit Recht Hoffnungen darauf, noch im Jahr 41 Konsul zu werden. Wie sein Schwiegervater Cato war er allerdings hochmütig, neigte zu Selbstgefälligkeit, und sein Hang, bei seinen Reden im Senat zu moralisieren, hatte Caesar einmal zu folgender Bemerkung veranlaßt: *»Ich weiß zwar nicht, was der junge Mann meint, aber was es auch ist, er meint es sehr heftig.«*

Decimus Brutus, von Caesar schon seit seiner Jugend protegiert, war einer seiner besten Generäle und ein weiterer führender Verschwörer. Auch Gaius Trebonius, der erfolglose Statthalter des Hinteren Spanien, gehörte zu den Attentätern; auch er war ursprünglich ein Anhänger Caesars gewesen. Die führenden Köpfe des Komplotts waren also alle mehr oder weniger erfolgreiche Politiker, hatten Caesar früher bewundert, viele waren sogar seine Freunde gewesen. Die restlichen Verschwörer (nach Angaben Suetons waren es etwa 60) wurden von einer Mischung aus Idealismus, persönlichem Haß auf den Diktator, Egoismus und dem verschwommenen Wunsch angetrieben, zu den Tagen der alten Republik zurückzukehren. Sie hofften, nach dem Tod Caesars würde wieder eine normale Herrschaft durch den Senat errichtet werden.

Die Zeit verging, der Diktator kam und kam nicht, und die Verschwörer saßen wie auf glühenden Kohlen. Voller Angst befürchteten sie schon, die Verschwörung sei entdeckt worden und in diesem Augenblick sei Caesar schon mit seinen Legionen zum Theater des Pompeius unterwegs, wo sie alle versammelt waren. Ängstlich schickten sie Decimus Brutus zu ihm. Er sollte den Feldherrn davon überzeugen, wie wichtig gerade heute seine Teilnahme an der Sitzung sei. Brutus, der Caesar seine gesamte Karriere verdankte, war es wie den meisten anderen Verschwörern bestimmt, sein Leben nach dem Attentat zu verlieren – aber zunächst gelang es ihm tatsächlich, den widerstrebenden Imperator zu überreden.

Am 15. März 44 – Caesar befand sich schließlich auf dem Weg zur Senatshalle – holte ihn der alte Griechischlehrer Artemidorus ein, um ihm einen Zettel mit wichtiger Botschaft zu geben. Die Notiz enthielt den Hinweis, daß eine Verschwörung mit tödlichem Ziel gegen ihn im Gange war. Doch Caesar, abgelenkt von Bittstellern, fand keine Zeit zu lesen und reichte die rettende Information unbeachtet an einen seiner Begleiter. Artemidorus ließ nicht lokker. Dringend, so bat er, solle der Diktator auf das Geschriebene schauen, und erreichte schließlich, daß der den Zettel zumindest wieder an sich nahm. Als er den Senat schließlich betrat, hielt er ihn zwar in der Hand, hatte aber noch immer keinen Blick darauf geworfen. Inzwischen war Antonius, ergebener Anhänger und Wächter Caesars, im Getümmel abgedrängt worden und konnte seinem Herrn nicht mehr zur Seite stehen. Am Eingang erwartete ihn Spurinna. Auf Caesars ironische Bemerkung, die Iden des März seien gekommen und hier stünde er, antwortete dieser: *»Sie sind gekommen, aber sie sind noch nicht vorbei!«*

Caesar ging durch die Tür auf die Senatsversammlung zu. Die Senatoren erwarteten ihn und erhoben sich, während er zu seinem Thron schritt. Kaum war er dort angelangt, versammelten sich die Verschwörer um ihn. Im Halbkreis schirmten sie ihn von den anderen ab und gaben vor, ihn um Gefälligkeiten bitten zu wollen. Einer von ihnen war Tullius Cimber, der Caesar noch einmal darum bat, seinen Bruder aus dem Exil zurückzurufen. Als der ihm diese Bitte verweigerte, streckte er wie flehend eine Hand nach Caesars Gewand aus. Der Diktator wich einen Schritt zurück, und Cimber packte, als sei er empört, die purpurrote Toga und zog sie seinem Opfer von der Schulter. Das war das Zeichen für die anderen. Sie umringten ihn, und Casca, der direkt hinter ihm stand, führte den ersten Streich gegen den Hals, verfehlte ihn aber und durchbohrte statt dessen die Schulter des Imperators. Caesar fuhr herum, packte Casca am Arm und stieß sein Schreibgerät hinein. Dabei rief er laut: *»Casca, du Schurke! Was hast du vor?«*

Ein zweiter Verschwörer stach ihn in die Seite, Cassius verletzte ihn mit dem Dolch im Gesicht. Nun fielen sie über ihn her wie ein Rudel Wölfe, einer stach ihm in den Oberschenkel, ein anderer in den Rücken. Voller Haß und wie im Blutrausch wüteten die Angreifer und verletzten sich in ihrem Wahn bisweilen sogar gegenseitig. Caesar kämpfte um sein Leben. Verzweifelt wehrte er sich nach links und rechts mit seinem Schreibgerät, doch schließlich erlag er der Übermacht seiner Feinde und sank am Fuß der Pompeiusstatue langsam zu Boden. Nach der Überlieferung sah er in diesem Augenblick Brutus mit dem Dolch in der Hand auf sich zukommen. Seine letzten Worte, die er in Griechisch sprach, galten ihm: *»Auch du, mein Sohn!«* Er verhüllte seinen Kopf, sank ganz zu Boden und starb.

Nach vollbrachter Tat begab sich Brutus in die Mitte des Raumes, um eine Rede zu halten, doch die entsetzten Senatoren, soeben Zeugen eines Meuchelmordes, verließen empört ihre Plätze und den Saal. Draußen erfuhr Caesars Getreuer Antonius, der von Verschwörern abgelenkt worden war, was sich zugetragen hatte. Voller Furcht floh er und verkleidete sich unterwegs als Sklave, um heil nach Hause zu kommen.

Schließlich erhielt Brutus auf dem Forum Gelegenheit zu sprechen und begann, den Mord zu rechtfertigen. Statt mit der erwarteten Zustimmung reagierte das Volk mit kaltem Haß. Prätor Lucius Cornelius Cinna eilte seinem Vorredner zu Hilfe und sprach von Caesar als einem Tyrannen. Steinwürfe und Flüche waren die Reaktion, so daß er seine Beine unter die Arme nahm und mit wehender Tunika gerade noch sein schützendes Haus erreichte. Seine Rettung kostete vier Tage später einem anderen das Leben. Verwechselt mit dem Prätor, wurde an dessen Stelle der Dichter Gaius Helvius Cinna vom aufgebrachten Mob ermordet, sein Kopf abgeschlagen, auf eine Lanze gespießt und im Triumphzug durch die Stadt getragen.

Die auf dem Forum versammelte Menschenmenge war über das, was sie zu hören bekam, so empört, daß die Attentäter um ihr Leben fürchten mußten, zum Capitol flüchteten und sich dort verbarrikadierten.

Unterhalb der Pompeiusstatue lag noch immer Caesars Leichnam. Der warnende Brief des Artemidorus wurde ungeöffnet in der Nähe seines Körpers gefunden. Als man den Toten später gründlich untersuchte, wurden 23 Stichwunden gefunden, von denen jedoch nur eine tödlich gewesen war. Wer sie ihm beibrachte, blieb unentdeckt. Ursprünglich hatten seine Mörder vorgehabt, den Toten in den Tiber zu werfen, sein Vermögen zu konfiszieren und seine Gesetze für ungültig zu erklären. Daran war nun nicht mehr zu denken. Der Senat beeilte sich, Caesars Regierungsakte ausdrücklich zu bestätigen, und Konsul Marcus Antonius ordnete ein Staatsbegräbnis an. Während das einigermaßen besänftigte

Volk eifrig Brennbares herbeischaffte, warfen die Musiker ihre Festgewänder, die Veteranen ihre Siegeskränze in die Flammen, denen der Leichnam feierlich übergeben wurde. Ebenso feierlich erhob der Senat den Toten per Beschluß unter die Götter und erklärte die Iden des März zum Vatermordstag. An diesem Tag, so wurde verkündet, werde der Senat nie wieder zu einer Sitzung zusammentreten.

Von den hinterhältigen Mördern, so berichtet Sueton, überlebte kaum einer die Tat länger als drei Jahre – und keiner starb eines natürlichen Todes; wer nicht in der Schlacht erlag oder einem Schiffbruch zum Opfer fiel, nahm sich selbst das Leben. Manch einer wählte hierfür den Dolch, mit dem er auf den überraschten Caesar eingestochen hatte.

Rom als Republik war mit dessen Tod unwiederbringlich verloren. Nach 13 Jahren blutigen Bürgerkrieges etablierte sich sein Großneffe und Adoptivsohn Octavian als Alleinherrscher und begründete als Kaiser Augustus das Römische Reich.

Ernle Bradford, Julius Caesar, Ullstein Verlag, Frankfurt/Berlin, 1987; Jörg von Uthmann, Attentat, Wolf Jobst Siedler Verlag, Berlin, 1996

Caligula

Römischer Kaiser. 12–41 n. Chr.

Gaius Iulius Caesar Germanicus wurde im Jahr 12 als dritter Sohn des Germanicus und der Agrippina der Älteren in Antium geboren. Den Kosenamen »Caligula« (Militärstiefelchen) erhielt er, als er zwischen seinem zweiten und vierten Lebensjahr von seinen Eltern nach Germanien mitgenommen wurde und dort eigens für ihn angefertigte kleine Militärstiefel trug. Da seine beiden älteren Brüder gestorben waren, wurde Caligula nach dem Tod des Tiberius zum Kaiser ernannt. Nachdem er seine Herrschaft für kurze Zeit maßvoll begonnen hatte, strebte Caligula schon bald nach hellenistischem Vorbild ein absolutistisches Gottkaisertum an, das er despotisch durchzusetzen versuchte.

Kaum im Amt, tat der Kaiser alles, um sich den entsprechenden Ruf zu erobern, und ging mit Recht als einer der brutalsten Herrscher Roms in die Geschichte ein. Manchmal einfach zum eigenen Vergnügen, meist aber, wenn jemand sein Mißfallen erregte, quälte und tötete er wahllos und brutal. In kürzester Zeit wurden mindestens drei Verschwörungen gegen ihn geplant. Doch des Herrschers Spione funktionierten, und Caligula wurde jeweils rechtzeitig gewarnt. So schlug er auch 39 das Komplott des Statthalters Cornelius Lentulus Gaeticulus in Mainz nieder. Hatte der Kaiser sich für den Tod eines Gegners entschieden, war ihm von Gift bis zum Rasiermesser jedes Mittel genehm, und nicht selten fand er regelrecht Gefallen daran, selbst Hand an seine Opfer zu legen. *»Rom ist die Stadt der Hälse, die darauf warten, von mir geschlachtet zu werden«*, waren seine Worte.

Marcus, der Präfekt der Prätorianer und damit Oberhaupt der mächtigen Palastwache, hatte seinerzeit Tiberius getötet, um den Weg für die Herrschaft Caligulas zu ebnen. Der dankte ihm den tödlichen Einsatz herzlich wenig, und nach einer kurzen Zeit des gegenseitigen Vertrauens ließ er den Urheber und Mitwisser seines kaiserlichen Aufstiegs aus nichtigem Anlaß exekutieren. Doch Caligula hatte nicht mit der Beliebtheit des Präfekten gerechnet. Als er feststellte, daß er durch dessen Hinrichtung die Mehrheit der Palastwachen heftig gegen sich aufgebracht hatte, versuchte er sie und ihre Loyalität mit Geld und Geschenken zu kaufen. Entweder waren die Prätorianer jedoch letztendlich nicht korrupt genug, oder der Herrscher griff nicht tief genug in seine Taschen und Schatullen, denn zwei von ihnen beschlossen eines Tages den Tod des gewaltfreudigen Regenten.

Chaerea und Sabinus, beide bis dahin eher unauffällige Kolonels der Wache, litten seit langem unter den groben und erniedrigenden Späßen, die Caligula immer wieder auf ihre Kosten zu machen pflegte. Im Januar 41 hatte das Duo endgültig genug und erhielt vom Schicksal bald darauf eine Chance:

Sein Weg vom Palast zu den Palatinischen Spielen führte den 29jährigen Herrscher durch einen eigens konstruierten Geheimgang. Dies, so entschieden die Attentäter, sollte der Ort der Wahl sein, und als Caligula am 24. Januar nichtsahnend seinem Vergnügen entgegenging, stürzten sich Chaerea und Sabinus hinterrücks auf ihn und stachen wie besessen mit ihren Schwertern auf ihn ein. Alarmiert vom bestialischen Gebrüll des Verletzten, eilten andere Wachmänner herbei und taten das Gegenteil von dem, wofür sie bezahlt wurden. Statt ihrem schwerverwundeten Herrn zu helfen, griffen auch sie zu den Waffen und attackierten ihn ebenfalls. Sicher, daß der brutale Kaiser seinen letzten Atemzug getan hatte, hielten sie schließlich inne. Stolz überprüften sie ihre Stichwerkzeuge auf Blutspuren des verhaßten Opfers, als dieses wie ein Monster wieder zum Leben erwachte: *»Ich lebe noch«*, schleuderte er seinen Mördern entgegen und wand sich in seinem Blut auf dem Marmorboden. Diesmal erledigten die Prätorianer die Sache sorgfältiger und stachen so lange auf Caligula ein, bis er endgültig tot war.

Die Nachricht vom Ende des grausamen Regenten verbreitete sich wie ein Lauffeuer, doch die meisten Bürger Roms hielten sie für eine gemeine, hinterhältige Finte Caligulas und trauten sich nicht, zu feiern. Inzwischen vollendeten die Prätorianer ihr Werk. Sie eilten zu Caligulas vierter Gemahlin Caesonia, töteten diese ebenfalls und scheuten sich nicht einmal, auch der Tochter des Paares das Leben zu nehmen. Ohne einen Anflug von Mitleid warfen sie das kleine Mädchen so lange an die Wand ihres Gemachs, bis ihr das Hirn aus dem Schädel quoll.

Während des sippenhaftartigen Rachefeldzugs stießen sie auch auf Claudius, den 50jährigen Onkel des Toten. Er hatte sich völlig verängstigt in eine Ecke gekauert und starrte die nahenden Berserker entsetzt an. Weil er ein Bein nachzog und erheblich stotterte, wurde Claudius allgemein für schwachsinnig und daher ungefährlich gehalten und kam den Attentätern auf diese Weise sehr zupaß. Sie schnappten sich den vor Schreck Paralysierten und präsentierten ihn dem Senat als optimalen Nachfolger Caligulas. Zum einen hatten die meisten Senatoren große Angst vor den mächtigen Prätorianern, zum anderen hielten sie im eigenen Interesse Claudius für einen durchaus geeigneten Kandidaten. Auch sie hatten erheblich unter dem gewalttätigen, wahnsinnigen Caligula gelitten und gaben nach anfänglichem Zögern ihre Zustimmung. Nicht wirklich erleichtert blickten sie in die Zukunft mit einem vermeintlich harmlosen, manipulierbaren Schwachkopf an der Spitze des Staates.

Anthony Barrett, The Corruption of Power, Batsford, London, 1993; David Wardle, Suetonius' Life of Caligula, Latonius Verlag, Brüssel, 1994

Venustiano Carranza
Revolutionsführer und mexikanischer Präsident. 1859–1920

Carranzas politische Karriere führte ihn zügig an die Spitze der mexikanischen Konstitutionalisten. Nach deren militärischem Sieg erreichte Carranza 1917 die Verabschiedung einer Verfassung und seine Anerkennung als Staatspräsident. Kaum in der Funktion bestätigt, verfolgte er eine nationalistische Außenpolitik, verlor aber durch seine konservative Sozialpolitik bald die Unterstützung der unteren Schichten.

Durch die mexikanische Verfassung war gesichert, daß der Präsident des Landes sein Amt nur für vier Jahre und ohne Option auf Wiederwahl ausüben durfte. Um dennoch nicht völlig in der Bedeutungslosigkeit zu verschwinden und sich einen gewissen Einfluß zu sichern, versuchten viele Machthaber, noch während der Amtsperiode ihre Nachfolge mitzubestimmen und zu sichern. So auch Venustiano Carranza, der mit seinen Plänen so vehemente Auseinandersetzungen provozierte, daß sein Widersacher Obregón und einige radikale Generäle sogar zu einem Bürgerkrieg aufriefen.

Tatsächlich folgte ein Aufstand, währenddessen Carranza zu Ohren kam, daß die Rebellen unter Führung von Rodolfo Herrero sich auf ihrem Weg zur Hauptstadt und nur noch 30 Meilen entfernt befanden. Diese Information war mehr als ein Grund zur Besorgnis. Carranza nahm den gesamten mexikanischen Staatsschatz an sich, packte alle wichtigen Regierungsunterlagen ein und begab sich am 5. Mai 1920 auf die Flucht. Sein Ziel war Vera Cruz, wo er, ausgerüstet mit Geld und Papieren, eine neue Regierung etablieren wollte. Etwa 10000 seiner Anhänger hatten von dem Plan gehört und waren zum Bahnhof geeilt, um ihrem Präsidenten ins Exil zu folgen. Doch nicht nur seine Freunde, auch Carranzas Feinde hatten Wind von seinen Aktivitäten bekommen und entsprechende Vorkehrungen getroffen. Unter Herreros Kommando war es den Rebellen bereits gelungen, Vera Cruz einzunehmen. Ahnungslos saß Carranza in einem der Waggons des Zugkonvois. Die Bahn erreichte soeben den Staat Pueblo in der Nähe der Stadt Rinconanda, als die Reise auf freier Strecke unterbrochen werden mußte. Das Hindernis war schnell erkannt, Rebellen hatten die Gleise zerstört. Carranza und eine Handvoll seiner Getreuen flohen aus dem Zug und ritten auf mitgeführten Pferden in die Berge. Zunächst schien es, als sei die Flucht geglückt, als plötzlich einsetzender heftiger Regen die kleine Gruppe zu einer Pause zwang. In dem kleinen Ort Tlaxcalantonga bot man ihnen Zuflucht in einer bescheidenen Lehmhütte an. Doch nicht alle Bewohner des Bergdorfs waren auf der Seite des Gejagten, und so hinterbrachten Spitzel Herrero den Aufenthaltsort des Präsidenten. Der machte sich mit einigen Rebellen sofort auf den Weg und erreichte das Versteck kurz vor der Dämmerung. Ohne Vorwarnung eröffneten sie das Feuer, während sie laut schrien: *»Tod Carranza! Es lebe Obregón!«* Der völlig wehrlose Präsident war sofort tot.

Zehn Jahre nach dem Beginn der mexikanischen Revolution waren die drei führenden Köpfe Madero, Zapata und Carranza tot. Man schrieb das Jahr 1920 und eine neue Generation von Revolutionären bemühte sich, eine Ära des Friedens zu begründen.

William Weber Johnson, Heroic Mexico, Doubleday, New York, 1968

Fidel Castro Ruz

Kubanischer Revolutionsführer und Politiker. * 1926

Nach Beendigung seines Jurastudiums wurde Castro zunächst Rechtsanwalt, bekämpfte die herrschende Diktatur und verbrachte als Regimegegner knapp zwei Jahre im Gefängnis, bis er im Mai 1955 amnestiert wurde. Mit großer Unterstützung der Bevölkerung übernahm er Anfang 1959 das Amt des kubanischen Ministerpräsidenten und baute einen kommunistischen Staat auf.

Fidel Castros enge Verbindungen zur UdSSR waren der amerikanischen Regierung seit jeher ein Dorn im Auge. Kaum hatte er die Macht in Kuba übernommen, entwickelten die USA konkrete Pläne, sein Regime zu unterwandern. Unter Dwight D. Eisenhower organisiert, aber erst kurz nach der Wahl John F. Kennedys durchgeführt, unterlief den Amerikanern ein gravierender Fehler: die Schweinebuchtinvasion Mitte April 1961, die drei Tage dauerte. Der von der CIA vorbereitete und von der amerikanischen Regierung unterstützte Versuch, Castro mit Hilfe von Exilkubanern zu stürzen, scheiterte kläglich. Das Ergebnis der Attacke war, daß der kubanische Präsident seine Beziehungen zur Großmacht

Rußland intensivierte und Kuba noch vor Ablauf des Jahres zum kommunistischen Staat erklärte.

Jetzt war der amerikanische Geheimdienst am Zug. Minutiös erarbeitete der CIA in den 60er Jahren mehrere Pläne für die Ermordung Castros. Doch deren Umsetzung erwies sich jeweils als äußerst schwierig, da das potentielle Opfer die Gabe hatte, immer wieder Freundschaft mit den Menschen zu schließen, die ausgesandt waren, ihn zu töten. So auch Marita Lorenz, in die sich Castro 1959 verliebte. Ein knappes Jahr währte das Verhältnis, dann trennte sich das Paar und die CIA witterte eine Chance. Man schickte die junge Frau mit Giftkapseln zum Revolutionsführer, doch Marita Lorenz erfüllte ihren Auftrag nicht: *»Ich liebte den alten Sack noch immer!«*

Die Vorbereitungen zur Operation Mongoose hatten bereits im Dezember 1959 begonnen. Der CIA rekrutierte fast 2000 abtrünnige Kubaner, um sie auszubilden und so für ihr Vorhaben nutzen zu können. Bestrebt, die Operation erfolgreich durchzuführen, scheuten die Amerikaner nicht davor zurück, Teile des organisierten Verbrechens in ihre Überlegungen einzubeziehen. Mit akribischer Kreativität wurden die Verantwortlichen nicht müde, eine Vielzahl von Mordoptionen zu ersinnen. Vergiftete Spritzen wurden ebenso ins Kalkül gezogen wie vergiftete Zigarren; man dachte über eine Sprengladung an der Taucherausrüstung Castros ebenso nach wie über die gewaltsame Infektion mit einer tödlichen Krankheit oder letal verseuchte Kleidung. Was immer sie sich jedoch ausdachten, auch die subtilst eingefädelten Mordanschläge scheiterten.

Fidel Castro hatte zu diesem Zeitpunkt große Auseinandersetzungen mit dem Glücksspielimperium der Mafia, und diesen Konflikt wollte der CIA für seine Ziele einsetzen. Doch die angeheuerten Mafiosi spielten ein doppeltes Spiel. Allen voran Santos Trafficante jr., der den Geheimdienst unablässig zum Narren hielt. Der Pate von Tampa nahm zwar regelmäßig die amerikanischen Aufträge zur Ermordung des Regierungschefs an, dachte aber gar nicht daran, sie in die Tat umzusetzen. Statt dessen versorgte er die USA mit sorgfältig verfaßten – aber komplett fingierten – Berichten über das Scheitern seiner Männer bei der Ausführung ihrer mörderischen Aufgaben. Als er eines Tages ein flüssiges Gift bekam, mit dem er Castro umbringen sollte, drehte er sich nach der Übergabe auf dem Absatz um, nahm die Ampulle und spülte sie in der Toilette herunter. Den Amerikanern tischte er wenig später wieder eine seiner Geschichten von der Verkettung unglücklicher Umstände auf. Die Motivation für sein Treiben war allerdings keineswegs mitmenschliche Sympathie, sondern vielmehr die Tatsache, daß er davon ausging, daß der kubanische Präsident eines schönen Tages das Glücksspiel sehr wohl wieder in seinem Land erlauben werde. Mit seinem »loyalen« Verhalten wollte er sich für diesen Fall gewissermaßen die Poolposition im Kampf um die kostbaren Lizenzen sichern. Eine geraume Weile ließ sich der CIA von dem geschäftstüchtigen Trafficante an der Nase herumführen, dann begann man ihn zu verdächtigen, und schließlich wurde die Operation Mongoose ergebnislos abgebrochen. Es war Präsident Lyndon B. Johnson, der 1965 *»das verdammte Mördergeschäft in der Karibik«* schließlich ein für allemal beendete.

Doch die Sache hatte ein Nachspiel. Der Journalist Jack Anderson förderte mit seinen Recherchen Details zutage, die Präsident Gerald Ford veranlaßten, einen Untersuchungssauschuß mit der Klärung der Vorkommnisse zu beauftragen. Die Rockefeller-Kommission waltete ihres Amtes überaus gewissenhaft und zwang CIA und Sicherheitsministerium im Verlauf der Anhörungen, mehr als 60 bis dahin streng geheime Dokumente zu präsentieren, die über geplante und durchgeführte politische Anschläge Zeugnis ablegten.

Im November 1975 veröffentlichte der Ausschuß einen Bericht, aus dem deutlich hervorging, daß der CIA Attentate auf das Leben des kubanischen Präsidenten vorbereitet hatte. Außerdem wurde deutlich, daß die Ursache für den Tod von Patrice Lumumba, Premierminister von Belgisch-Kongo, keineswegs wie 1961 offiziell verlautbart ein Flugzeugabsturz, sondern ebenfalls ein Attentat des Geheimdienstes gewesen war. Das Papier enthielt darüber hinaus die belegte Verwicklung des CIA in drei weitere Anschläge auf prominente Politiker: Rafael Trujillo aus der Dominikanischen Republik, Ngo Dinh Diem aus Südvietnam und General Rene Schneider aus Chile.

In der Nacht vom 17. auf den 18. November 2000 wurden wegen eines angeblichen Mordkomplotts gegen den kubanischen Staatschef in Panama vier Männer festgenommen. Castro, der sich anläßlich des Ibero-Amerika-Gipfels dort aufhielt, hatte erklärt, daß ihn Terroristen töten wollten. Unter den Verhafteten befand sich auch Luis Posada Carrilles, der von Kuba unter anderem für ein Bombenattentat auf ein kubanisches Verkehrsflugzeug verantwortlich gemacht wurde. Bei dem Anschlag kamen 1976 alle 73 Insassen der Maschine ums Leben.

Die Vertretung der Exilkubaner in Panama bezeichnete die Verdächtigungen als *»Show eines verrückten Greises«*.

Robert E. Quirk, Fidel Castro, Edition q, Berlin, 1996; Bild am Sonntag, 19. 11. 2000; Stern, 02. 11. 2000

Marcus Tullius Cicero

Römischer Politiker und Schriftsteller. 106–43 v. Chr.

Der in Rom sorgfältig ausgebildete Rechtsanwalt erhielt seine rhetorischen und philosophischen Anregungen vor allem in Griechenland und gilt durch seine brillanten Schriften bis heute als der eigentliche Schöpfer der lateinischen Kunstprosa.

Schon lange war Marcus Tullius Cicero für seine vehementen und mutigen Reden bekannt, da wagte er, öffentlich seine Teilnahme an der Regierung von Crassus, Pompeius und Caesar zu verweigern, weil ihm ihre politische Linie nicht gefiel. Diese Frechheit konnte nicht ungeahndet bleiben, und so verbannte Kaiser Claudius den scharfzüngigen Cicero 59 v. Chr. 14 Jahre gingen ins Land, die politischen Fronten hatten sich verändert, und Pompeius beschloß, den Vertriebenen aus dem Exil zurückzuholen. Cicero dankte ihm die großzügige Geste, indem der auf der Stelle begann, dessen Beziehung zu Caesar zu unterwandern. Als seine Intrigen endlich Früchte trugen und die beiden Männer nicht mehr nebeneinander, sondern gegeneinander standen, schlug sich Cicero auf Pompeius' Seite und opponierte heftig gegen Caesar. Nach dessen Ermordung ging er noch einen gefährlichen Schritt weiter. Mit flammenden Worten ermutigte er den Senat, eine Generalamnestie zu erlassen und die Verschwörer von allen Vorwürfen freizusprechen. Sein Ansinnen traf nicht nur auf wohlwollende Ohren; zwei Senatoren, Antonius und Octavian waren so erbost darüber, daß sie auf Rache für den postumen Verrat an Caesar sannen.

Diesmal ließ Cicero sein Instinkt im Stich. Er hielt seine beiden Gegner für nicht mächtig genug, etwas gegen ihn auszurichten. Erst als sich Gerüchte und Berichte über ein geplantes Attentat verdichteten, entschied er sich am 6. Dezember 43 v. Chr. dazu, Rom zu verlassen – zu spät. Kaum hatte er das für die Flucht organisierte Boot bestiegen, wurde er wegen des rauhen Wetters entsetzlich seekrank. Schon vor den Ufern von Formia, wo er sein Haus hatte, fühlte er sich so elend, daß er befahl zu ankern, an Land ging und die Nacht im heimischen Schlafgemach verbrachte. In den frühen Morgenstunden des nächsten Tages begab er sich wieder zum Meer. Allein der Anblick der stürmischen See drehte ihm dermaßen den Magen um, daß er sofort in sein Haus zurückkehrte und dort der kommenden Dinge harrte. Seine treu ergebenen Sklaven konnten und wollten jedoch nicht zulassen, daß sich ihr Herr widerstandslos seinen Mördern auslieferte. Gegen seinen Willen hoben sie ihn auf eine Bahre und trugen ihn zum Boot. Doch da tauchten Antonius' gedungene Mörder auf. Die Sklaven griffen zu den Waffen, bereit sein Leben zu verteidigen, doch Cicero befahl ihnen, kein Blut zu vergießen. Müde und geschwächt bot er den Attentätern seinen Hals dar. Die zögerten nicht und schlugen ihm zunächst den Kopf und dann die Hände ab. Beides im Gepäck, beeilten sie sich, zurück nach Rom zu kommen, um Antonius und seiner Gattin Fulvia voller Stolz die Beweise des ausgeführten Auftrags beinahe noch warm zu präsentieren. Fulvia, die sich seit jeher schrecklich aufgeregt hatte, wenn Cicero seine Stimme gegen ihren Mann erhob, nahm ein Messer und schnitt eigenhändig die Zunge aus dem Mund. Erst dann wurde der zungenlose Kopf mitsamt den Händen auf dem Rednerpodest des Forums für alle deutlich sichtbar ausgestellt, damit erkennbar wurde, daß der berühmte Redner ein für allemal zum Schweigen gebracht worden war.

Manfred Fuhrmann, Cicero und die römische Republik, Artemis & Winkler, Düsseldorf, 1997

Claudius, Tiberius Caesar Nero Germanicus

Römischer Kaiser. 10 v. Chr. – 54 n. Chr.

Dank der Prätorianer, die ihm nach Caligulas Tod auf den Thron halfen, konnte Claudius politisch große Vorhaben verwirklichen. Die kaiserliche Verwaltung wurde ausgebaut, wobei kaiserliche Freigelassene die einzelnen Ressorts übernahmen. Ein neuer Hafen in Ostia sicherte die Getreideversorgung in Rom. Eine großzügige Bürgerrechtspolitik und aktive Außenpolitik verschafften Claudius Unterstützung bei den Truppen und bei den Provinzialen.

C

Kurz nachdem sie ihn zum Kaiser gemacht hatten, zeigte Claudius sowohl den Senatoren als auch den mächtigen Prätorianern, daß er keineswegs der willenlose Trottel war, für den man ihn gehalten hatte. Höflich bedankte er sich bei den Prätorianern dafür, daß sie ihm ihr Vertrauen schenkten, und befahl im nächsten Atemzug, diejenigen von ihnen hinzurichten, die für den Tod seines Vorgängers Caligula verantwortlich waren. Seine Kontroversen mit dem Senat führten zu zahlreichen Verschwörungen gegen ihn – als Folge einer von ihnen wurden seine politisch intrigante dritte Frau Messalina und deren Geliebter Gaius Silius hingerichtet.

Wegen seiner Gehbehinderung und des starken Stotterns war Claudius stets erheblich unterschätzt worden. Tatsächlich hatte er sich diese Situation jedoch sehr clever zunutze gemacht, um im gewaltgeprägten Herrscherhaushalt unbehelligt zu bleiben. Anders als zuvor Augustus und Tiberius, die Claudius stets vor der Öffentlichkeit verborgen hatten, erlaubte Caligula dem vermeintlichen »Deppen« der kaiserlichen Familie, das Amt eines Konsuls zu bekleiden und die entsprechenden Privilegien für sich in Anspruch zu nehmen. Leise und bescheiden ergriff Claudius die dargebotene Chance und ohne Aufhebens bildete er sich auf verschiedenen Gebieten so geschickt weiter, daß er später sogar Bücher verfassen konnte. Bis dahin ein Ausbund an Gutmütigkeit, zeigte er im Besitz der Macht allerdings sehr schnell Ansätze von Caligulas Mentalität. Ging ihm etwas gegen den Strich oder funktionierte eine in Auftrag gegebene Handwerksarbeit nicht nach seinen Wünschen, fand sich der verantwortliche Schreiner unversehens in der Arena wieder, wo Claudius ihn mit den Löwen um sein Leben kämpfen ließ. Damit nicht genug, legte der Herrscher ein geradezu barbarisches Vergnügen an der Beobachtung von Exekutionen und Folterungen an den Tag.

Nach dem gewaltsamen Tod seiner Frau Messalina standen der ehrgeizigen Agrippina der Jüngeren auf dem Weg ins kaiserliche Schlafgemach keine großen Hindernisse mehr im Weg. 48 n. Chr. gelang ihr dann auch eine so beeindruckende Verführung ihres Onkels Claudius, daß dieser ihr ein Eheversprechen gab. Als Schwester Caligulas war Agrippina jedoch eine Blutsverwandte ersten Grades, und so mußte der Senat vor der Hochzeit flink einer Änderung des Inzestgesetzes zustimmen. Kaum war dies geschehen, hatte Agrippina nur noch ein Ziel vor Augen: die Macht für ihren Sohn Lucius Domitius Ahenobarbus, später Nero genannt. Sie veranlaßte den ihr hörigen Claudius, den Jungen zu adoptieren, und leitete eine beispiellose Kampagne in die Wege, um Britannicus, des Kaisers leiblichen Sohn aus erster Ehe, in der Thronfolge hinter Nero zu plazieren.

Eifersüchtig wachte sie über ihren Mann, seine Macht und ihren Einfluß und ließ wahllos Männer und Frauen hinrichten, die ihren Plänen in die Quere kamen.

Jahrelang ließ Claudius die Furie an seiner Seite gewähren, beugte sich ihren Wünschen und ließ sie nach Belieben schalten und walten. Doch als er im vierundsechzigsten Lebensjahr die Kräfte schwinden fühlte und sein Lebensende für gekommen hielt, riß er unvermutet das Ruder noch einmal herum. Mit einem einzigen Befehl machte er das Lebenswerk seiner Gattin zunichte, indem er Britannicus zum rechtmäßigen Erben und Thronfolger erklärte.

Agrippina war außer sich und bereit, alles zu tun, um ihrem geliebten Sohn Nero – entgegen der kaiserlichen Entscheidung – zu den Insignien der Macht zu verhelfen. In Rom lebte stadtbekannt und völlig unbehelligt ein Mann namens Locusta, seines Zeichens der versierteste Giftmischer der Umgebung. Er, der eigenhändig bereits Hunderte von Menschen ins Jenseits befördert hatte, wurde immer dann diskret an den Hof gerufen, wenn es galt, Feinde möglichst unauffällig zu beseitigen. Agrippina orderte also eine Portion giftiger Pilze bei Locusta und bereitete ihrem Mann einen schmackhaften Eintopf daraus. Nicht lange nach dem Genuß desselben wurde der von Krämpfen geschüttelte, delirierende Kaiser ins Bett gebracht. Über die folgenden zwölf Stunden gibt es zwei Versionen.

Eine lautet, daß es dem Opfer plötzlich etwas besser ging und Agrippina, die Ruhe selbst, daraufhin einen ihrer Vertrauten, Stertinius Xenophon, rufen ließ. Eilfertig bot er sich an, dem geplagten Claudius mit einer Feder zu erleichterndem Erbrechen zu verhelfen. Wissend, daß auch diese zuvor durch die todbringenden Hände des Locusta gegangen war, stimmte Agrippina freudig zu.

Die andere Fassung der Geschichte besagt, daß Claudius das widerliche Abendmahl im Laufe der Nacht ohne Feder wieder von sich gab. Agrippina, auch hier Herrin der Lage, redete beschwichtigend auf ihren Mann ein und flößte ihm zur Beruhigung seines revoltierenden Magens einen giftigen Saft ein, der ihm den Rest gab.

Was immer wirklich geschah, das Ende bleibt das gleiche: Nicht mehr in der Lage zu sprechen, durchlitt Claudius eine qualvolle Nacht, bis er bei Tagesanbruch starb.

Agrippina erreichte ihr Ziel, ihr Sohn Nero wurde gekrönt.

Wilhelm Kierdorf (Hrsg.), Sueton, Leben des Claudius und Nero, Schoeningh Verlag, Paderborn, 1992

C

Luis Donaldo Colosio Murrieta
Mexikanischer Politiker. 1950–1994

Als Luis Donaldo Colosio Murrieta 1994 für das Amt des Präsidenten nominiert wurde, erklärte er sich voller Stolz bereit, für seine Partei in den Wahlkampf zu ziehen. Die PRI war in Mexiko seit 1929 an der Macht, und Colosio wollte die Tradition fortsetzen. Mit Verve und aus vollster Überzeugung kündigte er bei seinen Wahlveranstaltungen weitreichende soziale Reformen an, die vor allem den Armen des Landes zugute kommen sollten.

Am 23. März 1994 hielt Colosio im Armenviertel von Tijuana vor mehr als 4000 Menschen eine Rede. Nachdem der 44jährige Politiker seine Ansprache beendet hatte, ließ er sich von der jubelnden Menge feiern. Während er Hände schüttelte, gelang es einem jungen Mann, sich in die Gruppe der Sicherheitskräfte und damit sehr nah an Colosio zu manövrieren. Als er die Gelegenheit für günstig hielt, zog er eine Pistole, hob sie hoch über seinen Kopf, senkte sie dann, zielte und schoß seinem Opfer kurz nacheinander in Kopf und Bauch. Mario Aburto Martinez, ein 23jähriger Industriemechaniker, hatte den letzten Schuß kaum abgefeuert, da ergriffen ihn auch schon die Leibwächter. Der schwerverletzte Donaldo Colosio wurde sofort in ein Krankenhaus gebracht, doch die Ärzte bemühten sich vergeblich, sie konnten sein Leben nicht retten.

Nach Alvaro Obregón war Colosio seit 1928 der erste mexikanische Präsidentschaftskandidat, der erschossen wurde. Das Entsetzen in Volk und Partei war groß, dennoch wurde binnen ganz kurzer Zeit ein Nachfolger präsentiert, der 42jährige Ernesto Zedillo Ponce de Léon.

Noch am Tag des Mordes wurde Generalstaatsanwalt Diego Valades mit der Untersuchung der Attentatshintergründe beauftragt. Zum Erstaunen aller wartete er bereits am nächsten Morgen mit dem Ergebnis auf, Martinez habe gestanden. Bald darauf gerieten allerdings Berichte in Umlauf, die besagten, Martinez habe ausgesagt, daß er bekennender Pazifist sei und den Politiker keineswegs habe ermorden wollen, vielmehr habe man ihn geschubst und gestoßen, als er Warnschüsse aus der Pistole abfeuerte, um auf die sozialen Mißstände im Land aufmerksam zu machen. *»Niemand wußte von diesem Plan, außer den Leuten, mit denen ich in Verbindung stand«*, gab Aburto nebulös zu Protokoll, schwieg sich jedoch beharrlich über die Namen der Betreffenden aus. Die Ermittlungen wurden fortgesetzt, und am 28. März gab die Staatsanwaltschaft eine weitere Verhaftung bekannt. Einen Tag später wurde der 57jährige Teilzeitleibwächter Tranquillino Sanchez Venegas der Mittäterschaft angeklagt. Man fand heraus, daß der Mann von der Parteizentrale eigens für den Tag des Verbrechens engagiert worden war. Die sorgfältige Begutachtung eines Videobands ergab, daß Sanchez ganz eindeutig den Weg für Aburto frei gemacht hatte, als dieser sich seinem Opfer näherte. Weiterhin hatte der Leibwächter offensichtlich nichts gegen den gezückten Revolver Kaliber 38 unternommen, als der Attentäter die Waffe in seiner unmittelbaren Nähe hoch über den Kopf erhoben hatte. Eine Zeitung berichtete über ein 16jähriges Mädchen, eine Freundin Aburtos, die ihn und Venegas wenige Tage vor dem Anschlag miteinander sprechen gesehen hatte.

All das machte eine besonders gewissenhafte Untersuchung notwendig, denn die Verantwortlichen glaubten, einer Verschwörung auf der Spur zu sein. Die Regierung stellte den vertrauenswürdigen und engagierten Miguel Montes Garcia eigens für den Fall ab. Wenig später hatte der vier weitere Männer verhaftet und zwei andere Beteiligte identifiziert. Mit Hilfe der Videobänder und dokumentierender Fotos gelang es Montes zu beweisen, daß mehrere Männer Colosio durch Manipulationen so positioniert hatten, daß er stand, wo er stand, und daß sie ebenfalls für Aburtos direkten Zugriff auf ihn gesorgt hatten. Die verdächtigen Personen waren fast alle ehemalige Polizisten, die von der PRI als Sicherheitskräfte für den nämlichen Tag angeheuert worden waren.

José Rodolfo Rivapalacio, ein führendes PRI-Mitglied aus Tijuana, hatte die vermeintlichen Leibwächter mit ausgesucht und wurde als der Anführer der Gruppe, die Aburto geholfen hatte, identifiziert. Weiterhin ermittelte man die ehemaligen Polizeioffiziere Tranquillino Sanchez Venegas, Vincente Mayoral Valenzuela sowie dessen Sohn Rodolfo Mayoral Esquer als Mitverschwörer. Der Staatsanwalt triumphierte bereits und war sicher, daß er alle notwendigen Beweise für eine hieb- und stichfeste Anklage beieinander hatte, als ihm der Todesschütze am 7. April einen Strich durch die Rechnung machte. Aburtos Anwalt gab nämlich offiziell bekannt, daß sein Mandant keinen der Genannten jemals zuvor gesehen, geschweige denn gesprochen habe. Mit dieser Aussage war der Anklage ein ordentliches Stück Boden unter den Füßen weggezogen worden. Zwei der sechs Verdächtigen konnten wegen Mangels an Beweisen gar nicht erst vor Gericht gestellt werden, die Mayorals und Sanchez blieben wegen des Verdachts auf Hilfeleistung bei der Tat selbst zunächst in Haft.

Am 27. April gab José Federico Benitez Lopez, der Polizeichef von Tijuana, ein Zeitungsinterview, in dem er behauptete, er habe auf eigene Faust eine unabhängige Untersuchung des Falls durchgeführt und sei in der vergangenen Nacht aller in seinem Büro verschlossenen Akten und Unterlagen beraubt worden. Am nächsten

Tag wurden er und sein Leibwächter entführt und wenig später ermordet. Einige Wochen darauf wurden die Ermittlungen der Umstände seines Todes von höchster Ebene eingestellt. Als Grund gab man an, dergleichen sei nun mal leider Berufsrisiko.

Während Staatsanwaltschaft und Polizei auf Hochtouren arbeiteten, um die Schuldigen dingfest zu machen, überquerten Mitte Mai Aburtos Mutter, zwei seiner Schwestern sowie drei weitere Verwandte illegal die mexikanisch-amerikanische Grenze. Mit der Begründung, sie fürchteten um ihr Leben, baten sie in den USA um politisches Asyl.

Mario Aburto Martinez hielt weiterhin dicht und verriet keinen seiner Hintermänner. Im Oktober 1994 wurde er wegen Mordes an Donaldo Colosio zu 42 Jahren Gefängnis verurteilt.

William Weber Johnson, Heroic Mexico, Doubleday, New York, 1968

D

Roque Dalton
Salvadorianischer Schriftsteller. 1935–1975

Der wortgewandte Dichter wurde mit 23 Jahren Theaterdirektor in El Salvador und geriet als Revolutionär zwischen die Fronten von Militärjunta, CIA und rivalisierenden Guerillagruppen.

Das Revolutionstribunal tagte in einem Wohnhaus in San Salvador. Sechs junge Männer saßen über einen zu Gericht, der sich als Dichter einen Ruf weit über die Grenzen von El Salvador hinaus erworben hatte: Roque Dalton. Die Anklage lautete: *»Spaltungsversuch der revolutionären Organisation und Kollaboration mit dem US-Geheimdienst CIA.«* Roque Dalton war eine der schillerndsten Figuren der salvadorianischen Kulturszene der 60er Jahre. Wortgewandt, witzig und selbstironisch schrieb er Dramen und produzierte Lyrik am laufenden Band. Nach dem Besuch des Weltjugendfestivals in Moskau trat er 1956 der Kommunistischen Partei bei. Anfang der 60er Jahre erhielt er eine Einladung nach Kuba, wo er zwei Theaterstücke schreiben sollte. Kurz nach seiner Rückkehr wurde er festgenommen und wochenlang in einem Polizeikerker 35 km östlich von San Salvador festgehalten. Was man mit ihm vorhatte, sollte er erst erfahren, als ihn ein CIA-Agent verhörte. Der war eigens aus Washington angereist, um dem prominenten Poeten ein Geschäft anzubieten. Dalton sollte für den Geheimdienst arbeiten, die verborgenen Treffpunkte des Zentralkomitees preisgeben, Kameraden verpfeifen, strategische Pläne der Partei ausspionieren. Die Alternative: sein schmachvoller Tod in den Händen der salvadorianischen Armee. Schmachvoll, weil die CIA alle Welt glauben machen werde, Dalton sei vor seiner Hinrichtung noch zum Verräter geworden. Der CIA-Agent behauptete, beweisen zu können, daß Dalton von den Kubanern dazu ausersehen sei, in El Salvador den bewaffneten Kampf zu organisieren. In Havanna hätte er nicht geschrieben, sondern militärisches Training und doktrinäre Schulungen absolviert. Dalton ging zurück in seine Zelle und beantwortete sich die Frage, ob er bereit sei, für seine Überzeugung zu sterben, mit einem klaren: *»Ja, natürlich, selbstverständlich.«*

D

Eine erdbebengeschwächte Wand seines Kerkers ermöglichte dem revolutionären Dichter die Flucht. Freunde schleusten ihn nach Prag und von dort weiter nach Kuba. Dort schloß er sich dem eben gegründeten »Revolutionären Volksheer« an und agitierte fleißig aus dem Untergrund. 1973 verließ er Kuba und seine Familie, um wieder in San Salvador aktiv zu werden. Eine umfangreiche gesichtschirurgische Operation sollte verhindern, daß ihn seine Gegner im Land erkannten. Doch statt der politischen Feinde wurden mehr und mehr die politischen Freunde zum Problem. Untereinander zerstritten und in Fraktionen aufgeteilt, kritisierten sie Daltons undogmatische Ansätze. Seine Arbeitsmanuskripte waren ihnen nicht linientreu genug, die Aufforderungen zur Diskussion wurden als ideologische Abweichungen und Spaltungsversuche gedeutet.

Schließlich beschuldigten sie ihn, im Sold der CIA zu stehen, setzten ihn fest und inszenierten eine Verhandlung. Roque Dalton beteuerte während der geheimen Sitzung wiederholt, daß der Prozeß ein großer Fehler sei, und beharrte auf einer Untersuchung der Vorwürfe. Die Genossen beendeten ihr Tribunal mit dem Todesurteil für den Angeklagten. Dalton protestierte heftig und leistete vehementen Widerstand, als es zur Exekution ging. Am 10. Mai 1975 wurde er wenige Tage vor seinem vierzigsten Geburtstag erschossen.

Werner Raith/Thomas Schmid (Hrsg.), Politische Morde, Verlag Die Werkstatt, Göttingen, 1996

Didius Julianus
Römischer Kaiser. 132–193

Kaiser Pertinax, ein bodenständiger und fleißiger Diener seines Volkes, versuchte seine Palastwache, die mächtigen Prätorianer, mit disziplinarischen Maßnahmen unter Kontrolle zu halten. Das gefiel denen, deren Aufgabe eigentlich der Schutz des Kaisers war, so wenig, daß sie am 28. März 193 n. Chr. 300 Mann stark in den kaiserlichen Palast marschierten und Pertinax, der sich ihnen furchtlos entgegenstellte, kurzerhand mit dem Schwert töteten.

Nach dem Mord waren die einflußreichen Kaisermacher ohne Führer und boten das höchste Amt im Staat mehreren Senatoren an, die jedoch alle dankend ablehnten. Niemand wollte die Nachfolge des beliebten Toten antreten und sich damit in Abhängigkeit vom Wohlwollen der skrupellosen Prätorianer bringen. Als sich unter den von ihnen Bevorzugten kein Mann fand, der die Verantwortung für das riesige Römische Reich übernehmen wollte, schlug ein Prätorianer schließlich vor, den offenbar unbeliebten Job meistbietend zu versteigern. Gesagt, getan. Man veranstaltete eine Auktion, die so lange andauerte, bis nur noch zwei Männer in der Lage waren, weiterzubieten. Der 61jährige Didius Julianus und Sulpicianus, der Schwiegervater des ermordeten Pertinax. Bei einem Gebot von 300 Millionen Sesterzen für jeden der 12000 Prätorianer wurde das Reich zum ersten, zweiten und dritten an Didius verkauft. Der machte sich stehenden Fußes auf den Weg zum Senat, um sich in seiner – im wahrsten Sinne des Wortes – hoch bezahlten Position bestätigen zu lassen. Die Prätorianer ließen ihren neuen Chef keinen Moment aus den Augen und bauten sich so bedrohlich zu seinem Schutz auf, daß den Senatoren überhaupt keine andere Wahl blieb, als Didius anzuerkennen.

Wenig erfreut von dem kaufmännischen Coup zeigten sich allerdings die römischen Generäle. Besonders einer von ihnen, Septimus Severus, war überaus erbost über die würdelose Hökerei. Mit Geld und guten Worten stellte er in der Ferne ein großes Heer zusammen, mit dem er gegen den Kaiser zu marschieren gedachte. Als Didius Julianus bewußt wurde, was sich da zusammenbraute, bekam er es mit der Angst zu tun. Er ernannte seinen Schwiegersohn zum Gouverneur von Rom und beschäftigte sich fortan statt mit der Regierung des Landes nur noch mit seinem persönlichen

Schutz. Nicht nur, daß die Prätorianer noch härter als sonst gedrillt wurden, der Kaiser versuchte auch, seine Elefanten zu Kampftieren umzudressieren, doch die friedlichen Dickhäuter, bis dahin nur bei Paraden eingesetzt, warfen jeden, der sich ihnen in soldatischer Manier näherte, zu Boden. Severus und seine Truppe kam immer näher. Voller Angst schickte Didius gedungene Mörder zu ihm, die allerdings unverrichteter Dinge zurückkehrten, denn der Feind war von 600 Leibwächtern geschützt. Didius disponierte um: Er sandte einen Boten zu Severus, der ihm das halbe Reich anbieten und ihn im Falle einer Absage töten sollte. Mit der Erklärung, er sei lieber Didius' Feind als sein Kollege, lehnte Severus ab – und tötete seinerseits den Boten. In Panik schickte Didius Priester zum Verhandeln und Jungfrauen zum Verführen, und als nichts half, versuchte er es mit magischen Beschwörungsformeln und rituellen Opfern.

Von all dem völlig unbeeindruckt, marschierte Severus weiter, wild entschlossen, seine geliebte Heimat vor jedem zu retten, der dachte, man könne sie kaufen oder verkaufen.

In vollem Harnisch und immer vorneweg marschierte er mit seinen Truppen gut 1000 km und hielt nur, um zu essen oder zu schlafen. Am 2. Juni 193, dem vierzigsten Tag des Gewaltmarsches, erreichten sie Rom. Severus befahl seinen Männern, die Stadt in voller Rüstung zu betreten, wohl wissend, daß er damit die traditionell gültigen Regeln verletzte. Er selbst kleidete sich, dem Brauch gehorchend, in Zivil. Als die Prätorianer von der Ankunft der Truppe erfuhren, ließen sie Didius sofort im Stich. Etwa ein Dutzend Soldaten fanden den zitternden Kaiser im Palast und führten ihn zu den Bädern. Didius Julianus lamentierte: *»Was habe ich denn Böses getan? Habe ich jemand getötet?«* Er machte eine so jämmerliche Figur, daß die Soldaten laut lachten, als sie ihn zu Boden warfen und ihm den Kopf abschlugen.

Der Kaiser hatte ein Vermögen ausgegeben und sich damit lächerliche 66 Tage Macht gekauft. Sein Nachfolger wurde Septimus Severus.

Michael Grant, Die Römischen Kaiser, Gustav Lübbe Verlag, Bergisch Gladbach, 1989

Ngo Dinh Diem

Südvietnamesischer Politiker. 1901 – 1963

Einst königlicher Abstammung, blickte Diem auf eine lange Reihe bedeutender Vorfahren zurück, die bereits im 17. Jahrhundert zu den ersten gehört hatten, die zum katholischen Glauben bekehrt worden waren. Nachdem er zehn Jahre im Exil gelebt hatte, kehrte er 1954 nach Südvietnam zurück, wurde ein Jahr später der erste gewählte Präsident des Landes und erklärte es zur Republik. Während seiner Herrschaft machte sich der tyrannische Diem fast alle Elemente der vietnamesischen Gesellschaft und vor allem die USA zu Feinden. Gnadenlos mit seinen Gegnern, etablierte er ein von Korruption und Inkompetenz geprägtes Regime. Diem, selbst überzeugter Katholik, beging den tödlichen Fehler der Verfolgung der Buddhisten, die einen wesentlichen Teil der Bevölkerung bildeten. Seine Hatz auf die Andersgläubigen führte zum Entzug der militärischen Unterstützung Amerikas und zum Putsch von 1963.

Schon in den vorhergehenden Jahren waren verschiedene Anschläge auf den Präsidenten unternommen worden. Doch weder Fallschirmspringer noch Flugzeugbomber oder Maschinengewehre waren erfolgreich, Diem blieb an der Macht. Mit jedem vereitelten Attentat wuchs allerdings sein Mißtrauen gegen die Umgebung, bis er schließlich nur noch seinem Bruder, dem Chef der Geheimpolizei, und dessen Frau mit dem vielsagenden Spitznamen Dragon Lady vertraute.

Eines Tages bekam der Bruder Wind von der geplanten Verschwörung der Militärs und weihte Diem sofort ein. Kopf der Putschisten war Duong Van Minh, genannt Big Minh, der die Regierung übernehmen wollte. Die bedrohten Brüder heckten eine Gegenattacke aus, die jedoch scheiterte. Einer ihrer Hauptverbündeten hatte sich mit Geld und einem versprochenen Posten vom Feind kaufen lassen. Am 1. November 1963 gegen 1.30 Uhr am Morgen griffen die Soldaten an. Als der Präsident und sein Bruder merkten, daß ihre Gegenoffensive nicht stattfand, packten sie die nötigsten Habseligkeiten und ergriffen die Flucht aus dem Palast. Durch ein Labyrinth von Geheimgängen gelangten sie ins Freie, dort wartete ein Auto, das sie unbemerkt zum Haus eines befreundeten chinesischen Geschäftsmannes brachte. Am nächsten Tag flohen sie in eine Kirche. Die Ausweglosigkeit der Lage erkennend, beschlossen sie, sich zu ergeben. Im Nu waren die Rebellen vor dem Portal, fesselten den beiden die Hände auf dem Rücken und transportierten sie ab. Mit im Auto saß ein Major, der den Brüdern ewige Rache geschworen hatte, seit der despotische Diem einst einen seiner engsten Freunde hatte hinrichten lassen. Als der Bruder des Präsidenten mit ihm einen heftigen Streit vom Zaun brach, riß dem Major der Geduldsfaden, er griff zum Bajonett und stach blindwütig auf den ehemaligen Chef der Geheimpolizei ein. Dann zog er seine Pistole und verpaßte Diem eine Kugel in den Hinterkopf. Der Präsident war sofort tot, in seinem schwerverletzten Bruder regte sich noch Leben, bis der Major auch ihn erschoß. In einer offiziellen Erklärung wurde der Tod der beiden als Unfall deklariert, die Identität des Offiziers hielt man geheim. Die beiden Leichen wurden in einem unbekannten Gefängnisgrab nahe des Saigon-Flughafens verscharrt.

Jonathan Vankin, Conspiracies, Cover-Ups and Crimes: From JFK to the CIA Terrorist Connection, Paragon House, New York, 1992

Engelbert Dollfuss
Österreichischer Staatsmann. 1892–1934

Der engagierte Katholik Engelbert Dollfuß wurde 1932 Kanzler von Österreich. Seine politische Position isolierte ihn erheblich und machte ihn zum Opfer von verbalen Attacken sowohl der Rechten als auch der Linken in seinem Land. In enger Anlehnung an das faschistische Italien bekämpfte er den Anschluß Österreichs an Deutschland. Die eigenen Nationalsozialisten opponierten heftig, weil Dollfuß Österreich unabhängig halten wollte, die Sozialisten kritisierten ihn, weil er ihnen zu rechts war. Gestützt auf die Vaterländische Front, wandelte er die parlamentarische Republik in ein autoritäres Regierungssystem um und ließ sogenannte »Anhaltelager« (Internierungslager) für die radikalen Gegner seines Regimes einrichten.

In Deutschland ergriff Hitler die Macht; um die wirtschaftliche Stabilität des Landes zu sichern, wollten viele Österreicher ein Bündnis mit den deutschen Nationalsozialisten. Am 7. März 1933 versuchte Dollfuß, die Antiregierungskräfte zu bezwingen, indem er eine Diktatur ausrief und die Bundesversammlung auflöste. Mit dieser Maßnahme war der Widerstand jedoch keineswegs gebrochen, sondern wuchs eher noch und gipfelte am 29. März in einem Aufstand. Dollfuß reagierte, indem er unter anderem den Parteimitgliedern das Tragen von Uniformen verbot. Am 3. Oktober 1933 schlug der erste Anschlag auf sein Leben fehl.

Trotz aller innenpolitischen Querelen eroberte sich der 41jährige Kanzler, der wegen seiner kleinen Statur auch »Millimetternich« genannt wurde, international den Ruf, den deutschen Nazis eisern Widerstand zu leisten.

Am 25. Juli 1934 unternahmen die Nationalsozialisten einen Staatsstreich. 154 Mitglieder der SS Standarte 89 zogen Uniformen der österreichischen Armee an und besetzten die Hauptradiostation Wiens, wichtige Regierungsgebäude und das Kanzleramt. Das war allerdings wegen einer rechtzeitig eingegangenen Warnung bereits so gut wie ausgestorben. Auch Dollfuß wollte soeben aufbrechen, als eine kleine Gruppe von mordlustigen SS-Männern ihn in seinem Privatbüro überraschte. Angeführt von zwei Männern namens Franz Holzweber und Otto Planetta, platzten die Uniformierten ins Zimmer. Dollfuß versuchte, sie von ihrem Vorhaben abzubringen, doch Planetta ließ sich auf keinerlei Diskussion ein, sondern zog sofort seine Pistole. Der Kanzler hielt schützend die Hände vor sein Gesicht. Planetta schoß kaltblütig. Schwer verwundet, aber noch bei vollem Bewußtsein, brach Dollfuß von der Hüfte abwärts gelähmt auf dem Boden zusammen. Fast ohnmächtig vor Schmerzen, bat er um ärztliche Hilfe, doch die Attentäter hatten kein Interesse mehr an seiner Person. Hektisch versuchten sie, das Kanzleramt unter ihre Kontrolle zu bringen, während draußen bereits österreichische Truppen die Rückeroberung vorbereiteten. Den immer wieder um Rettung flehenden Dollfuß ließen sie unbeachtet in seinem Blut liegen, bis der Tod ihn schließlich von seinen Qualen erlöste. Seine letzten Worte lauteten: *»Kinder, seid nett zueinander! Ich habe immer nur das Beste gewollt.«*

Der Staatsstreich wurde niedergeschlagen, und Hitler bestritt jede Kenntnis, geschweige denn Beteiligung daran. 13 österreichische Nazis wurden für schuldig befunden und verurteilt. Als Planetta und Holzweber ihren Tod durch den Strick auf dem Schafott erwarteten, standen sie stramm, guckten in Richtung Deutschland und brüllten: *»Heil Hitler!«*

Peter Muscholl, Der österreichische Ständestaat – Engelbert Dollfuß zwischen Sozialismus und Nationalsozialismus, Bonisso-Satonia Verlag, Berlin, 1984

Domitian, Titus Flavius Domitianus
Römischer Kaiser. 52–96 n. Chr.

D

Kaum hatte der Sohn Kaiser Vespasians den Thron bestiegen, begann er mit der Durchsetzung einer äußerst expansiven Politik an der römischen Nordgrenze. Während die Eroberung Britanniens durch Gnaeus Iulius Agricola vorläufig abgeschlossen wurde, unterwarf Domitian im Chattenkrieg 83 den Taunus und die Wetterau und sicherte das Gebiet durch die Anlage des Limes. Gleichzeitig schob er weiter im Süden die römische Grenze an den mittleren Main und den oberen Neckar vor. In Rom selbst förderte er die Literatur und Dichtkunst und engagierte sich für Provinzialverwaltung und Rechtspflege, die beide als vorbildlich galten. Weniger vorbildlich war jedoch sein privates Verhalten, das zu großen Konflikten mit dem Senat führte.

81 wurde Domitian nach dem Tod seines Bruders Titus Kaiser und hatte nichts Eiligeres zu tun, als für sich und seine gesamte Familie den göttlichen Status zu etablieren. Besucher mußten seine Knie umarmen, während er erhobenen Hauptes auf dem Thron saß und Audienzen gewährte. Seine auch für römische Verhältnisse völlig überhöhten Ansprüche und die unbarmherzige Grausamkeit, mit der er seinen Willen durchzusetzen pflegte, führten im Jahre 88 zu einer Revolte. Doch die aufrührerischen Senatoren, angeführt von Lucius Antonius Saturinus, konnten den mächtigen Kaiser nicht stürzen, und Domitian befreite den Senat auf die ihm eigene Weise von allen, die sich als nicht loyal gezeigt hatten. Ein Jahr später waren alle namhaften Philosophen des Landes verwiesen, weil sie in ihren Reden gegen ihn gesprochen hatten. Wo er Widerstand witterte, ließ er Hinrichtungen vollziehen, auch kleine Fehlhandlungen wurden hart bestraft; eine Vestalin, die er des lockeren Lebenswandels verdächtigte, ließ er bei lebendigem Leibe in einem unterirdischen Verlies einmauern, ihr Liebhaber wurde zu Tode gepeitscht. Die Reihe seiner Opfer reichte von

wehrlosen Christen bis hin zu seinem leiblichen Vetter Flavius Clemens. Dessen Vergehen bestand darin, zum einen – anders als der Kaiser – mit dem Judentum zu sympathisieren und sich zum anderen zu weigern, den überall aufgestellten Statuen Domitians rituelle Opfer darzubringen. Die Strafe folgte auf dem Fuß, der obstinate Flavius Clemens wurde hingerichtet, seine Frau Flavia Domitilla die Jüngere, eine leibliche Nichte des Herrschers, verbrannt.

Die verbliebenen Senatoren und andere mächtige Römer begannen sich hinter vorgehaltener Hand, aber vehement, gegen die Tyrannei des Despoten zu äußern. Domitian hörte von ihren Ansichten und entwickelte ab sofort die wahnhafte Vorstellung, jeder im Land habe sich gegen ihn verschworen. Damit er in der Spiegelung jederzeit sehen konnte, was sich vor, hinter und neben ihm abspielte, ließ der Kaiser die Wände der Palastgänge mit glänzenden Steinen fliesen. Hektisch um sich blickend eilte er von Ort zu Ort und versetzte auf die Dauer auch die engsten Getreuen mit seiner Paranoia in Angst und Schrecken. Der Wahn führte zu den absurdesten Aktionen; so mußte der kaiserliche Sekretär und Vertraute Epaphroditus eines Tages sterben, weil er 27 Jahre zuvor Nero dabei geholfen hatte, sich das Leben zu nehmen.

Schließlich beschlossen einige Diener Domitians, dem wirren und gefährlichen Treiben ihres Herrn ein Ende zu machen. Mitglieder des Senats, Konsul Marcus Cocceius Nerva und Kaiserin Domitia sagten den Verschwörern ihre feste Unterstützung zu.

Während diese den tödlichen Plan ausheckten, erinnerte sich der abergläubische Kaiser voller Furcht an eine Vorhersage, die ihm vor Jahren gemacht worden war: Er werde in der fünften Stunde des 18. September ermordet werden. Um sich vor der Erfüllung des Orakels zu schützen, ließ er – je näher der Tag rückte – immer mehr Menschen aus seiner direkten Umgebung hinrichten und hoffte, dadurch sein bedrohtes Leben retten zu können.

Am 18. September kurz vor Mitternacht war er so sehr von Angstzuständen besessen, daß er aus dem Bett sprang und sich gegen einen imaginären Angreifer verteidigte. Wenig später, noch immer in Panik, fragte er einen Diener seiner Frau nach der Uhrzeit. Der Mann war in die Pläne der Verschwörer eingeweiht und tat, wie geheißen. Er gab seiner Majestät die Fehlinformation, die sechste Stunde sei bereits angebrochen. Vermeintlich außer Gefahr und höchst erleichtert, nahm Domitian ein entspannendes Bad, währenddessen man ihm mitteilte, daß ihm ein Verwandter namens Stephanus wichtige Neuigkeiten zu überbringen wünsche.

Domitian empfing den Mann in seinem Schlafzimmer, wo Stephanus ihm eine Liste mit den Namen der Verschwörer präsentierte, um direkt im Anschluß mit dem Messer auf den Kaiser loszugehen. Der wehrte sich nach Leibeskräften, wurde jedoch von vier weiteren im Hinterhalt verborgenen Attentätern überwältigt und starb in der fünften Stunde des 18. September, wie von den Sternen prophezeit.

Die Nachricht von seinem Tod führte zu ekstatischen Ausbrüchen im Senat. Überall zerstörte man die Bilder des verhaßten Herrschers, alle Inschriften mit seinem Namen wurden unkenntlich gemacht. Marcus Cocceius Nerva wurde als Domitians Nachfolger ausgerufen und ließ alsbald alle in der Verbannung lebenden Bürger zurückrufen sowie widerrechtlich konfisziertes Eigentum wieder an die ursprünglichen Besitzer verteilen.

Edward Gibbon, The Rise and Fall of the Roman Empire, Penguin Books, New York, 1977

Günter von Drenkmann

Präsident des Berliner Kammergerichts. 1910–1974

Am 10. November 1974, einem Sonntag, klingelte es gegen 20.50 Uhr an der Wohnungstür eines Hauses in der Bayernallee im Berliner Stadtteil Neu-Westend. Über die Türsprechanlage sagte ein Mann, er komme von der Firma Fleurop und wolle Blumen bringen. Niemand im Hause Drenkmann wunderte sich über die späte Auslieferung des Straußes, denn am Tage zuvor hatte der schwer krebskranke Hausherr seinen 64. Geburtstag gefeiert und war mit einem Meer von Blumen geehrt worden. Günter von Drenkmann, Präsident des Kammergerichts, höchster Richter Berlins, spähte persönlich durch den Türspion. Als er den Blumenboten sah, öffnete er einen Spalt breit, ließ jedoch vorsichtshalber die Sicherheitskette vorgelegt. Plötzlich stand eine ganze Gruppe junger Leute im Flur. Mit vereinten Kräften sprengten sie die Verankerung der Kette und drückten die Tür auf. Während des folgenden Handgemenges fielen drei Schüsse, von denen zwei den Richter trafen. Blutend brach er zusammen. Während die Attentäter fluchtartig das Haus verließen und in einem Peugeot und einem Mercedes in verschiedenen Richtungen davonstoben, alarmierte Frau von Drenkmann Notarzt und Polizei. Wenig später starb der Verletzte in einem nahegelegenen Krankenhaus.

Günter von Drenkmann war von Amts wegen nie in den Baader-Meinhof-Komplex involviert gewesen. Er hatte nie über die Haftbedingungen von RAF-Mitgliedern zu entscheiden, nie über Anwaltsbeschwerden, hatte nie ein »Terroristenurteil« gefällt. Günter von Drenkmann war Zivilrichter gewesen, ein liberaler Jurist, Mitglied der SPD.

Die polizeilichen Ermittlungen ergaben, daß es ein Kommando »Bewegung 2. Juni« gewesen war, das den Richter – offenbar bei dem dilettantischen Versuch, ihn zu entführen – erschossen hatte. Die in Stammheim inhaftierten RAF-Gefangenen formulierten in ihrem bevorzugten Jargon gemeinsam eine Erklärung zur »Hinrichtung« Günter von Drenkmanns:

»Wir weinen dem toten Drenkmann keine Träne nach. Wir freuen uns über eine solche Hinrichtung. Diese Aktion war notwendig, weil sie jedem Justiz- und Bullenschwein klargemacht hat, daß auch er – und zwar heute schon – zur Verantwortung gezogen werden kann.«

Zur öffentlichen Empörung linker und liberaler Kreise über den Drenkmann-Mord hieß es in dem Schreiben weiter:

»Was hat Böll eigentlich mit seiner Katharina Blum gemeint, wenn nicht, daß die Erschießung eines Vertreters des herrschenden Gewaltapparates moralisch gerechtfertigt ist. Wenn aus literarischer Gewalt materielle Gewalt wird, schlägt sich derselbe Böll auf die Seite derer, deren Wort er eben noch als verlogen gegeißelt hat.«

Stefan Aust, Der Baader Meinhof Komplex, Wilhelm Goldmann Verlag, München, 1998; Stern, 47/1974

Alfred Willi Rudolf Dutschke

Studentenführer. 1940–1979

1958 erhielt Rudi Dutschke wegen seiner Wehrdienstverweigerung Studienverbot in der DDR und ging an die FU Berlin, um dort Gesellschaftswissenschaften zu studieren. Der führende Kopf der APO avancierte 1966 zum wichtigsten Mann der Studentenbewegung und wollte *»mit einem langen Marsch durch die Institutionen«* das gesellschaftliche und politische System der Bundesrepublik verändern.

Am Gründonnerstag des Jahres 1968 erklärte der antiautoritäre Studentenführer einem Berliner Fernsehreporter: *»Natürlich kann immer mal ein Wahnsinniger oder ein Neurotiker 'ne Kurzschlußhandlung durchführen, aber ich habe keine Angst. Freunde von mir passen mit auf. Normalerweise fahre ich nicht allein rum.«* Am Nachmittag des gleichen Tages läutete um 16.39 Uhr das Notruf-Telefon 110; der Geschäftsführer eines Hotels am Kurfürstendamm meldete dem diensthabenden Beamten: *»Ein Mann wurde niedergeschossen.«* Vor dem Haus am Ku'Damm 142 taumelte der Mann blutüberströmt zwischen erstarrten Passanten hindurch. Er hatte seine Schuhe verloren und griff mit einem Finger seiner rechten Hand immer wieder in eine tiefe Kopfwunde an der linken Schläfe, während er unter Schock stammelte: *»Er ist tot! Laßt ihn leben! Vater, Mutter! Ich muß zum Frisör! Soldaten, Offiziere!«* Ein Mann auf dem Bürgersteig sagte laut: *»Sieh mal einer an, wenn's ans Sterben geht, ruft auch der nach Vater und Mutter.«*

Der da rief, war Rudi Dutschke, Idol der studentischen Linken, Star der außerparlamentarischen Opposition, Bürgerschreck und eine *»ungewaschene, verlauste, verdreckte Kreatur«* (CSU-MdB Franz Xaver Unertl), schwer verletzt von drei 9-Millimeter-Kugeln. Sie steckten in der rechten Wange, der rechten Schulter und im Kopf. Fast gleichzeitig mit der Feuerwehr und dem Funkstreifenwagen traf der Berliner Schulsenator Carl-Heinz Evers am Tatort ein. Zitternd und mit Tränen in den Augen konnte er nur hervorbringen: *»Ich kann es nicht fassen.«* Dem liberalen Evers war sofort klar, daß dieses erste politische Attentat der deutschen Nachkriegsgeschichte Folgen haben würde – und er irrte sich nicht. Straßenschlachten erschütterten die Bundesrepublik wenig später von Konstanz bis Flensburg, von München bis Köln.

Der Mann, der die Startschüsse aus seinem aufgebohrten Gastrommelrevolver Marke Arminius abgegeben hatte, lag 90 Minuten später mit zwei Polizeikugeln im Körper im selben Krankenhaus, in dem die Ärzte um das Leben seines Opfers kämpften: Josef Bachmann, ein 23jähriger Anstreicher aus Peine. Ein schmalbrüstiger junger Mann, von verwirrten politischen Vorstellungen über rote Gefahren und von pubertärer Ruhmsucht getrieben, zu seiner Tat speziell animiert durch das Attentat, dem kurz zuvor in den USA der amerikanische Bürgerrechtler Martin Luther King erlegen war. Das Motiv des bekennenden »Bild«-Lesers Bachmann: *»Dutschke ist Kommunist, und Kommunisten kann ich nicht leiden.«* Diese mörderische Weltanschauung trieb Bachmann nach Berlin. Er wartete vor dem Hauptquartier des Sozialistischen Deutschen Studentenbundes (SDS), den geladenen Revolver im Halfter unter seiner braunen Wildlederjacke. Der »rote Rudi« wollte an diesem Tag Geld für die Osterfeiertage und Nasentropfen für seinen drei Monate alten Sohn Hosea-Che holen. Er kam auf seinem rot-grünen Damenfahrrad jedoch nur wenige Meter weit, als ihn Bachmann von hinten ansprang, vom Rad zerrte und ihn in Schulter und Wange schoß. Dutschke, ein durchtrainierter Nichtraucher und Nichttrinker, stürzte sich trotz seiner schweren Verletzungen auf den Attentäter und versuchte ihn auf dem Boden unter Kontrolle zu halten. Fast hatte er schon die Oberhand, da bekam Bachmann einen Arm frei und schoß Dutschke ins Gehirn. Dann verließ er fluchtartig den Tatort und verschanzte sich in einem Neubau. Die Polizei warf Tränengas – Bachmann warf es zurück. Die Polizei begann scharf zu schießen – Bachmann antwortete mit ebenso scharfen Schüssen. Doch nach einem 40minütigen Schußwechsel wurde der Attentäter von zwei Kugeln in den linken Arm getroffen. Man fand ihn, wimmernd auf dem Fußboden liegend, neben sich seine Pistole mit geborstenem Lauf.

Fast gleichzeitig mit ihm traf die amerikanische Frau Rudi Dutschkes im Westend-Krankenhaus ein. Sie hatte in der Wohnung des Berliner Theologie-Professors Helmut Gollwitzer auf ihren Mann gewartet. Gollwitzer hatte der jungen Familie Unterschlupf gewährt, nachdem sie in den vergangenen Monaten bereits fünfmal ihren Wohnsitz hatten wechseln müssen. Beim letzten Mal hatten Unbekannte Stinkbomben durch den Briefkastenschlitz geworfen und mit roter Farbe neben die Haustür geschmiert: »Vergast Dutschke!«

Als Frau Dutschke von einem Englisch sprechenden anonymen Anrufer am Telefon von den Schüssen auf ihren Mann erfuhr, bekam sie einen minutenlangen Schreikrampf. Nachdem bereits drei

Anschläge auf ihn unternommen worden waren, entlud sich jetzt alle Angst, die sie in den letzten Wochen und Monaten ausgestanden hatte:

Heiliger Abend 1967. Rudi Dutschke nahm am Mitternachtsgottesdienst in der fast überfüllten Kaiser-Wilhelm-Gedächtniskirche teil, als sich sechs Studenten durch die Gemeinde drängten und Spruchbänder gegen den Vietnamkrieg entrollten. Es entstand ein Tumult, währenddessen der angetrunkene Kriegsinvalide Dr.-Ing. Friedrich-Wilhelm Heinrich Wachau Dutschke – der völlig unbeteiligt war – mit seiner Krücke dermaßen auf den Kopf schlug, daß der sich eine dreieinhalb Zentimeter lange Narbe nähen lassen mußte.

21. Februar 1968. Nach dem Vietnam-Tag der Studenten hatte der Westberliner Senat zu einer Gegendemonstration für »Frieden und Freiheit« aufgerufen. Der Stadtangestellte und Amateurfotograf Lutz Mende machte Schnappschüsse. Er trug Bart und Baskenmütze, genug studentische Attribute für eine lebensgefährliche Verwechslung. *»Hier ist Dutschke!«* schrien die Friedensdemonstranten und verprügelten den überraschten Fotografen nach Strich und Faden. Der rannte um sein Leben, als er auf einen Polizeioffizier traf: *»Um Gottes willen, schützen Sie mich, die wollen mich totschlagen.«* Der Polizist: *»Wir wurden auf den Boden geworfen. Wir haben uns die letzten Meter bis zum Polizeiwagen irgendwie hingeschleppt. Ich konnte den jungen Mann gerade noch hineinstoßen.«* Die Menge versuchte den Einsatzwagen umzustürzen und schrie: *»Hängt Dutschke auf!«*

Wenige Tage später war Dutschke mit Freunden auf dem Heimweg, als ihr Auto an einer Kreuzung von elf Taxen eingekreist wurde. Der Fahrer erkannte die Gefahr, legte den Rückwärtsgang ein und fuhr mit Vollgas davon. Die Enttäuschung der Verfolger kam über Taxifunk: *»Der Dutschke ist uns entkommen.«*

All das hatte Dutschke in seiner Entscheidung bestärkt, für ein Jahr in die USA zu gehen: *»Ich muß ein bißchen Abstand gewinnen und endlich meine Doktorarbeit zu Ende schreiben.«*

Gretchen Dutschke wartete mit Freunden zwei Stunden im Vorraum des Operationssaales. Dann kam der Oberarzt heraus: *»Die Kugel aus dem Kopf haben wir raus.«* Eine Stunde später konnte er das Geschoß, das in der Wange gesteckt hatte, präsentieren und schließlich auch die dritte Kugel. Gretchen Dutschke stellte dem Arzt immer wieder dieselbe bange Frage: *»Wird er durchkommen?«*, doch der Chirurg mochte keine Prognose wagen.

Währenddessen lag auf Station 3a, von vier Polizisten bewacht, Josef Bachmann. Seine Schüsse auf den großen Außenseiter der Gesellschaft sollten ihn – den kleinen Außenseiter – zu dem machen, was sein bester Freund so formulierte: *»Der Seppl träumte davon, etwas Besonderes zu sein.«* Mit Kohlestift malte er Hitler und Napoleon und hängte sie in seinem Zimmer über zwei gekreuzte Degen auf. Nach einer abgebrochenen Lehre schloß er sich einer Jugendbande an, begann Automaten zu knacken und war bald wegen Hehlerei, Diebstahls und mehrerer Einbrüche guter Kunde bei der Polizei. Er las begeistert Bücher über das Dritte Reich und sammelte akribisch Zeitungsausschnitte über den Kennedy-Mord.

Bei seinen ersten Vernehmungen im Krankenhaus gestand Bachmann der Polizei, daß er von dem Attentat auf Martin Luther King inspiriert worden sei: *»Da habe ich gedacht, das muß ich auch machen.«*

Rudi Dutschke erholte sich nur langsam von dem Anschlag. Die Kugel in seinem Kopf hatte irreparable Schäden verursacht. Als er aus dem Krankenhaus entlassen wurde, beschloß die Familie, nach Dänemark zu ziehen. Dort starb Dutschke Heiligabend 1979 an den Spätfolgen seiner Hirnverletzung. Josef Bachmann – den Dutschke einmal im Gefängnis besucht hatte – erstickte sich 1970 in seiner Zelle.

Gretchen Dutschke, Wir hatten ein barbarisch schönes Leben, Rudi Dutschke. Eine Biographie, Droemer Verlag, München,1998; Stern, 17/1968

E

Eugenie Amalie Elisabeth (Sisi)

Kaiserin von Österreich,. Königin von Ungarn, 1837–1898

Die zweite Tochter von Herzog Maximilian Joseph in Bayern heiratete am 24. April 1854 Kaiser Franz Joseph I. von Österreich. Elisabeth, die als eine der schönsten Frauen ihrer Zeit galt, blieb wegen ihrer Abneigung gegen die höfische Etikette und damit verbundene Zwänge eine Außenseiterin am kaiserlichen Hof. Wann immer sie konnte, entzog sich die zu Schwermut neigende Regentin durch ausgedehnte Reisen dem verhaßten Leben in Wien.

Elisabeth entdeckte ihre Vorliebe für die Schweiz, wo sie ein nicht unbeträchtliches Privatvermögen und ihren literarischen Nachlaß hinterlegte, allerdings erst in den letzten Jahren.

Wissend, daß die Schweiz nicht unbedingt der sicherste Aufenthaltsort für ihresgleichen war, lehnte Elisabeth jedoch jeden polizeilichen Schutz ab. Im August 1898 begab sich die Kaiserin nach Terriet, einem kleinen Ort bei Montreux, wo sie eine vierwöchige Kur machen wollte. Von hier aus unternahm sie am 9. September in Begleitung ihrer Hofdame einen Ausflug nach Pregny, um die Baronin Julie Rothschild zu besuchen. Selbstverständlich wahrte die Kaiserin ihr Inkognito – sie reiste unter dem Namen Gräfin von Hohenembs. Denn die Tatsache, daß die Kaiserin und Königin von Österreich-Ungarn zur Zeit der größten Antisemitenkrawalle rund um den Pariser Dreyfus-Prozeß ausgerechnet ein Mitglied der Familie Rothschild besuchte, hätte sicherlich für unliebsame Schlagzeilen gesorgt.

Nach der dreistündigen Visite fuhr Elisabeth mit ihrer Hofdame nach Genf, wo sie übernachtete, um am nächsten Tag zurück nach

Montreux zu fahren. Auch im Hotel hatte sie ihren Decknamen benutzt, doch der Hotelier wußte von früheren Aufenthalten, welch prominenter Gast bei ihm abgestiegen war. Am nächsten Morgen brachte eine Genfer Zeitung die Meldung, Kaiserin Elisabeth von Österreich sei im Hotel »Beau Rivage« abgestiegen. Wer die Zeitung informiert hatte, konnte nicht geklärt werden, doch die Meldung war für Elisabeths Leben von entscheidender Bedeutung:

Der italienische Anarchist Luigi Lucheni hatte sich auf eine »große Tat« vorbereitet und ein Mordinstrument gekauft – eine Feile, die er dreieckig messerscharf geschliffen hatte. Zu seinem Ärger war sein vorgesehenes Opfer, Prinz Henri von Orléans, Thronprätendent von Frankreich, nicht wie geplant nach Genf gekommen, und sein liebstes Opfer, König Umberto von Italien, konnte er nicht erstechen, weil ihm das Fahrgeld nach Italien fehlte. So kam ihm die Zeitungsmeldung gerade recht. Elisabeth erfüllte die Hauptvoraussetzung, zum Mordopfer Luchenis auserwählt zu werden: Sie war Aristokratin – der Attentäter haßte alle Aristokraten – und sie war so prominent, daß die Tat Aufsehen erregen würde.

Der 25jährige Anarchist lauerte seinem Opfer auf, observierte am 10. September das Kommen und Gehen vor dem Hotel, die Feile im rechten Ärmel versteckt. Am Mittag wollte die Kaiserin mit dem Linienschiff von Genf nach Montreux zurückfahren. Der Diener war mit dem Gepäck schon vorausgegangen, von Lucheni beobachtet.

In Begleitung ihrer Hofdame, Gräfin Irma Sztáray, wie immer schwarz gekleidet, in der einen Hand den Fächer, in der anderen einen Sonnenschirm, ging die »Gräfin von Hohenembs« zur Bootanlegestelle, nur wenige hundert Meter vom Hotel entfernt. Auf dieser kurzen Strecke lauerte Lucheni. Als die beiden Damen auf seiner Höhe angelangt waren, stürzte er sich auf sie, schaute noch blitzschnell unter den Sonnenschirm, um sich zu vergewissern, und stach zu. In einem anatomischen Atlas hatte er sich zuvor genau informiert, wo das Herz sitzt – und traf präzise.

Elisabeth fiel rücklings zu Boden, doch ihre schweren aufgesteckten Haare milderten den Sturz. Der Täter floh, wurde aber von geistesgegenwärtigen Passanten ergriffen und sofort zur Polizei gebracht. Noch ahnte niemand, daß er ein Mörder war, denn die fremde Dame stand gleich nach dem Angriff wieder auf. Sie dankte in deutsch, englisch und französisch allen, die ihr behilflich waren, und säuberte ihr Kleid. Der Hotelportier, ein Zeuge der Tat, bat die beiden Damen, doch zurückzukommen, doch Elisabeth lehnte höflich ab – sie wollte zum Schiff. Die Kaiserin fragte ihre Hofdame auf ungarisch: *»Was wollte dieser Mann denn eigentlich?«*

Gräfin Sztáray: *»Der Portier?«*

»Nein, jener andere, jener furchtbare Mensch!«

»Ich weiß es nicht, Majestät, aber er ist gewiß ein verworfener Bösewicht.«

»Vielleicht wollte er mir die Uhr wegnehmen«, mutmaßte die Kaiserin.

Etwa hundert Meter waren es noch zum Schiff, das gleich ablegte. Kaum an Bord, brach Elisabeth zusammen. Man dachte zunächst an eine Ohnmacht, doch als man ihr das Mieder öffnete, um ihr Luft zu verschaffen, sah man einen winzigen bräunlichen Fleck und ein Loch im Batisthemd. Der Kapitän wurde informiert – auch er wußte nicht, daß die Kaiserin von Österreich unter seinen Passagieren war, drehte sofort bei und fuhr zurück. Aus Rudern und Samtsesseln wurde eine Tragbahre improvisiert, auf der Elisabeth eilends in das Hotel zurückgebracht wurde. Dort konnte der Arzt nur noch ihren Tod feststellen. Die Tatsache, daß sie ihre tödliche Verletzung gar nicht bemerkt hatte, erklärten die Herzspezialisten mit der Winzigkeit der Wunde: Das Blut floß nur sehr langsam in den Herzbeutel und legte daher die Herztätigkeit erst mit einiger Verzögerung still.

Inzwischen wurde der Mörder einem ersten Verhör unterzogen. Er war in Hochstimmung und voller Stolz auf seine Tat. Lucheni betonte immer wieder, ein Einzeltäter zu sein und den »Ruhm« für den Anschlag ganz allein beanspruchen zu können. Der Mord war der Höhepunkt seines Lebens, und er forderte die Todesstrafe dafür.

Luigi Lucheni war bereits mehrmals als arbeitsscheues Individuum festgenommen worden und hatte ein trauriges Leben geführt: Im Findelhaus von seiner ledigen Mutter im Stich gelassen, von einem Heim ins andere verfrachtet, von einer Pflegefamilie zur nächsten abgeschoben, hatte er schließlich eine Stelle als Hilfsarbeiter beim Eisenbahnbau gefunden und danach mit großer Begeisterung bei der italienischen Kavallerie in Norditalien gedient. In der Schweiz lernte er die Ideen des internationalen Anarchismus kennen und entwickelte einen irrationalen Zorn auf alle Aristokraten, weil *»die ihren Lebensunterhalt ja nicht selber verdienen«*. Lucheni beschloß, durch den Mord an einem gekrönten Haupt seinerseits als Berühmtheit in die Weltgeschichte einzugehen. Seinen großen Auftritt hatte er dementsprechend vor Gericht. Sein Name stand in allen Zeitungen, und als er zu Beginn des Prozesses an der Bank der Pressevertreter vorbeigeführt wurde, brüstete er sich: *»Ja, das bin ich!«* Nach dem Motiv für das Attentat befragt, lautete seine Antwort: *»Das Elend hat mich dazu getrieben.«* Und auf die Frage, ob er speziell eine hohe Persönlichkeit habe umbringen wollen: *»Ja, um mein Leben zu rächen«*. Pathetisch fügte er hinzu: *»Ein Lucheni tötet eine Kaiserin, aber niemals eine Wäscherin!«*

Elisabeths Mörder wurde zu lebenslangem Zuchthaus verurteilt. Nach elfjähriger Haft erhängte er sich 1910 mit seinem Gürtel.

Brigitte Hamann, Elisabeth, Kaiserin wider Willen, Piper Verlag, München, 1989; Martin Schäfer, Sissi, Verlag das Beste, Stuttgart, 1995

Elisabeth II.
Königin von Großbritannien und Nordirland, Haupt des Commonwealth. * 1926

Nach dem Tod ihres Vaters, Georg VI., bestieg Elisabeth II. den britischen Thron und wurde 1953 zur Königin gekrönt. Sie gilt als eine der reichsten Frauen der Welt.

Umgeben von Sicherheitskräften, wünschte Ihre Majestät im März 2000 anläßlich eines Besuches in Sydney mit Australiens Premierminister zu Mittag zu speisen. Da kam es zu einem ungeplanten Zwischenfall. Vier Polizisten überwältigten den 39jährigen Gregory Pailthorpe, einen mutmaßlichen Attentäter. Er behauptete, Sicherheitsbeamter zu sein, und wollte zu Fuß den Sicherheitskordon durchbrechen. Neben dem 20-Zentimeter-Messer, das mit Klebeband am rechten Unterschenkel befestigt war, und der Bombenattrappe (Batterien und Draht) hatte er auch Rauschgift bei sich. *»Ich wollte die Queen beschützen, ihr kein Leid antun«*, ließ er seinen Anwalt später verkünden. Dennoch kam er nicht frei. Der Haftrichter ordnete eine psychiatrische Untersuchung an.

Diesmal waren die Wächter schnell genug gewesen, doch vor Jahren hatte die Sache mit dem Schutz der Königin nicht so gut geklappt:

Am 9. Juli 1982 überlistete der damals 31jährige Michael Fagan die 100 Mann starke bewaffnete Schloßgarde und drang gegen 6.20 Uhr in Königin Elisabeths Privaträume ein. Unbemerkt hatte Fagan die drei Meter hohe, mit Scherben und einem elektronischen Warnsystem gesicherte Palastmauer überklettert. Er hangelte sich an einer Regenrinne entlang, gelangte so ins erste Obergeschoß und später in das Schlafzimmer der Queen. Er kannte sich aus, schließlich war es nicht das erste Mal, daß er Londons heiligste Hallen betrat. Die Ermittlungen förderten zutage, daß er bereits am 7. Juni in den Palast eingedrungen war, es sich im Arbeitszimmer von Prinz Charles bequem gemacht hatte, eine dort herumstehende halbe Flasche Wein leerte und unentdeckt wieder verschwand.

Seine Kletterpartie führte ihn zunächst in den Raum, in dem die Briefmarkensammlung des Herrscherhauses ruht, ein Schatz im Wert von etwa 200 Millionen Mark. Dort löste Michael Fagan zwar Alarm aus – doch den gab es so häufig, daß er den Wächtern seit langem auf die Nerven ging. *»Schon wieder im Briefmarkenzimmer«*, brummte der zuständige Polizist und stellte das blinkende Licht einfach ab.

Michael Fagan war barfuß unterwegs, und seine Kleider waren zerschlissen, doch die Arbeiter hier, dachte die Putzfrau, der er kurz vor den Gemächern der Queen begegnete, die Arbeiter hier sind ja keine Männer mit Schlips und Kragen. So grüßte sie ihn, er grüßte zurück, und beide gingen ihres Weges. Fagan nahm einen gläsernen Aschenbecher und zerschlug ihn. Nach seinem Besuch bei der Königin, so war sein Plan, wollte er sich das Leben nehmen. Zunächst schnitt er sich allerdings nur in den Finger und ging leicht blutend weiter in Richtung königliches Schlafzimmer. Der Polizist, der gewöhnlich vor der Türe saß, war nach Dienstschluß um 6.00 Uhr zum Teetrinken gegangen. Der Diener, der ihn ablösen sollte, führte gerade die Corgi-Hündchen aus. Und so blieb es ganz still, als der unangemeldete Besucher vor das Bett Ihrer Majestät trat. Die schlug die Augen auf, bekam einen Schrecken und bewahrte die Ruhe. Statt zu schreien und den arbeitslosen Familienvater womöglich in Rage zu versetzen, ließ sie ihn auf der Bettkante Platz nehmen, und während sein Blut auf ihre Decke tropfte, plauderten die beiden über ihre Kinder – im Nebenzimmer schlummerte derweil der ahnungslose Prinzgemahl.

Michael Fagan wollte rauchen. Die Queen, passionierte Nichtraucherin, bat listig telefonisch in der Polizeiwache um Zigaretten. Die Bobbies aber ließen sich Zeit. Jetzt klingelte die Queen nach ihrer Zofe. Die junge Frau kam ins Zimmer, und mit den Worten *»Bloody hell, Ma'am, was macht der hier«* nahm sie den Gast beherzt bei der Hand und übergab ihn draußen einem Diener, der ihn höflich, aber bestimmt zur Polizei brachte.

Köpfe müssen rollen, riefen die Abgeordneten im Parlament. Der Innenminister drohte zu stürzen, ein Untersuchungsbericht wurde gefordert und die ums Staatswohl besorgte britische Presse überschlug sich. Mit Schaudern lasen die Engländer, wie leicht es einem Terroristen fallen würde, der Königin an den Kragen zu gehen. Er brauchte nur, stand da, unbemerkt über die Mauer zu springen. Wäre er einmal auf königlichem Grund und Boden, dann würde ihm keiner so schnell ein Haar krümmen – die 350 Palastangestellten nicht, die 22 Polizisten nicht, und auch die 43 Soldaten nicht, die mit ungeladenen Nato-Waffen in ihren Wachhäusern dösen.

Der Eindringling wurde für eine Weile in psychiatrischen Gewahrsam genommen und alsbald wieder auf freien Fuß gesetzt. Seither teilt der arbeitslose Fagan sein Leben in »vor dem Palast« und »nach dem Palast« ein.

Bild Zeitung, 21. 03. 2000; Der Spiegel, 19. 07. 1982; Stern, 22. 07. 1982; Sunday Times Magazine, 24. 12. 1995; Times, 24. 09. 1982

Matthias Erzberger
Deutscher Politiker. 1875–1921

Der ehemalige Volksschullehrer und Redakteur Erzberger trat nach Ausbruch des Ersten Weltkrieges zunächst für einen »Siegfrieden« ein, wandelte sich aber im Laufe des Krieges zum Verfechter eines »Verständigungsfriedens« und setzte im Juli 1917 im Reichstag die Verabschiedung einer Friedensresolution durch. Am 11. November 1918 unterzeichnete Staatssekretär Erzberger nach dem Umsturz in Deutschland im Gefolge der Novemberrevolution an der Spitze einer deutschen Delegation den Waffenstillstand in Compiègne. Wegen seiner Haltung 1917/18 wurde der Politiker zur Zielscheibe persönlicher Angriffe der antirepublikanischen Rechten und strengte einen Beleidigungsprozeß gegen seine Hauptangreifer an. Das Gericht bestätigte den Tatbestand der Beleidigung, stellte aber gleichzeitig eine Verquickung der politischen Tätigkeit Erzbergers mit seinen persönlichen Interessen fest. Das Urteil hatte Erzbergers Rücktritt zur Folge.

Nachdem der katholische Berufspolitiker sein Amt zunächst aufgegeben hatte, plante er trotz öffentlicher Widerstände, Ende August 1921 in die Politik zurückzukehren. Der Mordanschlag kam nicht gänzlich überraschend, denn in Wirtshausparolen galt es überall im Land als *»eine Schande und Schmach für Deutschland, daß ein solcher Kerl noch immer nicht weggeschafft sei«*.

Längst hatte die Polizei ihn vor Anschlägen gewarnt. Im Mai 1920 wurde auf einer Wahlversammlung eine Handgranate auf Erzberger geworfen, und schon am Anfang desselben Jahres war er bei einem Pistolenattentat erheblich verletzt worden. Der Täter, ein 20jähriger Fähnrich namens Oltwig von Hirschfeld, versicherte glaubhaft, aus eigenem Antrieb und in niemandes Auftrag gehandelt zu haben. Während seines Verfahrens genoß er die kaum verhohlene Sympathie des Gerichts und wurde wegen gefährlicher Körperverletzung lediglich zu einer Gefängnisstrafe von 18 Monaten verurteilt. Die Richter berücksichtigten explizit, *»daß zahlreiche Personen aus den verschiedensten Kreisen die Tat des Angeklagten gebilligt und ihn beglückwünscht haben«*. Selbst dieses Urteil wurde von vielen Konservativen als zu hart empfunden, und nach einem abgelehnten Gnadengesuch erhielt Hirschfeld später immerhin bedingten Strafaufschub.

Ein erneutes und diesmal tödliches Attentat erfolgte bei Bad Griesbach. In diesem Kurort am Rande des Schwarzwalds hatte Matthias Erzberger sich einquartiert, um sich in der Sommerfrische auf sein politisches Comeback vorzubereiten. Am 26. August 1921 unternahm er in Begleitung des Zentrumsabgeordneten Karl Diez einen Spaziergang. Unterwegs wurden sie von zwei Wanderern überholt, denen sie zunächst allerdings kaum Aufmerksamkeit schenkten. Erst auf dem Rückweg bemerkte Diez, daß die beiden Männer plötzlich wieder hinter ihnen auftauchten. Ehe die beiden Politiker reagieren konnten, zogen ihre Verfolger die Revolver und feuerten. Diez, in Oberarm und Brust getroffen, stürzte kurzfristig gelähmt zu Boden. Der durch zwei Schüsse verwundete Erzberger versuchte seitlich in ein Waldstück zu fliehen und rutschte voll Todesangst einen steilen Hang hinab, während von oben weiter auf ihn geschossen wurde. Wohl schon tödlich getroffen, blieb er schließlich am Fuß einer Tanne liegen. Einer der Attentäter sprang hinterher und brachte dem Wehrlosen noch zwei gezielte Kopfschüsse bei.

Als es Diez gelang, sich wieder zu erheben und sich auf der Straße in Richtung Griesbach zu schleppen, sah er unten am Hang den toten Erzberger liegen und die Mörder fliehen. Die Uhr des Opfers war zur Tatzeit stehengeblieben, sie zeigte 11.05 Uhr. Obwohl Diez eine halbe Stunde später im Ort eintraf und den Anschlag sofort meldete, setzten die polizeilichen Ermittlungen erst gegen 15.00 Uhr am Nachmittag ein.

Der Mord erregte großes Aufsehen, vielfach jedoch in Form von Befriedigung über den Tod des unbeliebten Politikers. Am Tag nach dem Mord hieß es in einem Leitartikel: *»Erzberger hat das Schicksal gehabt, das ihm die meisten Deutschen schon lange gewünscht hatten, Erzberger, der allein für den demütigenden Waffenstillstand verantwortlich ist; Erzberger, der für die Annahme des Versailler Schandvertrags verantwortlich ist.«* Reichskanzler Joseph Wirth erklärte dessenungeachtet den Toten zum Märtyrer für die Sache der Republik und ließ eine Belohnung von 100000 Mark auf den Kopf der Täter aussetzen. Wenig später wurde Erzberger in Biberach, seinem Wahlkreis seit 1903, beigesetzt, 30000 Menschen erwiesen ihm die letzte Ehre.

Am 15. September konnten die Zeitungen berichten, daß die

Offenburger Staatsanwaltschaft die Identität der mutmaßlichen Mörder, Heinrich Schulz, geboren am 20. Juli 1893, und Heinrich Tillessen, geboren am 27. November 1894, aufgedeckt hatte. Beide Männer waren zwar durch rechtzeitige Flucht einer Verhaftung entgangen, doch bei den Durchsuchungen ihrer Münchener Wohnungen war ausreichend belastendes Material gefunden worden. Verborgen blieb der Öffentlichkeit, daß die Polizei auf die Spur der Geheimorganisation Consul (O.C.) gestoßen war und dank schnellen Eingreifens fast die ganze Führungsspitze bei einem ihrer konspirativen Treffen vorübergehend festnehmen konnte. Die rechtsradikale Gruppe zählte bis zu 5000 Mitglieder und vertrat antidemokratische, antiparlamentarische und antisemitische Ziele. Mit ihren Terrorakten wollte sie einen linken Putsch provozieren, nach dessen Niederschlagung sie zusammen mit der Reichswehr die Errichtung einer Diktatur in Deutschland plante.

Den eigentlichen Tätern Schulz und Tillessen war inzwischen die Flucht ins Ausland gelungen. Zwar konnte die Staatsanwaltschaft ihren Fluchtweg rekonstruieren, doch der aktuelle Aufenthaltsort blieb der Polizei ein Rätsel, bis Ende Dezember 1921 eine Anzeige einging: Erzbergers Mörder waren in Budapest gesehen worden. Bis hin zum Einsatz von zwielichtigen Spitzeln ließ man nichts unversucht, die beiden zu schnappen, doch die Attentäter entwischten immer wieder. Schließlich wurden sie zwischen dem 7. und 13. Juni in einem Indizienprozeß in Abwesenheit schuldig gesprochen.

Erst nach dem Zweiten Weltkrieg wurden sie gefaßt, vor Gericht gestellt, und sie gestanden, einem völkischen Bund angehört zu haben, der sie per Schwur zu bedingungslosem Gehorsam gegenüber ihren Vorgesetzten verpflichtet habe. Schulz erinnerte sich, daß ihm und Tillessen seinerzeit ein verschlossener Umschlag übergeben wurde, in dem sich ein mit Schreibmaschine geschriebener Zettel befand, auf dem sinngemäß zu lesen war: *»Gemäß der in der Leitung stattgefundenen Auslosung wurden Sie dazu bestimmt, den Reichsminister a. D. Erzberger zu beseitigen. Die Art der Ausführung bleibt Ihnen überlassen, Vollzugsmeldung ist nicht zu erstatten.«* Der Geheimbund sicherte seine Unterstützung für die Flucht zu und hielt sein Versprechen. Dank hervorragender Verbindungen wurden die Gesuchten immer rechtzeitig gewarnt, bevor man zu den damit hinfälligen Verhaftungen schritt, und der Münchener Polizeipräsident höchstpersönlich sorgte für die Ausstellung der zur Flucht notwendigen Pässe.

Gebhardt Cordt, Der Fall des Erzberger-Mörders Heinrich Tillessen, Mohr Verlag, Tübingen, 1995; Martin Sabrow, Die verdrängte Verschwörung, Fischer Taschenbuch Verlag, Frankfurt a. M., 1999

ETA / Euskadi Ta Azkatasuna
»Das Baskenland und seine Freiheit«
Baskische Untergrundbewegung. Gegründet 1959

E

Ursprünglich entstanden zur Bewahrung der im zentralistischen Staat unterdrückten baskischen Kultur, entwickelte sich die ETA unter den Bedingungen der Franco-Diktatur zu einer Terrororganisation, die unter Leugnung der demokratischen Entwicklung versucht, das Baskenland gewaltsam aus dem spanischen Staatsverband zu lösen. Ihr politischer Arm ist die Partei »Herri Batasuna« (HB), »Volksgemeinschaft«. Die terroristischen Aktionen der ETA richten sich gegen Repräsentanten des Staates (Richter, hohe Militärs, Politiker), gegen Landsleute, die entführt werden, um Lösegeld zu erpressen, aber auch gegen die unbeteiligte Öffentlichkeit (Anschläge auf Flughäfen, Touristenzentren). In der baskischen Bevölkerung hat die ETA nur eine Minderheit für sich. Die HB bindet etwa 15 Prozent der Wählerstimmen. Im französischen Baskenland, das nach dem Selbstverständnis der Organisation Teil des angestrebten baskischen Staates sein müßte, richtete die ETA im Untergrund Stützpunkte als Rückzugs- und Ausgangspunkt für ihre Aktivitäten in Spanien ein.

829 Mordopfer in den 41 Jahren seit Gründung der Organisation weist die traurige Statistik aus, und dabei war sich Spaniens Innenminister Jaime Mayor Oreja Anfang des Jahres 1999 noch sicher: *»Die ETA täuscht eine Stärke vor, die sie nicht mehr hat. Schon im Oktober erwarten wir eine Rückkehr zur Normalität.«* Ein schwerer Irrtum. Seit die Terroristen nach 14 Monaten Waffenruhe wieder zu morden begannen, nahmen Zahl und Schwere der Attentate ständig zu.

Nur ein Zufall vereitelte im August 2000 einen Bombenanschlag auf die überfüllte Fährlinie von Valencia nach Ibiza. Bei einem Attentat im November ging ein mit 70 Menschen vollbesetzter Bus in Flammen auf. Verhandlungen zwischen Madrid und der ETA-Spitze scheiterten immer wieder. Die Waffenruhe im Jahr 1999 nutzten die Etarras zur Aufrüstung und Reorganisation. Der spanische Geheimdienst geht davon aus, daß eine junge Hardliner-Truppe die ETA führt. Die Zahl der aktiven Mitglieder wird auf 300 geschätzt, viele von ihnen sind auf Abruf in Südamerika und Frankreich untergetaucht. Die blutige Bilanz des Jahres 2000 zeigt jedoch, daß sie keineswegs aufgeben:

- 21. Januar – In Madrid stirbt der Oberstleutnant des Heeres, Pedro Antonio Blanco García, durch eine Autobombe.
- 22. Februar – Der Sozialdemokrat Fernando Buesa und der Polizist Jorge Diez sterben durch eine Autobombe in Vitoria.
- 7. Mai – In Andonain in der baskischen Provinz Guipúzcoa richten Terroristen den Journalisten der Tageszeitung »El Mondo« José Luis López de Lacalle hin.
- 4. Juni – Der konservative Politiker Jesús Maria Pedrosa wird in der baskischen Stadt Durango mit einem Kopfschuß getötet.
- 15. Juli – Killer erschießen den konservativen Politiker José Maria Martin Carpena im südspanischen Málaga.
- 27. Juli – Der Exgouverneur Juan María Jauregui wird erschossen.
- 8. August – Der Arbeitgeberpräsident José María Korta wird in Madrid erschossen.
- 9. August – In Berriozar stirbt der Unterleutnant des Heeres, Francisco Casanova Vicente, durch Pistolenschüsse.
- 20. August – Durch eine Autobombe sterben die Polizisten Irene Fernandez Pereda und José Angel de Jesús Encinas in Huesca.
- 29. August – Der Politiker Manuel Indiano Azauste wird in Zumárraga erschossen.
- 21. September – Der konservative Politiker José Luis Ruiz Casado wird bei Barcelona erschossen.
- 9. Oktober – Im südspanischen Granada erschießen Killer den Oberstaatsanwalt Luis Portero.
- 16. Oktober – Der Militärarzt Antonio Muñoz Cariñanos stirbt in Sevilla durch Pistolenschüsse.
- 22. Oktober – Der Gefängnisbeamte Máximo Casado stirbt in Vitoria durch eine unter sein Auto befestigte Bombe.

- 30. Oktober – Durch die Explosion einer Autobombe finden der Richter José Francisco Querol Lombardero, sein Fahrer Armando Medina und der Polizist Jesús Escudero García in Madrid den Tod.

Die Bevölkerung ist wütend und traurig. 100 000 Menschen, unter ihnen viele Prominente aus Politik und Showbusineß, demonstrierten bereits im September in San Sebastian gegen die ETA. Der Friedensinitiative »BASTA YA« (Es reicht jetzt!) gelang damit die größte Kundgebung dieser Art. 21 Angehörige von ETA-Opfern trugen ein Transparent mit dem Motto *»Für das Leben und für die Freiheit – verteidigen wir das, was uns eint: Statut und Verfassung«.*

E

Michael Kaspar, Baskische Geschichte in Grundzügen, Wissenschaftliche Buchgesellschaft, Darmstadt, 1997; Kerstin Roemhildt, Nationalismus und ethnische Identität im »Spanischen Baskenland«, Interethnische Beziehungen und Kultur, Lit Verlag, Münster, 1994; Focus, 06. 11. 2000; Der Spiegel, 07. 08. 2000; Stern, 09. 11. 2000; Süddeutsche Zeitung, 25. 09. 2000

Medgar W. Evers

Amerikanischer Bürgerrechtler. 1926 – 1963

Aufgewachsen in Decatur, Mississippi, bewarb sich Medgar Evers 28jährig am 11. Januar 1954 als erster Schwarzer um einen Studienplatz an der staatlichen Universität von Mississippi – und wurde abgewiesen. Wenige Monate später übernahm er den Posten des Bürodirektors der NAACP (National Association for the Advancement of Colored People). Diese Bürgerrechtsorganisation war von Weißen und Schwarzen gegründet worden und hatte gerade einen wegweisenden Erfolg erzielt: Nach einer Klage des NAACP war die Rassentrennung an den Schulen vom Obersten Gerichtshof für verfassungswidrig erklärt worden.

Während seiner neunjährigen Zeit als wichtiger Mitarbeiter der NAACP wurde Evers einer der herausragenden Führer der aufkommenden Bürgerrechtsbewegung seines Heimatstaates Mississippi. Da er sehr engagierte Untersuchungen gegen Täter durchführte, die Schwarzen gegenüber kriminell geworden waren, wurde er oft bedroht. Im Haus der Evers stapelten sich die Todesdrohungen. Es wurden Brandanschläge verübt, Scheiben eingeworfen, anonyme Warnungen über ein bevorstehendes Attentat ausgeteilt, Polizisten verprügelten ihn auf offener Straße. Als im Frühling 1963 eine Bombe aus einem vorbeifahrenden Auto in seinen Wagen geschleudert wurde, befahl Evers seinen Kindern, sich ab jetzt sofort auf den Boden zu werfen, wenn ein Auto vorbeikam oder sonst Gefahr im Verzug war.

Am 11. Juni 1963 wandte sich John F. Kennedy in einer Fernsehansprache an das Volk. Er beschrieb die anhaltende Segregationspolitik in den Südstaaten als »moralische Krise« des Landes und forderte weitreichende Reformen, die nicht nur die Gesetze, sondern *»auch unser tägliches Leben ändern werden«*. Myrlie Evers saß an diesem Abend mit ihren drei Kindern vor dem Fernseher. Sie hatten die Rede verfolgt und warteten, obwohl es schon sehr spät war, gemeinsam auf Medgar, während draußen vor dem Haus unbemerkt ein weißer Plymouth Valiant auf und ab fuhr, anhielt, wieder weiterfuhr und wieder anhielt. Die Kinder stritten über das Programm und Myrlie schlief ein. Gegen Mitternacht erwachte sie vom Geräusch von auf der Kieseinfahrt knirschenden Autoreifen. *»Daddy ist da«*, rief eines der Kinder, als vor der Tür eine Gewehrsalve abgefeuert wurde. Die drei Kleinen warfen sich – wie sie es gelernt hatten – auf den Boden. Myrlie rannte aus der Haustür, machte das Licht an und sah ihren Mann mit dem Gesicht nach unten, die Autoschlüssel noch in der Hand, vor sich liegen. Eine breite Blutspur zeigte die 39 Schritte, die er sich noch vom Auto zur Haustür geschleppt hatte. Die Kinder, elf, zehn und vier Jahre alt, stürzten zu ihrem Vater: *»Daddy, Daddy, steh auf, steh bitte, bitte auf«*, flehten sie, doch Evers bewegte sich nicht. Inzwischen war die Polizei eingetroffen und bettete den Sterbenden auf eine Transportbahre: *»Setzt mich auf und bindet mich los«*, waren seine letzten Worte. Die tödliche Kugel hatte ihn in den Rücken getroffen, war aus der Brust wieder ausgetreten, hatte das Wohnzimmerfenster durchschlagen, war durch eine dünne Wand in die Küche geflogen, am Kühlschrank abgeprallt und lag in einem Regal, wo die Polizei sie fand. Evers wurde ins Krankenhaus gebracht, doch die Ärzte konnten nichts mehr für ihn tun. Sein Oberkörper war vollkommen zerfetzt, seine Lungen mit Blut gefüllt. Myrlie Evers verhielt sich wie mit ihrem Mann für den Fall der Fälle abgesprochen: Sie informierte die Presse.

Der Mord löste eine Welle der Empörung in den USA aus. Kennedy verurteilte die »barbarische Tat« und schickte der Witwe ein persönliches Beileidstelegramm. Das Jackson Polizeidepartment, bekannt für seinen gewaltbereiten Rassismus, aber wohl wissend, daß man im ganzen Land auf die Ergreifung des Täters wartete, wuchs über sich hinaus. Bereits in den frühen Morgenstunden des 12. Juni begannen die Beamten mit der Spurensicherung, und am Vormittag gegen 11.00 Uhr hatten sie nach pausenloser Arbeit nicht nur Patrone und Hülse, sondern auch die Waffe und das Versteck des Attentäters gefunden. Drei Stunden später war auf dem Zielfernrohr ein verwertbarer Fingerabdruck entdeckt. Am Morgen des 21. Juni stand das FBI vor dem Haus eines Mannes namens Byron de la Beckwith. Der 42jährige Verkäufer war bekannt dafür, daß er sich mit Verve gegen die Erweiterung der Bürgerrechte einsetzte und manchmal vor Räumlichkeiten postierte, die für Schwarze nicht zugelassen waren, um diese persönlich vom Eintreten abzuhalten. Die Beamten mußten bis 19.45 Uhr am Abend warten, bis der Verdächtige endlich eintraf. Man verglich die Fingerabdrücke, und um 2.00 Uhr morgens wurde Beckwith erstmals verhört. Das Netz um den Mörder zog sich zu. Zeugen tauchten auf, die ihn gesehen hatten, und bald ergab alles ein lückenloses Bild der Tat. Beckwith selbst verweigerte jede Aussage, und noch während der Untersuchungshäftling beharrlich schwieg, wurde in seiner Heimatstadt ein Fonds zu seiner finanziellen Unterstützung gegründet. Die Verteidigung machte sich vor Gericht gar nicht erst die Mühe, die Zeugenaussagen zu widerlegen, sondern überließ Beckwith das Sprechen. Der erwies sich als außerordentlich eloquent und wohlerzogen und gewann im Handumdrehen die Sympathie der weißen Geschworenen. Gefragt, ob er Evers erschossen habe, antwortete er mit einem höflichen *»Nein Sir«*, und zu dem Gewehr wußte er nur zu sagen, daß es ihm am Tag vor der Tat gestohlen worden sei. Noch nie war ein Weißer von einer weißen Jury zum Tode verurteilt worden. Am Morgen des 7. Februar 1964 konnte die Jury nach elfstündiger Beratung nur mitteilen, daß sie zu keinem einstimmigen Urteil gefunden hatte. Sieben votierten für unschuldig, fünf für schuldig. Der erwartete Aufstand der Schwarzen blieb aus, und das hohe Polizeiaufgebot vor dem Gericht erwies sich als überflüssig.

Die Nation war baß erstaunt, denn alle, vorneweg der Gefangene, hatten den üblichen Freispruch erwartet. Beckwith blieb weitere zwei Monate in Haft, während alle Beweise gegen ihn ein zweites Mal von zwölf weiteren Geschworenen angehört wurden. Diesmal war das Ergebnis acht Stimmen für Freispruch, vier dagegen. Ein dritter Versuch schien keinen Sinn zu machen, Beckwith wurde entlassen und bei seiner Rückkehr triumphal gefeiert. Die Polizei setzte der Farce die Krone auf, indem sie ihn in Greenwood zum Hilfssheriff ernannte und Beckwith erlaubte, mit seinem Gewehr bewaffnet im Polizeiauto voranzufahren, wenn sie durch die Schwarzenviertel patrouillierte. Dadurch bestärkt, konnte es sich der Mörder nicht verkneifen, in den folgenden Jahren mit dem Attentat zu prahlen: *»Diesen Nigger umzubringen, hat mir nicht mehr Unbehagen bereitet, als unsere Frauen empfinden, wenn sie unsere Kinder zur Welt bringen«*, erklärte er einem Freund aus dem Ku-Klux-Klan.

Im Dezember 1990, mehr als ein Vierteljahrhundert nach den beiden Prozessen, grub der Staat Mississippi in seiner eigenen Vergangenheit und stieß auf diesen einmaligen Vorfall in der Geschichte des Südens. Man rollte den Fall wieder auf und verlegte als erstes die Suche nach den Geschworenen 140 Meilen nordwärts, in der Hoffnung, Juroren zu finden, die nichts darüber gehört oder gelesen hatten. Das Schwurgericht schaute auf den inzwischen 73jährigen Angeklagten und mag wohl überlegt haben, ob sich der ganze Aufwand noch lohnte. Vier Weiße und acht Schwarze, die nicht wußten, daß Beckwith inzwischen wegen Ku-Klux-Klan-Aktivitäten im Gefängnis gewesen war. Auf den Tag 30 Jahre nach seinem ersten Evers-Prozeß begann am 27. Januar 1994 das erneute Verfahren gegen Beckwith. Die Staatsanwaltschaft präsentierte alte Beweise, neue Zeugen, manche glaubwürdiger als andere, alles in allem nichts Besonderes, bis die Aussage eines Mannes der Sache eine völlig neue Wendung gab. Mark Reiley aus Chicago hatte im Fernsehen einen Bericht über den Prozeß gesehen und sich beim Staatsanwalt gemeldet. Vor 15 Jahren war er ein junger Wärter gewesen, betraut mit der Bewachung von Beckwith, als der wegen des Ku-Klux-Klans einsaß. Als letzter Zeuge im Verfahren berichtete er von den rassistischen Äußerungen seines damaligen Gefangenen und daß der sich mit dem Mord an Evers gebrüstet habe. Die Geschworenen zogen sich zur Beratung zurück – fünf Stunden ohne Ergebnis, doch am nächsten Morgen sprachen sie Byron de la Beckwith einstimmig des Mordes an Medgar W. Evers schuldig. Er wurde zu lebenslanger Freiheitsstrafe verurteilt, die er, noch immer von der Überlegenheit der weißen Rasse fest überzeugt, auf seinen Wunsch hin streng von schwarzen Mithäftlingen getrennt absitzt.

Im vollbesetzten Gerichtssaal von Jackson, Mississippi, stieß Myrlie Evers einen Jubelschrei aus: *»Medgar! Ich habe das letzte Stück dieses Weges geschafft!«* Myrlie Evers-Williams, die inzwischen zum zweiten Mal verheiratet ist, steht wieder in den Diensten des NAACP. Im Februar 1995 trat man mit der Bitte auf sie zu, für den Vorsitz zu kandidieren. *»Niemand, der noch ganz bei Sinnen ist«,* antwortete sie spontan, *»würde diesen Job übernehmen.«* Am 18. Februar wurde sie gewählt.

E

Linda Laucella, Assassination, The Politics of Murder, Lowell House, Los Angeles, 1998; International Herald Tribune, 20. 03. 1998; Die Tageszeitung, 19. 09. 1995; Times, 27. 02. 1995

F

Giovanni Falcone

Italienischer Richter und Mafia-Verfolger. 1938–1992

Richter Giovanni Falcone mußte sterben, weil er versuchte, der »Ehrenwerten Gesellschaft« das Handwerk zu legen.

F

»Die Cosa Nostra vergißt nie. Der Feind ist immer da und bereit zuzuschlagen!« sagte Falcone nicht einmal eine Woche vor seinem Tod einem Reporter der italienischen Zeitung »La Repubblica«, und er behielt auf schreckliche Weise recht. Am Samstag, den 23. Mai 1992, wollte Falcone am Nachmittag gemeinsam mit seiner Frau von Rom nach Palermo fliegen, um dort wie immer das Wochenende zu verbringen. Das Regierungsflugzeug, das sie nach Sizilien bringen sollte, startete um 16.40 Uhr auf dem Militärflughafen bei Ciampino in der Nähe von Rom und landete eine gute Stunde später auf dem Punta-Raisi-Flughafen von Palermo. Ein aus sieben Leibwächtern bestehender Personenschutz erwartete das Ehepaar in drei Polizeiautos. Die massiven Sicherheitsvorkehrungen der Vorjahre waren in jüngster Vergangenheit etwas zurückgeschraubt worden, und so flog an diesem Tag kein Hubschrauber die Route zwischen Flughafen und Innenstadt ab. Entsprechend war auch niemandem aufgefallen, daß an diesem Vormittag wenige Kilometer vom Flughafen entfernt, unweit des Städtchens Capaci, direkt neben der Autobahn eine ungewöhnliche Betriebsamkeit geherrscht hatte. Eine Mannschaft aus »Ehrenmännern«, als Bauarbeiter verkleidet, hatte letzte Hand an eine gigantische, 500 Kilo schwere Sprengladung gelegt, mit der sie eine der unter der Autobahn hindurchführenden Drainageröhren gefüllt hatte. Gegen Abend versammelten sich ein paar Männer um eine kleine Bauhütte etwa 100 Meter von der Autobahn und richteten aufmerksame Blicke auf den Strom der vom Flughafen kommenden Fahrzeuge, in der Hütte war eine Funkfernsteuerung für den Bombenzünder installiert.

Es war ein kleiner Verstoß gegen die Sicherheitsbestimmungen, daß Falcone sich selbst ans Steuer seines kugelsicheren Fiat Croma setzte – ein kleines Stück Freiheit in einem ansonsten hochgradig regulierten Leben. Falcones Frau Francesca nahm auf dem Beifahrersitz Platz, während ihr Chauffeur Giuseppe Costanza hinten einstieg. Als der Konvoi Capaci passierte, riß eine ungeheure Explosion mit der Kraft eines ausbrechenden Vulkans die Erde auf. Alle drei Autos wurden hochgeschleudert, zusammengepreßt und völlig zerstört. Die Wucht der Detonation hatte einen riesigen Krater ausgehoben und die Fahrbahn auf etwa 400 Metern aufgerissen. *»Von einer Sekunde auf die andere war es, als öffnete sich vor uns die Hölle«*, berichtete ein Augenzeuge, der unmittelbar hinter Falcones Konvoi gefahren war. *»Eine furchterregende Explosion, eine Szene aus der Apokalypse, Schreckensschreie und dann eine unwirkliche Stille. Man hörte Menschen stöhnen, andere waren ohnmächtig. Ich sah, daß Falcone sich bewegte, sein Gesicht eine Maske aus Blut. Sein Kopf bewegte sich vor und zurück, aber er war eingeklemmt. Ich weiß nicht, ob er bei Bewußtsein war. Seine Frau war ohnmächtig; ihre offenen Augen blickten nach oben.«*

Die Spitze des Konvois hatte die Hauptwucht der Explosion abbekommen; alle drei Insassen des Führungsautos waren sofort tot: Antonio Montinaro, Rocco di Cillo und Vito Schifani. Die drei Leibwächter im hinteren Auto kamen mit vergleichsweise leichten Verletzungen davon. Richter Falcone, Francesca und der Chauffeur waren schwer verletzt, lebten aber noch, als die Notarztwagen eintrafen. Während der Chauffeur überlebte, erklärten die Ärzte den 53jährigen Falcone kurz nach seiner Ankunft im Krankenhaus für tot. Francesca Falcone schien eine Chance zu haben, sie kam zu sich und fragte als erstes: *»Wo ist Giovanni?«* Doch nach zwei Operationen starb auch sie noch am selben Abend. Sie war 46 Jahre alt.

Die verzweifelten Bürger von Palermo trauerten – und waren wütend. Bei der Trauerfeier für die Ermordeten standen Tausende vor der Kirche San Domenico. Ihr Zorn entlud sich in gellenden Beschimpfungen der *»Mörder und Banditen«* aus Rom auf Politiker wie den Senatspräsidenten Giovanni Spadolini und Justizminister Claudio Martelli, die sich über die Hintertür der Sakristei zur Totenmesse schlichen, um der wütenden Menge zu entkommen.

Unter Tränen rief Rosaria Costa Schifani, die Witwe des einen Leibwächters: *»Mafiosi, auf die Knie mit euch!«* Die Mutter eines vier Monate alten Sohnes war entschlossen, die Täter zu entlarven: *»Und wenn ich bis nach Amerika fahren muß, um mit Tommaso Buscetta zu sprechen. Der weiß, wer meinen Mann und die anderen umgebracht hat.«* Buscetta ist in den USA der wichtigste Kronzeuge gegen die Mafiosi. Die Vorgesetzten ihres Mannes hatten der Familie im Krankenhaus einen Umschlag zugesteckt – umgerechnet etwa 14000 Mark befanden sich darin: der Gegenwert für ein Menschenleben in Sizilien?

Für viele Italiener war es kein Zufall, daß der Sprengstoffanschlag auf Falcone zu einer Zeit geschah, als er im Mailänder Korruptionsskandal ermittelte. In diesen größten Bestechungsfall der italienischen Nachkriegsgeschichte war auch die Verwandtschaft des Sozialistenführers Bettino Craxi verwickelt. Die Zahlungen norditalienischer Industrieller, darunter offenbar auch Mafia-Gelder, an Politiker fast aller Parteien liefen über Banken in der Schweiz. Dort hatte Falcone schon mehrmals nach Mafia-Geldern gefahndet, die reingewaschen werden sollten. Er hatte sogar die Beschlagnahme von 10 Millionen Franken gefordert, die ein Mafia-Clan bei einer der größten Schweizer Banken angelegt hatte. Falcone war dazu eigens nach Zürich gefahren und verhandelte mit den Direktoren. Doch anstatt ihm zu helfen, schoben die Banker das Geld in Zusammenarbeit mit einem Mafia-Strohmann so geschickt hin und her, daß es dem Zugriff der italienischen Fahnder entschlüpfte und Falcone resigniert abreiste.

Die langwierigen Ermittlungen ergaben schließlich, daß der Mafiaboß Totò Riina einer der Drahtzieher des Anschlags war. Die Beamten leisteten gründliche Arbeit und brachten ihn und eine ganze Reihe führender Mafiosi schließlich hinter Gitter. *»Ein historisches Urteil«*, kommentierte Staatsanwalt Luca Tescaroli knapp den Spruch des Appellationsgerichts von Caltanissetta. Das italienische Gericht hatte im April 2000 in zweiter Instanz 29 Mafiabosse als Mörder des Richters Giovanni Falcone zu lebenslänglichen Haftstrafen verurteilt.

Alexander Stille, Die Richter, der Tod, die Mafia und die italienische Republik, Verlag C. H. Beck, München, 1997; Stern, 24/1992; Die Tageszeitung, 29. 05. 1992/10. 04. 2000; The Times, 25. 05. 1992

Feisal II.
König von Irak. 1935–1958

Bis 1953 regierte der junge Feisal II. unter der Regentschaft seines Onkels Abd Allah (auch Abdul Illah). Fünf Jahre nachdem er die Macht eigenverantwortlich innehatte, wurde er Opfer eines Attentats von Revolutionären, die die Monarchie abschaffen wollten.

»Der König wurde auf seinem Thronsessel erschossen – sie haben ihn in seinem Bett erdolcht – der König wollte abdanken, aber sein Onkel, der Kronprinz Abdul Illah, gab ihm eine Ohrfeige, und König Feisal starb am Herzschlag …« Solche und andere Gerüchte schwirrten zu Hunderten durch Bagdad. Die Märchenerzähler aus »Tausendundeiner Nacht« waren durch die Revolution offenbar nicht ärmer an Phantasie geworden – doch die Wahrheit über das Attentat, das am 14. Juli 1958 auf »den kleinen König« von Irak verübt worden war, sah anders aus.

General Kassem, Führer der Revolutionäre und neuer Ministerpräsident von Irak, riet einem Reporter, der es genau wissen wollte: *»Schreiben Sie nicht über diese schrecklichen Dinge, die bei jeder Revolution passieren! Sehen Sie sich die elenden Hütten an, in denen unser Volk lebt, und fahren Sie hinaus zu dem Palast, den der kindische König seiner Braut für 28 Millionen gebaut hat. Dann wissen Sie, warum wir Revolution machen.«* Derweil saß die 17jährige Braut, Prinzessin Fazilet, eine Großnichte des letzten türkischen Sultans, in ihrem englischen Pensionat, weinte und wiederholte immer wieder verzweifelt: *»Ich liebte Feisal!«* Nach der Konferenz der Bagdad-Plan-Staaten in Istanbul, so hatte der König versprochen, wollte er sie heiraten und aus der Obhut der englischen Fräuleins in seinen prächtigen Palast holen. Doch während die Prinzessin auf der verregneten Insel wartete, führte der britische Kolonialminister Allan Lennox-Boyd dem jungen Regenten mit Hilfe von Onkel Abd Allah Prostituierte zu und machte ihn auf diese Weise den Interessen Englands gefügig.

Die Revolutionäre hatten schon lange genug von der westlich orientierten Politik und den luxuriösen Eskapaden ihres Herrschers. Am Morgen des 14. Juli zwischen 5.00 Uhr und 6.00 Uhr machten sie ernst. Bewaffnete Truppen stürmten den Königspalast. Sie fanden den 23jährigen Feisal im Vorhof und schossen ihn ohne Vorwarnung nieder. *»Ich tötete Feisal«*, rühmte sich Hauptmann Abdel Sabeh im Wachlokal der Königsgarde: *»Der König lief mir direkt in meine Maschinenpistole, als er durch den Garten seines Palastes floh und versuchte, seinen Opelwagen zu erreichen. Mir blieb nichts anderes übrig, als auf Feisal zu schießen. Denn der Kronprinz Abdul Illah, sein Onkel, war in seiner Begleitung und schoß wie wild um sich. Sie starben wie räudige Hunde. Allah ist mein Zeuge.«* Als Feisal II. unter den Kugeln des Hauptmanns gefallen war, stürmte bereits der Mob den Palast, zertrümmerte die Fensterscheiben, demolierte den Wagen, mit dem er hatte fliehen wollen, und tötete 14 Angehörige der königlichen Familie, darunter auch Feisals Großmutter und seine Schwester.

F

Die ganze Revolte nahm nicht mehr als eine Stunde in Anspruch. Der rasende Pöbel band den blutigen verstümmelten Körper des verhaßten Abd Allah an ein Kamel und ließ ihn durch die Straßen von Bagdad schleifen, dann hängte man ihn an einem Balkon auf. Den »kleinen König« ließ man zuerst liegen und begrub ihn später an einem geheimgehaltenen Ort. Der tote Ministerpräsident Nuri es-Said wurde zusammen mit zwei Hunden verscharrt. In allen Straßen Bagdads schwenkten jubelnde Menschen Fahnen mit dem Bild des Generals Kassem. Ihm und seinen Vertrauten gelang es in überraschend kurzer Zeit, den Westen zur Anerkennung der neuen Republik zu bewegen.

Stern, 32/1958

Feisal ibn Abd Al-asis ibn Saud

König von Saudi-Arabien. 1906–1975

Feisal, der dritte Sohn von König Saud Feisal, wurde in Er-Riad, seinerzeit ein Wüstendorf mit fensterlosen Lehmhütten, geboren. Sein Vater, damals ein namenloser Wüstenfürst – gerade aus dem Exil in Kuwait zurückgekehrt –, war entschlossen, die Arabische Halbinsel im Namen Allahs unter seiner Familie zu einigen. 1924 verwirklichte sein Sohn den Traum mit dem Schwert und zog an der Spitze eines Beduinenheeres in Mekka ein. Den militärischen Erfolg seines Sprößlings sicherte der König durch geschickte Haremsdiplomatie. Die genaue Zahl seiner Frauen ist unbekannt, es waren über 30. Seine Töchter wurden statistisch nie erfaßt, gezählt wurden nur 42 Söhne, unter denen sich Feisal eine besondere Position eroberte. Schon in jungen Jahren mit wichtigen Aufgaben für sein Land betraut, nahm er 1945 auf der Konferenz von San Francisco an der Gründung der UNO teil. Ganz allmählich – aber konsequent – arbeitete er mit Unterstützung der Familie an der Entmachtung seines älteren Bruders, König Saud ibn Abd al-Asis, und bestieg nach dessen endgültiger Absetzung 1964 den Thron. Außenpolitisch bekämpfte er fortan den Führungsanspruch Ägyptens und investierte immense Summen in den Krieg gegen Israel. Innenpolitisch bemühte er sich um eine Modernisierung seines Landes, versuchte sozialistische und atheistische Unterwanderungen zu bremsen und förderte die Ölproduktion und wirtschaftliche Entwicklung Saudi-Arabiens. Gegen seinen Willen geschah in der Welt der Araber nichts, denn König Feisal war mehr als nur der König von Saudi-Arabien: Er war der Herrscher über 600 Millionen Muslims, der Hüter der Heiligen Stätten von Mekka und Medina, Herr über die größten Ölvorkommen der Welt, die ihm jeden Tag 200 Millionen Mark einbrachten. Von dem großen Wohlstand, der unter anderem aus seiner Politik resultierte, profitierten allerdings in erster Linie die mehr als 3000 verwöhnten Mitglieder der königlichen Familie. Doch die innerfamiliären Differenzen in ethischen und religiösen Fragen waren auch mit großem Reichtum nicht zu schlichten und führten letztendlich zu seiner Ermordung.

25. März 1975: Anläßlich des 1405. Geburtstages des Propheten Mohammed wurde ein großes Fest gefeiert. In der saudi-arabischen Hauptstadt Er-Riad wartete eine Delegation aus Kuwait, um den 69jährigen König zu begrüßen. Mit ihnen wartete auch Prinz Feisal Musad Abdel Ariza, ein Neffe des Königs, der in Amerika das Leben eines reichen Playboys lebte. Unter seinen Freunden befanden sich eine ganze Reihe militanter arabischer Studenten, die der dezidierten Meinung waren, daß der absolutistische König mit seinem altmodischen Regierungsstil Saudi-Arabien davon abhielt, eine wichtige Macht im 20. Jahrhundert zu werden. Von solchen Gedanken inspiriert und aufgestachelt durch den Tod seines fundamentalistischen Bruders, der bei dem Versuch, einen Fernsehsender zu stürmen, von Polizisten des Königs getötet worden war, kehrte der Prinz in seine Heimat zurück.

Die langen Haare und westliche Kleidung unter dem traditionellen Gewand verborgen, wartete er auf eine günstige Gelegenheit. Endlich stand er vor seinem Onkel. Feisal erkannte den Neffen sofort und senkte seinen Kopf, damit dieser nach Landessitte seine Nase küssen konnte. Doch statt dessen zog der junge Mann blitzschnell eine Pistole und schoß dem König dreimal in das Gesicht. *»Allah möge ihm verzeihen«*, brachte das Opfer noch hervor, bevor es zu Tode getroffen zusammenbrach. Palastwachen ergriffen den Attentäter und schleiften ihn weg, während der immer wieder schrie: *»Jetzt ist mein Bruder gerächt!«* Ein schlichter Sandhaufen auf dem Südfriedhof der Stadt markierte das Grab des ermordeten Königs. Nur in die traditionellen Tücher gewickelt, wurde der Leichnam des bedeutenden Herrschers beigesetzt. An Stelle eines Grabsteins wird die Legende für die Erinnerung sorgen.

Noch nie war ein Mitglied der königlichen Familie zum Tode verurteilt worden, und so beschloß man, dem Prinzen die eigentliche Strafe für Mord zu ersparen und ihn statt dessen zu lebenslanger Haft zu verurteilen. Untersuchungen ergaben dann jedoch, daß nicht etwa die Rache für seinen Bruder, sondern vielmehr politische Motive den Hintergrund der Tat gebildet hatten. Dies veränderte die Lage, und Ende Juni wurde der Königsmörder nach der Regel des Korans »eine Seele für eine Seele« zum öffentlichen Tod durch Köpfen verurteilt.

Eine große Menschenmenge versammelte sich, um der Hinrichtung beizuwohnen. Schergen zwangen den Prinzen auf die Knie, und mit einem enormen vergoldeten Schwert wurde das Haupt des 27jährigen Attentäters von seinem Körper getrennt. Dann spießte man den Kopf auf und zeigte ihn den Zuschauern, bevor der Tote irgendwo in der Nähe verscharrt wurde.

Nachfolger auf dem Thron wurde der jüngere Bruder des ermordeten Königs.

Peter Sluglett/Marion Faruk-Sluglett, Der Irak seit 1958 von der Revolution zur Diktatur, Suhrkamp, Frankfurt a. M., 1991; Stern, 15/1975

Larry Flynt
Pornoverleger. * 1942

Flynt, der heute in der zehnten Etage eines Chrom- und Glaspalastes in Beverly Hills residiert, wuchs in einem winzigen Dorf im östlichen Kentucky auf. Während sein Vater den Lohn vertrank und die Mutter sich als Bardame verdingte, schlug sich der rothaarige Junge als Erntehelfer, Tellerwäscher, Schnapsbrenner, Bibelverkäufer und Fließbandarbeiter durch. 1965 eröffnete er eine zwielichtige Kneipe, hinter deren Tresen er – immer eine Pistole in der Tasche – persönlich für Ordnung sorgte. Drei Jahre später steckte Flynt 5000 Dollar in einen Animierschuppen mit Go-go-Girls, nannte ihn »The Hustler Club« und weitete das Konzept blitzschnell zu einer erfolgreichen Kette aus. Anfang der 70er Jahre war er Millionär.

F

Hugh Hefners »Playboy« und Bob Gucciones »Penthouse« hatten den Standard für sogenannte Herrenmagazine gesetzt, doch Flynt orientierte sich an einem erdigeren Konzept, als sich ihm 1974 die Chance bot, den Hochglanzmarkt mit einer eigenen Publikation zu erobern. Seiner Meinung nach hatten die unnahbaren blonden Göttinnen nichts mit der Realität zu tun. Seine Modelle waren die *»Mädchen von nebenan«*, die der dosenbiertrinkende Nachbar schon immer in voller Blöße sehen wollte. Das Hohe Gericht in Lawrenceville verurteilte den Herausgeber des Porno-Magazins »Hustler«, Larry Flynt, zu einer Gefängnisstrafe von mindestens sieben Jahren und umgerechnet 23000 Mark Geldbuße. »Die Verbreitung obszöner Schriften« war es, die Flynt hinter Gitter bringen sollte. Doch wenig später war der Pornokönig, der etwa 50 Millionen Mark im Jahr verdiente, gegen Kaution wieder auf freiem Fuß.

Kaum hatte er sich mit der Summe von umgerechnet 115000 Mark freigekauft, gab er vor, ab sofort den »Hustler«, sein ordinärstes Machwerk, drastisch entschärfen zu wollen. Überall erzählte er, die Präsidentenschwester Ruth Carter, eine eifrige Baptistenmissionarin, habe in ihm die religiöse Erweckung erwirkt. Daß das nur eine Finte war, um dem drohenden Gefängnis zu entgehen, wurde bald darauf mehr als deutlich, als Flynt einen Baptistengeistlichen anschrie: *»Die Bibel wurde geschrieben, um Menschen zu unterdrücken! Jesus war ein abtrünniger Rabbiner mit einem Vorstrafenregister!«*

Am 6. März 1978 mußte Flynt sich erneut auf den Weg zu einem Prozeß machen, diesmal nach Lawrenceville in Georgia. Dorthin fuhr auch ein kleiner Verlierer namens Joseph Paul Franklin. Der 27jährige wäre gerne Polizist geworden, doch durch einen Unfall als Kind hatte er das rechte Auge verloren. Für sein Ego blieb ihm nicht viel mehr als seine weiße Haut; und das weiße Amerika, so glaubte er, würde verrotten, wenn er nicht eingriff. Deshalb packte er regelmäßig seine Waffen ins Auto und patrouillierte durch die Straßen auf der Suche nach Fehlern, die er *»korrigieren«* wollte. Eine Ausgabe des »Hustler« enthielt einen solchen Fehler. Dort vergnügte sich ein schwarzer Mann mit einer weißen Frau. *»Diesen Dreck kann ich nicht ab«*, sagte Franklin später.

F

Flynt war gerade auf dem Weg vom Gericht nach Hause und kam mit seinem Verteidiger die Treppe herunter, als der Attentäter aus seinem Versteck auf die Straße trat, sein Marlin-Gewehr, Kaliber 44 anlegte und feuerte. Larry Flynt und sein Anwalt brachen unter Schock zusammen, doch während der Anwalt nur eine minderschwere Verletzung am Arm erlitt, mußte Flynt wegen eines Schusses, der den Magen durchschlagen hatte, zweimal operiert werden. Als seine Frau im Krankenhaus eintraf, versuchten die Ärzte ihr behutsam beizubringen, daß der Gatte für immer vom Bauchnabel abwärts gelähmt bleiben würde. *»Ich will, daß Larry überlebt«*, schrie sie den Mediziner an, *»und es ist mir egal, ob ich nachher nur noch seinen Kopf in einem Goldfischglas habe!«*

Starregisseur Milos Forman verfilmte 1996 das Leben des Larry Flynt. In der Rolle seiner dritten Ehefrau mit eindeutig zweideutiger Vergangenheit: Courtney Love.

Larry Flynt, An unseemly Man, Dove Books, Los Angeles, 1996; Amica, Oktober 1999; Bild Zeitung, 08. 03. 1978; Hamburger Morgenpost, 08. 01. 1999; Der Spiegel, 03. 02. 1997; Süddeutsche Zeitung, 22. 2. 1997

Gerald Rudolph Ford
Präsident der USA. * 1913

Der Rechtsanwalt Gerald Ford führte als Mitglied der »Republican Party« die Republikaner seit 1965 im Repräsentantenhaus. Nach dem erzwungenen Rücktritt Richard M. Nixons wurde er am 9. August 1974 als Präsident der USA vereidigt. Die frühzeitige Begnadigung Nixons (8. September 1974), mit der Ford die über die Watergate-Affäre erregte Öffentlichkeit zu besänftigen versuchte, war in den USA heftig umstritten. Bei den Präsidentschaftswahlen 1976 unterlag Ford knapp seinem Nachfolger Jimmy E. Carter.

Am Morgen des 5. September 1975 befand sich Präsident Gerald Ford auf dem Weg zu einer groß angekündigten Rede gegen die Kriminalität und passierte gerade eine Gruppe von jubelnden Anhängern seiner Politik, in ihrer Mitte versteckte sich Lynette Alice Fromme, eine erklärte Gegnerin Fords. Die 26jährige Frau, ein Mitglied der sogenannten Mörderfamilie von Charles Manson, hatte bereits 1969 für Aufsehen gesorgt. Als Manson und seine Mittäter wegen Mordes an der Schauspielerin Sharon Tate vor Gericht standen, rasierte sich Lynette Fromme den Schädel, ritzte sich ein Kreuz in die Stirn und versuchte in diesem Aufzug, die Verhandlung zu torpedieren.

Jetzt stand Präsident Ford direkt vor ihr. Fromme machte einen Schritt nach vorne, zog eine 45er Automatikpistole aus ihrem langen Gewand und hielt ihrem Opfer den Lauf direkt auf den Bauch. *»Dieses Land ist ein Chaos! Dieser Mann ist nicht euer Präsident!«* rief sie in die Menge. Das verschaffte Larry Buendorf, einem wachsamen und mutigen Agenten des Secret Service, die Sekunden, die er brauchte. Blitzschnell warf er sich zwischen Ford und die Attentäterin und blockierte mit einem Handgriff den Abzug der Waffe. *»Jungs, sie ist nicht losgegangen, sie ist nicht losgegangen!«* kreischte Fromme empört, als sie zu Boden geworfen und in Handschellen gelegt wurde. *»Könnt ihr euch das vorstellen, sie ist nicht losgegangen!«* Lynette Fromme war fassungslos. Als man sie vom Ort des verhinderten Geschehens wegzerrte, heulte sie immer wieder: *»Er ist kein Diener dieses Staates! Er ist kein Diener dieses Staates!«*

Am 17. Dezember 1975 wurde die Gefangene zu lebenslänglicher Haft verurteilt. Als das Urteil verkündet wurde, warf sie sich zu Boden und brüllte: *»Ihr Tiere!«* 12 Jahre später, am 23. Dezember 1987, gelang ihr die Flucht aus dem Gefängnis. Mittels einer spektakulären Polizei- und Medienfahndung wurde sie bereits einen Tag später, auf einer Landstraße nur zwei Kilometer von der Haftanstalt entfernt, wieder gefaßt.

Der mißlungene Mordversuch rief eine zweite Täterin auf den Plan: Sara Jane Moore, eine 45jährige Vorstadtmatrone mit äußerst unglücklichem Privatleben. Fünfmal war sie verheiratet gewesen, zweimal mit demselben Mann, drei ihrer vier Kinder hatten ihre Eltern adoptiert. Moore lebte mit ihrem neunjährigen Sohn zusammen, als sie von einem Tag auf den anderen ihren Job kündigte und beschloß, politisch aktiv zu werden. Zunächst beteiligte sie sich an einer Aktion, die als Reaktion auf die Forderungen der Entführer von Patty Hearst ins Leben gerufen worden war. Sara Moore war felsenfest davon überzeugt, von Gott ausersehen zu sein, die Bedürftigen aus dem Reichtum der Familie Hearst zu speisen – und das wiederholte sie so oft, bis sich die Initiative von ihr trennte. Moore begab sich stehenden Fußes zum FBI und behauptete dort, wegen ihrer ausgezeichneten Kontakte zur Unterwelt eine ideale Informantin zu sein. Die Agenten glaubten ihr und setzten sie auf die Liste der Spitzel. Nach einer Weile bekam die frischgebackene Schnüfflerin kalte Füße, und das FBI begann zu ahnen, daß sie kein wirklicher Profi war. Aus Angst vor Rache aus dem Untergrund bat Moore um Polizeischutz, der ihr jedoch nicht gewährt wurde. Statt dessen durchsuchte die Polizei erst ihre Handtasche – und fand einen 44er Revolver, dann ihre Wohnung, wo zwei Schachteln Munition lagen. Das anschließende Verhör blieb folgenlos, man ließ die eingetragene Informantin wieder laufen.

Am 22. September brachte Sara Moore ihren Sohn zur Schule und kaufte dann, von Lynette Frommes Mordversuch inspiriert, für 145 Dollar eine Smith&Wesson Kaliber 38. Die Waffe in der Tasche, fuhr sie zum St. Francis Hotel in San Francisco. Als Präsident Ford gegen halb vier Uhr am Nachmittag das Hotel verließ, stand draußen eine Menschenmenge von etwa 3000 Republikanern, die ihn sehen wollten. Sara Moore befand sich etwa zehn Meter vom Präsidenten entfernt, als sie ihre Pistole hob und auf ihr Opfer zielte. Der Schuß löste sich, doch Oliver Sipple, ein 33jähriger ehemaliger Marinesoldat, hatte geistesgegenwärtig bereits gegen den Arm der Attentäterin geschlagen und die Kugel umgelenkt. Sie verfehlte Ford, prallte an einer Wand ab und verletzte einen Taxifahrer leicht. Während der Präsident mit schwerem Geleitschutz zum Flughafen gebracht und in die nächste Maschine zurück nach Washington gesetzt wurde, führte die Polizei Sara Jane Moore in Handschellen ab. Einem Reporter sagte sie: *»Es kommt ein Moment, da kannst du deinen Standpunkt nur erklären, wenn du zur Waffe greifst.«* Sie wurde zu lebenslanger Haft verurteilt, landete im selben Gefängnis wie Lynette Fromme und sagte noch viel später völlig ohne Reue: *»Wenn ich eine 44er gehabt hätte, hätte ich ihn erwischt.«*

Linda Laucella, Assassination, The Politics of Murder, Lowell House, Los Angeles, 1998

F

Pim Fortuyn
Niederländischer Politiker. 1948–2002

Das ehemalige Mitglied der »Partij van de Arbeid« promovierte 1981 über die Sozial- und Wirtschaftspolitik der Niederlande zwischen 1945 und 1949. Ein knappes Jahrzehnt später wurde Pim Fortuyn an der Erasmus Universität Rotterdam Professor für Fragen der Arbeitsbedingungen. Vier Jahre lehrte und forschte der schillernde Dandy, dann zog es ihn zur Wochenzeitschrift »Elsevier«, als deren Kolumnist er seine rechtspopulistischen Positionen einer breiten Leserschaft zugänglich machen konnte.

Mit seiner Kritik an der traditionellen Politik des Establishments in Den Haag erwarb er sich schnell den Ruf, ein »Hecht im Karpfenteich« zu sein, und fand zunächst seine politische Heimat in der Bewegung »Leefbaar Nederland« (»Lebenswerte Niederlande«). Als Spitzenkandidat der Partei übte Fortuyn harte Kritik am Islam und vertrat ohne Absprache mit der Parteiführung immer extremere Positionen: Einreisestop für Ausländer und Moslems, Kündigung des Schengener Abkommens.

Was dem Politiker große Sympathien in der Bevölkerung einbrachte, verärgerte seine Parteifreunde. Man trennte sich vom wortgewaltigen Fortuyn, der als Reaktion im Februar 2002 die eigene »Pim-Fortuyn-Liste« LPF gründete und damit auf Anhieb enorme Erfolge feierte. Bei den Kommunalwahlen in Rotterdam erreichten er und seine Freunde stolze 35 Prozent.

»Ich sage, was ich meine – und ich tue, was ich sage« – so lautete das Credo des bekennenden Homosexuellen, der sich mit italienischen Maßanzügen, Chauffeur und täglich vom Leibfriseur geglät-

teter Glatze gern als Exzentriker gab. Die Medien rissen sich um Interviews und TV-Auftritte. Fortuyn nutzte jede Gelegenheit, seinen Forderungen nach einfachen Lösungen für komplexe Probleme lautstark Nachdruck zu verleihen.

Seine wachsende Popularität erwies sich als nicht ungefährlich, und immer wieder wurde er bedroht. *»Du wirst die Wahlen nicht mehr erleben«,* kündigte einer seiner anonymen Feinde an. Doch Fortuyn vertrat den Standpunkt, daß das Budget seiner Partei zu knapp sei, um Bodyguards zu bezahlen. Das Innenministerium fühlte sich nicht zuständig – Personenschutz für Politiker war in den Niederlanden bisher unüblich. Selbst Ministerpräsident Wim Kok radelte jeden Samstag in Amsterdam zum Markt und war stolz darauf, keine Leibwache zu brauchen.

Am Montag, dem 6. Mai 2002, hatte die Meinungsforschungsagentur Intomart vorausgesagt, daß die LPF aus den Wahlen zur Zweiten Kammer – angesetzt für den darauffolgenden Mittwoch – als stärkste Partei hervorgehen werde. Kurz nach 18 Uhr verließ Pim Fortuyn das Rundfunkhaus in Hilversum, 20 Kilometer südöstlich von Amsterdam, wo er soeben in einer Sendung brilliert hatte. Gerade wollte der Redakteur der Sendung ihm zum Abschied eine Flasche Wein überreichen, da donnerte eine Schußsalve durch die Luft.

Von fünf Kugeln tödlich getroffen, brach der Politiker auf dem Parkplatz des Sendegebäudes zusammen. Eilig herbeigerufene Notärzte konnten nur noch feststellen, daß er je zwei Kugeln in Rücken und Hals und einem Schuß in den Kopf erlegen war.

Wenig später nahm die Polizei einen 32jährigen Mann fest, der den Tatort fluchtartig verlassen hatte und mit einer Pistole bewaffnet war. *»Ich will einen Anwalt«,* war alles, was der mutmaßliche Mörder Volkert van der Graaf in den nächsten Stunden und folgenden Verhören von sich gab. Auch alle Fragen nach seinem Motiv ließ der Attentäter unbeantwortet.

Der engagierte Umwelt- und Tierschutzaktivist, verheiratet und seit drei Monaten zum ersten Mal Vater, war bis zu diesem Tag noch nie mit der Polizei in Konflikt geraten. Dem Verfassungsschutz war er jedoch kein Unbekannter. In seinem Auto entdeckten die Ermittler die Namen dreier weiterer Mitglieder der LPF sowie detaillierte Pläne ihrer jeweiligen Wohnorte. In van der

Graafs Wohnung fanden sie Munition des Tatwaffenkalibers. Doch trotz dieser Indizien schwieg der Verdächtige weiterhin beharrlich und kümmerte sich um seine Verteidigung. Die übernahm die gebürtige Freiburgerin Britta Böhler. Nach einer kurzen Karriere in Deutschland war sie der Liebe wegen nach Amsterdam gezogen und hatte sich dort als Anwältin für Menschenrechtsfragen einen Namen gemacht. Ihr bis dahin berühmtester Fall war 1998/99 die Verteidigung des Kurdenführers Abdullah Öcalan.

Der erste politische Mord seit 400 Jahren brachte das niederländische Volk und seine Politiker vollkommen durcheinander. Ministerpräsident Wim Kok rang um Fassung, als er in einer offiziellen Stellungnahme sagte: *»In den Niederlanden, daß hier so etwas geschieht ... ich bin völlig kaputt.«*

Vor dem Rotterdamer Rathaus standen mehr als 65000 Menschen Schlange, um sich ins Trauerregister einzutragen. Tausende nahmen am folgenden Donnerstag in der Kathedrale von Rotterdam Abschied von dem ermordeten Politiker, zu dessen letzter Ehre ein Trauergottesdienst mit Wim Kok geplant wurde. Vor dem Wohnhaus des Toten und am Tatort wurden Stofftiere und Blumen niedergelegt. *»Ich hätte ihn nie gewählt«,* sagte eine junge Frau in Rotterdam, *»aber niemand darf wegen seiner Auffassung ermordet werden.«*

Focus, 12. 05. 2002; Der Spiegel, 12. 05. 2002; Die Welt, 25. 03. 2002

Franz Ferdinand

Erzherzog von Österreich. 1863–1914

Seit Franz Ferdinand 1896 offiziell zum Thronfolger erklärt wurde, stieg sein politischer Einfluß. 1898 wurde er zusätzlich zum Stellvertreter des Kaisers im Obersten Kommando und 1913 Generalinspektor der Armee.

»Mach es, wie du willst«, sagte der Kaiser dem Thronfolger am 4. Juni 1914, als sich Franz Ferdinand unschlüssig zeigte, ob er nun in Bosnien die Manöver leiten sollte. Er vertrage die Hitze nicht, brachte er hervor und dachte vor allem daran, daß es in den annektierten Gebieten nicht ungefährlich war. Vor allem serbische Bosniaken hatten sich noch immer nicht mit der vor sechs Jahren vollzogenen Angliederung abgefunden.

Ein Attentat auf den Thronfolger lag seit Jahren in der Luft. Entsprechende Hinweise waren schon 1910 aufgetaucht. 1911 hatte Franz Ferdinand eine Reise nach Bosnien unterlassen, weil der Führer der bosnischen Kroaten, Josip Sunarić, dringend abgeraten hatte. Der warnte nun erneut, diesmal in einer Depesche an den k.u.k. Finanzminister Leon von Bilinski. Der wurde auch vom serbischen Gesandten Jovan Jovanović am 5. Juni auf die Gefahr eines Anschlags aufmerksam gemacht. So etwas dürfe und könne nicht vorkommen, befand jedoch Bilinski. Mit den eher höflichen als ernstgemeinten Worten *»Hoffen wir, daß nichts passiert«* komplimentierte er den serbischen Warner zur Tür hinaus – und dachte gar nicht daran, den Außenminister oder gar den Thronfolger zu unterrichten. Bilinski war verärgert, weil man ihn von den Vorbereitungen der bosnischen Reise ausgeschlossen hatte.

F

Der Thronfolger, um dessen Leben es ging, kannte den Mordaufruf nicht, den die serbische Zeitung »Srbobran« schon am 3. Dezember 1913 verbreitet hatte: *»Der österreichische Thronfolger hat für das Frühjahr seinen Besuch in Sarajevo angesagt. Nehmt heilige Rache! Tod der Habsburger Dynastie, ewiges Andenken jenen Helden, die gegen sie die Hände erheben.«*

Er wußte schon gar nicht, daß die Mörder bereits von Belgrad nach Sarajevo unterwegs waren: die serbischen Bosnier Gavrilo Princip, mit 20 noch Gymnasiast, Nedeljko Cabrinović, ein 19jähriger Angestellter der serbischen Staatsdruckerei, Trifko Grabez, Sohn eines Popen, und der muselmanische Bosnier Muhammad Mehmedbasić – ausgebildet, bewaffnet und eingesetzt von der »Schwarzen Hand«. Diese Verschwörerorganisation wurde von einem Mann namens Dragutin Dimitrijević – Deckname »Apis« – geleitet. Ihr erklärtes Ziel war es, serbisches Land, das von anderen Nationen besetzt war, zurückzugewinnen.

Die Vorbereitungen geschahen im verborgenen, und Franz Ferdinand zerstreute mögliche Bedenken seiner Begleiter mit Bekundungen der eigenen Furchtlosigkeit: *»Besorgnisse und Vorsichten lähmen das Leben. Unter einen Glassturz lasse ich mich nicht stellen.«* Wäre er ein Römer gewesen, er hätte gleich am Anfang kehrtgemacht, denn die Reise begann nicht gut: Schon bei der Abfahrt waren die Achsen des Salonwagens heißgelaufen. Das Hohe Paar, Gattin Sophie begleitete ihren Mann, mußte in ein gewöhnliches Abteil erster Klasse umsteigen. *»Na, die Reise fängt ja recht vielversprechend an«*, kommentierte der Thronfolger und stieg auf dem Wiener Südbahnhof in einen anderen Salonwagen, in dem allerdings die elektrische Lichtanlage ausgefallen war. Im Kerzenschein schockierte er seinen Sekretär: *»Was sagen Sie zu der Beleuchtung? Wie in einem Grab, nicht wahr?«*

Nachdem er zu seiner großen Zufriedenheit an dem Manöver in Bosnien teilgenommen hatte, schickte er ein Telegramm an den Kaiser: *»Der Zustand der Truppen, ihre Ausbildung sowie ihre Leistungen waren ganz vorzüglich, über alles Lob erhaben. Morgen besuche ich Sarajevo und reise abends ab.«* Daß es dazu nicht mehr kam, lag nicht zuletzt an den mangelhaften Sicherheitsvorkehrungen. Die aufgebotenen Gendarmen hatten ihre liebe Mühe mit der Erfüllung ihrer Pflicht, so daß ein Offizier aus seinem Gefolge vorschlug, den Besuch doch lieber nicht zu unternehmen. Franz Ferdinand winkte ab und seine gutgelaunte Gemahlin wies den Schwarzseher Sunarić zurecht: *»Sie haben sich doch geirrt, es ist doch nicht so, wie Sie immer sagen. Wir sind überall im Lande auch ausnahmslos von der serbischen Bevölkerung so freundlich begrüßt worden, mit solcher Herzlichkeit und ungeheuchelter Wärme, daß wir ganz glücklich darüber sind.«*

Am 28. Juni 1914 zeigte sich Sarajevo von seiner besten Seite. Menschen standen Spalier und ließen das Thronfolgerpaar hochleben, als es gegen 10.00 Uhr am Morgen in einem offenen Auto über den Appelkai, die Renommierstraße der Stadt, fuhr. Von der gelben Bastion des Kastells donnerten 24 Salutschüsse. Erzherzog Franz Ferdinand trug die Generalsuniform, hellblauen Rock, schwarze Hose mit roten Streifen und grünen Federhut, Sophie ein weißes Kleid und einen weißen Hut, den ebenfalls eine prächtige Feder zierte. Vor ihnen fuhr ein Auto mit Bürgermeister und Polizeikommissar, hinter ihnen eines mit Adjutanten.

Als die Kolonne die Cumurja-Brücke passierte, warf der Täter Cabrinović eine Bombe in den mittleren Wagen. Die Herzogin wurde von der zunächst explodierenden Sprengkapsel am Hals geritzt, doch die Bombe kullerte über das zurückgeschlagene Wagendeck auf die Straße und detonierte unter dem dritten Fahrzeug. Der Adjutant Oberstleutnant Erik Edler von Merizzi wurde am Hinterkopf verletzt. Cabrinović versuchte sich sofort mit Zyankali das Leben zu nehmen, verschüttete jedoch vor Aufregung das Gift, sprang in den Fluß, wurde herausgefischt und verhaftet. Der Thronfolger fuhr mit rotem Kopf weiter, das Gesicht seiner Gemahlin war hinter dem weißen Schleier blaß geworden. Im Rathaus hob der Bürgermeister zu einer Begrüßungsansprache an, doch Franz Ferdinand unterbrach ihn barsch: *»Was hab ich von Ihren Reden? Ich komme nach Sarajevo zu Besuch und man wirft Bomben auf mich. Das ist empörend! – So, jetzt können Sie weiterreden.«*

Der Attentäter sei gefaßt, sagte man ihm. *»Passen Sie auf, der Kerl wird, statt daß man ihn unschädlich macht, nach echt österreichischer Art noch mit dem Verdienstkreuz dekoriert!«* Nun hatte er sich Luft gemacht – das Programm konnte wie vorgesehen ablaufen.

Wie aber sollte man unbehelligt vom Rathaus in das Restaurant gelangen, in dem alles für ein Menü von zehn Gängen hergerichtet war. Ein Vorschlag lautete, die Straßen durch Militär räumen zu lassen. Doch der Thronfolger wollte vor dem Mittagessen nicht nur das Landesmuseum, sondern auch den verletzten Merizzi im Garnisonshospital besuchen – obschon ihm dabei nicht ganz wohl war: *»Heute werden wir noch ein paar Kugerln kriegen.«* Immerhin beschloß man nicht – wie angekündigt – den Weg über die Franz-Joseph-Straße, sondern wiederum über den Appelkai zu nehmen. Bedauerlicherweise war der Chauffeur des ersten Wagens nicht in der Lage, sich auf die veränderte Route einzustellen, und bog trotz gegenteiligen Kommandos in die Franz-Joseph-Straße ein. Wie üblich folgte das zweite Fahrzeug dem Leitwagen, doch einer der begleitenden Offiziere befahl zu wenden und den anderen Weg zu fahren. In diesem Augenblick flogen die »Kugerln«. Der Attentäter Princip stand genau am richtigen Fleck, kaum zwei Meter trennten ihn von seinen Opfern; er überlegte einen Augenblick, ob er eine Handgranate werfen oder schießen sollte, dann feuerte er mit abgewandtem Kopf von rechts seinen Revolver ab und traf sein Ziel, das sich in diesem Augenblick nicht bewegte. Der Bewacher des erzherzoglichen Paares stand auf dem linken Trittbrett – also auf der falschen Seite – und gab später zu Protokoll: *»Während der Wagen rasch reversierte, spritzte ein dünner Blutstrahl aus dem Mund Seiner Kaiserlichen Hoheit auf meine rechte Backe.*

Während ich mit einer Hand mein Taschentuch zog, um das Blut vom Mund des Erzherzogs abzuwischen, rief Ihre Hoheit: ›Um Gottes willen! Was ist dir geschehen!‹ Worauf sie vom Sitz hinabsank, mit dem Gesicht zwischen den Knien des Erzherzogs. Ich ahnte gar nicht, daß sie getroffen wäre, und dachte, sie sei aus Schreck ohnmächtig geworden. Auf das sagte Seine Kaiserliche Hoheit: ›Sopherl, Sopherl! Stirb mir nicht! Bleib für meine Kinder!‹ Auf das ergriff ich den Erzherzog beim Rockkragen, um das Vorsinken des Kopfes zu verhindern, und fragte ihn: ›Leiden Eure Kaiserliche Hoheit sehr?‹ Worauf er deutlich antwortete: ›Es ist nichts.‹ Nun verzog er etwas sein Angesicht und wiederholte sechs- bis siebenmal, immer mehr das Bewußtsein verlierend und in immer leiserem Ton: ›Es ist nichts.‹«

F

Als der Wagen im nächsten Ort ankam, war die Herzogin bereits an innerer Verblutung durch eine Kugel in den Unterleib gestorben. Der Erzherzog empfing noch die Letzte Ölung, dann starb auch er; eine Kugel hatte seine Halsschlagader verletzt. Es war das folgenschwerste Attentat der Geschichte, löste einen Weltkrieg aus und legte damit den Grundstein für einen zweiten, der Europa in Blut und Asche stürzte.

Am 4. Juli 1914 wurden Erzherzog Franz Ferdinand von Österreich-Este und seine Frau Sophie beigesetzt. Der Prozeß gegen die Attentäter begann am 12. Oktober. Sie bekannten sich im Sinne der Anklage für schuldig, doch Princip war fest davon überzeugt: *»Ich bin kein Verbrecher, denn ich habe einen Mann getötet, der Unrecht tat. Ich habe recht getan.«* Da die Angeklagten noch keine 20 waren, konnte man sie nicht zum Tode, sondern nur zu langjährigen Haftstrafen verurteilen. Princip starb am 28. April 1918 an Tuberkulose; seine Gebeine wurden zwei Jahre später exhumiert und von einer Delegation nach Sarajevo überführt. Die Brücke, an der die tödlichen Schüsse fielen, heißt heute Princip-Brücke.

Friedrich Weissensteiner, Franz Ferdinand, Der verhinderte Herrscher, Piper Verlag, München, 1994

G

Indira Priyadarshini Gandhi
Indische Politikerin. 1917–1984

Indira Gandhi, die Tochter von Jawaharlal Nehru, arbeitete schon in jungen Jahren für ihren Vater und begleitete ihn auf vielen seiner Reisen. Niemand war überrascht, als sie nach seinem Tod die Nachfolge antrat und 1966 Premierministerin wurde. Als das oberste Gericht sie 1975 für schuldig befand, 1971 Beamte für Wahlkampfzwecke gesetzwidrig eingespannt zu haben, und die Opposition daraufhin ihren Rücktritt forderte, verhängte Gandhi den Ausnahmezustand und ließ viele ihrer politischen Gegner verhaften. 1977 erlitt sie eine herbe Wahlniederlage, doch drei Jahre später machte das Volk sie erneut zur Premierministerin.

Wenn es um die Macht ging, kämpfte »Bharat Mata«, die »Mutter der Nation«, wie sie sich gern feiern ließ, an jedem Ort, zu jeder Zeit mit allen Tricks, notfalls um jede einzelne Stimme.

Sie haßte den Staub, so wie sie die große Nähe zu den Volksmassen verabscheute. Sie haßte Parfum und den schweren Duft von Blumengirlanden. Sie haßte die Schreie der Menge, die ihren Weg säumte. Doch im Wahlkampf nahm die zierliche Aristokratin aus kaschmirischer Brahmanen-Familie alles in Kauf. Dann stopfte sie sich Wattebäusche in die Ohren, um das Gejohle des Volkes zu ertragen. Dann drückte sie schmutzstarrende Kinder an sich und aß, am Boden hockend, aus Schüsseln der »Unberührbaren« Linsen, das Nationalgericht der armen Leute. Mit Stolz trug sie den symbolträchtigen Namen Gandhi, zu dem sie nicht etwa durch Verwandtschaft mit dem berühmten Freiheitshelden, sondern durch Heirat mit dem Publizisten Feroze Gandhi gekommen war.

Die heftigen Konflikte der Regierung mit den Sikhs gipfelten

1984 schließlich in einer gewalttätigen Auseinandersetzung, in deren Verlauf zwischen 600 und 1000 Menschen starben. Ein im Ausland lebender Sikh-Führer formulierte: *»Mrs. Gandhi hat einen tödlichen Fehler gemacht. Jeder Mann, der ein Sikh ist, kann nicht vergessen, daß sie ihr Todesurteil unterschrieben hat.«* Sofort wurden alle Sikh-Mitglieder, die sich unter Gandhis Leibwächtern befanden, ausgetauscht. So auch Beant Singh, ein Mann, der schon lange in ihren Diensten stand. Als die Premierministerin davon erfuhr, machte sie die Entscheidung des Geheimdienstes – gegen dessen entschiedenen Widerspruch – rückgängig. Polizeioffizier Beant Singh, ein engagierter Sikh, gehörte zu den engsten Bodyguards der Politikerin. Weil er dieselbe seltene Blutgruppe wie seine Chefin hatte, war er mehr als eine gewöhnliche Leibwache, sein Blut konnte ihr Leben retten. Keine der ernsthaften Warnungen ihrer Berater fruchteten, Indira Gandhi war sicher, daß der Schritt ihre Position stärken würde, und beharrte: *»Ich habe mein ganzes Leben mit Gefahren gelebt, und es macht keinen Unterschied, ob man im Bett oder stehend stirbt.«*

Wie der Geheimdienst richtig befürchtete, war unter den Sikhs eine gefährliche Verschwörung im Gange. Die Männer trafen sich regelmäßig im Haus von Leibwächter Beant Singhs Onkel und heckten einen mörderischen Plan aus: Die Wachen Beant Singh und Satwant Singh sollten den Dienstplan und ihre Einsatzpositionen so manipulieren, daß sie möglichst nahe beieinander standen, um dann gemeinsam die Premierministerin zu töten. Am Morgen des 31. Oktober 1984 bezogen sie ihre Posten, der eine mit einem Revolver Kaliber 38, der andere mit einer leichten Maschinenpistole bewaffnet. Indira Gandhi war auf dem Weg zu einem Fernsehinterview mit dem britischen Multitalent Sir Peter Ustinov. Als sie Beant Singh sah, begrüßte sie den Mann, der Jahre an ihrer Seite verbracht hatte, mit einem Lächeln. Er erwiderte die Geste mit drei Schüssen in ihren Bauch. Sein Opfer brach zusammen, und Satwant Singh nutzte die allgemeine Verwirrung, um seine mit 30 Kugeln geladene Waffe leerzufeuern. *»Wir haben getan, was wir tun wollten«*, sagte Beant Singh, ließ den Revolver fallen und hob die Hände: *»Jetzt könnt ihr tun, was ihr tun wollt.«*

Sonia Gandhi hörte die Schüsse und lief sofort zu ihrer Schwiegermutter. Auf dem Weg in die nächste Klinik barg sie den Kopf der leblosen Politikerin in ihrem Schoß. Im Krankenhaus tat ein Team aus zwölf Ärzten das Menschenmögliche, um Indira Gandhi zu reanimieren – vergeblich. Mittags blieb nichts, als den Tod der Premierministerin offiziell bekanntzugeben. Noch am selben Tag wurde Rajiv Gandhi, ältester Sohn der Verstorbenen, als Nachfolger eingeschworen. In den Straßen von Delhi tobte der Hindu-Mob: Nach Schätzungen einer Menschenrechtsorganisation wurden 3000 Sikhs ermordet. Rajiv Gandhi kommentierte: *»Wenn ein großer Baum zur Erde fällt, dann erzittert die Erde.«*

Die Mörder seiner Mutter wurden verhaftet und abtransportiert. Später hieß es, sie hätten einen Fluchtversuch unternommen, bei dem Beant Singh erschossen und Satwant Singh achtfach verwundet wurde. Er erholte sich jedoch von seinen Verletzungen und gab schließlich zu, Mitglied des Komplotts gewesen zu sein. Man stellte ihn vor Gericht und henkte ihn 1989 gemeinsam mit einem Mitverschwörer.

Inder Malhotra, Indira Gandhi, Ploetz Verlag, Freiburg, 1992; Stern, 08. 11. 1984

Mohandas Karamchand »Mahatma« Gandhi

Führer der indischen Unabhängigkeitsbewegung. 1869–1948

Der studierte Rechtsanwalt Gandhi war seit frühester Kindheit von höchster Religiösität geprägt und lebte ein asketisches Leben. Er forderte seine Anhänger auf, sich mittels zivilen Ungehorsams gewaltlos gegen jedes Unrecht zu stellen, und setzte damit eine Massenbewegung in Gang. Mehrfach inhaftiert, führte er strenges Fasten durch, um gegen die britische Regierung zu protestieren. Im Zweiten Weltkrieg setzte er sich für die Entlassung Indiens in die Unabhängigkeit ein. Nach Kriegsende versuchte er vergeblich, die Einheit seines Landes zu bewahren und die blutigen Auseinandersetzungen zwischen Hindus und Muslimen bei der Teilung des Subkontinents zu verhindern. Mit einer weiteren Fastenaktion konnte Gandhi 1947 gewalttätige Ausschreitungen in Kalkutta beenden. Doch der charismatische, vielgeliebte und bewunderte Mann hatte nicht nur Freunde.

Einer seiner entschiedensten Gegner, Nathuram Godse, der freundliche und zurückhaltende Herausgeber einer Tageszeitung in Poona, war bereit, mit allen Mitteln gegen Gandhis politische

Ziele vorzugehen. Er war der Anführer einer Verschwörung von mindestens sieben Männern. Unter ihnen sein jüngerer Bruder Gopal, Narayan Apte, ein ehemaliger Lehrer und Mitarbeiter der Zeitung, Mandan Lal Pahwa, ein junger Mann, der mit ansehen hatte müssen, wie Muslime seinen Vater und eine Tante ermordeten. Außerdem hatten sich Pahwas Arbeitgeber Vishnu Karkare, ein ehemaliger Restaurantbesitzer, und der Buchhändler Digambar Badge der Gruppe angeschlossen. Das jüngste Mitglied der Bande, ein ungebildeter Knabe namens Shankar Kistayya, war lediglich für den Transport der illegalen Waffen zuständig. Die Beteiligung des politisch engagierten Gandhi-Hassers Vinayak Savarkar konnte nie hieb- und stichfest nachgewiesen werden, doch wurde im Verlauf der Ermittlungen offenbar, daß die Verschwörer sich mehrfach bei ihm trafen, während sie den Anschlag planten.

Godse begann im August 1947 mit den Vorbereitungen. Er ging davon aus, daß mehrere bewaffnete Männer mehr Erfolg haben würden als ein Einzeltäter. Das Beschaffen der Waffen dauerte seine Zeit, doch schließlich verfügten die Männer über ein Arsenal von zwei Pistolen, fünf Handgranaten und etwas Sprengstoff. So ausgestattet, unternahmen sie am 20. Januar 1948 einen ersten Mordversuch. Der Plan war, während des Abendgebets im Birla-Haus den Sprengstoff zu zünden und Gandhi dann im Zuge der allgemeinen Konfusion mit Schüssen und/oder Handgranaten zu töten. Doch die Verschwörer konnten sich bis zur letzten Minute nicht einigen, wer welche der mörderischen Aufgaben übernehmen sollte. Während sie sich stritten, stellten sie überdies fest, daß ihre Gewehre nicht funktionierten, dennoch gingen sie zum Haus und Pahwa zündete den Sprengsatz. Die Explosion zerstörte eine Mauer zwanzig Meter hinter dem betenden Mahatma Gandhi. In der entstehenden Hektik behielt er jedoch die Ruhe: *»Wenn wir jetzt wegen nichts in Panik geraten, was soll dann erst werden, wenn wirklich etwas passiert?«* ließ er vernehmen und fuhr fort in der Abendandacht. Eine beherzte Frau ergriff Pahwa, und während seine Kumpane das Weite suchten, wurde er verhaftet.

Godse war fest entschlossen, es noch einmal zu versuchen, wenn auch mit reduzierter Mannschaft. Sein Bruder Gopal, der Frau und Kinder hatte, wollte nicht mehr mitmachen, und auch Badge und Kistayya zogen sich zurück. Also beschied der Zeitungsmann die beiden verbleibenden Apte und Karkare, daß es sein Schicksal sei, Gandhi zu töten, während sie für die Durchsetzung ihrer politischen Ziele zu sorgen hätten, falls er gefangen oder seinerseits getötet werden sollte.

Mahatma Gandhi war gewarnt, unternahm jedoch nichts zu seinem Schutz. Angeblich sagte er kurz vor dem Anschlag: *»Ich will nicht sterben, ... von Paralyse zerfressen, ... ein geschlagener Mann. Eines Mörders Kugel soll meinem Leben ein Ende setzen, das wäre mir recht.«*

Den 30. Januar 1948 verbrachte der 78jährige mit Gesprächen und Gebeten, dann aß er zu Abend und begab sich zur Andacht. Ein Mann löste sich aus der Menschenmenge und gelangte, den Bewachern zum Trotz, in Mahatma Gandhis unmittelbare Nähe. Ehe man ihn daran hindern konnte, warf er sich zu Boden, zog eine Pistole und schoß seinem Opfer einmal in den Bauch und zweimal in die Brust. Tödlich getroffen sank Gandhi mit dem Handzeichen der Vergebung nieder. Der Täter wurde sofort gefaßt, verprügelt und weggebracht. Die ganze Nacht wachten Freunde und Gefährten am Totenlager. Am Mittag des nächsten Tages trugen sie eine blumenübersäte Bahre mit dem Leichnam aus dem Haus und hoben sie auf eine geschmückte Lafette. 200 Soldaten zogen fünf Stunden das Gefährt, 4000 Soldaten und Polizisten gaben das Geleit durch die millionenköpfige Menge der Trauernden. Schließlich erreichten sie die Verbrennungsstätte am Fluß Jumna. Devadas, Gandhis jüngster Sohn, bedeckte den Körper seines Vaters mit Sandelholz; sein Bruder Ramdas entzündete den Scheiterhaufen. Das Feuer brannte 14 Stunden, und weitere 72 Stunden ließ man die Asche erkalten, bevor sie in eine kupferne Urne gefüllt und zehn Tage später auf ein Boot gebracht wurde. Drei Millionen Menschen sahen zu, als der Kahn auf die Flußmitte zusteuerte, wo sich die drei sagenumwobenen Flüsse Ganges, Jumna und Sarasvati treffen.

Am 27. Mai 1948 begann ein achtmonatiger Prozeß, in dessen Verlauf auch die anderen Verschwörer entlarvt und verurteilt werden sollten. Am 8. November betrat Godse schließlich den Gerichtssaal und verlas fünf Stunden lang ein 92seitiges handgeschriebenes Statement, mit dem er belegen wollte, daß er und nur er schuldig und verantwortlich zu machen sei. Er schloß mit den

Worten: *»Ich hatte sehr großen Respekt vor dem Mahatma, und es hat mir keineswegs Spaß gemacht, ihn zu töten.«*

Am 10. Februar 1949 wurden die Urteile verkündet:

- Vinayak Savarkar hatte seine Beteiligung stets geleugnet, die Richter überzeugt und wurde freigesprochen.
- Shankar Kistayya wurde zu sieben Jahren strenger Haft verurteilt, vier der anderen Verschwörer bekamen lebenslang.
- Godse und Apte wurden zum Tode verurteilt.

Als man sie am 15. November zum Galgen brachte, schrien sie gemeinsam: *»Vereintes Indien!«* Godse bedankte sich bei seinen Wärtern für die anständige Behandlung und entschuldigte sich für etwaige Unannehmlichkeiten, die er ihnen bereitet habe.

Die Stricke lagen um ihren Hals, der Boden klappte weg. Apte war sofort tot, während Godse sich 15 Minuten quälte. Die beiden Männer wurden verbrannt und ihre Asche in aller Stille in einen kleinen Fluß gestreut, doch einige junge Anhänger hatten den Vorgang beobachtet, bargen Reste der Gebeine und verteilten die Reliquien an Freunde.

Sigrid Grabner, Mahatma Gandhi, Verlag Das Beste, Stuttgart, 1995

Rajiv Gandhi
Indischer Politiker. 1944–1991

Rajiv Gandhi, Sohn der mächtigen und einflußreichen Indira Gandhi, arbeitete als Pilot bei der »Indian Airlines«. Erst 1980, nachdem sein Bruder Sanjay bei einem Flugzeugabsturz ums Leben gekommen war, nahm Rajiv dessen Stelle ein und wurde politisch maßgeblicher Berater seiner Mutter. Nach deren Tod trat er, mit überwältigender Mehrheit gewählt, ihre Nachfolge als Premierminister an. Innenpolitische Probleme und eine Wahlniederlage zwangen ihn 1989 zum Rücktritt, doch bereits 1991 engagierte er sich wieder im Kampf um das höchste Amt im Staat. Während dieser Zeit waren Drohungen gegen sein Leben beinahe an der Tagesordnung.

Auf die Aufgabe, die Geschicke des Landes zu lenken, war er jedoch – anders als sein Bruder – kaum vorbereitet worden. *»Halt die Klappe, von Politik verstehst du nichts«*, wird seine Mutter zitiert, die ihren Erstgeborenen als *»dummen Jungen«* betrachtete.

Und doch gelang dem charismatischen Rajiv, was ihm niemand zugetraut hatte: Mit dem Versprechen, Indien ins 21. Jahrhundert zu führen, gewann er seine erste Wahl mit einer Vierfünftelmehrheit für die Kongreß-Partei. Das hatten weder sein Großvater Nehru noch seine Mutter Indira geschafft. Während seiner fünfjährigen Amtszeit wurde Rajiv jedoch immer machtgieriger und selbstherrlicher, wechselte statistisch alle zwei Monate seine Minister aus und sorgte für einige handfeste Skandale. So auch, als er, der in seiner Außenpolitik strikt für atomare Abrüstung eintrat, mit einem anderen Friedensfreund, dem schwedischen Premier Olof Palme, einen skandalösen Deal ausheckte. Bei einem Mittagessen beschlossen die beiden Männer den größten Rüstungsverkauf in der schwedischen Geschichte, den Kauf der Bofors-Haubitzen für die indische Armee. In wessen Taschen die Provisionen in Millionenhöhe flossen, ließ sich nicht genau aufklären. Rajiv stritt jede Verwicklung ab, doch aus Mr. Saubermann war ein korrupter Politiker geworden, der sich Tag für Tag mehr Feinde machte. In seinem letzten Wahlkampf kaufte er Stimmen für umgerechnet 40 Pfennig und verzichtete auch nicht auf kriminelle Unterstützung. Mehrere verurteilte Schwerverbrecher wurden angeheuert, um sicherzustellen, daß die gekauften Wähler so abstimmten, wie ihnen befohlen worden war. Die Tricks halfen allerdings wenig.

Nach seiner Wahlniederlage 1989 gab sich Gandhi gereift. Er versprach eine neue Politik ohne Affären und Korruption und wollte sich nicht mehr von seinem Volk entfernen. Deshalb verzichtete er im Wahlkampf auf den üblichen Personenschutz.

Mochten viele Menschen seinen Versprechungen glauben, die Mitglieder einer Separatistenbewegung aus Sri Lanka taten es nicht. Die Liberation Tigers of Tamil (LTTE oder EELAM abgekürzt) hatten den Tod des indischen Politikers geschworen. Und als der 1990 seinen erneuten Wahlkampf begann, rief der LTTE-Führer Villupilai Prabhakaran vier seiner Leutnants zusammen und befahl, den antitamilisch gesinnten Gandhi auf keinen Fall wieder an die Macht zu lassen. Ein 33jähriger LTTE-Agent namens Shivarasan bekam den Oberbefehl, während andere LTTE-Mitglieder ein sicheres Haus zu besorgen und Material für die Herstellung einer Bombe aufzutreiben hatten. Zwei freiberufliche Fotografen, Shankaran und Haribabu, wurden angeheuert, die

Tat zu filmen, und ein junges Mädchen namens Dhanu, eine Cousine von Shivarasan, sollte den Transport des Sprengstoffes übernehmen.

Am 19. Mai wurde öffentlich bekanntgegeben, daß Gandhi am Nachmittag des 21. Mai in Madras eine Rede zu halten gedenke. Das war der Tag, an dem Dhanu sich einen bombenbepackten Gürtel umschnallte und in ein landesübliches langes Hemd schlüpfte. Die Tarnung war perfekt. Der Bus brachte die Verschwörer zum Ort des Geschehens, wo sie ihre verabredeten Positionen bezogen. Haribabu trug eine geliehene Kamera bei sich, Dhanu hatte eine Girlande in der Hand. Gemeinsam stellten sie sich in die Nähe des roten Teppichs, den man für Rajiv Gandhi ausgerollt hatte. Gegen 22.00 Uhr nahte der Politiker, bewegte sich langsam durch die Menge. Haribabu beobachtete seine Komplizin durch die Kamera und schoß Bild um Bild des wichtigsten Augenblickes der LTTE-Geschichte. Als Gandhi ganz nah war, kippte Dhanu den ersten der beiden Zündschalter unter ihrem Hemd um, streckte dem mächtigen Mann die Blumengirlande entgegen und ging auf ihn zu. Eine wachsame Polizistin versuchte die junge Frau zu stoppen, doch Gandhi lächelte und sagte: *»Machen Sie sich keine Sorgen.«* Dhanu durfte ihm die Girlande um den Hals legen und kniete sich zu seinen Füßen, wie um diese zu berühren. Gandhi beugte sich herunter, um sie aufzuheben, sie lächelte ihn kurz an und kippte dabei den zweiten Zündschalter um. Vier der sechs Sprengladungen explodierten, rissen die Attentäterin in Stücke, jagten ihren Kopf durch die Luft und zerfetzten Gandhi dermaßen, daß er später nur noch mittels seiner Schuhe identifiziert werden konnte. Haribabu und 15 Zuschauer wurden ebenfalls getötet – der Film des Fotografen blieb jedoch wie durch ein Wunder völlig unbeschädigt.

Die Ermittler entwickelten ihn und benutzten die Bilder, um die tamilischen Verschwörer zu entlarven. Shivarasan und sechs andere Beteiligte konnten zwar zunächst fliehen, wurden jedoch drei Monate später aufgespürt und in die Enge getrieben. Bevor die Polizei schießen konnte, schluckten sie Gift und starben am 20. August 1991, Rajiv Gandhis 47. Geburtstag.

Tariq Ali, An Indian Dynasty: The Story of the Nehru-Gandhi Families, Putnam, New York, 1985; Stern, 23/1991

James Abram Garfield
Präsident der USA. 1831 – 1881

James Abram Garfield hatte sich im Sezessionskrieg bereits als Generalmajor bewährt, bevor er 1863 Abgeordneter der Republikanischen Partei und 1876 deren Fraktionsführer wurde. Das Amt des Präsidenten bekleidete er gerade einmal 199 Tage.

Angeblich von der düsteren Vorahnung geplagt, er werde in seinem Büro sterben, rief der 20. amerikanische Präsident zwei Tage vor dem Mord den Sohn eines seiner Vorgänger zu sich. Robert Lincoln mußte haarklein berichten, was er vom Tod seines Vaters erinnerte, und Garfield hörte seinem Bericht über eine Stunde aufmerksam zu. Während die beiden Männer miteinander sprachen, hatte Charles J. Guiteau längst einen Plan zur Ermordung Garfields ausgeheckt. Der Chicagoer Anwalt, der sich auffallend viel mit religiösen Fragen beschäftigte, war verärgert. Fest auf den Posten des Botschafters von Frankreich hoffend, mußte er nach Garfieds Wahl feststellen, daß dieser keineswegs daran dachte, ihn mit der ersehnten Aufgabe zu betrauen. Guiteau horchte in sich hinein – und hörte Gottes Stimme, die ihm befahl, den Präsidenten zu töten, auf daß dessen Vize, Chester Arthur, das Amt bekomme und die französische Angelegenheit zufriedenstellend regele.

Guiteau kaufte sich eine Pistole Kaliber 44 und begann mit Schießübungen auf Bäume. Als er sich treffsicher wähnte, fing er an, den Präsidenten auf Schritt und Tritt zu verfolgen. Immer wieder ging er zum Pförtner des Weißen Hauses und erkundigte sich detailliert nach Garfields Tagesablauf. Niemand kam auf die Idee, daß er Böses im Sinn haben könnte, und so erteilte man ihm immer wieder aufs neue bereitwillig Auskunft. Eines Tages, der Präsident befand sich in einer Kirche, kam Guiteau seinem Opfer nah genug, um den Anschlag zu verüben. Da erspähte er unter den Anwesenden die Gattin des Präsidenten. Ihr wollte er den drohenden Anblick ersparen, denn er glaubte, *»sie habe ein gutes Herz«*, deshalb steckte er im letzten Moment die Waffe wieder weg.

Am 2. Juli 1831 war es dann soweit. Guiteau hatte Details über eine geplante Reise in Erfahrung gebracht und begab sich zum Bahnhof von Baltimore. Im Warteraum stellte er sich hinter eine

Bank, die Pistole in der rechten Hand – und wartete. Fest umklammert hielt er in seiner Linken ein Schreiben für General William Sherman, den er um Schutztruppen für das Gefängnis bat, in das man ihn bringen würde. In Begleitung seines Sekretärs betrat der Präsident den Warteraum. Guiteau stürzte nach vorne und schoß. Die erste Kugel verfehlte ihr Ziel, doch mit der zweiten traf er Garfield in den Rücken. Wachen ergriffen den Attentäter und führten ihn ab, während Garfield ins Weiße Haus gebracht wurde. Dort versorgten Ärzte die Wunde des Präsidenten mit nicht sterilisierten Instrumenten, und so kam es zu einer schweren Blutvergiftung. Wochenlang dämmerte der Patient zwischen Leben und Tod. Als offenbar wurde, daß er sich nicht mehr erholen würde, brachte man ihn in sein Sommerhaus in Elberon, New Jersey, wo er am 19. September 1881 starb.

Zwei Monate nach seinem Tod stand Guiteau vor Gericht. In seiner Eigenschaft als Anwalt bestand er darauf, sich selbst zu verteidigen, und verfluchte die Geschworenen und den Richter regelmäßig als *»dreckige Lügner«*. In seinem Schlußplädoyer teilte er mit, Gott habe ihm die Tat befohlen. Nach heutigem Standard vermutlich als unzurechnungsfähig zu betrachten, wurde Charles Guiteau des Mordes an Präsident James Abram Garfield für schuldig befunden und zum Tode durch den Strick verurteilt. Seine Reaktion war ein heftiger, von obszönen Gesten begleiteter Fluch in Richtung Geschworenenbank.

Während Guiteau in seiner Zelle auf die Vollstreckung des Schuldspruches wartete, verfaßte er ein Gedicht, das er auf dem Schafott vorzutragen gedachte. Unter den Augen vieler Schaulustiger, die zum Teil bis zu 300 Dollar dafür bezahlt hatten, der ersten Hinrichtung eines Präsidentenmörders beiwohnen zu dürfen. Man gab ihm die Erlaubnis, seine letzten Worte zu sprechen:

»Ich sage voraus, daß diese Nation im Blut untergehen wird und daß meine
Mörder in die Hölle fahren werden!« Dann folgte sein Gedicht:
»Ich gehe zum Herrn. Ich bin so froh.
Ich habe meine Partei und mein Land gerettet, glory hallelujah.
Aber sie haben mich dafür umgebracht,
und dafür gibt es keinen Grund.
Ich gehe zum Herrn.«

Er sprach noch, als der Henker ihm um 12.40 Uhr die Schlinge um den Hals legte.

Linda Laucella, Assassination, The Politics of Murder, Lowell House, Los Angeles, 1998

Charles André Joseph Marie De Gaulle
Französischer General und Politiker. 1890–1970

Als Regierungschef verband de Gaulle mit dem politischen Wiederaufbau Frankreichs eine Säuberung des öffentlichen Lebens von Repräsentanten und Anhängern des Vichyregimes. Auf außenpolitischem Gebiet strebte er an, das Land als gleichberechtigten Partner unter die Siegermächte des Zweiten Weltkrieges einzureihen und Frankreichs Position als Kolonialmacht wieder zu stärken. Gegen den Widerstand großer Teile der Generalität und vieler Algerienfranzosen beendete de Gaulle den Algerienkrieg und stimmte 1962 der Unabhängigkeit Algeriens zu. Einer seiner Spitznamen lautete »Der große Überleber«, weil er nicht weniger als 31 dokumentierte Anschläge überlebte.

Der erste Versuch, de Gaulle zu töten, wurde von einem französischen Offizier der Marine unternommen. Als Symbol des freien Frankreichs nach der Nazibesetzung stand der General in Habachtstellung auf einem Cruiser; die Band spielte die Marseillaise, als der Offizier seine Waffe hob und direkt auf sein Opfer zielte. Doch noch ehe er den Finger am Abzug hatte, wurde er zu Boden geschlagen und entwaffnet.

Der Terror der OAS (Organisation de L'Armée Secrète) wütete in Frankreich, und der gesamte Haß richtete sich gegen den General, dem man den Verlust Algeriens ankreidete. Die Verschwörer bildeten eine Art geheimes Militärgericht, das de Gaulle »wegen Hochverrats« zum Tode verurteilte. Neben den Herren Bidault, Soustelle, General Gardy und Oberst Godard war der Todfeind des Generals, Oberst Antoine Argoud, die Triebfeder der Planung der Anschläge. Neben anderen tödlich ausgearbeiteten Ideen verfolgten die Attentäter auch den Plan, ihr Opfer von einem Scharfschützen aus dem Haus gegenüber des Élysée-Palastes erschießen zu lassen. Die Ausführung der Tat wurde Oberst Jean-Marie Bastien-Thiry übertragen.

Am Abend des 8. September 1961 fuhr de Gaulle mit seiner Frau

Yvonne in ihr Landhaus, östlich von Paris. Auf dem Weg war eine Bombe aus etwa 60 Pfund Sprengstoff in einem Sandhaufen versteckt. Neben der Bombe befand sich ein Kanister mit 15 Litern Napalm, der ebenfalls in die Luft gejagt werden sollte. Just in dem Augenblick, als das Auto vorbeifuhr, explodierte der Sprengsatz, warf ein Tuch aus Flammen auf die Straße und zwang de Gaulles Fahrer Marroux zu einer Vollbremsung. Der General zögerte keine Sekunde: *»Gas geben!«* befahl er von hinten, und *»Schneller!«* kommandierte er ihn durch die Feuerwand. Ohne Verletzungen passierten sie die Flammen. Bastien-Thiry gab nicht auf. Er stellte eine Truppe von elf hartgesottenen Spezialisten, darunter mehrere desertierte Fremdenlegionäre, zusammen. Späher überwachten den Regierungssitz und informierten den Oberst regelmäßig über die ständig wechselnden Routen, die de Gaulle zu einem der Pariser Flughäfen wählte. Grundsätzlich war man sich in der Umgebung des Staatspräsidenten sehr wohl der Gefahr bewußt. Die Sicherheitskräfte fürchteten vor allem einen Luftangriff auf seinen Wohnsitz in Colombey. Dort waren längst Flugabwehrkanonen aufgestellt, ein absolutes Überflugverbot verhängt und Jagdflieger in ständiger Bereitschaft gehalten worden. De Gaulle selbst wirkte allerdings nicht sehr eifrig bei seinem Schutz mit. Selten ließ er sich bei seinen Fahrten von mehr als einem anderen Wagen und ein paar Gendarmen auf Motorrädern begleiten. Als er sich am 22. August 1962 auf dem Weg zu einer Kabinettssitzung nach Paris befand, erwarteten die Attentäter den Wagen des Generals auf der Strecke vom Flughafen in die Innenstadt, kamen jedoch wegen des hohen Verkehrsaufkommens nicht recht vom Fleck und mußten ihr Vorhaben auf den Abend verschieben. Gegen 19.30 Uhr trat de Gaulle mit Familie den Rückweg an. De Gaulle saß hinten links, neben ihm seine Frau, vorne auf dem Beifahrersitz hatte sein Schwiegersohn Alain de Boissieu Platz genommen, am Steuer der krisenfeste Francis Marroux. Bastien-Thiry wartete auf den Anruf seiner Informanten, die ihn pünktlich über die Route in Kenntnis setzten, und fuhr mit seinem Simca zu einer Kreuzung, die der General passieren mußte. Ihm folgten seine Mitverschwörer, die, auf vier Autos verteilt, mit Maschinenpistolen, Handgranaten und einem großen Vorrat an Munition ausgerüstet, auf das Kommando warteten. Der Oberst gab das Zeichen.

Es war Alain de Boissieu, der als erster das Mündungsfeuer aus einer der Waffen bemerkte und seinen Schwiegereltern sofort befahl, sich zu ducken. Jetzt wurde von einem zweiten Wagen am Straßenrand ebenfalls das Feuer eröffnet. Kugeln zerfetzten die Reifen des Präsidentenwagens, die Rückscheibe zersplitterte. De Boissieu befahl dem Chauffeur, so schnell es mit den zerstörten Reifen und einem inzwischen defekten Getriebe eben ging, das Weite zu suchen – und Marroux gab Gas. De Gaulle und seine Frau bewahrten absolute Ruhe. Außer ein paar Schrammen von den herumfliegenden Glassplittern hatten sie keinerlei Verletzungen davongetragen, und so gelangte man glücklich zum Flughafen, wo der General zum Erstaunen aller ohne Zögern die Ehrenformation abschritt, während seine Frau sich von den Ereignissen völlig ungerührt nach dem Zustand des in Paris gekauften Geflügels im Kofferraum erkundigte.

G

Am Ort des Attentats wurden nicht weniger als 187 Patronenhülsen gezählt, der Wagen des Generals wies 14 Einschüsse auf, und es grenzte an ein Wunder, daß niemand ernstlich verletzt worden war. Fast alle Täter wurden sehr bald gefaßt und vor Gericht gestellt. Bastien-Thiry verteidigte sich mit Angriffen auf die Politik de Gaulles und verglich seine Rolle mit der des Obersten von Stauffenberg und dessen Attentatsversuch auf Hitler. Außerdem berief er sich auf die Billigung des Tyrannenmordes durch Thomas von Aquin und führte die zuvor von einem Priester erhaltene Absolution zu seiner Entlastung an. Dennoch wurden er und zwei Mitangeklagte zum Tode verurteilt, und während de Gaulle die beiden anderen später begnadigte, ließ er das dritte Urteil vollstrecken. Bastien-Thiry habe nicht nur die Verantwortung getragen, sondern vor allem den Tod von Unschuldigen billigend in Kauf genommen, lautete die Begründung. Mit einem Rosenkranz in der Hand wurde der Verschwörer am 11. März 1963 erschossen.

Oberst Antoine Argoud war inzwischen untergetaucht und hielt sich mit einigen Gesinnungsgenossen in München auf. Dort versuchte er weitere Verschwörungen gegen de Gaulle anzuzetteln. Mitte Dezember 1962 gaben die Widerständler im Hotel »Bayerischer Hof« dem Deutschen Fernsehen ein Interview. Dem ersten folgten weitere, offenbar fühlten sich die Terroristen in der Bundesrepublik völlig sicher. Doch am 26. Februar 1963 wurde Argoud gefesselt und mit verbundenen Augen in Paris von der Polizei in einem Lieferwagen »gefunden«. Vor Gericht entging er nur knapp der Todesstrafe. Niemand mußte lange rätseln, wie der Oberst wohl von München nach Paris gelangt war. Der französische Geheimdienst hatte – vermutlich mit Wissen der deutschen Kollegen – Argoud entführt und in Paris für die Gendarmen abgestellt. Beide Regierungen zeigten kein großes Interesse, der Sache auf den Grund zu gehen. Doch etwa ein Jahr später kam die Angelegenheit während des Prozesses gegen Argoud im Bundestag zur Sprache. De Gaulle ließ vernehmen: *»Als Argoud in Deutschland herumspazierte, ließ ihn unser Freund, die deutsche Regierung, trotz wiederholter Mahnungen ruhig gewähren. Argoud war der Chef einer Mörderbande, aber er ging nach Belieben in Deutschland ein und aus. Ist es normal, daß sich Frankreich nach allem, was Argoud in Deutschland angezettelt hat, noch entschuldigen muß? Ich meine, das wäre übertrieben!«*

Ludwig Erhard geriet unter Druck. Die Abgeordneten, so teilte er de Gaulle mit, bereiteten ihm große Schwierigkeiten und bat um Verständnis für seine Lage. Doch davon wollte der General nichts wissen und antwortete unwirsch: *»Versetzen Sie sich lieber in meine Lage! Mich will man ermorden!«* Gemeinsam entschieden die beiden Staatsmänner schließlich, keinen unnötigen Staub aufzuwirbeln und die Angelegenheit möglichst auf sich beruhen zu lassen.

Die letzte Attacke auf den General wurde am 1. Juli 1966 von einer Gruppe Studenten geplant. Die jungen Leute hatten ein mit Dynamit bepacktes Auto auf dem Boulevard Montparnasse geparkt, wenige Zentimeter von der Stelle entfernt, die de Gaulle passieren mußte. Das Attentat konnte verhindert werden, weil die Studenten in der Nacht zuvor bei einem Raubüberfall erwischt und verhaftet wurden. Sie gestanden, daß sie sich auf diese Weise Geld beschaffen wollten, um nach dem Attentat fliehen zu können.

Charles de Gaulle starb am 9. November 1970 um 19.25 Uhr an einem Herzinfarkt, während er in seinem Lieblingssessel saß und fernsah.

Peter Schunck, Charles de Gaulle, Propyläen Verlag, Berlin, 1998

Gustav III.
König von Schweden. 1746–1792

Ein Jahr, nachdem er 1771 den schwedischen Thron bestiegen hatte, beendete Gustav III. mit der in einem unblutigen Staatsstreich durchgesetzten »Regierungsreform« die Herrschaft der Stände. Der musisch begabte König gründete 1773 die Königliche Oper und stiftete 1786 die schwedische Akademie. Erst seine kostspieligen Kriege gegen Dänemark und Rußland riefen wieder eine Adelsopposition hervor. Die Umstände seiner Ermordung inspirierten Antonio Somma für das Libretto von Giuseppe Verdis berühmter Oper »Ein Maskenball«, die am 17. Februar 1859 uraufgeführt wurde.

G

»Freitag, den 16. Martini findet im königlichen Opernhause um 11 Uhr abends ein Maskenball statt. Eintrittsbilletts werden im Comptoir des Königlichen Theaters und am Eingang der Maskerade verkauft«, annoncierte die »Stockholmer Zeitung« am 15. März 1792.

Es war die letzte Maskerade der Saison, und deshalb galt als sicher, daß der König an ihr teilnehmen würde. Er hatte sich schon vor Jahren im Operngebäude eine kleine Wohnung einrichten lassen, wo er oft soupierte, Freunde empfing und manchmal sogar seine Staatsgeschäfte erledigte. Am Abend des 16. März speiste er hier mit einem seiner engsten Freunde, dem Baron von Essen. Der König war niedergeschlagen; seit dem Tod seines besonders geliebten zweiten Sohnes im März 1783 war er abergläubisch in bezug auf den »Idus Martii«. Während die beiden Männer aßen, brachte der Kammerdiener des Königs ein Billett, das ihm von einem unbekannten Jungen überbracht worden war. Der fremde Knabe konnte nur sagen, er habe das Schreiben von einem Herren auf der Straße erhalten, der ihm befohlen habe, es dem König zu bringen. Gustav III. öffnete den Brief, las ihn durch und reichte ihn seinem Freund. Der erblaßte auf der Stelle, denn was er in den Händen hielt, war eine dringende Warnung an den König, das Fest am Abend auf keinen Fall zu besuchen. Der Baron beschwor den Regenten, der Maskerade fernzubleiben, doch Gustav III. lachte nur, steckte den Brief in eine Schublade, voll mit dergleichen Schriftstücken, und sagte: *»Sollen sie etwa glauben, daß ich Angst habe?«* Ernster fügte er hinzu: *»Wenn sie nach meinem Leben* *trachten, so finden sie mich in jedem Fall.«* Um Mitternacht begab sich der König in seine kleine Loge bei der Vorderbühne. Durch das geöffnete Fenster der Loge betrachtete er das bunte Treiben und bemerkte eine kleine Gruppe gleich maskierter Männer, die ihn fixierten. Der König ließ das Fenster schließen und bemerkte lächelnd zu von Essen: *»Wenn sie mich jetzt hätten ermorden wollen, so hätten sie die beste Gelegenheit dazu gehabt.«* Zurück in seinem Zimmer, nahm er eine kleine weiße Maske zur Hand, warf sich einen schwarzen Domino-Umhang um die Schultern und mischte sich unter die Feiernden. Im Saal herrschte großes Gedränge, als der König plötzlich wahrnahm, daß ihn die Männer, die ihn eben in der Loge beobachtet hatten, umringten. Einer gab ihm einen leichten Schlag auf die Schulter und deutete eine Verbeugung an, als auch schon ein Schuß krachte. Mit dem Ausruf *»Ich bin verwundet!«* sank der König auf eine Bank, während die verdächtigen Männer laut *»Feuer! Feuer!«* schrien und zu den Ausgängen drängten. Doch Baron von Essen, der trotz des Tumults den Überblick behielt, ließ sofort alle Türen verschließen, so daß niemand den Raum verlassen konnte. Dann brachte er den König, der sich schwer auf seinen Arm stützte, in dessen Privaträume.

Als Freiherr Gustaf Mauritz von Armfelt, ein enger Vertrauter des Regenten, in dem kleinen Zimmer eintraf, in das man den Verletzten gebracht hatte, sah er Gustav III. auf dem Sofa liegen. *»Mein Freund, hätten Sie je geglaubt, daß ich von hinten verwundet werden würde? Doch erschrecken Sie nicht, lieber Armfelt. Sie wissen, was es heißt, verwundet zu werden, es tut gar nicht weh.«* Armfelt trat einen Schritt näher und fiel fast in Ohnmacht, als er den von großem Blutverlust rotgefärbten Mantel sah. 41 Menschen liefen aufgeregt hin und her, doch als Armfelt fragte, ob jemand einen Arzt verständigt habe, stellte sich heraus, daß dies noch nicht geschehen war. Armfelt rannte in den immer noch abgeriegelten Ballsaal, holte medizinische Hilfe und beobachtete trotz aller Eile zwei junge Männer, deren merkwürdiges Betragen ihm sofort auffiel. Die Ärzte verfügten, daß der König sofort zum Schloß zu bringen sei. Tapfer versuchte Gustav III. zu gehen, sank jedoch schon nach ein paar Schritten zusammen und mußte in einem Sessel sitzend zur Kutsche getragen werden. *»Ich bin wie der Heilige Vater, man trägt mich bei der Prozession«*, munterte er seine besorgten Begleiter auf. Die Fahrt zum Schloß verursachte ihm furchtbare Schmerzen, doch der Patient ließ sich nichts anmerken und beantwortete höflich jede Frage, die ihm gestellt wurde. In der allgemeinen Aufregung gelang es einer großen Menschenmenge, den Ärzten und dem verletzten Herrscher bis in dessen Schlafgemach zu folgen. So wurde der König dort schließlich vor Publikum entkleidet und zu Bett gebracht. Erst als die Luft zum Schneiden war, warfen die Ärzte alle ungebetenen Besucher hinaus.

Am folgenden Vormittag wurde die Verletzung untersucht. Ein Arzt grub stundenlang mit bloßen Händen in der Wunde, aus der er einzelne kleine Nägel herausholte. Während der barbarischen Prozedur hielt der König von Armfelts Hand, die er von Zeit zu Zeit fest drückte. Ohne einen Laut ertrug er die Qualen, schließlich war es von Armfelt, der das Zimmer verlassen mußte, weil ihm übel wurde. Inzwischen war es gelungen, den Attentäter zu entlarven. Hauptmann Johann Jacob Ankarström hatte sich mit zwei Pistolen und einem großen Messer bewaffnet hinter den König gestellt und auf ihn geschossen. Als er sah, daß er Gustav III. nicht getötet hatte, wollte er zum Messer greifen, doch verließ ihn der Mut, und statt die Tat zu vollenden, schrie er mit allen anderen: *»Feuer! Feuer!«* Ankarström war jung, ehrgeizig und galt als ausgesprochen hinterhältig. Schon 1790 war er wegen »aufrührerischer Gespräche« verhaftet, jedoch vom König höchstpersönlich begnadigt worden. Der Hauptmann weigerte sich zunächst, seine Verbündeten, Liljehorn, der die Warnung lanciert hatte, sowie die Grafen von Horn und Ribbing – die beiden Männer, die Armfelt aufgefallen waren – preiszugeben. Als er erfuhr, daß man sie bereits verhaftet hatte, gestand er jedoch, daß sie seine Pistolen mit Kugeln, Schrot und einigen abgeschlagenen Nägeln geladen hatten. Dreimal hatte Ankarström schon vorgehabt, den König zu töten, doch war er nie nah genug an ihn herangekommen.

Als Gustav III. seinen Namen erfuhr, fragte er lediglich: *»Kennt man noch andere?« – »Nein, aber man hat viele im Verdacht«*, lautete die Antwort, worauf der König erwiderte: *»Ich will ihre Namen nicht wissen ... Nur den Revolutionsplan, den möchte ich eines Tages erfahren, um zu sehen, ob etwas Vernünftiges dran ist.«*

Die Wunde hatte sich entzündet, schmerzte und eiterte heftig,

G

so daß der Regent gezwungen war, seine Audienzen einzustellen. Nur engste Freunde durften noch zu ihm. Am 29. März gegen 4.00 Uhr in der Frühe kam es zu einer lebensbedrohlichen Krise: Die Ärzte gaben dem Patienten nur noch wenige Stunden. Der nahm die düstere Prognose bei vollem Bewußtsein zur Kenntnis und begann sofort mit dem Diktat einiger Schriftstücke, um die Vormundschaft für den Kronprinzen zu regeln. Er verabschiedete sich von seinen Dienern, bedankte sich bei ihnen und nahm von Armfelt das Versprechen ab, sich um seinen Sohn zu kümmern. Der Bischof erteilte das Abendmahl, und als er den Raum verlassen hatte, fragte Armfelt, ob er jetzt die Königin und den Kronprinzen holen lassen solle. Man möge ihm noch einen Augenblick Ruhe gönnen, um etwas Kraft für diesen letzten und schwersten Abschied zu sammeln, bat der König. Sein Kopf sank zurück – Gustav III. von Schweden war tot.

Am 16. April wurde Johann Jacob Ankarström zum Tode verurteilt. Zunächst sollten ihm Hände und Kopf abgeschlagen werden, dann der Körper gevierteilt und jedes Körperteil auf ein Rad geflochten werden. Vor der Vollstreckung des Urteils stellte man den Mörder drei Tage mit entblößtem Haupt auf verschiedenen Marktplätzen aus. Geprügelt von den Schinderknechten und mißhandelt von Zuschauern, litt Ankarström Höllenqualen, bis er am 27. April schließlich hingerichtet wurde.

Graf Horn reichte beim Parlament ein schriftliches Geständnis ein, das besagte, eigentlich sei nur geplant gewesen, den König zu entführen und zum Abdanken zu zwingen, nicht aber ihn zu ermorden. Adolph Ludwig Graf von Ribbing bestärkte die Aussage, indem er wissen ließ, man habe eine Revolution geplant, die zu einer der französischen ähnlichen Regierungsform habe führen sollen. Die beiden Grafen und Liljehorn wurden dennoch zunächst zum Tode verurteilt, später jedoch begnadigt. Man nahm ihnen ihre Titel, konfiszierte ihr Vermögen und zwang sie, unter bürgerlichen Namen in Armut zu leben.

Carl Ernst Bohn, Gustavs Tod, Gedruckt bei Johann Langhoff, Hamburg, 1793; Johannes Öhquist, Ein König und sein Günstling, Ludwig Röhrscheid Verlag, Bonn, 1940

H

Martin Thembisile »Chris« Hani
Generalsekretär der südafrikanischen kommunistischen Partei und Bürgerrechtler. 1942–1993

Nach seinem Universitätsabschluß engagierte sich Hani im bewaffneten Kampf gegen die Apartheid, wurde zu einer Gefängnisstrafe verurteilt und floh außer Landes. Doch auch im Exil nahm er an Initiativen gegen die Herrschaft der Weißen in Rhodesien (heute Zimbabwe) teil und wurde schließlich in Botswana wegen unerlaubten Waffenbesitzes zwei Jahre inhaftiert. Nach seiner Entlassung ging er nach Lesotho, um von dort aus weiterzukämpfen. Hier überlebte er zwei Attentatsversuche und wurde schließlich einer der größten Befürworter gewaltfreier Lösungen der südafrikanischen Konflikte.

Am 10. April 1993 gab der 50jährige Hani seinen Leibwächtern einen Tag frei, kaufte sich die Tageszeitung und fuhr nach Hause. Er hatte gerade sein Auto verlassen, als ein weißer Mann auf ihn zutrat und viermal auf ihn schoß. Dann drehte sich der Schütze um, rannte zu seinem Auto und fuhr davon. Während der tödlich getroffene Hani in seiner Einfahrt lag, notierte eine weiße Nachbarin des farbigen Bürgerrechtlers das Kennzeichen des davonbrausenden Fahrzeugs und rief die Polizei.

Die Beerdigung des Ermordeten geriet zu einem der größten Ereignisse seit der Freilassung von ANC-Präsident Nelson Mandela im Jahr 1990. Vier Millionen Farbige schlossen sich zu einem Streik zusammen und verließen ihre Häuser nicht. Etwa 8000 Menschen erwiesen Hani die letzte Ehre, Beileidstelegramme aus aller Welt, unter anderem von Desmond Tutu und Fidel Castro, wurden verlesen, einzig von der amtierenden Regierung kam niemand.

Chris Hani wurde auf einem ehemals nur Weißen vorbehaltenen Friedhof beigesetzt, während die umliegenden Häuser militärisch vor möglichen Unruhen und Übergriffen geschützt wurden.

Dank der Zeugenaussage war der Halter des Wagens schnell ermittelt und wurde wenige Stunden nach der Tat verhaftet: Janusz Walus, ein weißer Rechtsextremist, der 1981 von Polen nach Südafrika emigriert war und inzwischen die südafrikanische Staatsbürgerschaft besaß. In seinem Auto fand die Polizei zwei Waffen, und wenig später ergab die Untersuchung der Ballistiker, daß aus der einen die tödlichen Schüsse abgefeuert worden waren. In der Wohnung des Täters lag eine Liste mit Namen prominenter Politiker, unter anderem Nelson Mandela und seine Frau Winnie, denen sofort Personenschutz angeboten wurde. Als erste mußte jedoch Retha Harmse, die weiße Zeugin, bewacht werden, denn kaum war in der Zeitung zu lesen, daß sie die entscheidenden Hinweise zur Ergreifung des Mörders gegeben hatte, erhielt sie ernstzunehmende Todesdrohungen.

Die südafrikanischen Beamten holten sich Verstärkung aus Deutschland und Großbritannien, um den Fall zu lösen. Mit den Kollegen fanden sie heraus, daß Walus kein Einzeltäter war. Bereits am 17. April wurde Clive Derby-Lewis, ein führender Politiker der Konservativen Partei, im Zusammenhang mit dem Mord verhaftet. Die Ermittlungen ergaben, daß die beiden Männer sich schon seit 1985 kannten. In diesem Jahr hatte Derby-Lewis seine Stallard-Stiftung gegründet, eine antikommunistische Pro-Apartheid-Gruppierung, die osteuropäische Immigranten wie Walus rekrutierte und betreute.

Am 21. April wurden fünf weitere Weiße verhaftet, zwei mußten mangels Beweisen sofort wieder freigelassen werden, drei blieben in Gewahrsam: Gaye Derby-Lewis, eine frühere Nonne, Ehefrau des Politikers und Herausgeberin der konservativen Parteizeitung, Arthur Kemp, ein Journalist dieser wöchentlichen Publikation, und Faan Venter, ein Broker.

Am 14. Oktober wurden Walus und Derby-Lewis, die beide bis zum Schluß ihre Unschuld beteuerten, für schuldig befunden und zum Tode verurteilt. Der 54jährigen Gaye Derby-Lewis konnte die Beteiligung an dem Attentat nicht schlüssig nachgewiesen werden – wider besseren Wissens wurde sie freigesprochen.

Der ANC, der das Verfahren auch als Test für die Gerechtigkeit von Südafrikas Justizsystem wertete, lobte die Arbeit der Ermittler. Er dankte Retha Harmse, die trotz aller Drohungen den Mut gehabt hatte, als Zeugin der Staatsanwaltschaft auszusagen, und forderte die Ausweisung von Gaye Derby-Lewis.

Linda Laucella, Assassination, The Politics of Murder, Lowell House, Los Angeles, 1998

Maximilian Harden

Publizist und Schriftsteller. 1861–1927

Als Felix Ernst Witkowski in Berlin geboren, entschied sich der ausgebildete Schauspieler, spätere Theaterkritiker und Journalist für ein Pseudonym. Unter dem Namen »Maximilian Harden« gründete er 1892 eine politische Wochenschrift, »Die Zukunft«, die er allein führte und als persönliches Kampforgan verwendete. Hardens politische Einstellung entwickelte sich widerspruchsvoll. Anfangs konservativer Monarchist, verfaßte er unter einem weiteren Pseudonym – Apostata – beißende Polemiken gegen Wilhelm II. für den gestürzten Bismarck, die in den Jahren 1907–1909 in drei Skandalprozessen gipfelten. Harden lehnte die Sozialdemokratie ab, setzte sich aber für die Rechte der Arbeiter ein. Vor dem Ersten Weltkrieg Vertreter des deutschen Imperialismus, wurde er während des Krieges Pazifist und erklärter Gegner des Nationalismus und brachte mit dieser Haltung rechte Kreise gegen sich auf.

Am Abend des 3. Juli 1922, zehn Tage nach dem Attentat auf Walther Rathenau, erschütterte ein abermaliger politischer Mordanschlag das Land. Diesmal hatten die Täter es auf den Publizisten Maximilian Harden abgesehen. Wenn auch Harden, anders als Rathenau, das Glück hatte, den Angriff zu überleben, so waren die Parallelen doch unübersehbar. Wieder war die Berliner Villenkolonie Grunewald Schauplatz des Anschlags, und wieder galt er einem prominenten deutschen Juden, der sich politisch wie literarisch stark exponiert hatte. Mehr noch, es traf einen Mann, der über Jahrzehnte mit dem ermordeten Reichsminister eng befreundet gewesen war:

»Der Täter schlug mit einem Ding, das für meine Augen aussah wie eine Hantel, wie eine Eisenstange«, berichtete Harden später. *»Ich weiß nicht, wie mein linker Arm auf die Erde geriet, ob er her-*

unter gezerrt war, ob ich gefallen war. Der Täter stellte sich mit beiden Füßen auf diesen Arm und hieb von hinten weiter auf meinen Kopf ein, so daß eine ungeheure Blutung aus dem Kopf floß. Ich hatte das Gefühl ... warum schießt der Mann nicht?! ... Weil er den Lärm scheut! Ich schrie mit dem ganzen Aufgebot meiner Stimme. Mörder! Schurke! Und was man vielleicht sonst noch bei dieser Gelegenheit schreit. – Diesen Impetus hatte er bei meinem Alter vielleicht nicht erwartet und lief davon.«

Blutüberströmt schleppte sich der Schwerverletzte zu seinem in unmittelbarer Nähe gelegenen Haus. Sofort wurde ein Arzt gerufen, der mit einem eilig angelegten Notverband die Blutung stoppte. Harden kam in ein Krankenhaus und wurde noch in der Nacht operiert. Keine der acht Wunden an seinem Kopf erwies sich als tödlich, und der Patient erholte sich so schnell, daß er bereits Ende Juli seine publizistische Tätigkeit wieder aufnehmen konnte.

Der Anschlag war unzweifelhaft aus dem rechtsradikalen Lager gekommen. Die Polizei konnte noch am Tatort den 22jährigen Oldenburger Landwirt Herbert Weichardt festnehmen. Der gestand umgehend, das Attentat gemeinsam mit dem acht Jahre älteren Kaufmann Paul Ankermann verübt zu haben. Als Anstifter nannte er einen Buchhändler aus Oldenburg namens Albert Grenz. Grenz konnte bereits am nächsten Tag in seinem Laden festgenommen werden, während Ankermann zunächst die Flucht gelang und er seinen Verfolgern erst ein Jahr später ins Netz ging.

Das Trio hatte sich im Rahmen rechtsextremer politischer Betätigung zusammengefunden. Als Auslöser für das Attentat gaben die Männer einen Brief an, den Grenz Anfang 1922 von unbekannter Stelle, aber mit einem Münchener Poststempel versehen, erhalten habe. Ohne Anrede, Datum oder Ortsangabe habe es in ihm geheißen: *»Sie sind uns als tatkräftiger völkischer Kämpfer bekannt, und wir kommen nun mit dem Ersuchen an Sie heran, ob Sie bereit sind, etwas Besonderes für die völkische Sache zu tun. Wir setzen dies voraus und fragen an, ob Sie für politische Arbeit zwei junge, tatfrohe Männer wissen, die bereit sind, für ihr Vaterland alles zu tun. Ihre Sicherstellung würde erfolgen. Antwort umgehend unter A. W. G. 500 Hauptpostamt München.«*

Grenz wußte zwei Männer, teilte dies mit, und wenig später erhielt er einen weiteren anonymen Brief, in dem als Opfer Maximilian Harden genannt wurde. Außerdem befanden sich über 20000 Mark Bargeld zur »Deckung der Reisekosten« in dem Umschlag. Das Schreiben endete: *»Keine Briefe, keine Telegramme senden, tunlichst immer Autos benutzen, nicht viel reden, alles auf die Sache Beziehentliche vernichten, nach der Tat nach verschiedenen Himmelsrichtungen auseinandergehen.«*

Buchhändler Grenz übergab den mittellosen Weichardt und Ankermann zwischen 17000 und 18000 Mark und beauftragte sie mit der Ausführung des Verbrechens. Brav stiegen die beiden in einen Zug nach Berlin, doch dort angekommen, änderten sie die Pläne und beschlossen, erst einmal das Berliner Nachtleben ausgiebig zu genießen. Der vorausbezahlte Mordlohn war bald durchgebracht und Ankermann drängte Grenz, weiteres Geld zu beschaffen. Nachdem dieser den beiden Männern einige Male aus eigenen Mitteln etwas zugesteckt hatte, schrieb er ihnen am 30. Juni 1922, daß sie nun endlich zur Tat schreiten müßten, andernfalls gäbe es nicht nur kein Geld mehr, sondern ordentlichen Ärger. Weichardt und Ankermann sahen sich also genötigt, ihr Opfer nicht nur zu beobachten, sondern den Auftrag auszuführen. Wissend, daß Harden fast jeden Tag einen Besuch in Halensee abstattete, von dem er abends zurückkehrte, machten sie sich diese Regelmäßigkeit zunutze. Sie folgten dem Ahnungslosen und warteten, bis er den Rückweg antrat. Im Schutz der Dunkelheit trat Ankermann dann von hinten an Harden heran und versetzte ihm mit einem Totschläger mehrere Hiebe auf den Kopf.

Der Prozeß im Dezember 1922 wurde zum Skandal: sowohl Grenz als auch Weichardt gaben ihre Beteiligung an dem Überfall unumwunden zu, so daß das Gericht den Tathergang mühelos und detailliert rekonstruieren konnte. Es verzichtete bei dieser Sachlage auf jeden Versuch, die Identität der nur brieflich in Erscheinung getretenen Auftraggeber zu ermitteln, und konzentrierte sich statt dessen auf die Frage, ob überhaupt eine Tötungsabsicht vorgelegen habe. Die auf versuchten Mord lautende Anklage hatte sich auf die Aussagen der Verhafteten gestützt. In der Verhandlung rückten jedoch beide von ihren Geständnissen ab und behaupteten, es habe sich lediglich darum gehandelt *»Harden einen Denkzettel zu geben und zu verhindern, daß er nach Amerika fährt«*. Der medizinische Sachverständige stellte in seinem Gutachten fest, daß Harden aufgrund der ihm zugefügten Kopfwunden 14 Tage in Lebensgefahr geschwebt hatte. Dennoch folgten die Geschworenen des Berliner Landtagsgerichtes der Argumentation der Angeklagten. Sie schlossen sich der von der Verteidigung vorgebrachten Ansicht an, daß die körperlich weit überlegenen mit einem Totschläger bewaffneten Attentäter den Kopf ihres Opfers mühelos hätten zertrümmern können. Aus Hardens Überleben müsse daher auf eine fehlende Tötungsabsicht geschlossen werden.

So wurden beide Attentäter nach dreitägiger Verhandlung vom Vorwurf des versuchten Mordes freigesprochen und lediglich wegen Beihilfe zu gefährlicher Körperverletzung verurteilt und kamen mit geringen Strafen davon. Die Presse war empört, und kein Geringerer als Kurt Tucholsky schrieb: *»Diese Schmach muß man drei Tage an sich vorüberziehen lassen! Dieses Land, diese Mörder, diese Justiz. Ich habe so etwas von Prozeß überhaupt noch nicht erlebt. Das ist keine schlechte Justiz. Das ist keine mangelhafte Justiz! Das ist überhaupt keine Justiz!«*

Als eineinhalb Jahre später auch Ankermann vor Gericht stand, lehnte Harden es aufgrund der gemachten Erfahrung ab, als Zeuge zu erscheinen. Diesmal erfuhr der Angeklagte jedoch keine Schonung und wurde am 2. Juni 1924 wegen versuchten Mordes zu sechs Jahren Zuchthaus verurteilt. Die Geschworenen hielten den Tötungsvorsatz des Trios für erwiesen. Auch in Ankermanns Verhandlung gelang es nicht, Licht in das Dunkel um die Hintermänner zu bringen. Maximilian Harden indes war sicher, daß das eigentliche Motiv im Antisemitismus lag. Grenz, in dessen Wohnung eine Liste aller in Ostfriesland wohnenden Juden gefunden worden war, gab ihm indirekt recht, als er in seinem Schlußwort erklärte: *»Ich stehe zu meiner Tat. Zwei Prozent mögen hinter der Gegenseite stehen. Hinter mir aber stehen 50 Prozent des Deutschen Volkes.«* Auch Ankermann versicherte später, mit Grenz darüber einig gewesen zu sein, daß Harden *»ein besonderer Schädling ist, und zwar wegen seiner Schriften und seines völkischen Gesinnungswechsels. Es empörte uns besonders, daß er als Jude es wagte, alles anzugreifen«.*

Hans Dieter Heilige, Rathenau und Harden in der Gesellschaft des deutschen Kaiserreichs, Müller Verlag, München, 1983; Martin Sabrow, Die verdrängte Verschwörung, Fischer Taschenbuch Verlag, Frankfurt a. M., 1999

Kaspar Hauser

Findelkind unbekannter Herkunft. 1812–1833

Im Mai 1828 tauchte in Nürnberg ein Junge auf, der sich Kaspar Hauser nannte. Seinem Bericht zufolge war er mehr als zehn Jahre in aller Verborgenheit in einem dunklen Raum aufgewachsen. Der Jurist Paul Johann Anselm von Feuerbach nahm sich des Findlings, dessen geistige Entwicklung begrenzt blieb, an. Nach zwei angeblichen Attentatsversuchen 1829 und 1831 wurde er nach Ansbach gebracht. Dort arbeitete Hauser am Appellationsgericht als Aktenkopist. Die Gesellschaft nahm regen Anteil an seinem Schicksal – Kurt Tucholsky wählte seinen Namen zeitweise als Pseudonym. Hauser verkehrte in den ersten Kreisen, denn es hieß, er sei ein von der Gräfin Luise von Hochberg zur Sicherung der Erbfolge ihrer Linie beseitigter Erbprinz von Baden gewesen. Diese These wurde 1996 durch eine Genanalyse zwar widerlegt, doch gelang es bis heute nicht, die wirkliche Identität Kaspar Hausers aufzudecken.

Am 17. Oktober 1829, als Hauser auf dem Abtritt saß, verletzte ihn ein Unbekannter mit einem Beil an der Stirn. Der Anschlag verwandelte den Nürnberger Lokalfall in eine europäische Sensation. König Ludwig I. ordnete an, Hauser unter Polizeischutz zu stellen, und setzte eine Belohnung von 10000 Gulden für die Aufklärung des Falles aus. Der junge Mann wurde zunächst in das Haus eines ortsansässigen Kaufmanns gebracht, später zog er in das Haus des Gerichtsassessors Gottlieb von Tucher, einem Schwager Georg Wilhelm Friedrich Hegels, wo er bis zum November 1831 blieb. Das öffentliche Interesse an Kaspar Hauser wurde durch immer neue Geschichten aufrechterhalten und im Mai 1831 erschien ein gewisser Lord Stanhope in Nürnberg, der Himmel und Hölle in Bewegung setzte, um Hauser kennenzulernen. Schon fünf Tage nach ihrer ersten Begegnung machte er ihm kostbare Geschenke und erbot sich, da Hauser einige ungarische Worte zu verstehen schien, Forschungsreisen nach Ungarn zu finanzieren. Die Reisen fanden statt, brachten jedoch kein Licht in das Geheimnis um Hausers Herkunft. Durch beharrliches Drängen gelang es Stanhope schließlich, an Tuchers Stelle zum Vormund für Hauser ernannt zu werden. Da er selbst jedoch ständig unterwegs war, schickte er seinen Pflegling im Dezember 1931 zu Johann Georg Meyer, einem Grundschullehrer, nach Ansbach.

Am 14. Dezember 1833 gegen 4.00 Uhr am Nachmittag kam Kaspar Hauser in völlig derangiertem Zustand nach Hause. Mit verzerrtem Gesicht wies er auf eine Stichwunde unter seinem Herzen, wobei er stammelte: *»Hofgarten gegangen – Mann – Messer gehabt – Beutel gegeben – gestochen – ich laufen, was könnt – Beutel noch dort liegen.«* Auf Meyers Frage, was er denn bei so schlechtem Wetter im Hofgarten gemacht habe, erwiderte der Verletzte: *»Mann – bestellt – Vormittag – Stadtgericht.«* Trotz seiner Wunde bestand Hauser darauf, in den Hofgarten zurückzukehren und den verlorenen Beutel zu suchen. Nachdem er ihn mit Meyers Hilfe gefunden hatte, brach er erschöpft zusammen. Meyer brachte ihn auf sein Zimmer, wo er am 17. Dezember starb.

H

In den drei Tagen zwischen Überfall und Tod wurde Hauser mehrfach verhört. Auf die Frage *»Was hat Sie denn veranlaßt, in den Hofgarten zu gehen?«* antwortete er: *»Ich bin bewogen worden durch die Einladung, daß mir alles im Hofgarten gezeigt werden würde, von dem Brunnen, der dort gegraben wird.«* Den Täter beschrieb er als mittelgroßen, etwa 50 Jahre alten Mann mit Schnurrbart. In dem Beutel fand sich ein Zettel, auf dem in Spiegelschrift geschrieben stand: *»Hauser wird es Euch ganz genau erzählen können, wie ich aussehe und woher ich komme. Ich komme von – der bayr. Grenze – am Flusse – Ich will Euch sogar noch den Namen sagen: M. L. Ö.«*

Zwei Ärzte autopsierten den toten Kaspar Hauser und kamen zu dem Ergebnis, daß er mit einem »Banditenmesser« erstochen wurde. Einen Selbstmord hielten sie zwar nicht für ausgeschlossen, jedoch für eher unwahrscheinlich. Wie zuvor verlief auch in diesem Fall die Fahndung ergebnislos, zwar meldeten sich Zeugen, die den Unbekannten im Hofgarten gesehen haben wollten, doch keine ihrer Aussagen führte zu seiner Ergreifung.

An der Stelle des Attentats im Hofgarten steht ein Gedenkstein mit der Inschrift: »HIC OCCULTUS OCCULTO OCCISUS EST« – Hier wurde ein Geheimnisvoller von einem Geheimnisvollen umgebracht.

Ferdinand Mehle, Der Kriminalfall Kaspar Hauser, Historische Zeitbilder 6, Morstadt, 1994; Jörg von Uthmann, Attentate, Wolf Jobst Siedler Verlag, Berlin, 1996

Heinrich III.
König von Frankreich. 1551–1589

Auf Betreiben der machtbewußten Katharina von Medici wurde 1573 ihr dritter Sohn Heinrich Valois zum König von Polen gewählt und 1574 gekrönt. Noch im gleichen Jahr verließ er das Land ohne förmliche Abdankung, um die Nachfolge seines Bruders Karls IX. als König von Frankreich anzutreten. Von Zeitgenossen durchaus als kultiviert und intelligent beschrieben, war Heinrich jedoch charakterlich instabil, unberechenbar, zwiegespalten und von seinen Günstlingen stark beeinflußt. Vergeblich versuchte er, in den Hugenottenkriegen die Stellung der Krone zwischen den Glaubensparteien zu behaupten. 1576 gelang es den protestantischen Hugenotten, einen Großteil ihrer Forderungen an die regierenden Katholiken durchzusetzen. Ihre einem Staat im Staate ähnliche Stellung rief eine erbitterte katholische Gegenbewegung, die »Heilige Liga« unter Führung des Herzogs von Guise, hervor. Der Konflikt eskalierte, und Heinrich mußte schließlich aus Paris fliehen. Er veranlaßte die Ermordung seiner Widersacher, Henri I. von Guise und dessen Bruder, berief die Generalstände nach Blois und belagerte die französische Hauptstadt.

Der Ring um Paris schien sich zu schließen. Am Abend des 19. Juli konnten die Guisarden die Lagerfeuer des königlichen Heeres auf den Höhen von Vaures und St. Cloud leuchten sehen. Aber noch gaben die Fanatiker nicht auf. Von den Kanzeln herunter hetzten die Pfarrer das Volk zur Rache am Verräter Heinrich, der den Herzog von Guise hatte töten lassen und den verhaßten Ketzer und Schürzenjäger Heinrich von Navarra zu seinem Nachfolger machen wollte. An allen Straßenecken prangte die Papstbulle, in der Sixtus V. den König aufforderte, sich in Rom für den an Guise begangenen Mord zu rechtfertigen.

Jacques Clément, 22jähriger Bauernsohn aus einem Dorf in der Gegend von Sens, war ein frommes Mitglied des Dominikanerordens. Rings um sich hörte er Haßtiraden gegen den »reißenden Wolf, den Tyrannen und Ketzer«, sie beeindruckten ihn tief. Einfältig devot ging er zu seinem Beichtvater und fragte: *»Ist es erlaubt, einen Tyrannen zu töten?«* Trotz der ausweichenden Antwort beschloß er, Frankreich von dem verhaßten König zu befreien.

H

In Paris tagte der Rat der »Sechzehn«. Die Situation dort wurde täglich ernster, denn aus den umliegenden Dörfern flohen die Bewohner zu Tausenden mit ihrem Vieh hinter die Mauern der Hauptstadt. Während der Sitzung wurde der Prior der Dominikaner – ihr Mutterhaus befand sich in der Rue Saint-Jacques, was ihnen später den Namen »Jakobiner« eintrug – gemeldet. Er teilte der erstaunten Versammlung mit, daß einer seiner Mönche das Vorhaben gebeichtet habe, Heinrich III. zu ermorden.

Samstag, den 31. Juli 1589 gegen Abend, meldete sich Jacques Clément bei den Armee-Vorposten von St. Cloud. Er legte ein gefälschtes Beglaubigungsschreiben des in der Bastille eingekerkerten Parlamentspräsidenten Achille von Harlay vor. Die Wachen hielten den Brief für echt, und so gelangte Clément ungehindert zum Palais Gondi, in dem Heinrich III. logierte. In aller Ruhe verzehrte der Attentäter mit den Dienern des Königs das angebotene Abendbrot, schnitt dabei Fleisch und Brot mit einem langen Messer, das er aus dem Ärmel seiner Kutte gezogen hatte. Ansonsten gab er sich wortkarg und geheimnisvoll, mit der Begründung, er habe eine persönliche Botschaft für den König. Da niemand einem Mönch mißtraute, bekam er eine Audienz für den kommenden Tag zugesichert. Am Morgen des 1. August wurde Clément in das Gemach Heinrichs III. geführt. Der Regent war bester Laune, er hatte soeben seine geliebte Bouillon zu sich genommen und saß auf dem Nachtstuhl, einem mit Schnitzereien reich verzierten Sessel mit Baldachin. Demütig näherte sich der Mönch, und während er an seinem Ärmel herumnestelte, flüsterte er geheimnisvoll, er bringe eine wichtige Botschaft. Roger de Bellegarde, der königliche Oberstallmeister, trat diskret einige Schritte zurück, Heinrich III. beugte sich vor – da bohrte der Mönch ihm das Messer in den Unterleib. *»Ah, der verfluchte Mönch, er hat mich getötet!«* rief Heinrich, sprang auf und riß den Dolch aus der Wunde. Seine Wachen stürzten sich auf den Attentäter, erstachen ihn im Eifer des Gefechts und warfen ihn aus dem Fenster. Wenig später wurde seine Leiche auf dem Kirchplatz verbrannt.

Zunächst schien die Hoffnung zu bestehen, daß die Verletzung nicht gar so schwer sei und der König wieder genesen könne, doch am Abend stellten sich heftige Schmerzen im Unterleib ein, begleitet von Ohnmachten und Schweißausbrüchen. Gegen

23.20 Uhr traf Heinrich von Navarra ein, erkannte den Ernst der Lage und warf sich vor dem Lager des Verwundeten auf die Knie. *»Mein Bruder«*, sagte Heinrich milde, *»da seht Ihr, wie unsere Feinde uns mitspielen. Hütet Euch, daß Euch nicht Gleiches zustößt. Ich sterbe in Frieden, weil ich Euch in meiner Nähe weiß. Gottes Wille geschehe, die Krone ist Euer…«*

Nach einer kurzen Pause fuhr er mit schwacher Stimme fort: *»Meine Freunde, ich bitte Euch und befehle Euch, nach meinem Tod meinen Bruder dort als Euren allein berechtigten König anzuerkennen und ihm treue Gefolgschaft zu schwören.«*

Der letzte Valois hatte nur noch wenige Stunden zu leben. Heinrich III. starb am 2. August 1589 gegen 3.00 Uhr morgens.

Wenige Stunden später hatte die Neuigkeit die Stadtgrenzen passiert, und Paris bebte vor Freudenfesten. Auf allen Plätzen, an allen Straßenecken fanden orgiastische Trinkgelage statt, die Kirchen füllten sich zu Dankgottesdiensten für den Märtyrer Clément, der sein Leben für den Sieg des rechten Glaubens geopfert hatte. Der Vorsteher der Kaufmannschaft schlug vor, ihm im Chor von Notre-Dame eine Statue zu errichten. Das größte Aufsehen erregte jedoch ein spanischer Jesuit namens Juan Mariana. Er verfaßte eine Schrift mit dem Titel: »DE REGE ET REGIS INSTITUTIONE«, in der er den Frommen ermächtigte, sich eines unchristlichen Herrschers zu entledigen, und den Mörder Heinrichs III. als nachahmenswertes Vorbild pries. Er schloß: *»Es ist ein heilsamer Gedanke, daß der Fürst weiß, was ihm bevorsteht, wenn er sein Volk unterdrückt.«*

Peter C. Hartmann, Französische Könige und Kaiser der Neuzeit, Verlag C. H. Beck, München, 1994; Jean Orieux, Katharina von Medici, Weltbild Verlag, Augsburg, 1999

Heinrich IV.

König von Frankreich. 1553–1610

Heinrich IV. war Kalvinist und Führer der Hugenotten. In der berühmten Bartholomäusnacht wurde er zwar verschont, mußte jedoch seinem Glauben abschwören und wurde von seinen Gegnern gefangengenommen. 1576 gelang ihm die Flucht. Heinrich übernahm erneut die Führung der Hugenotten. Um die landesinneren Konflikte zu überwinden, trat er 1593 zum Katholizismus über.

»Paris ist eine Messe wert«, lautete seine Begründung. Dennoch blieb die Liste seiner Feinde lang, und während der folgenden Jahre drohten immer wieder Verschwörung und Verrat.

Mindestens ein dutzendmal wurde Heinrich IV. das Ziel von Mordanschlägen. Im August 1593 wurde Pierre Barrière, ein Fährmann aus Orléans, verhaftet, nachdem sein Plan, den König zu töten, verraten worden war. Ende Dezember 1594 attackierte der Rechtsstudent Jean Châtel den König. Er brachte ihm einen Schnitt in der Lippe bei und schlug ihm einen Zahn aus. Einem Dominikaner namens Bruder Charles d'Avesne wurden nicht weniger als drei geplante Komplotte gegen den Regenten nachgewiesen.

In den ersten Wochen des Jahres 1610 sah man einen Mann aus Angoulême in den Straßen von Paris herumirren. Ein Hüne von Gestalt, mit rotem Bart und wirren Haaren, über den Schultern nach flämischer Art ein grünes Wams. Der etwa 30jährige streunte unschlüssig von Laden zu Laden und von Kneipe zu Kneipe, bis er sich eines Abends in der Herberge »Cinq Croissants« niederließ und schweigend, aber aufmerksam die Gespräche der anderen Gäste verfolgte. Man sprach von nichts anderem als von dem Krieg, den der König führen wollte, um den reformierten Fürsten zu Hilfe zu kommen. Die Augen des Fremden glänzten seltsam, als er ein langes Messer auf dem Tisch sah. Überzeugt davon, zum Werkzeug Gottes auserkoren zu sein, streckte er seine Rechte aus, ließ das Messer blitzschnell in seinem Wams verschwinden und stürzte ins Freie. Der Mann hieß Jean-François Ravaillac. Der frühere Lehrer war eine Weile Laienbruder im Orden der Feullants gewesen, nach wenigen Wochen wegen seiner beunruhigenden Visionen jedoch wieder ausgestoßen worden.

Schon dreimal hatte er versucht, den König zu sprechen, um ihn zu überzeugen, wie er später sagte, *»daß der einzig richtige Krieg der gegen die Reformierten sei«*, aber der diensthabende Gardehauptmann ließ den rothaarigen Kerl mit dem Galgenvogelgesicht immer wieder vom Toreingang des Louvre vertreiben. Ravaillac kehrte nach Angoulême zurück, *»um sich zu sammeln«*. Das Resultat war der Entschluß, den König zu töten, *»da er nicht auf die Stimme Gottes hören wollte!«* Das Messer aus der Herberge im Stiefel versteckt, war der von Wahnvorstellungen geplagte Mann auf dem Weg zum Louvre, doch als das Gebäude in Sicht kam, meldeten sich Zweifel an seiner »göttlichen Mission«. Ravaillac kniete vor einem Kreuz nieder und begann zu beten. Der dornengekrönte Christus schien ihn vorwurfsvoll anzublicken. Die Aufgabe nicht erfüllen? Niemals! Fest entschlossen, den göttlichen Auftrag zu erledigen, schliff Ravaillac sein Messer und wartete auf eine günstige Gelegenheit.

Am Königshof herrschte derweil aufgeregtes Treiben. Maria von Medici, die Gattin Heinrichs IV., hatte sich endlich durchgesetzt: Ihre Krönung stand unmittelbar bevor. Je vorfreudiger sie sich jedoch zeigte, desto unwirscher gebärdete sich der König. Seinem Vertrauten, dem Herzog von Sully, soll er gesagt haben: *»Wie mir diese Krönung zuwider ist! Lieber Freund, ich weiß nicht, was es ist, aber mein Gefühl sagt mir, daß mir etwas zustößt.«*

H

Sully versuchte ihn zu beruhigen: *»Allmächtiger Gott, wie kommt Ihr denn auf diese Idee?« – »Die Weissagung, mein Freund. Eine Prophezeiung kündet mir den Tod in einer Karosse bei der ersten Prunkzeremonie, die ich veranstalte. Das ist es, was mich so beunruhigt.« – »An Eurer Stelle, Sire, würde ich morgen die Stadt verlassen. Die Krönung kann in Eurer Abwesenheit stattfinden oder, noch besser, verschoben werden. Ich rate Euch auch, für längere Zeit Paris nicht mehr zu betreten und in keine Karosse mehr zu steigen. Soll ich die Vorbereitungen in Notre-Dame und in Saint-Denis abbrechen lassen? Sofort?«*

»Ich wollte schon«, entgegnete der König nach einigem Zögern, *»aber was wird meine Frau dazu sagen. Sie ist auf diese Krönung ganz versessen!«*

Sully, den die Ehrerbietung für Maria nicht gerade erdrückte, erwiderte heftig: *»Sie kann sagen, was sie will, aber es sollte mich doch sehr wundern, daß sie weiter auf ihrem Vorhaben beharrt, wenn sie von der Weissagung erfährt, die Euer Leben bedroht.«*

Sully sollte sich wundern, denn auch nach dreitägigen Verhandlungen weigerte sich Maria von Medici, *»irgendwelchen Ammenmärchen«* Bedeutung beizumessen, und bestand auf ihrer Krönung. Am 13. Mai war es soweit, mit einem rauschenden Festakt wurde die Salbung zelebriert. Der König rief begeistert: *»Ich habe noch nie etwas Schöneres gesehen als meine Frau!«*

Am folgenden Tag holte den König seine Angst ein. Er sprach

mit zwei Vertrauten: »*Heute wißt Ihr noch nicht, was Ihr an mir habt. Aber morgen, wenn ich tot und nicht mehr bei Euch bin, werdet Ihr am Vergleich mit den anderen merken, was ich wert war.*« Niemand konnte seine schwermütigen Gedanken vertreiben, bis er sich schließlich bereit erklärte, eine Spazierfahrt zu unternehmen, um sein trauriges Gemüt mit frischer Luft aufzuhellen. Die Karosse verließ den Hof und rumpelte ins Freie. Ein kräftiger rothaariger Mann mit grünem Umhang erhob sich von dem Prellbock am äußeren Torbogen, auf dem er gesessen hatte, und lief ihr nach. Auf einem ohnehin schmalen Stück der Straße versperrten zwei Karren, der eine mit Wein, der andere mit Heu beladen, den Weg. Plötzlich schwang sich der Mann auf die Achse des mächtigen Hinterrades, ein riesiges Tranchiermesser in der Linken, beugte er sich über den König und stach zweimal zu. Seine Hiebe drangen seiner eigenen Aussage nach bis ans Heft »*wie in ein weiches Bündel Heu*«. Der erste Stich glitt an den Rippen ab, der zweite durchschnitt die rechte Halsschlagader. »*Ich bin verletzt … Es ist nichts*«, röchelte Heinrich IV. Blut strömte aus seinem Mund, während man ihn mit einem Mantel zudeckte und die Kutsche sich in Richtung Louvre in Bewegung setzte. Als man den König schließlich in seine Gemächer getragen hatte, war er bereits tot. Aus dem Nebenzimmer stürzte die schreiende Maria hinein: »*Der König ist tot, der König ist tot*«, weinte sie laut, bis der Kanzler festen Schrittes auf sie zutrat: »*Darf ich Eure Majestät daran erinnern, daß die Könige von Frankreich nie sterben.*«

Ravaillac stand nach vollbrachter Tat wie angewurzelt da, machte keinerlei Anstalten sich zu bewegen, geschweige denn zu fliehen und ließ sich verhaften. Nur mit Mühe gelang es den königlichen Begleitern, ihn vor dem Volkszorn zu schützen. Als Motiv für seine Tat gab er an, eine himmlische Stimme habe ihm befohlen, den König umzubringen, da er es versäumt habe, die Hugenotten zum wahren Glauben zu bekehren, und setzte unter das Vernehmungsprotokoll den Vers: »*Que toujours dans mon coeur/Jesus seul soit vainqueur.*« (Möge in meinem Herzen Jesus stets der Sieger sein.)

Seine Dolchstiche erfüllten die Wünsche sämtlicher Verschwörer: Die Armee wurde aufgelöst, der Vertrag mit dem Herzog von Savoyen gebrochen, die deutschen Fürsten im Stich gelassen und Sully verabschiedet. Doch bevor er am 27. Mai 1610 von vier Pferden in Stücke gerissen wurde, sagte der Attentäter mit trauriger Stimme: *»Man hat mich schändlich getäuscht, als man mich glauben machte, das Volk würde meine Tat begrüßen, dabei liefert es die Pferde für meine Hinrichtung.«*

Um die Leiden des Verurteilten zu verschlimmern, gossen die Folterknechte siedendes Öl, geschmolzenes Blei und heißes Pech auf seine Gliedmaßen. Dann wurde, wie es grausame Sitte war, dem Königsmörder die rechte Hand verbrannt. Nach der Vierteilung machte sich das Volk – sie kamen aus allen Schichten und Ständen – mit Messern, Stöcken und Säbeln über die Reste her, zerhackten und zerschnitten sie und schleppten die Stücke in allen Richtungen davon. Nichts konnte ihre Wut dämmen, und der Scharfrichter, dessen Aufgabe es war, den Leichnam zu verbrennen, hatte am Ende nur noch das Hemd des Hingerichteten in Händen.

André Castelot, Heinrich IV., Wilhelm Heyne Verlag, München, 1992; Peter C. Hartmann, Französische Könige und Kaiser der Neuzeit, Verlag C. H. Beck, München, 1994

Alfred Herrhausen

Bankfachmann. 1930–1989

»Wir müssen das, was wir denken, auch sagen. Wir müssen das, was wir sagen, auch tun. Und wir müssen das, was wir tun, dann auch sein.« Das war der Wahlspruch eines Mannes, der eigentlich Lehrer werden wollte. Als er jedoch in diesem Fach keinen Studienplatz bekam, fiel seine Wahl auf Betriebswirtschaft. Mit 41 Jahren war er bereits ordentliches Vorstandsmitglied der Deutschen Bank und seit 1988 alleiniger Vorstandssprecher. Neben dieser Tätigkeit fungierte Herrhausen in zahlreichen Aufsichtsräten und beratenden Gremien und war unter anderem wirtschaftspolitischer Berater des Bundeskanzlers Helmut Kohl.

Mit welcher Akribie die RAF ihre Anschläge vorbereitete, ließ sich erst anhand der vollständigen Rekonstruktion des Mordes an Alfred Herrhausen erahnen, der am 30. November 1989 um 8.34 Uhr Opfer eines Bombenanschlags wurde. Erste Hinweise auf ein mögliches Attentat – Zeitungsausschnitte und handschriftliche Notizen aus konspirativen Wohnungen und Erddepots – stammten bereits aus dem Jahr 1985. Vermutlich beobachteten die Täter das Haus ihres späteren Opfers seit 1987 und stellten schnell fest, daß ihre Chancen ungewöhnlich gut waren. Herrhausen konnte nur über den schmalen Seedammweg von seiner Villa in Bad Homburg zu seinem Arbeitsplatz nach Frankfurt fahren. Er saß immer in der mittleren der drei Mercedes-Limousinen und dort immer hinten rechts.

Die ersten ernsthaften Vorbereitungen waren bereits im Frühjahr 1989 von Helfern der RAF erledigt worden. Sie gaben ihre Beobachtungen mittels Fotos und Videobändern an den aktiven Untergrund weiter. Im August 1989 wurden die Maßnahmen der Terroristen dann konkret. Zeugen beobachteten in dieser Zeit einen »Bautrupp« von fünf Personen. Die Baustelle in der Höhe des Schwimmbades »Taunustherme« war korrekt mit rot-weißen Bändern abgesperrt und fiel nicht weiter auf, allerdings trugen die angeblichen Arbeiter zu ihren Blaumännern leichte, helle Turnschuhe. Etwas seltsam mutete Augenzeugen auch das Arbeitsgerät der Truppe an. Statt moderner Flex-Maschinen benutzten sie Hammer und Stemmeisen, um die Asphaltdecke des Bürgersteigs aufzumeißeln. Ein Anwohner, der sie darauf ansprach, erhielt als Antwort: *»Das hier ist eine Arbeitsbeschaffungsmaßnahme, die rüsten uns nicht mit modernen Geräten aus.«* So konnten die Terroristen eine zweiadrige Kupferlitze ungehindert durch die aufgeschlagene Asphaltdecke führen und den Spalt wieder schließen. Vom Bürgersteig aus verlängerten die Attentäter ihre Zündschnur um exakt 84 Meter und verlegten sie bis zu einer Treppe, die zum Parkplatz der Therme führte. An den Kabelenden brachten sie je einen Stecker an, um dort später mittels einer Lichtschranke die Bombe scharf zu schalten. Mitte September 1989 schickte das RAF-Kommando dann einige als Jogger getarnte Mitglieder nach Bad Homburg. Sie standen jeden Morgen gegen 8.00 Uhr scheinbar gelangweilt an der Bushaltestelle am Seedammweg, beobachteten die Kinder, die von hier aus in die nahegelegene Schule liefen, stoppten die Zeit, wann der Herrhausen-Konvoi vorbeikam, und drehten gelegentlich eine Runde durch den Park, um das Zündkabel zu kontrollieren. Ende Oktober kam ihnen der Hausmeister der »Taunustherme«, Helmut Eberhard, unwissentlich in die Quere. Er entdeckte das Kabel, rollte es auf, hängte es in einen Werkstattkasten des Bades und informierte den Technischen Leiter von seinem Fund. Der war überzeugt, die Leitung sei für die Verbindung vorgesehen, durch die künftig die Belegung des benachbarten Parkhauses auf einer Anzeigentafel elektronisch übermittelt werden sollte. Der Draht geriet in Vergessenheit.

Als die »Jogger« merkten, daß niemand Verdacht geschöpft hatte, verlegten sie ein zweites Kabel und besorgten sich ein unscheinbares Kinderfahrrad, mit dem sie den Sprengsatz tarnen wollten. In unmittelbarer Nähe einer Bushaltestelle und einer Schule, so kalkulierten sie, würde ein solches Rad keinerlei Argwohn erregen. Am Tattag wurde es mit der Bombe auf dem Gepäckträger am berechneten Ort abgestellt und die Lichtschranke darunter installiert. Vermutlich wußten die Attentäter nicht, daß sich nur wenige Meter weiter eine zentrale Gasverteileranlage der Stadt unter der Erde befand. *»Die Folgen für die Stadt sind nicht auszudenken, wenn sie explodiert wäre«*, so ein Experte im nachhinein.

Während an den Vorbereitungen etwa fünf Personen beteiligt gewesen waren, wurden für den Anschlag auf Herrhausen mindestens zwölf Leute eingesetzt. Zwei beobachteten die Villa des Opfers und machten um 8.30 Uhr per CD-Funk Meldung, daß die drei dunklen Autos losgefahren waren. Die Information ging an einen Mann, der auf dem Dach eines Parkhauses stand und das Gelände von dort gut überblicken konnte. Etwa 80 Meter weiter befand sich – ebenfalls mit einem Funkgerät ausgestattet – ein vermutlich als Frau verkleideter Terrorist, der die Limousinen frühzeitig kommen sehen konnte. Ein fünfter Attentäter stand hinter einer Hecke; bei sich trug er ein Meßgerät mit Batterien und einem Schalter, um auf Kommando die Bombe scharf zu schalten. Als die Herrhausen-Kolonne anrollte, bremste in der anderen Richtung, 200 Meter von der Bombe entfernt, der sechste Terrorist mit seinem Wagen und blockierte den Gegenverkehr, damit die Lichtschranke nicht frühzeitig durchbrochen werden konnte. Weitere Mittäter warteten in startbereiten Fluchtfahrzeugen.

Herrhausen und sein Chauffeur Jakob Nix fuhren nie allein mit dem 2,8 Tonnen schwer gepanzerten Fahrzeug. Vor und hinter ihnen war stets ein Mercedes mit privaten Bodyguards. Plötzlich wuchtete eine gewaltige Explosion den mittleren Mercedes hoch und warf ihn quer zur Straße. Die verformten Türen rissen aus den Angeln, die Kühlerhaube reckte sich in den Himmel, die Panzerglasscheibe flog 50 Meter weit. Sofort sprangen die Leibwächter aus dem hinteren Auto und zogen ihre Pistolen, die sie allerdings schnell gegen Feuerlöscher tauschten, weil der zerstörte Wagen ihres Chefs zu brennen begann. Alfred Herrhausen war sofort tot. Blutüberströmt, mit einer tiefen Wunde in der Brust, saß er im Wagen, eine Hand hing aus der linken hinteren Tür, sein Kopf war auf die Schulter gefallen. Ein Mitarbeiter der »Taunustherme« war der erste Zeuge am Ort des Geschehens: *»Ich stand mit unserer Therapeutin an der Kasse, als ich den Knall hörte. Ich bin sofort raus, sah Flammen und Qualm und die Leibwächter mit ihren Pistolen. Rechts hinten war ein großes Loch im Wagen. Ich sah den Toten auf dem Rücksitz. Der Fahrer blutete an der Backe. Er stieg aus. Jemand half ihm. Er war benommen, aber er konnte laufen.«*

Drei Minuten später war die Polizei zur Stelle und riegelte den Tatort weiträumig ab. Die nach und nach anrückenden Kriminaltechniker hielten ein nicht identifizierbares Teil nahe des zertrümmerten Wagens für eine zweite Bombe, die entschärft werden müsse, bevor Alfred Herrhausens Leiche geborgen werden könne. Vier Stunden später erkannten die Spezialisten, daß das vermeintlich explosive Teil ein inzwischen ungefährliches Stück der 20-Kilo-Bombe war. Eine Stunde nach dem Anschlag löste die Polizei eine Ringfahndung im Umkreis von 40 km aus. Fast alle Fahrzeuge wurden angehalten und kontrolliert, dennoch konnte kein Täter dingfest gemacht werden. Mitarbeiter der Spurensicherung fanden unter dem Schaltkasten am Personaleingang der »Taunustherme« statt des sonst üblichen langatmigen Bekennerschreibens nur ein in Klarsichtfolie eingeschweißtes DIN-A4-Blatt mit dem fünfzackigen RAF-Symbol, einer stilisierten Kalaschnikow und der Aufschrift »Kommando Wolfgang Beer«.

Wolfgang Beer war 1980 bei einem Autounfall gemeinsam mit der Terroristin Juliane Plambeck ums Leben gekommen, angeblich von Geheimdienstlern in den Tod gejagt. Beers Bruder Henning wurde zum harten Kern der RAF gerechnet.

Die Ermittlungen konzentrierten sich auf die Terroristen Birgit

Hogefeld und Wolfgang Grams. 1993 starb Grams bei einem Schußwechsel mit Polizisten, Hogefeld ergab sich.

»Was wäre für Sie das größte Unglück?« wurde Traudl Herrhausen, die Witwe des Ermordeten, Weihnachten 1993 gefragt. Sie antwortete mit zwei Worten: *»Das war!«*

Dieter Balkhausen, Alfred Herrhausen, Econ Verlag, Düsseldorf/Wien/New York, 1990; Bild Extra, 50 Jahre Deutschland, 1989; Stern, 07. 12. 1989/22. 03. 1990

Reinhard Tristan Heydrich
Deutscher Politiker. 1904–1942

Aufgrund eines Ehrengerichtsverfahrens wegen der Affäre mit einer Minderjährigen wurde der Seeoffizier Heydrich 1931 aus der Marine ausgeschlossen. Als Mitglied der NSDAP und der SS avancierte er 1934 zum SS-Sturmbannführer und baute im Auftrag Heinrich Himmlers den Sicherheitsdienst der SS auf, den er als Leiter ab 1932 zu einem umfassenden Nachrichtendienst formte. Seit 1933 beteiligte sich Heydrich maßgeblich am Aufbau der terroristischen Herrschaftsstrukturen des nationalsozialistischen Deutschlands. Nachdem Himmler 1936 die Leitung der gesamten deutschen Polizei erhalten hatte, gewann Heydrich als Chef der Sicherheitspolizei und seit 1939 als Leiter des Reichssicherheitshauptamtes eine führende Stellung im System. Von Hermann Göring mit der Vorbereitung der »Endlösung der Judenfrage« beauftragt, leitete Heydrich – seit 1941 stellvertretender Reichsprotektor für Böhmen und Mähren – im Januar 1942 die Wannseekonferenz, die den Genozid an den im deutschen Machtbereich lebenden Juden organisierte. Durch seine außergewöhnliche Brutalität erwarb sich Reinhard Heydrich den Spitznamen »Der Henker von Prag«.

Im Herbst 1941 fand in London eine geheime Zusammenkunft statt, bei der beschlossen wurde, ein Attentat gegen Reinhard Heydrich zu verüben. Das sollte ursprünglich am 28. Oktober 1941 ausgeführt werden. Die ganze Aktion begann am 2. Oktober in Tatten Park bei Manchester. Dort sahen tschechische und slowakische freiwillige Teilnehmer eines Para-Ausbildungskurses ihren Aufgaben entgegen, als ein gewisser Major Palecek eintraf. Er nahm den Slowaken Josef Gabcík und den Tschechen Svoboda mit und fuhr mit ihnen im Nachtzug nach London. Während der Reise sprach der Major kaum ein Wort, doch die beiden jungen Männer ahnten, daß ihr »Tag D« nahte. Am Morgen trafen sie in der britischen Hauptstadt ein und begaben sich sofort in das Büro des Generalstabsobersten Frantisek Moravec, der sich kurz faßte: *»Über Presse und Rundfunk seid ihr von den irrsinnigen Morden bei uns zu Hause informiert. ... Die Reihe ist an uns, von auswärts zu helfen. Eine der Aufgaben, von hier aus Hilfe zu leisten, wird euch anvertraut.«*

H

Gabcík und Svoboda erklärten sich bereit, ein Attentat auf »den Henker von Prag« zu verüben, und wurden zu letzten Fallschirmsprüngen in ein Lager nach Ringway. geschickt. Hier verletzte sich Svoboda, so daß nach einer Beratung mit Gabcík ein neuer Mann ausgewählt wurde: Jan Kubis, ein mährischer Kamerad Gabcíks. Die Vorbereitungen mußten wiederholt werden und die beiden Männer konnten erst im Dezember 1941 ihr Versteck im Gebäude des tschechischen Nachrichtendienstes in London beziehen.

Dort erhielten sie einen Feldsack mit je zwei Colt-Pistolen und vier vollen Reservemagazinen, weitere 100 Patronen, sechs mit plastischem Sprengstoff geladene Panzerdurchschlagbomben, zwei Magazine mit Sprengkapseln, vier Granaten, Detonationsschnur, vier Nebelbomben, drei Zeitzündungsbleistifte, einen Bombenwerfer mit Bombe, zwei Spezialzünder, ein Verzögerer, vier Magnete, vier elektrische Zünder, Leitdraht mit Batterie, eine automatische Pistole und 100 Patronen, eine Injektionsspritze, 32 Pfund plastischen Sprengstoff und einen Karton mit Lebensmitteln. So ausgestattet, bestiegen sie einen Bomber der Royal Airforce. Gesichert durch ihre Fallschirme, sprangen sie bei Prag ab und schlugen sich bis zum Prager Vorort Holovice durch. Dort wurden sie von zwei weiteren Untergrundkämpfern erwartet, die ihnen eine günstige Position auf der Strecke Dresden–Prag zeigten, die Heydrich fast täglich benutzte. Und tatsächlich tauchte auch am 27. Mai 1942 sein grünes Mercedes-Cabriolet auf. Gabcík behielt die Nerven und wartete, bis das Auto nur noch drei oder vier Schritte von ihm entfernt war und der völlig überraschte Fahrer direkt in den Lauf seines Gewehres blickte. Seine verzweifelte Lage erkennend, erstarrte er und umklammerte das Lenkrad, als

Gabcík abdrückte. Zu seinem Entsetzen mußte er sehen, daß der Wagen an ihm vorbeiglitt, als sei nichts geschehen. Im Inneren sah er Reinhard Heydrich, der blaß, aber geistesgegenwärtig nach seinem Revolver griff. In diesem Augenblick entsicherte Kubis seine Granate, zielte und warf. Wenige Sekunden später erreichte der kleine Gegenstand sein Ziel und zerfetzte das Heck des grünen Autos.

Heydrich stolperte heraus, die Waffe im Anschlag, feuerte er auf die Attentäter und brach dann schwankend zusammen.

Eilig herbeigerufene Helfer erkannten die Schwere seiner Verletzungen. Eine Stahlfeder aus dem Rücksitz war von hinten in den Oberkörper gedrungen und hatte eine große Wunde verursacht. Im Krankenhaus entfernten zwei Chirurgen Schmutz und Splitter. Als der Eingriff beendet war, brachte man den Patienten in den zweiten Stock der Klinik, der ansonsten völlig geräumt und von bis an die Zähne bewaffneten SS-Männern patrouilliert wurde. Heydrich empfing rund um die Uhr Besuche von Männern in dunklen Uniformen.

Am 4. Juni konnten auch Bluttransfusionen nicht mehr helfen – Reinhard Tristan Heydrich starb. Der Tote wurde feierlich in Berlin beigesetzt; seine Frau, die den Beinamen »Weib aus Eisen« trug, fuhr selbst nicht zur Beerdigung, sondern schickte zwei ihrer Söhne. Vor der Abfahrt kontrollierte die »trauernde Witwe« mehrfach, ob denn Möhren und Petersilie, die sie nach Berlin schicken wollte, auch ordentlich verstaut waren.

Als Adolf Hitler von dem Attentat erfuhr, regte er sich vor allem darüber auf, daß Heydrich ohne Begleitung gefahren war: *»Ein derart unersetzbarer Mann wie Heydrich durfte sich nicht unnötig einer Gefahr aussetzen, ich kann so etwas nur als idiotisches Benehmen bezeichnen.«* Für die Festnahme der Täter setzte er eine Belohnung von einer Million Reichsmark aus und befahl, daß jeder, der die Attentäter deckte, samt seiner Familie sofort erschossen werden sollte.

Kubis und Gabcík, die im Schutz der Rauchschwaden zunächst entkommen waren, gelangten in die Obhut von Priestern, wurden jedoch verraten und mit vielen anderen Mitgliedern des Widerstandes von SS-Truppen ermordet. Die Jagd auf sie führte zu einem der blutigsten Kapitel der tschechischen Geschichte: Auf der Suche nach Heydrichs Mördern drangen Hitlers fanatische Schergen unter anderem in das Dorf Lidice ein, brannten es bis auf die Grundfesten nieder und töteten 1331 tschechische Männer und Jungen über 16 Jahren sowie einige Frauen. Alle anderen Bewohner des Ortes wurden in Konzentrationslager gebracht.

Miroslav Ivanov, Der Henker von Prag, edition q, Berlin, 1993

Adolf Hitler
Diktator. 1889–1945

Adolf Hitler wurde am 20. April 1889 im oberösterreichischen Braunau am Inn geboren. Er besuchte die Realschule, verließ sie jedoch ohne Abschluß. Arbeitslos und ohne Ausbildung lebte er in den folgenden Jahren vorwiegend in Wiener Obdachlosenasylen und Männerwohnheimen und entwickelte ein extrem nationalistisches und antisemitisch-rassistisches Weltbild. 1925 übernahm er die Führung der NSDAP und nahm am 2. August 1934 den Titel »Führer und Reichskanzler« an. Damit hielt er die Ämter des Reichspräsidenten und Reichskanzlers sowie des Obersten Befehlshabers der Wehrmacht inne und bestimmte in den folgenden Jahren das dunkelste Kapitel in der Geschichte Deutschlands.

In seiner frühen »Kampfzeit« hatte Hitler wiederholt Mordanschläge vorgetäuscht, um seine Feinde zu diffamieren, sich durch Reklamegags aufzuwerten und von den Gewalttaten seiner Bürgerkriegsarmee abzulenken. Nach seiner Machtübernahme wurden jedoch alle Attentatsversuche der Öffentlichkeit unterschlagen und zur »Geheimen Reichssache« erklärt. Addiert man alle Versuche und Vorbereitungshandlungen, deren Ziel Hitlers Ermordung war, kommt man auf eine Zahl zwischen 40 und 50.

Jeder überstandene Anschlag nährte Hitlers Glauben, ein von der Vorsehung geschützter Auserwählter zu sein. Am dritten Jahrestag des Bürgerbräu-Attentats verstieg er sich in trauter Runde zu der Behauptung: *»Ich weiß, daß ich nicht sterben werde, bevor die historische Aufgabe erfüllt ist, für die mich die Vorsehung bestimmt hat. Niemals werde ich durch fremde Hand fallen.«* Er sollte recht behalten und allen Anschlägen entgehen.

An einem Januartag 1932 hatte Adolf Hitler im Hotel »Kaiserhof« mit seinem Stab zu Mittag gegessen. Etwa eine Stunde später fühlten sich alle Beteiligten gleichermaßen elend. Magenkrämpfe, Schwächezustände und Erbrechen stellten sich ein, und die eilig herbeigerufenen Ärzte waren sich einig: Im Essen hatte sich Gift befunden. Hitler selbst, erstens ein mäßiger Esser und zweitens Vegetarier, war von allen am leichtesten betroffen. Er verzichtete – um den Skandal zu vertuschen – auf eine Anzeige bei der Polizei und aß bis zum Einzug ins Reichskanzlerpalais nur noch bei Magda Goebbels.

Im Untergrund warteten Versprengte auf eine Chance, den Despoten zu töten. Beppo Römer, ein abenteuerlicher Charakter, der seine Karriere als Freikorpsoffizier begonnen hatte, zu den Nazis gestoßen und später zu den Kommunisten übergelaufen war, sondierte in unmittelbarer Nähe des Reichstags die Möglichkeiten eines Anschlags. Er lag über Monate und Jahre auf der Lauer, führte Buch über die Lücken in Hitlers Abschirmung und wartete, wartete, wartete.

Eine oppositionelle Gruppe um Dr. Helmuth Mylius bereitete ebenfalls den Tyrannenmord vor, wurde aber vor Ausführung der Tat verhaftet, über das Schicksal dieser Männer schweigen die Akten. Die Feinde der ersten Stunde begannen sich gegen die nun regierende Bewegung zu formieren und den Widerstand zu organisieren. Langsam setzte sich die Erkenntnis durch, daß man den Gewalttätigen nur gewaltsam beseitigen könne.

Die ersten Attentäter, Einzelgänger oder winzige Gruppen, operierten auf eigene Faust, noch ohne Zusammenhang. Zu ihnen kamen Wichtigtuer, Hysteriker, Alkoholiker und Geistesgestörte, die ihre Pläne anonym ankündigten und mitunter auch versuchten, Hitler zu töten. Es verging keine Woche, in der nicht mindestens eine Morddrohung die Reichskanzlei erreichte.

Hitler selbst beschäftigte sich mehr mit seinen größenwahnsinnigen Machtplänen als mit seinem Schutz und verließ sich völlig auf seine Leute. Sein Ferienhaus »Wachenfeld« glich bisweilen einem Wallfahrtsort. Hier konnten sich Terroristen und Touristen in einer Art Freigehege dem beinahe unbewachten Führer bis auf wenige Meter nähern, ihm Blumensträuße überreichen, Fragen an ihn richten und Ovationen darbringen. Manche Besucher trugen

Uniform, sie fielen am wenigsten auf, bis auf einen SA-Mann, der sich abseits von den anderen hielt, sich irgendwie sonderbar benahm und den Führer auf eigentümliche Weise fixierte. Bevor man ihn stellen konnte, war er im Gedränge verschwunden. Aber der Mann im Braunhemd kam wieder, diesmal griffen die Führergetreuen zu, schnappten ihn, durchsuchten seine Taschen und verhörten ihn. Er konnte sich nicht ausweisen, und der Name, den er angab, war offensichtlich falsch; aber er hatte eine scharf geladene, entsicherte Pistole bei sich, deren Zweck eindeutig war. Der Mann wurde verhaftet, seine tatsächliche Identität blieb ebenso im dunkeln wie sein Schicksal.

Nach den geheimen Polizeiberichten des Dritten Reiches kam es 1934, neben der Affäre Röhm, die offiziell als »im letzten Moment vereitelter Anschlag auf Hitlers Leben« geführt wurde, zu vier weiteren Attentaten. Sowohl die Namen der Täter wie ihr Vorgehen und die Aufklärung dieser Versuche wurden in den amtlichen Unterlagen verschwiegen oder nachträglich entfernt, sie sind auch heute kaum mehr zu rekonstruieren.

Der Widerstand, aus dem künftige Hitler-Attentäter hervorgingen, hatte durch die Ereignisse von 1934 eine neue Qualität erhalten. Einige abtrünnige und ins Ausland entkommene Nationalsozialisten begegneten in Wien oder Paris jüdischen Emigranten, die sie gestern noch bekämpft hatten. Die ungleichen »Auswanderer« stellten fest, daß sie nunmehr im gleichen Boot saßen. Otto Strasser, der Führer der 1930 gegründeten »Kampfgemeinschaft revolutionärer Nationalsozialisten«, später auch der antifaschistischen »Schwarzen Front« und Bruder des unter viehischen Umständen umgebrachten Gregor, startete einen Rachefeldzug gegen Hitler. Er sammelte Geld, Informationen und Männer, die bereit waren, heimlich nach Deutschland einzureisen und den Führer niederzuschießen. Zu diesem Täterkreis, der den Kamikaze-Weg beschreiten wollte, gehörten auch Juden, Tschechen und Polen.

Der überlebende Strasser-Bruder hatte jahrelang in Hitlers Nähe gelebt, besaß Intimkenntnisse über sein Verhalten und wußte sehr wohl, daß er sich auch als Regierungschef nicht wesentlich geändert hatte. Mit jüdischen Attentätern würde der Mörder seines Bruders gewiß nicht rechnen. Als es zwei Jahre später schließlich zu einem Anschlag kam, versuchte der Sicherheitsdienst bereits, in den Emigrantenkreis einzudringen und ihn auszuhorchen.

Schließlich hielt Otto Strasser die Zeit für reif, sich des Diktators zu entledigen. Symbolischerweise sollte die Tat auf dem Reichsparteitagsgelände in Nürnberg geschehen, wo Hitler alljährlich seine gigantische Propagandainventur abzog: Wagner-Musik und Massenaufmärsche gepaart mit militärischen Schaustellungen. Hier sollte der jüdische Architekturstudent Helmut Hirsch tätig werden. Otto Strasser, Drahtzieher im Hintergund, lieferte Informationen und den Sprengstoff, mit dem umzugehen der Junge aus Stuttgart gründlich erlernte. Er sollte sich in das Gebäude einschleichen, eine Höllenmaschine in der Nähe der Rednertribüne anbringen und sie genau nach Terminplan scharf machen.

Hirsch glaubte daran, daß nach Hitlers Tod seine Auftraggeber die braune Partei übernehmen, ihr Programm entschärfen und vor allem die antisemitischen Ziele streichen würden. Bevor er von Prag heimlich nach Deutschland reiste, ließ er sich diesen Punkt noch einmal ausdrücklich zusichern.

Der Plan wurde durch eine fixe Idee Hirschs erschwert: Er wollte neben Hitler unbedingt auch Julius Streicher, den Herausgeber des Hetzblattes »Der Stürmer« erledigen. Aber im Gegensatz zu früher zeigte sich der Despot aus Braunau nur noch ungern mit dem selbsternannten »Franken-Führer« in der Öffentlichkeit. Schließlich fand Strasser eine interne Veranstaltung, auf der sie gemeinsam anwesend sein würden, und der Freiwillige des selbstmörderischen Einsatzes sah eine Chance, beide zu beseitigen. Am 20. Dezember 1936 erreichte Hirsch Stuttgart. Unter dem Namen, auf den auch sein Reisepaß ausgestellt war, trug er sich im Hotel ein und wartete auf den Überbringer des Sprengsatzes. Der war zu diesem Zeitpunkt allerdings bereits beim Grenzübergang aufgefallen und aufgeflogen. Unter der Anwendung rüder Gestapomethoden brach er schnell zusammen und legte ein volles Geständnis ab. Da er den Decknamen des Bombenlegers kannte, brauchte die Polizei nur noch die Meldezettel der örtlichen Herbergen und Hotels zu durchforsten, um ihn zu stellen. Hirsch wurde verhaftet und vor Gericht gestellt. Hier gestand er, von Otto Strasser zur Tat angestiftet worden zu sein, wurde zum Tode verurteilt und hingerichtet.

Inzwischen betrieb der Chef der »Schwarzen Front« von Prag, Wien und Paris aus weiter seine weitverzweigte Verschwörung. 1938 wurden zwei weitere Männer namens Döpkin und Kremin als Attentäter verdächtigt; drei andere, Karl Hoffmann, Erich Schulz und Wilhelm Tosch, wurden wegen Vorbereitung eines Sprengstoffanschlags in Plötzensee enthauptet.

Dennoch unterliefen den Bewachern bei der Ausschau nach Feinden, die Hitler nach dem Leben trachten könnten, immer wieder Pannen. So irrte am 26. November 1937 der kurz zuvor aus einer Irrenanstalt entlassene Geisteskranke Josef Thomas mit einer geladenen Pistole in der Reichskanzlei umher, vermutlich, um Hitler niederzuschießen. Er wurde kurz vor dem Ziel abgefangen und behauptete, er sei nur gekommen, um den *»Führer oder wenigstens Göring zu sprechen«*. Der Mann wurde der Gestapo übergeben – man hat nie wieder von ihm gehört.

Eine mit einem Dolch bewaffnete »Bittstellerin« kam bis in die Nähe Hitlers. In dem abgeschirmten Garten der Reichskanzlei – hier fütterte Tierfreund Hitler gelegentlich am Nachmittag die Eichhörnchen oder führte seine Schäferhündin aus – wurden zwei Besucherinnen entdeckt, die ihm auflauerten. Sie waren in den streng abgeriegelten Bereich hineinspaziert wie in eine Anlage des nahen Tiergartens.

»Was macht der Hund aus unserem schönen Deutschland?« hatte sich Generalstabschef Ludwig Beck schon bald nach der Machtübernahme gefragt. Doch nur langsam schälten sich aus der Masse der Uniformierten Menschen heraus, die zwar unterschiedlichen Temperaments waren, die aber von dem einheitlichen Willen beseelt waren, Hitler und sein System zu vernichten, noch ehe er den angestrebten Krieg vom Zaun gebrochen hatte. So auch Konteradmiral Wilhelm Canaris, der Chef der Abwehrzentrale am Tirpitzufer. Der nur 1 Meter 60 große Mann mit dem Spitznamen »Der kleine Levantiner«, der mit Vorliebe zivile Kleidung trug, an Magenkrämpfen litt, noch in den Hundstagen fröstelte und sich um seine beiden Dackel mehr zu sorgen schien als um seine Si-

cherheit, hatte sich einen Trinkspruch angewöhnt: *»Wir gedenken des Führers«*, um nach kurzer Pause jeweils hinzuzufügen: *»uns zu entledigen.«* Versuche, Verbündete und Unterstützung im Ausland zu finden, scheiterten. Ein ums andere Mal diskutierten die Verschwörer, wie zu verfahren sei. Während sich die einen klar für die Ermordung des Führers aussprachen, plädierten andere wie der Reichsgerichtsrat Dr. Hans von Dohnányi und Abwehroberstleutnant Hans Oster zunächst dafür, Hitler verhaften und anschließend von einem Ärztegremium für geisteskrank erklären zu lassen. Oster, der diesem umständlichen und langwierigen Verfahren nur vordergründig zustimmte, bereitete insgeheim eine andere Lösung vor. Er hatte vergebliche Bittgänge in London und theoretische Erörterungen darüber, wie nach Hitlers Sturz zu verfahren sei, längst satt. Ihm und seinen Akteuren, Helmuth Groscurth und Friedrich Wilhelm Heinz, dauerte selbst ein kurzer Prozeß gegen Hitler noch zu lang. Ohne Wissen der anderen Rebellen sprachen sie einen Tatverlauf ab, der endgültig war: Beim Sturm auf die Reichskanzlei würden die RSD-Beamten und die SS-Wachen Widerstand leisten, so daß es zu bewaffneten Auseinandersetzungen kommen mußte. Und sollten die Leibgardisten, von dem plötzlichen Überfall gelähmt, nicht handeln, würde man einen Schußwechsel provozieren, dem der Diktator als erster zum Opfer fiele.

Major Friedrich Wilhelm Heinz, früherer Freikorpskämpfer und Stahlhelm-Führer, drillte seine Rebellen nach Grundrißplänen der Reichskanzlei. Der 40 Mann starke Trupp bestand zum größten Teil aus zu allem entschlossenen Offizieren, verstärkt durch Studenten und Arbeiter. Die Zusammensetzung war bewußt gemischt, damit der Coup nicht als reiner Offiziersputsch vor der Öffentlichkeit dastehen würde. Sprengstoff und Waffen sowie Unterführer kamen von Wilhelm Canaris. Mitte September stand der Sturmtrupp und wartete, verteilt auf mehrere Wohnungen mit Zentrale in der Eisenachstraße 118, auf den Einsatzbefehl. Es folgte ein zermürbendes Spiel von Alarm und Entwarnung, das in einer herben Enttäuschung endete. Hitler hatte auf Mussolinis Vermittlung hin einer Konferenz in München zugestimmt, und die außenpolitischen Entwicklungen, die das Münchener Abkommen nach sich zog, verhinderten die Tat. Der britische Botschafter, der durch seine regimefreundlichen Berichte nicht wenig zur Appeasement-Politik beigetragen hatte, schrieb jetzt selbstkritisch an seinen Außenminister: *»Am Frieden festhaltend, haben wir Hitler und sein Regime gerettet.«* Adolf Hitler entging diesem bisher gefährlichsten Anschlag durch die Nachgiebigkeit der englischen und französischen Politiker.

Die Verschwörer gingen auseinander, hinreichend damit beschäftigt, bei ihren Einheiten, in ihren Betrieben oder Dienststellen ihre Abwesenheit zu erklären und Spuren zu verwischen. Wochen- und monatelang mußten sie befürchten, verhaftet zu werden; aber die Gestapo hatte den »Stoßtrupp gegen die Reichskanzlei« verschlafen und sollte ihn erst nach dem 20. Juli 1944 rückwirkend aufdecken.

Die Spuren der Reichskristallnacht waren auch vom Ausland nicht zu übersehen. Unter den Augenzeugen befanden sich in München zwei Männer, die heimlich nach Deutschland gereist waren, um Hitler zu töten. Beide kamen aus der Schweiz, kannten sich jedoch nicht und wußten auch nichts voneinander. Einer war auf Befehl Stalins unterwegs, der andere folgte seinem Gewissen. Der eine Kommunist und Professioneller, der andere Katholik und Amateur.

Von allen Männern, die sich je subversiv in die Nähe Hitlers begeben hatten, brachte Alexander Allen Foote die besten Voraussetzungen mit, ein erfolgreiches Attentat zu begehen. Er war ein britischer Staatsbürger, der in der Schweiz lebte und dort unter dem Decknamen Jim äußerst wirksam für die Sowjetspionage arbeitete. Er stammte aus Schottland, war überzeugter Kommunist, hatte im Spanischen Bürgerkrieg auf der Seite der Republik gekämpft, war nicht enttarnt worden und nach dem Zusammenbruch via Frankreich in die Schweiz entkommen.

Der Mann mit der hohen Stirn, den schütteren Haaren, den kleinen Augen mit buschigen Brauen darüber lebte in Lausanne am Genfer See und führte hier das Leben eines reichen Nichtstuers. Er war bei Nachbarn und Bekannten beliebt, lud ein und wurde eingeladen, schuf sich Freunde und Verbindungen zu Schweizern wie zu Ausländern, und niemand vermutete in ihm einen Mann des Untergrunds. Erst Jahre später entpuppte er sich als einer der besten Spione Stalins. Im Herbst 1938 erhielt er überraschend den Auftrag, sich mit Bill Philips, einem weiteren Sowjetagenten, mit gefälschten Papieren und adaptierten Legenden in das Großdeutsche Reich einzuschleusen, um die Möglichkeiten eines Anschlags auf den Führer zu erkunden. Foote sprach recht gut Deutsch, reiste aber als Engländer. Er kam mit seinem Begleiter nach München und ergänzte dort zunächst seine Informationen über Hitler. Schon vor dem Eintreffen in Deutschland hatte Foote gewußt, daß es schwierig sein würde, Hitler bei einem seiner öffentlichen Auftritte zu erschießen. Bald sah er eine bei weitem günstigere Gelegenheit bei einem der mehr oder weniger unbewachten Privatausflüge des Diktators. So zum Beispiel bei einem Mittagessen in der »Osteria Bavaria«, einem gemütlichen italienischen Speise- und Weinrestaurant in der Münchener Schellingstraße. Die »Osteria«, in der auch betuchte italienische Geschäftsleute verkehrten, verfügte über Stammgäste aus einem bürgerlich gehobenen Publikum. Wenn unbekannte Gäste auftauchten, erzählten ihnen die Kellnerinnen nicht ungern, daß gestern erst oder gerade vor kurzem der Regierungschef hier gewesen sei – in Zivil und ganz leger, ein Gast wie jeder andere, unter einem gewaltigen Stilleben in Öl sitzend, wie er es vielleicht selbst gern gemalt hätte, wenn er nicht »Führer« geworden wäre. In einem Nebenzimmer war ständig ein Tisch für Adolf Hitler reserviert. Unschwer konnten die beiden Agenten weitere Einzelheiten eruieren: Hitler kam unregelmäßig, aber oft. Meist erschienen zunächst zwei oder drei SS-Männer, denen Hitler dann mit seinen jeweiligen Gästen folgte. Ein Seil, das die Bewacher vor den kleinen Raum spannten, war die einzige Absperrung.

Foote und Philips legten sich in der Nähe des Restaurants auf die Lauer und hatten fast auf Anhieb Glück. Sie standen rechts und links vom Eingang, und Hitler mußte direkt zwischen ihnen hindurch. Bill Philips griff in die Tasche und beobachtete dabei die SS-Männer. Obwohl er genausogut eine Pistole wie ein Zigarettenetui hätte ziehen können, reagierte niemand auf die Geste. Die beiden Fremden setzten sich völlig unbeachtet an einen Tisch und stellten fest, daß es keine Schwierigkeiten bereiten würde, Hitler zu erschießen. Allerdings hatte der Schütze so gut wie keine Möglichkeit zu entkommen. Sicherer erschien ihnen ein Bombenanschlag, das war leicht realisierbar und fast risikolos. Ohne Aufsehen zu erregen, verließen sie das Land und funkten aus der Schweiz ihren Vorschlag nach Moskau.

Während sie auf Antwort warteten – die sie nie erhalten sollten – kämpfte sich ein 21jähriger Theologiestudent aus der Schweiz schrittweise an Hitler heran. Der spätere Volksgerichtshof in Berlin stellte fest, er habe *»im Oktober und November 1938 in Baden-Baden, Berchtesgaden, München und Bischofswiesen fortgesetzt unternommen, den Führer und Reichskanzler zu töten«.*

Die bayerische Hauptstadt hatte sich längst daran gewöhnt: Kaum war der Oktoberfesttrubel vorbei, begann der NS-Novemberrummel. Schon Tage vor dem Nachvollzug des Marsches auf die Feldherrenhalle von 1923 marschierten Spielmannszüge und Hitlerjugend durch die Stadt. Hunderttausende kämpften um einen Platz, auf dem sie dann am 9. November verfolgten, wie Hitler von der Isar her durch das »Tal« zur Feldherrenhalle marschierte.

Der junge Mann namens Maurice Bavaud gab sich als Journalist aus und besorgte sich eine Karte für die Tribüne gegenüber der Heiliggeistkirche. Hier in der ersten Reihe wollte er sitzen und seinem Opfer auflauern. Sollte Hitler in zu großer Entfernung vorbeimarschieren, war er fest entschlossen, die Absperrung zu durchbrechen und ihn auf offener Straße zu erschießen. Dabei nahm er in Kauf, hinterher von der erregten Menge gelyncht zu werden.

Noch am selben Tag erwarb er zwei Patronenpackungen Munition für seine Pistole und veranstaltete in einem Wald bei Pasing Schießübungen, bis er merkte, daß er auffiel. Bavaud setzte sich in den Vorortszug nach Herrsching, mietete sich am Ammersee einen Kahn, bastelte Papierschiffchen, die er vom Boot aus zu treffen versuchte, etwa aus der gleichen Entfernung, in der er am 9. November dem Diktator gegenüberstehen würde. Nach etwa 80 Versuchen war der junge Priesteramtsanwärter seiner Hand, seines Mutes und seiner Nerven sicher und verließ am Morgen des 9. November – einige Stunden zu früh – sein Hotel, um seinen Platz in der ersten Reihe einzunehmen. Seine Karte wurde mehrmals kontrolliert, doch endlich war es soweit: Hitlers Auftritt kündigte sich schon Minuten vorher an. Von der Isar her schwoll das Geschrei orkanartig an. Pimpfe rissen Hände und Fähnchen hoch, hysterische Frauen kreischten, die Menschen drängten gegen die Absperrung, nur mühsam von den SA-Männern gebändigt. Doch kurz bevor er die Waffe ziehen konnte, hoben die Spaliersteher, die sich vor ihn gedrängt hatten, die Hände und nahmen Bavaud die Sicht. Eingekeilt in eine tobende Masse, mußte er tatenlos zusehen, wie Hitler – unerreichbar für ihn – vorbeiging. Weitere Versuche, sich seinem Opfer mittels gefälschter Empfehlungs- und anderer Schreiben zu nähern, scheiterten, so daß Bavaud schließlich mangels Geldes den Rückweg in die Schweiz antreten mußte. Von einem Schaffner als Schwarzfahrer ertappt, geriet der Ausländer in die Hände der Gestapo, die nicht lange brauchte, um seine gescheiterten Mordpläne aufzudecken.

Die Verhandlung fand am 18. Dezember 1939 unter Ausschluß der Öffentlichkeit statt und endete mit dem Urteil: Tod durch das Fallbeil. Bis zum 12. Mai 1941 mußte er in der berüchtigten Strafanstalt Plötzensee auf die Vollstreckung warten. An diesem Tag bekam Bavaud die Mitteilung, daß er am folgenden Morgen hingerichtet werden würde. In einem letzten Brief an seine verzweifelten Eltern schrieb er: *»Ich habe kaltes Blut bewahrt und werde es bewahren bis um sechs, in dem Moment, wo mein Kopf fallen wird.«*

Der Brite Noel Mason-Macfarlane, Sohn eines Offiziers, war nach 1930 zuerst als Militärattaché nach Wien, Bern und Budapest entsandt worden. 1936 wurde er nach Berlin versetzt, wo er mit wachen Augen und wachsendem Zorn die Eroberungspolitik Hitlers verfolgte. Überzeugt davon, daß Hitler den Zweiten Weltkrieg nicht nur riskieren, sondern auch zünden wollte, solange die Deutschen noch einen Rüstungsvorsprung hatten, schickte er Warnung um Warnung nach England und machte keinen Hehl aus seiner Meinung, daß nur der gewaltsame Tod des Diktators diesen Krieg verhindern könne.

Noel Mason-Macfarlane wohnte in Berlin an der Sophienstraße 1, in nicht einmal 100 Metern Schußentfernung von der Tribüne, auf der Hitler, umgeben von Göring, Brauchitsch, Ribbentrop, Keitel und seinen Adjutanten alljährlich seine Geburtstagsparade abnahm. Wie bei seinen anderen Triumphfahrten stand Hitler bei der Anfahrt im offenen Wagen. Sowie er sich näherte, verwandelte sich die Straße in ein Tollhaus. Die Menschenmassen explodierten förmlich, es kam zu ekstatischen Entladungen, bei denen der einzelne unterging und so auch nicht mehr bewacht werden konnte. Darauf setzte Mason-Macfarlane. Er stellte fest, daß man von seinem Badezimmer aus durch das offene Fenster den Jubilar bei der Abnahme des Vorbeimarsches ungesehen und ungehindert erschießen konnte. Nötig waren eine sichere Hand und ein Gewehr mit Zielfernrohr und Schalldämpfer. Mason-Macfarlane wandte sich an das Foreign Office mit dem detaillierten Vorschlag, Adolf Hitler am 20. April 1939 zu erschießen. In seinem Nachlaß fanden sich der ganze säuberlich ausgearbeitete Plan sowie seine persönlichen Anmerkungen: *»In London hatte ich energisch auf die Ermordung Hitlers gedrängt. Hitlers Tod hätte in diesem Augenblick zum Sturz des Nationalsozialismus führen können. Millionen Menschenleben hätten gerettet werden können. Hitler hatte schon mehr als genug auf sich geladen, um den Tod zu verdienen.«*

Mason-Macfarlane war ein unbequemer, doch korrekter Offizier: Er hielt den Dienstweg ein, und das ermöglichte dem Diktator das Überleben. Die Antwort, die Londons Auswärtiges Amt dem Oberst auf seinen Vorschlag erteilte, wurde erst 17 Jahre später – nach Mason-Macfarlanes Tod – bekannt: Ein Anschlag dieser Art war in Whitehall mit der Begründung *»unsportsmanlike«* – also »unsportlich« abgelehnt worden.

Am 1. September 1939 vormittags 10.00 Uhr verkündete Adolf Hitler im deutschen Reichstag: *»Seit 5 Uhr 45 wird jetzt zurückgeschossen. Von jetzt ab wird Bombe mit Bombe vergolten. Ich will jetzt nichts anderes sein als der erste Soldat des Deutschen Reiches! Ich habe damit wieder den Rock angezogen, der mir selbst der heiligste und teuerste war. Ich werde ihn nur ausziehen nach dem Sieg, oder – ich werde dieses Ende nicht überleben!«*

Zu dieser Zeit schuftete ein kleiner, schmächtiger Mann im »Bürgerbräukeller« in Haidhausen wie besessen daran, daß »der erste Soldat des Landes« den 70. Tag nach Kriegserklärung, den 8. November, nicht überlebte.

Der 36jährige Georg Elser, Schreiner und Uhrmacher aus Württemberg, war ein einfacher Mann, getrieben von einer beispiellosen Energie. Akribisch hatte er einen Apparat entwickelt und gebaut, sich Dynamit besorgt, die Maschine im elterlichen Garten erfolgreich gezündet und lästige Frager abgewimmelt. Ohne fremde Anleitung hatte der geniale Bastler berechnet, daß es etwa zehn Kilogramm Sprengstoff brauchte, um die Rednertribüne des »Bürgerbräukellers« nebst näherer Umgebung in die Luft zu jagen und alle Umstehenden zu zerfetzen. Dann machte er sich daran, eine ebenso einfache wie zuverlässige Zündung mit Hilfe zweier sich selbst kontrollierender Uhrwerke zu konstruieren.

Als er alle Versuche zu seiner Zufriedenheit abgeschlossen hatte, fertigte er noch einen Holzkoffer mit doppeltem Boden an, verkaufte seine bescheidene Habe, ein Fahrrad und eine Baßgeige, um Betriebskapital für den Tyrannenmord zu haben, und fuhr mit knapp 400 Mark nach München. Dort traf er am 5. August ein, fand eine preiswerte Bleibe und machte sich an die monatelange Arbeit: *»An den Tagen, an denen ich im ›Bürgerbräukeller‹ arbeitete, begab ich mich jedesmal gegen 20 bis 22 Uhr in den Wirtschaftsraum, um dort mein Abendbrot einzunehmen.«* Elser aß, zahlte und versteckte sich in einer Abstellkammer, bis der »Bürgerbräukeller« allabendlich abgesperrt wurde. Dann kam er hervor und begann mit der Installation seiner Erfindung. Es war eine Sisyphusarbeit, aber der »Kleine Schorsch« (späterer Spitzname im KZ Sachsenhausen) kam voran. Ende Oktober, eine gute Woche vor dem Stichtag, war er fast fertig und litt noch immer unter der Vorstellung, daß durch seine Tat vermutlich auch Unschuldige ihr Leben verlieren würden. Nach vielen Kirchgängen und Gebeten rang er sich schließlich zu der Auffassung durch, daß der geplante Anschlag keine Sünde gegen seine protestantische Religion sei, da er durch ihn größeres Blutvergießen verhindern wollte. Am 6. November, etwa 42 Stunden vor dem unaufschiebbaren Termin, war die Todesmaschine betriebsfertig und einsatzbereit. Hitlers Gedenkrede auf der Traditionsfeier hatte bisher immer über eineinhalb Stunden gedauert, bis etwa 22.00 Uhr. Diesmal würde eine Bombe das Schlußwort übernehmen. Der Tod war technisch garantiert und pannenfrei auf 21.20 Uhr programmiert. Elser fuhr in seine Heimat zurück und war entschlossen, das deutsche Reichsgebiet schon vor der Explosion zu verlassen und zwar via Konstanz Richtung Schweiz.

Am Morgen des 8. November traf Hitler in seiner Münchener Privatwohnung ein, arbeitete ein wenig an seiner Rede, die er am

Abend halten wollte, und fuhr dann zu Gerdy Troost, der Witwe des Mannes, der den Baustil des Dritten Reiches konzipiert hatte. Auf ihre Frage, warum er nur von zwei Leibwächtern begleitet werde, antwortete der Diktator, man müsse in die Vorsehung Vertrauen haben, und deutete auf seine Hosentasche: *»Schauen Sie, da trage ich nur meine Pistole bei mir, aber das nützt gar nichts; wenn mein Ende bestimmt sein soll, dann schützt nur dieses«*, und er faßte auf sein Herz, *»eben, daß man an sein Schicksal glaubt, und ich glaube zutiefst daran, daß mich das Schicksal für das deutsche Volk bestimmt hat. Und solange ich für dieses Volk notwendig bin und solange ich meine Aufgabe für das Leben meiner Nation trage, solange werde ich leben.«*

H

Wenige Stunden vor der Explosion im »Bürgerbräukeller« fuhr der Mann, dem sie gelten sollte, wieder in seine Wohnung zurück und arbeitete weiter an seiner Rede. Das Wetter verschlechterte sich, er mußte aber am nächsten Tag wieder in Berlin sein, und so fragte er seinen Piloten Hans Baur, ob er ihm am kommenden Morgen den Rückflug in die Reichshauptstadt garantieren könne. Der Kapitän verneinte wegen des Herbstnebels, und Hitler entschoß sich, für die Reise den Sonderzug zu benutzen, der ständig für ihn reserviert war. Die Fahrpläne ergaben, daß er pünktlich um 21.31 Uhr in München abfahren mußte, um reibungslos und ohne Aufenthalte nach Berlin zu gelangen.

20.02 Uhr. Unter stürmischem *»Sieg-Heil«*-Geschrei erreichte Hitler den »Bürgerbräukeller«, wo ihn mehr als 3000 Uniformierte jubelnd begrüßten. Kurz vom frenetischen Applaus aufgehalten, betrat Hitler an diesem Abend das Rednerpult um einiges früher als am 8. November üblich. 20.45 Uhr, wieder brauste die Zustimmung zu den Worten des Demagogen durch den Saal – und aus Hunderttausenden von Lautsprechern und Millionen Radios. Auch am Zoll in Konstanz folgten zwei Beamte der Rede. Dabei standen sie am Fenster und beobachteten ihren Grenzabschnitt. Plötzlich sahen sie einen kleinen Mann, der sich der schweizerischen Grenze näherte. Noch bevor er über den Zaun klettern konnte, hatten ihn die beiden Beamten gestellt. Der Angerufene hob erschrocken die Hände und unterließ jeden Fluchtversuch. Er wies eine verfallene Karte für den kleinen Grenzverkehr vor und behauptete, in der Schweiz einen Bekannten besuchen zu wollen.

Die Beamten nahmen den Festgenommenen mit zum Zollamt. Dort durchsuchten sie seine Taschen, fanden etwas Bargeld, eine Hartwurst, eine Beißzange, Spiralfedern, Bolzen und Schrauben, ein Abzeichen des »Roten Frontkämpferbundes« und eine Ansichtskarte des Münchener »Bürgerbräukellers«, mit der sie zunächst nichts anzufangen wußten. Sie stellten fest, daß der illegale Grenzgänger Georg Elser hieß, vermutlich ein Mann, der sich vor dem Militärdienst drücken wollte, ein kleiner Fisch. Die beiden Beamten fertigten ein Vernehmungsprotokoll an und übergaben den Arrestierten der Grenzpolizei.

Um 21.07 Uhr, mehr als eine halbe Stunde früher als sonst, beendete Adolf Hitler seine Rede, ließ sich gegen seine Gewohnheit von niemand mehr beglückwünschen, sondern fuhr so schnell wie möglich zum Hauptbahnhof. 21.20 Uhr – ein greller Blitz im »Bürgerbräukeller«, ein gewaltiger Donnerschlag, die Höllenmaschine war auf die Sekunde genau explodiert. 13 Minuten zu spät, um den Lauf der Geschichte zu verändern.

Um 23.54 Uhr hatte der Sonderzug des Führers Nürnberg erreicht. Der Polizeipräsident persönlich ließ ihn aufhalten und jagte am Bahnsteig entlang: *»Mein Führer, ich melde Ihnen: Höllenmaschine im ›Bürgerbräukeller‹, Explosion unmittelbar nach Ihrem Weggang. Mindestens zehn bis 15 Parteigenossen in der Nähe der Rednertribüne getötet. Möglicherweise an die hundert und noch weitere schwer verletzt.«* Nach dem ersten Erschrecken sagte Hitler mit heiserer Stimme: *»Jetzt bin ich völlig ruhig! Daß ich den ›Bürgerbräukeller‹ früher als sonst verlassen habe, ist eine Bestätigung, daß die Vorsehung mich mein Ziel erreichen lassen will.«*

Als kurz vor Mitternacht die Grenz- und Polizeidienststellen über den mißglückten Anschlag von München informiert wurden, erinnerten sich die beiden Zollbeamten an Elser und gaben der Gestapo einen Hinweis. Mit 120 anderen Verdächtigen wurde er verhört, kam aber zunächst nicht in die engere Wahl. Das änderte sich, als Kellnerinnen von dem kleinen schwäbelnden Mann sprachen, Geschäftsleute, bei denen er sich Material für die Bombe besorgt hatte, erkannten ihn wieder. Experten hielten für erwiesen, daß es sich bei Elser um einen technisch hochbegabten Einzeltäter handelte. Doch Hitler und seine engsten Mitarbeiter waren überzeugt, der kleine Mann habe im Auftrag des britischen

Geheimdienstes gehandelt. Himmler nahm sich den Gefangenen persönlich vor – trat den Gefesselten mit schweren Stiefeln, konnte seine Aussage jedoch nicht ändern. Man peitschte und beschimpfte Elser, pumpte ihn mit Pervitin voll, bis der Berauschte gar nicht mehr aufhören mochte zu schwäbeln, aber alles, was er sagte, blieb gleich – er hatte den Anschlag allein geplant und durchgeführt. Schließlich zog Himmler einen Hypnotiseur und Hellseher hinzu, doch auch der kriegte nichts anderes aus dem malträtierten Elser heraus. Der wurde zunächst nach Sachsenhausen, dann nach Dachau gebracht, wo er eine Art Vorzugshaft bekam. Er erhielt eine Werkstatt, in der er Holzarbeiten für seine Bewacher anfertigte und im Auftrag des Reichssicherheitshauptamts ein Modell seiner Höllenmaschine bis ins kleinste Detail nachbaute.

Kurz vor dem Einmarsch der Amerikaner, am 5. April 1945, übersandte eben dieses Amt dem Kommandanten von Dachau die Weisung, den Häftling Elser bei einem der nächsten Luftangriffe zu liquidieren und als tödlich verletzt zu melden.

Im November 1939, ein Jahr nachdem der erste Versuch gescheitert war, rüstete sich die Widerstandsgruppe um Oberst Hans Oster erneut, um das Leben des Diktators zu beenden. Während die Männer um den Generalstabschef Halder ein »verdecktes« Attentat inszenieren wollten, einen Luftangriff oder eine Zugentgleisung vortäuschen wollten, während Dohnányi und seine Freunde noch immer darauf bestanden, den Diktator abzusetzen und vor ein ordentliches Gericht zu stellen, war Oster fest entschlossen, das Problem Hitler ein für allemal und notfalls im Alleingang zu lösen. Ein todesmutiger Zivilist in seiner Umgebung war sogar bereit, einen Sprengsatz in Osters Privatwohnung zu übernehmen, ihn in die Reichskanzlei einzuschmuggeln, auf der Toilette scharf zu machen und sich dann selbst zu opfern. Erich Kordt war überzeugter Katholik und ein Widerstandskämpfer der ersten Stunde. In der Gewißheit, daß sein Leben nur noch wenige Tage währen würde, vertraute er den Attentatsplan seinen engsten Freunden an, die ihm traurig zustimmten: *»Wer jetzt handelt, handelt richtig.«* Doch während die Vorbereitungen auf Hochtouren liefen, machte der Anschlag im »Bürgerbräukeller« alles zunichte. Überall schnüffelte die Gestapo, Oster und seine Vertrauten mußten auch für diesmal resigniert aufgeben.

»Ich könnte den Frauen und Kindern der Gefallenen nicht in die Augen sehen, wenn ich nicht alles täte, diese sinnlosen Menschenopfer zu verhindern«, sagte Graf Stauffenberg, als endgültig in ihm der Entschluß gereift war, Hitler zu töten. Der 37jährige hochdekorierte Offizier mit der schweren Kriegsverletzung konnte und wollte Hitlers tyrannisches Regime nicht länger ertragen. Unter dem Decknamen »Walküre« arbeitete er einen Plan aus, einen drohenden Aufstand der Millionen ausländischer Zwangsarbeiter niederzuschlagen. Nicht etwa um Hitler zu schützen, sondern um ihn zu stürzen. Im Oktober 1943 waren die Vorbereitungen so gut wie abgeschlossen. Am 7. Juni 1944 begegnete Stauffenberg Hitler zum ersten Mal. Sein »Walküre«-Plan war dem Diktator wegen *»seiner besonderen Brillanz«* aufgefallen. Der Oberst stellte bei dieser Gelegenheit fest, *»daß man in unmittelbarer Nähe des Führers recht zwanglose Bewegungsmöglichkeiten habe«*. Als er am 7. Juli wieder zum Rapport befohlen wurde, hatte er in seiner Aktentasche neben den »Walküre«-Befehlen eine Zeitbombe englischer Herkunft. Er zündete sie jedoch nicht, weil er bei der Explosion neben Hitler auch Göring und Himmler erledigen wollte. Am 15. Juli nahm er einen zweiten Anlauf. Hitler hatte ihn erstmals in sein inzwischen umgebautes Hauptquartier Wolfsschanze eingeladen, und Stauffenberg nutzte die Gelegenheit, die Einrichtungen und Gepflogenheiten in seines Opfers nächster Umgebung zu beobachten. Eine Möglichkeit, den Säurezünder mit der Verzögerungszeit von mindestens zehn Minuten einzuschalten, fand er jedoch nicht, und so verließ er die Wolfsschanze unverrichteter Dinge, aber mit dem Befehl, am 20. Juli erneut zu erscheinen.

Unmittelbar vor Beginn der anberaumten Konferenz ging Stauffenberg auf die Toilette, wo ihn sein Vertrauter, Oberstleutnant von Haeften, mit der braunen Aktentasche erwartete. Das ständig frequentierte WC war ein schlecht gewählter Ort, um die Bombe scharf zu machen. Stauffenberg bat um einen Raum, um ein frisches Hemd anzuziehen. Man führte ihn in ein Schlafzimmer, und hier schaltete der Attentäter in höchster Eile den Säurezünder ein. Er benutzte dafür eine kleine seiner Handverletzung angepaßte Zange. Der Oberst kam nicht mehr dazu, auch die zweite Bombe scharf zu machen. Die erste war kaum in der Tasche verstaut, da riß ein Oberfeldwebel die Tür auf und drängte zur Eile.

Hitler blickte auf, als Stauffenberg den Raum betrat, und erwiderte dessen Gruß. Unbemerkt schob der die Aktentasche so weit wie möglich in Hitlers Nähe unter den Tisch. Dort lehnte sie innen am schweren Tischbein aus Eichenholz, nur knapp zwei Meter vom Führer entfernt. Es war 12.37 Uhr, als Stauffenberg herausging. Um 12.44 Uhr erschütterte eine heftige Detonation das Zimmer, in dem sich 24 Personen befanden. Vier von ihnen wurden schwer verletzt. Von der Druckwelle zu Boden geschleudert, erhob sich Hitler mit versengtem Gesicht und Hinterkopf. Seine Hose hing in Streifen herunter, er war über und über mit Staub bedeckt. Am rechten Ellenbogen hatte er einen unbedeutenden Bluterguß, am linken Handrücken kleine Hautabschürfungen. Seine Trommelfelle waren beide durchbrochen, und in seine Beine waren zahlreiche Holzsplitter eingedrungen. Die schwere Tischplatte, auf der er zum Zeitpunkt der Explosion lehnte, hatte ihn vor Schlimmerem bewahrt. An der Stelle, an der Stauffenbergs Tasche gestanden hatte, zeigte sich ein Krater von einem halben Meter Durchmesser.

Im festen Glauben, Hitler getötet zu haben, erreichte der Oberst den Flugplatz. Seine Maschine startete, bevor man in der Wolfsschanze seine Abwesenheit bemerkte und Hitler persönlich den Befehl gab, ihn zu verhaften. Um 17.30 Uhr gaben die Verschwörer ein von Generalfeldmarschall von Witzleben unterzeichnetes Fernschreiben an die Wehrmachtsdienststellen heraus: *»Der Führer Adolf Hitler ist tot. Eine gewissenlose Clique frontfremder Parteiführer hat es unter Ausnutzung dieser Lage versucht, der schwer ringenden Front in den Rücken zu fallen und die Macht zu eigennützigen Zwecken an sich zu reißen. In dieser Stunde höchster Gefahr hat die Reichsregierung zur Aufrechterhaltung von Recht und Ordnung den militärischen Ausnahmezustand verhängt und mich mit dem Oberbefehl der deutschen Wehrmacht beauftragt …«*

Stauffenberg forderte Generaloberst Fromm auf, sich dem Aufstand offen anzuschließen. Doch der Befehlshaber des Ersatzheeres berief sich auf jüngste Informationen und sagte: *»Hitler* *lebt! Graf Stauffenberg, das Attentat ist mißglückt. Sie müssen sich erschießen.«*

Acht Offiziere, die nicht zu den Aufrührern gehörten, aber den ganzen Tag stillgehalten hatten, besorgten sich Waffen, als sie begriffen hatten, welche Seite siegen würde. Als Stauffenberg das Zimmer betrat, feuerten sie eine Geschoßgarbe ab. Der hastete verwundet ins Nebenzimmer, wo Fromm wenig später verkündete: *»Im Namen des Führers hat ein von mir bestelltes Standgericht das Urteil gesprochen. Es werden der Oberst im Generalstab von Mertz, General Olbricht«*, er deutete auf Stauffenberg, *»der Oberst, den ich mit Namen nicht mehr nennen will, und der Oberleutnant von Haeften zum Tode verurteilt.«* Stauffenberg versuchte, die anderen zu retten, indem er die gesamte Verantwortung auf sich nahm, vergeblich. Im Hof des Gebäudes wurden die Wehrmachtsfahrzeuge so aufgestellt, daß ihre Scheinwerfer bei der Exekution Büchsenlicht gaben. Die Offiziere wurden einzeln vor einen Sandhaufen gestellt, die Lichter eingeschaltet. Als erster starb Olbricht, Stauffenberg war als nächster an der Reihe. Sein Adjutant von Haeften sprang vor ihn und fing die Kugeln ab. So starb der Graf als dritter mit einem Hochruf auf Deutschland. Um 0.33 Uhr war auch Mertz füsiliert.

Es folgte eine Hatz und Sippenhaft, die erst endete, als Heinrich Himmler triumphierend verkündete: *»Die Familie Stauffenberg wird ausgelöscht bis ins letzte Glied!«*

Die drei- bis achtjährigen Kinder des Grafen, Vettern, Tanten, Onkel, entfernte und angeheiratete Verwandte, Schwiegermütter, selbst Bekannte kamen hinter Stacheldraht. Ähnlich erging es den Angehörigen der Familien Goerdeler, Lehndorff, Tresckow, Hagen, Seydlitz, Schwerin von Schwanenfeld, Freytag-Loringhoven, Hase, Lindemann, Hansen, Hofacker, Finckh, York von Wartenburg, Bernardis, Moltke, Oster, Dohnányi, Bonhoeffer, Haeften, Schulenburg, Hoepner, Leber und anderen.

Will Berthold, Die 42 Attentate auf Adolf Hitler, Verlag Carl Ueberreuter, Wien, 1997; Elisabeth Chowaniec, Der »Fall Dohnányi« 1943–1945, R. Oldenbourg Verlag, München, 1991; Joachim C. Fest, Hitler, Verlag Ullstein GmbH, Propyläen Verlag, Frankfurt/Berlin/Wien, 1973; Winfried Meyer (Hrsg.), Verschwörer im KZ, Schriftenreihe der Stiftung Brandenburgische Gedenkstätten, Oranienburg, 1998; Detlef Graf von Schwerin, Die Jungen des 20. Juli 1944, Verlag der Nation Berlin GmbH, 1991; John Toland, Adolf Hitler, Gustav Lübbe Verlag GmbH, Bergisch Gladbach, 1977

J

Jakob I.
König von England. 1566–1625

J

Nach der erzwungenen Abdankung seiner Mutter Maria Stuart wurde Jakob, gerade ein Jahr alt, zum König von Schottland ernannt. Da Elisabeth I. ihn zu ihrem Nachfolger bestimmt hatte, übernahm er auch den englischen Thron nach ihrem Tod und wurde damit erster König von England aus dem Hause Stuart. Jakob I. war ein entschiedener Anhänger des absoluten Königtums, das auf dem »Göttlichen Recht der Könige« beruhte. Er stützte sich besonders auf die anglikanische Staatskirche, deren Aussöhnung mit den Katholiken durch die »Pulververschwörung« vereitelt wurde.

Im April 1605 plante eine Gruppe britischer Edelleute, den König und das gesamte Parlament anläßlich der Eröffnung am 5. November 1605 in die Luft zu sprengen. Um den Anschlag in die Tat umsetzen zu können, brauchten sie allerdings die Hilfe eines Mannes, der sich mit Sprengstoff auskannte. Guido/Guy Fawkes, ehemaliger Soldat aus den Niederlanden und Experte auf diesem Gebiet, war schnell gewonnen. Anhand illegal besorgter Pläne untersuchten sie sorgfältig den Keller unter dem House of Lords, über dem sich der Sitz Jakobs I. befand, um dort 30 mit Pulver gefüllte Holzfässer zu deponieren. Nach und nach wurden die Fässer unbemerkt in den Keller transportiert, bis Fawkes schließlich am 4. November 1605 zufrieden einen letzten Kontrollgang durch das Gewölbe machte: Alles war so, wie es sein sollte, der feuchte Steinboden mit Stroh bedeckt, die Fässer in Reih und Glied aufgestellt. Gerade wollte er den Raum verlassen, da hörte er draußen eine Stimme militärisch schnarren: *»Habt Ihr auch hier herein-*

geschaut?« – »Ja, letzten Monat«, kam als Antwort. *»Dann schaut noch einmal! Wir können nicht vorsichtig genug sein!«* lautete der Befehl.

Wenige Minuten später hatten die Soldaten des Königs Guy Fawkes festgenommen. Im Verlies des Palastes in Ketten gelegt, gefoltert und unter Androhung der Todesstrafe, weigerte er sich beharrlich, die Namen seiner Mitverschwörer preiszugeben. Guy Fawkes wurde am 31. Januar 1606 hingerichtet.

Der 5. November, der Tag, an dem das durch Verrat vereitelte Attentat stattfinden sollte, wird in Großbritannien noch heute als »Guy-Fawkes-Tag« gefeiert.

J

Francis G. Fawkes, The Gunpowder Plot, Ernst Klett Verlag, Stuttgart/Düsseldorf/Leipzig, 1999

Juan María Jáuregui
Spanischer Politiker. 1951–2000

Juan María Jáuregui stammte aus Legorreta, einem malerischen Baskendorf im hügeligen Hinterland von San Sebastian: 1422 Seelen, Natursteinkirche, gepflegte Häuser, eine Handvoll Kneipen, ein Schulhaus. Eine Gedenktafel erinnert an die beiden Söhne des Ortes, Kämpfer für die baskische Freiheit, die 1976 von der Guardia Civil erschossen wurden.

Der Ort, an dem Jáureguis Gedenkstein steht, war sein Lieblingsplatz, umgeben von Kiefern auf einem Berg. Nicht weit von hier wurde er am 29. Juli 2000 mit zwei Kopfschüssen regelrecht hingerichtet.

Er mußte sterben, weil er von 1994 bis 1996 für die Madrider Zentralregierung als Gouverneur der Provinz Guipúzcoa arbeitete. Kein Nationalist, eher einer, der seine Reden erst auf baskisch und danach auf spanisch hielt; der als erste Amtshandlung unter den folternden Sicherheitskräften der Guardia Civil aufräumte und mithalf, ihren berüchtigten General Rodríguez Galindo wegen Beteiligung an der antiterroristischen Todesschwadron Gal hinter Gitter zu bringen. Doch ebenso konsequent war Jáuregui gegen Gewaltakte der ETA vorgegangen. Gegen Ende der 60er Jahre hatte er selbst mit ihr sympathisiert und wegen Demonstrationen für zum Tode verurteilte ETA-Gefangene sogar im

Gefängnis gesessen, bevor er sich von ihr lossagte und bei den Sozialisten seine politische Heimat fand. Seither setzte der humorvolle, schwergewichtige Mann auf den Dialog zwischen dem Staat und den Separatisten und versuchte sich als Mittler. Doch selbst in der eigenen Familie gelang ihm das nicht. *»Es war, als sei ein Bann über uns verhängt worden, als er das Amt antrat«*, sagte seine Witwe. *»Plötzlich grüßten uns manche nicht mehr«*, allen voran Juan Marías Brüder und ein Neffe, alle drei seit Jahren Mitglieder der ETA-nahen Partei Euskal Herritarrok, die im Baskenland gut jeder sechste wählte.

Als seine Leibwächter 1995 ein mit einer Bombe präpariertes Auto auf jenem Weg entdeckten, auf dem Jáuregui etwas später zur Arbeit fahren wollte, wußte er, daß er ins Fadenkreuz der ETA geraten war. Ein weiterer Attentatsversuch flog auf, deshalb riet ihm die Regierung, das Land zu verlassen. Er übernahm einen Job bei der staatlichen Flughafengesellschaft Aldeasa und ging nach Chile. Frau und Tochter blieben in Spanien.

Anfang Juli war Jáuregui auf Sommerurlaub nach Legorreta gekommen. Leibwächter hatte er nicht angefordert. Nach vier Jahren Auszeit glaubte er sich *»nicht mehr ganz oben auf der Todesliste«*. Dabei war die Familie gewarnt: Ende Mai hatten Unbekannte dreimal das Wort »Feuer« an ihr Haus geschmiert. Doch da Todgeweihte sonst klarere Botschaften erhielten, wie etwa ein Fadenkreuz an der Wand oder die Kreidekonturen einer Leiche vor der Haustür, unternahm man nichts. Am 23. Juli feierten Juan María und seine Frau in ihrem Stammlokal Silberhochzeit – sechs Tage später war Jáuregui tot.

An diesem Samstagvormittag hatte er sich mit einem befreundeten Journalisten in der Nachbarstadt Tolosa verabredet. An einem Seitentisch des Cafés »El Frontón« steckten sie die Köpfe zusammen. Jáuregui wollte Vermittlungswege sondieren zwischen den Fronten. Die zwei jungen Killer – mit Sonnenbrillen nicht nennenswert getarnt – hatten gegen 11.00 Uhr am Tresen etwas getrunken, plauderten, zahlten und näherten sich dann dem Tisch der beiden. Einer sicherte den Ausgang, der andere zog die Pistole. Aus einem Meter Entfernung zielte er auf Jáureguis Nakken, dann schoß er in die rechte Schläfe. Während Jáuregui tödlich verletzt zu Boden sackte, verließen die Mörder das Lokal.

Niemand hielt sie auf. Ihr gestohlenes Fluchtauto explodierte hinterher im Nachbardorf Billabona und brannte völlig aus. Mit einem Kilogramm Dynamit hatten die Attentäter dafür gesorgt, daß ihre Spuren gelöscht wurden.

Der Bruder des Toten brachte es nicht über sich, der Witwe zu kondolieren. Stocksteif stand er bei der Aufbahrung im Hintergrund.

Berliner Zeitung, 31. 07. 2000; Frankfurter Allgemeine Zeitung, 31. 07. 2000; Stern, 09. 11. 2000; Der Spiegel, 07. 08. 2000

Jean Jaurès
Französischer Sozialist. 1859–1914

Jaurès, der von 1883–1885 eine Professur für Literatur in Toulouse innehatte, vertrat 1885–1889 die Linksrepublikaner und 1893–1898 die Sozialisten in der Kammer. Als glänzender Redner gewann er großes Ansehen. Meinungsverschiedenheiten über die Sozialgesetzgebung sowie seine pazifistische Haltung und vor allem die Verständigungsbereitschaft gegenüber dem Deutschen Reich führten ab 1907 zu heftigen Auseinandersetzungen mit den bürgerlichen Parteien und der Regierung.

Der französische Sozialistenführer und Friedenskämpfer unterstützte die Internationale der Arbeiter gegen Großkapital, Rüstungsindustrie und Militärs, weil er anders keine Chance mehr sah, den großen Krieg zu vermeiden. Seite an Seite mit Emile Zola kämpfte er um die Rettung von Hauptmann Alfred Dreyfus, der nach elf Jahren Verbannung schließlich rehabilitiert wurde. In den Jahren 1904–1914 veröffentlichte Jaurès in der von ihm gegründeten Zeitung »Humanité« etwa 2000 meist pazifistische Aritikel und hielt noch nach dem Attentat von Sarajevo eine beschwörende Friedensrede.

Die Stimmung in Paris heizte sich jedoch auf, und in einem anonymen Zeitungsbeitrag wurde unverhohlen gedroht: *»Wenn am Vorabend eines Krieges ein General ein halbes Dutzend Soldaten und einen Korporal auswählen würde, um den Bürger Jaurès an die Wand zu stellen und die für ihn benötigte Ladung Blei auf Kernschußweite in sein Hirn zu jagen – würdet Ihr nicht denken, daß der General nichts anderes als seine elementarste Pflicht täte? Ja, und* *ich würde ihm dabei helfen.«* Überall in Paris hingen Plakate, die Jaurès mit Pickelhaube zeigten, die Unterschrift lautete: »Monseigneur Jaurès c'est l'Allemagne«. Dies war die Zeit, in der sich der 28jährige arbeitslose Anarchist Raoul Villain einbildete, Frankreich mit einem politischen Mord helfen zu können. Eigentlich hatte der nervenkranke Mann ein Attentat auf den deutschen Kaiser Wilhelm II. geplant. Doch als er erfuhr, daß Seine Majestät Kunst- und Archäologieliebhaber war, beschloß er, den Regenten am Leben zu lassen.

Er suchte sich ein neues Opfer und verfiel auf Jean Jaurès. Am 31. Juli 1914 saß der Sozialist mit einigen Redakteuren im »Café du Croissant« und aß zu Abend. Jaurès saß mit dem Rücken zum offenen Fenster und ab und zu blieb ein Neugieriger stehen, der den berühmten Mann erkannt hatte, und starrte ihn an. Es war zwanzig Minuten vor zehn und die Mahlzeit fast beendet, als plötzlich zwei Schüsse fielen und Jaurès, am Kopf getroffen, leblos in sich zusammensank. Einer Sekunde der Erstarrung folgte ein völliges Durcheinander im Restaurant und auf der Straße: Jaurès, der kaum mehr atmete, wurde auf eine Bank gebettet. Nach wenigen Minuten hörte sein Herz auf zu schlagen. Der Attentäter, der von der Straße her aus ganz geringer Entfernung die Schüsse abgefeuert hatte, konnte rasch überwältigt werden.

Raoul Villain hatte, wie sich bald herausstellte, als Einzelgänger ohne Hintermänner gehandelt. Der labile, erblich belastete junge Ästhet aus bürgerlicher Familie war durch die Lektüre der Chauvinisten, die Jaurès pausenlos mit Schmutz beworfen hatten, zu der Tat veranlaßt worden. Der Prozeß, lange Jahre hinausgeschoben, endete 1919 mit dem Freispruch des als geistig unzurechnungsfähig erklärten Angeklagten.

Urs Brand, Jean Jaurès, Musterschmidt-Verlag, Göttingen, 1973

Johannes Paul II.

Papst. * 1920

Der gebürtige Pole Karol Wojtyla studierte ab 1938 Philosophie und Literatur in Krakau und von 1942–1951 Theologie in Krakau und Rom. 1946 erhielt er die Priesterweihe, war ab 1953 Professor für Moraltheologie an der katholischen Universität von Lublin, wurde 1958 Weihbischof, 1964 Erzbischof von Krakau. 1967 wurde er Kardinal und 1978 schließlich Papst. Johannes Paul II. ist der erste polnische und seit dem Niederländer Hadrian VI. (1522/23) der erste nichtitalienische Papst.

Am 7. April 1981 passierte auf dem römischen Flughafen Fiumicino ein junger Türke die Grenzkontrollen. Er hatte ein schmales Gesicht mit hervorstehenden Wangenknochen und kurze, fransige Haare. Sein Paß mit der Nummer 136635 war ausgestellt auf den Namen Faruk Özgün – und keiner der Grenzer merkte, daß dieser Paß gefälscht war. Das Risiko, mit falschen Papieren an der Grenze aufzufallen, hätte sich »Faruk Özgün« allerdings sparen können, denn sein richtiger Name, Mehmet Ali Agca, stand auf keiner Fahndungsliste der italienischen Grenzpolizei – obwohl der Geheimdienst »Digos« schon vor Monaten von Interpol gewarnt worden war, daß ein türkischer Terrorist durch Europa reise.

Der junge Mann verließ Rom bald in Richtung Perugia und stieg dort am 9. April im »Hotel Posta« an der Hauptstraße ab. Am nächsten Morgen meldete er sich an der Universität der Stadt an, um Italienisch zu lernen. Das Schulgeld in Höhe von 300000 Lire zahlte er im voraus und sicherte sich damit das Aufenthaltsrecht in Italien für die kommenden drei Monate. Am nächsten Morgen wechselte er – wie immer in den letzten Monaten nach ein oder zwei Nächten – seine Bleibe. Als nächstes buchte »Faruk Özgün« bei einem Mailänder Reisebüro eine Ferienreise nach Mallorca, von der er am 8. Mai zurückkehrte. Diesmal bezog er in Rom Quartier. Wenige hundert Meter vom Vatikan entfernt mietete er sich in der Pension »Isa« ein. Am Morgen des 13. Mai verließ er sein Zimmer und begab sich zum Hauptbahnhof, wo er aus einem Schließfach ein Paket zog. Inhalt: eine Browning HP 35, Kaliber 9 Millimeter, eine schwere Waffe mit einem Magazin für 13 Patronen.

Am Nachmittag mischte sich der junge Türke unter die Gläubigen, die wie jeden Mittwoch auf dem Petersplatz die öffentliche Audienz des Papstes erwarteten. Zweimal fuhr der offene Fiat-Jeep langsam durch die Menge. Seine Heiligkeit schüttelte Hände, berührte Köpfe, nahm ein Kind auf den Arm. Wenige Sekunden später fielen vier Schüsse, die den Papst und zwei amerikanische Touristinnen schwer verletzten. Die Franziskanernonne Maria

Letizia Giudici rettete dem Oberhaupt der katholischen Kirche möglicherweise das Leben. Sie warf sich nach den ersten Schüssen auf den Attentäter und schrie: *»Was machst du da!«*

Entsetzen und Panik packte die Schar der etwa 10000 Gläubigen. *»Warum ich, warum gerade der Papst?«* stöhnte Johannes Paul II., während er in dem weißen Jeep zurück in den Vatikan und in die Klinik gebracht wurde.

Die Polizei nahm den 23jährigen Mehmet Ali Agca sofort nach den Schüssen fest. Schon bald stellte sich heraus, daß er immer davon geträumt hatte, etwas ganz Besonderes zu sein. Sein Leben begann im Armenviertel einer ostanatolischen Provinzhauptstadt. Der Vater starb, als Agca acht Jahre alt war, als ältester Sohn mußte er fortan die Mutter unterstützen. Auf fünf Jahre Grundschule folgte der Besuch des Gymnasiums – intelligent, aber faul lautete das Urteil. Seine Vorliebe für Männer mit Waffen entdeckte Ali Agca noch zu Schulzeiten; sie blieb es auch an der Universität. Während seine Kommilitonen für die Examina büffelten, las Agca Berichte über Terroraktionen in aller Welt. *»Was ihr da lest, lohnt sich doch nicht. Ich werde mal auf andere Weise berühmt!«* ließ er die Mitstudenten wissen. Agca schloß sich einer Organisation an, die mit faschistischer Ideologie und Methoden politische Gegner tyrannisierte. Am 1. Februar 1979 erschoß er den Chefredakteur einer linksliberalen Tageszeitung, floh, wurde gefangen, brach aus dem Gefängnis aus und hatte nichts Eiligeres zu tun, als in eben jener Tageszeitung einen Anschlag auf Papst Johannes Paul II. anzukündigen, dessen Besuch in Ankara unmittelbar bevorstand. Als der Pontifex Maximus von dem Mordplan erfuhr, reagierte er gelassen: *»Das ist mein Berufsrisiko. Ich fürchte mich nicht. Wir sind alle in Gottes Hand, und Liebe ist stärker als Haß.«* Mit rigorosen Sicherheitsmaßnahmen wurde das Leben des Papstes geschützt, Agca konnte seinen Plan dieses Mal nicht in die Tat umsetzen. In Abwesenheit wurde der Attentäter in der Türkei zum Tode verurteilt, doch gelang es ihm, das Land unversehrt zu verlassen. In der Bundesrepublik Deutschland tauchte er schließlich unter, und von dort aus konnte er ungehindert in Italien einreisen.

Nach dem Anschlag auf das Leben des Papstes hatte er endlich erreicht, was er wollte: Mehmet Ali Agca war berühmt! Mit stoischer Gelassenheit ließ er sich vernehmen, narrte die Behörden mit immer wechselnden Geschichten und Motivangaben.

Der Mann, den er ermorden wollte, demonstrierte vier Tage später wahrhaft christlichen Großmut: *»Ich bete für den Bruder, der mich getroffen hat. Ich habe ihm ehrlich verziehen.«*

Am 22. Juli 1981 verurteilte ein römisches Gericht Mehmet Ali Agca zu lebenslanger Haft. Zwei Jahre nach dem Anschlag besuchte ihn der Papst im Gefängnis und vergab ihm persönlich. Auf ausdrücklichen Wunsch Johannes Pauls II. sollte Agca nach 20 Jahren begnadigt werden. Italiens Staatspräsident Carlo Ciampi unterzeichnete die entsprechende Verfügung, ließ Agca allerdings am 13. Juni 2000 in die Türkei abschieben, wo er wegen Mordes noch zehn Jahre im Gefängnis zu verbringen hat.

Focus, 19. 06. 2000; Frankfurter Rundschau, 27. 08. 1984; Der Spiegel, 21. 05. 1984; Stern, 21. 05. 1981/16. 07. 1981/23. 05. 1985; Süddeutsche Zeitung, 11. 07. 1983; Die Welt, 03. 09. 1982; Weltwoche, 30. 05. 1985; Die Zeit, 22. 05. 1981

K

Heinz Herbert Karry

Deutscher Politiker. 1920–1981

Der Sohn eines Frankfurter Färbermeisters kehrte 1945 nach der Internierung in ein Arbeitslager in seine Geburtsstadt zurück und begann einen schwunghaften Handel mit Skistiefeln, Spitzen und Spitzenstoffen. 1949 trat Karry in die FDP ein, 1968 wurde er Fraktionsvorsitzender im Landtag. Nachdem er fünf Jahre lang das Amt des Bundesschatzmeisters innehatte, wollte Heinz Herbert Karry 1979 zurücktreten, wurde aber von der Parteispitze gedrängt, im Amt zu bleiben.

Als hessischer Wirtschaftsminister und Schatzmeister der FDP bezog Heinz Herbert Karry 1961 mit seiner Familie einen Bungalow im Frankfurter Stadtteil Seckbach.

Dort stellte am 11. Mai 1981 gegen fünf Uhr morgens ein Mann eine dem Gefälle angepaßte Klappleiter an die Wand in der Hofhausstraße 51. Dann schoß er sechsmal mit einer kleinkalibrigen Pistole, High Standard, Modell 103 Long Rifle, Kaliber 22, durch das geöffnete Schlafzimmerfenster und verschwand.

Karry verblutete im Bett: Vier Kugeln hatten ihn getroffen, eine davon durchschlug die Beckenschlagader. Es fehlte nicht an Beweismitteln, denn die Täter hatten die Leiter stehengelassen, und wenig später wurde die Pistole an der nächsten Unterführung zur Bundesstraße gefunden. Zeugen beschrieben ein junges Paar, das sie mehrmals mit einem roten Fiat vor dem Haus gesehen haben wollten. Die Pistole entpuppte sich als eine von 18 Waffen, die 1970 von zwei GIs aus der US-Kaserne »Ayers« bei Butzbach gestohlen und später auf den Markt gebracht worden waren. Eine der Waffen tauchte bei einem Mitglied der »Bewegung 2. Juni« auf, zwei weitere in einer konspirativen Wohnung in Frankfurt und einem Postpaket in Berlin, eine vierte war 1974 bei einem Anschlag japanischer Terroristen in Holland benutzt worden. Mit einer anderen hatte sich ein ehemaliger Häftling umgebracht, der sich am Rande der Frankfurter linken Szene unglücklich verliebt hatte. Eine war bei einem Antiquitätenhändler aufgetaucht und wieder verschwunden.

K

Generalbundesanwalt Buback, Arbeitgeber-Präsident Schleyer, Bankmann Ponto waren die prominentesten Opfer einer Serie von Morden, zu denen sich die Rote Armee Fraktion (RAF) bekannt hatte. Sie hatte der Bundesrepublik seit Anfang der 70er Jahre den Krieg erklärt und exekutierte im Namen des weltweiten Antiimperialismus die führenden Köpfe in den Schaltstellen der Macht. Politiker gehörten aus ihrer Sicht zunächst nicht dazu. Heinz Herbert Karry wurde am 11. Mai 1981 als erster Politiker nach dem Zweiten Weltkrieg Opfer eines Mordanschlags. Zu dieser Zeit hatte sich die RAF weitgehend selbst isoliert. Das Interesse linker und sozialer Bewegungen hatte sich auf die Mißstände im Inneren des Landes verlagert. Kleine Gruppen entstanden, die sich RZ (Revolutionäre Zellen) nannten und sich in Abgrenzung zur RAF zur für sie »legitimen Gewalt gegen Sachen« bekannten.

Als die Fahnder den Mord ein Jahr später noch immer nicht aufgeklärt hatten, wetterte die »Frankfurter Allgemeine Zeitung«: *»Das Verbluten des Frankfurter Mitbürgers hatte schmerzlicherweise keinen Eindruck auf jene Einpeitscher gemacht, die unter dem scheinheiligen Begriff der Gewaltfreiheit den ökologischen Bürgerkrieg ausrufen, wenn ein Flughafen oder ein Kraftwerk ausgebaut werden soll.«*

Schon am Tag der Tat hatte Bundesanwalt Rebmann die Täter dem Terrorismus zugeordnet, doch die Ermittler waren unsicher, zumal sie das Fehlen eines der üblichen Bekennerschreiben verunsicherte. Der umtriebige Karry habe, so stellten sie fest, *»mehr Feinde gehabt, als wir dachten«*.

Sie ermittelten bei Rechtsextremen, bei Beteiligten am Schuldenskandal um die Hessische Landesbank, erinnerten sich der Vorwürfe, daß Karry die Baufirma bei Preisabsprachen gedeckt und Kontakte zum Bahnhofsmilieu gehabt haben sollte, forschten bei Waffenschiebern, Parteispendern, Atom- und Autobahngegnern, spürten Familienfehden und, so ein Mitarbeiter des BKA, *»auch den Frauengeschichten nach«.*

Vier Wochen nach dem Mord tauchte in der Stadtzeitung »Pflasterstrand« ein mit RZ unterzeichnetes Faksimile auf. Der Verfasser nennt die Ermordung Karrys einen Unfall. *»Hätten wir Karry umlegen wollen, hätten wir ein anderes Kaliber benutzt und vor allem seinen Kopf (bzw. seinen Oberkörper) ins Visier genommen.«* Genau das aber wäre, so die Experten der Polizei nach einer Rekonstruktion, aus Blick- und Schußwinkel nicht möglich gewesen, es sei denn, der Minister hätte in dieser Nacht falsch herum im Bett gelegen. Von Anfang an hielt sich das Gerücht, der Brief sei eine Fälschung, dennoch ging die Polizei jedem Verdacht nach, ermittelte, durchsuchte und lud vor. Doch obwohl unzählige Spuren akribisch verfolgt wurden, gelang es nicht, den oder die Täter zu finden.

Werner Raith/Thomas Schmid (Hrsg.), Politische Morde, Verlag Die Werkstatt, Göttingen, 1996

John Fitzgerald Kennedy
Präsident der USA. 1917–1963

Am 22. November 1963 kam das Flugzeug des amerikanischen Präsidenten auf dem Rollfeld von Dallas zum Stehen. Kennedy und seine Frau Jacqueline stiegen aus, blinzelten in die Sonne und grüßten ihre Fans, bevor sie in ihrer Lincoln-Limousine verschwanden. Mit ihnen fuhren der texanische Gouverneur, John B. Conelly, und dessen Frau Nellie sowie ein Agent des Secret Service und der Chauffeur William Greer. Direkt hinter dem Wagen befand sich ein Fahrzeug des Geheimdienstes. Während der Planung der Reise war es zu heftigen Diskussionen gekommen, bei denen sich John F. Kennedy schließlich durchgesetzt hatte, und so fuhr er – gegen die ausdrückliche Empfehlung seiner Sicherheitsberater – in einem offenen Auto. Mit dem Ziel Trade Mart, wo der Präsident eine Rede halten sollte, fuhr der Konvoi aus 14 Fahrzeugen länger als eine halbe Stunde durch die Straßen von Dallas. Freundliche Menschen säumten den Weg, und freundlich winkten

JFK und seine First Lady ihnen zu. Nellie Conelly, die auf dem vorderen Beifahrersitz saß, drehte sich um und scherzte: *»Sie können nicht sagen, daß Dallas Sie nicht liebt, nicht wahr?«* Plötzlich peitschten Schüsse durch die Luft. Der Präsident, der eben noch gewunken hatte, schwankte und griff nach seinem Hals. Jacqueline Kennedy beugte sich zu ihrem Mann vor, der Fahrer drosselte die Geschwindigkeit des Wagens und drehte sich ebenfalls zu JFK um. Gerade versuchte der Gouverneur zu helfen, da traf eine zweite Kugel den Kopf des Präsidenten. Blut, Gehirnmasse und Schädelsplitter spritzten umher. Gouverneur Conelly stöhnte: *»O Gott, sie bringen uns alle um«*, als er seinerseits von einem Geschoß in die Brust getroffen zusammenbrach. Seine Frau zog ihren verletzten Mann zu sich herüber und barg ihn in ihrem Schoß, während sie ihn mit ihrem Körper zu schützen versuchte. Hinten im Wagen hielt die First Lady ihren tödlich verletzten Mann in den Armen und stammelte: *»Ich liebe dich, Jack.«* Völlig unter Schock stehend, kletterte sie in ihrem blutverschmierten Kostüm auf den Kofferraum des Autos, um von dort ein Stück Schädel ihres Mannes zu bergen.

Der erste Arzt, der Präsident Kennedy im Parkland-Hospital sah, war der Chirurg Dr. Charles J. Carrico. Kennedy wurde auf dem Rücken liegend in die Unfallstation geschoben. Sein Gesicht war aschfahl, er atmete gequält und unregelmäßig. Seine weit offenen Augen mit geweiteten Pupillen reagierten nicht auf Licht. Dr. Carrico stellte zwei Wunden fest, eine kleine Schußwunde vorn am unteren Teil des Halses und eine ausgedehnte Verletzung am Kopf des Präsidenten, wo ein beträchtliches Stück Schädeldecke fehlte. Wissend, daß die Situation hoffnungslos war, versuchten die Ärzte mehr als zehn Minuten, den Patienten wiederzubeleben. Gegen 13.00 Uhr bedeckten sie sein Gesicht mit einem Tuch – der jüngste Präsident der Vereinigten Staaten von Amerika war tot. Gemeinsam mit einem Priester betete Jacqueline neben dem Leichnam, dann zog sie ihren Ehering ab und steckte ihn dem Toten an den Finger. Die Witwe weigerte sich derart vehement, die Stadt ohne den Leichnam ihres Mannes zu verlassen, daß die zuständigen Behörden schließlich nachgaben und sich einverstanden erklärten.

Währenddessen hatte man in Dallas bereits mit der fieberhaften

Suche nach dem Täter begonnen, und keine 15 Minuten nachdem die Schüsse gefallen waren, lag eine wenn auch vage Beschreibung des Mörders vor. Der war der Polizei ohne deren Wissen bereits in die Arme gelaufen, um ihnen gleich darauf wieder zu entkommen:

Der erste, der Lee Harvey Oswald nach dem Attentat sah, war der Polizist Marrion L. Baker. Mit gezogenem Revolver stürmte er die Treppe zum ersten Stockwerk des Lagerhauses herauf, aus dem die Schüsse gekommen waren. Dort sah er einen Mann von ihm weg in Richtung Kantine gehen. Auf Zuruf drehte der Mann sich um und kam zurück zu Baker. Er war ganz ruhig. Ein Kollege bestätigte, daß Oswald in dem Gebäude arbeitete, und so ließ man ihn schließlich seiner Wege gehen.

Oswald schlenderte ins Freie und bestieg einen Bus. Auf den Straßen von Dallas ging es drunter und drüber, so daß er vorzog, den Bus wieder zu verlassen und ein Taxi zu nehmen, das ihn nach Hause brachte. Ohne seine Vermieterin, die gerade in den Nachrichten einen Bericht des Attentats sah, zu grüßen, ging er in sein Zimmer, zog ein frisches Hemd an, schnappte sich seinen Revolver und verließ das Haus wieder. Schnellen Schrittes lief er die Straße entlang, als ihn J.D.Tippit, ein Streifenpolizist, sah und sofort erkannte, daß die Täterbeschreibung, die er in den vergangenen 30 Minuten viermal gehört hatte, auf den Mann paßte, der da gerade an seinem Wagen vorbeiging. Ohne seinen Dienstrevolver stieg er aus dem Auto, um mit Oswald zu sprechen. Der zog seine Pistole aus dem Hosenbund, zielte und erschoß Tippit mit vier Kugeln. Wenig später suchte er Unterschlupf in einem Theater, machte jedoch den Fehler, keine Karte zu kaufen, so daß der gewissenhafte Kassierer die Polizei alarmierte. Die Beamten trieben Oswald in die Enge, stellten ihn und verhafteten ihn nach einem kurzen Handgemenge. Auf dem Weg ins Gefängnis schrie er immer wieder: *»Ich leiste keinen Widerstand! Die Polizei ist brutal!«*

Die Ermittlungen förderten eine trostlose Existenz zu Tage. Oswald kam aus kümmerlichen Verhältnissen. Sein Vater war bereits vor seiner Geburt gestorben, die Mutter gab ihn in ein Heim und holte den Fünfjährigen nach ihrer zweiten Heirat wieder zu sich. Besessen von dem Gedanken, es seinem begabteren älteren Bruder gleichzutun, ging Oswald ebenfalls zur Marine, brachte es aber zu nichts und wurde entlassen. 1959 beschloß er, Sowjetbürger zu werden, reiste nach Moskau, wurde dort jedoch abgewiesen. Seine Hoffnung auf ein Studium zerschlug sich, die Frau, die er heiraten wollte, liebte ihn nicht: Oswald unternahm einen Selbstmordversuch. Er heiratete eine Pharmazeutin aus Minsk, mit ihr kehrte er 1962 nach Amerika zurück. Er begann zu drohen, er werde Nixon erschießen, schoß dann statt seiner tatsächlich auf den pensionierten Generalmajor Edwin A. Walker. Die Waffe, ein italienisches Gewehr, war die gleiche, die er ein halbes Jahr später auf John F. Kennedy richtete.

Während der zwei Tage, die er bei der Polizei verhört wurde, leugnete der 24jährige Verdächtige sowohl das Attentat auf den Präsidenten, als auch den Mord an Tippit, für den es mehrere Zeugen gab. Am Sonntag, 24. November, lungerten die Nachrichtenreporter um das Polizeigebäude herum und hofften einen Blick auf Oswald werfen zu können, der an diesem Tag an einen sichereren Ort gebracht werden sollte. Unter ihnen auch Jack Ruby, ein kleiner, der Polizei nicht unbekannter Ganove. In Handschellen und von Beamten umgeben wurde Oswald durch die Menge geführt. Als er herankam, machte Ruby einige Schritte nach vorne, ging auf Oswald zu, hielt ihm die von seinem Ärmel verdeckte Pistole in die Seite und schoß mit den Worten: *»Du Ratte hast meinen Präsidenten ermordet!«* Oswald wurde in dasselbe Krankenhaus gebracht, in dem Kennedy 48 Stunden zuvor behandelt worden war – und starb bald darauf.

Nach der Autopsie wurde John Fitzgerald Kennedy von Blumen umgeben im Weißen Haus aufgebahrt und bis zur Beisetzung von einer Ehrengarde bewacht. Etwa 300 000 Trauernde säumten den Weg vom Weißen Haus zum Capitol, wo sich weitere 250 000 Menschen anschlossen, die dem Sarg durch die Straßen folgten. Insgesamt erwiesen etwa eine Million Menschen dem Ermordeten die letzte Ehre.

Seit jenem 22. November 1963, an dem in Dallas die tödlichen Schüsse fielen, sind zum Kennedy-Mord mehr als 2000 Bücher erschienen. Nur ganz wenige kommen zum gleichen Befund wie die amtliche Warren-Komission: Nach ihr war Lee Harvey Oswald der Mörder – und er war es allein. Die meisten Autoren sind allerdings der festen Überzeugung, daß Kennedy einem weitverzweigten

Komplott zum Opfer fiel. Dies glauben auch sieben von zehn Amerikanern. Die Verdächtigten reichen von der Mafia über Fidel Castro bis zum russischen oder amerikanischen Geheimdienst, und sogar die Theorie, der ehemalige Präsident sei noch am Leben, hat ihre Anhänger.

Nigel Hamilton, Wilde Jugend, Leben und Tod eines amerikanischen Präsidenten, S. Fischer Verlag, Frankfurt a. M., 1993; Anthony Summers, J. F. K. Die Wahrheit über den Kennedy-Mord, Ullstein Verlag, Frankfurt/Berlin, 1992; Warren-Bericht über den Mord an John F. Kennedy, ausgewählt und eingeleitet von Wilfried Ahrens, Bertelsmann Lesering, 1964; Die Zeit, 22. 05. 1981

Robert Francis Kennedy
Amerikanischer Politiker. 1925–1968

Nach seinem Jurastudium war Robert F. Kennedy zunächst Organisator der Wahlkämpfe und engster Berater seines Bruders John. Zwischen 1961 und 1964 hatte er das Amt des Justizministers (General Attorney) inne und wurde 1964 als Senator für New York gewählt. Er trat als entschiedener Gegner jeder Rassendiskriminierung und heftiger Kritiker der Vietnampolitik Johnsons auf. Mit einem engagierten Wahlkampf bewarb er sich schließlich selbst um die Präsidentschaftskandidatur der Demokraten.

Wie ein Wirbelwind war Kennedy durch Kalifornien gestürmt und hatte in einem unglaublichen Wahlkampf um jede einzelne Stimme gerungen. Die Menschen feierten den 42jährigen wie einen Popstar, und am Abend des 5. Juni 1968 war klar, daß Robert Kennedy mit drei Prozent der Delegiertenstimmen vorne lag. Erschöpft ruhte er sich in seiner Suite im fünften Stock des Los Angeles Ambassador Hotels aus, während unten bereits die Feierlichkeiten anläßlich seines Sieges begonnen hatten.

Schließlich gingen Robert Kennedy und seine Frau Ethel herunter, um mit den anderen zu feiern. Um die großen Menschenmengen, die vor dem Hotel warteten, zu vermeiden, führte der Hotelchef das Paar und seine Bodyguards durch den Küchenflügel. Plötzlich trat ein kleiner drahtiger Mann aus der Gruppe des ehrerbietig spalierstehenden Küchenpersonals nach vorne. Er starrte Kennedy mit glasigen Augen an, erhob eine Pistole des Kalibers 22 und schoß zweimal auf sein Opfer. Der Verletzte warf die Arme in die Höhe, und noch bevor jemand eingreifen konnte, hallten weitere Schüsse durch den Raum. Geistesgegenwärtig sprang der Hoteldirektor auf den Attentäter zu und entwand ihm die Pistole. Der kleine Mann wurde überwältigt und festgehalten, während Kennedy tödlich getroffen auf dem Küchenboden zusammenbrach.

Ein Hotelangestellter beugte sich über ihn und reichte ihm einen Rosenkranz. Kennedy flüsterte schwach: *»Sind alle in Ordnung?«* Er war von drei Kugeln getroffen, von denen eine hinter seinem rechten Ohr in den Kopf gedrungen war. Vier weitere Menschen waren verletzt und wurden von den eingetroffenen Medizinern versorgt. Man brachte Robert Kennedy in rasantem Tempo in das nächstliegende Krankenhaus, doch noch auf dem Weg dorthin erlitt er einen Herzstillstand und erreichte das Hospital ohne Pulsschlag. Die Ärzte hofften auf ein Wunder. Obwohl klar war, daß das Geschoß im Kopf eine tödliche Verletzung verursacht hatte, versuchten sie zu reanimieren. Herzmassagen, injiziertes Adrenalin, künstliche Beatmung und schließlich der Anschluß an eine Herzlungenmaschine – nichts schien zu helfen. Doch nach zwölf Minuten begann das Herz des Schwerverletzten plötzlich wieder zu schlagen. Ethel, die ihren Mann keinen Augenblick allein gelassen hatte, bekam ein Stethoskop und lauschte den Herztönen: *»Wird er durchkommen?«* fragte sie ängstlich den Arzt, der antwortete: *»Im Moment gibt er sich zumindest alle Mühe. Wir können nur hoffen.«* Robert Kennedy wurde in ein Spezialkrankenhaus verlegt, wo chirurgische Koryphäen, ausgestattet mit modernster Technik, bereit waren, zu operieren. Ohne das Bewußtsein wiederzuerlangen, rang der Patient 25 Stunden mit dem Tod, der um 1.44 Uhr eintrat. Gegen 3.00 Uhr informierten die Ärzte die Menschen, die vor dem Krankenhaus warteten.

Der Täter war direkt nach dem Anschlag von der Polizei abgeführt worden. Er weigerte sich beharrlich, seinen Namen zu nennen. Die Durchsuchung förderte keinerlei Papiere, sondern lediglich einen Autoschlüssel zutage. Erst am nächsten Morgen sah sein Bruder das Bild im Fernsehen und rief schockiert bei der Polizei an, um das Geheimnis zu lüften. Sirhan Bishara Sirhan war ein 1944 geborener Palästinenser. Während seiner von Armut geprägten Kindheit hatte er seinen Eltern nie Probleme bereitet, sich im Gegenteil als stabiler, zuverlässiger und fleißiger Schüler erwiesen, der Anlaß zu Hoffnungen gab. Als eine seiner Schwestern schwer erkrankte, mußte Sirhan das College abbrechen, um Geld für die Behandlung zu verdienen. Die Schwester starb und Sirhan geriet nach Aussage seiner Mutter in schlechte Gesellschaft. Er habe Kennedy wie einen Heiligen verehrt, erklärte sie später, bis er in einer Fernsehsendung mit dessen pro-israelischer Einstellung konfrontiert wurde. Sirhans Familie, christliche Araber aus Jerusalem, war 1956 in die USA gekommen. Als Kind hatte er die Grausamkeiten der israelisch-arabischen Kämpfe mitbekommen und die Juden hassen gelernt. Seine Mutter wurde als liebevolle, aber strenge und engstirnige Frau beschrieben. Sein Vater fühlte sich in Amerika nicht respektiert und ließ seine Minderwertigkeitsgefühle an der Familie aus. Prügel mit Stöcken, Fäusten und dem Gartenschlauch waren an der Tagesordnung. Der schmächtige Sirhan war ein Einzelgänger, der sich schwächlich, unmännlich und anderen Männern unterlegen fühlte. Sein Versuch, als Jockey Karriere zu machen, endete mit einer Laufbahn als Stallknecht. Nach längerer Arbeitslosigkeit fand er schließlich einen Job in einem Reformhaus, dessen Besitzer später sagte: *»Im Grunde meine ich, hat er sich für einen großen Mann gehalten, und ist nichts als ein Underdog gewesen.«*

Während er auf seine Gerichtsverhandlung wartete, sagte der Attentäter immer wieder, er habe die Tat für seine arabischen Brüder vollbracht, und bestand darauf, Kennedy habe bekommen, was er verdient habe. Seinen Haß begründete er mit Kennedys Sympathie für Israel und das jüdische Volk. Am 17. April 1969 wurde Sirhan, der die Tat frei heraus gestanden und aus seinem Stolz darauf keinen Hehl gemacht hatte, zum Tode verurteilt. Er entging der Gaskammer, als sein Urteil 1972 in eine lebenslängliche Haftstrafe umgewandelt wurde. Noch immer im Gefängnis, reicht Sirhan regelmäßig Gnadengesuche ein, die ebenso regelmäßig abgelehnt werden.

Für verschiedene Verschwörungstheorien, die nach der Ermordung des demokratischen Senators kursierten, wurden keine stichhaltigen Beweise gefunden.

Barbara Gibson/Ted Schwarz, Rose Kennedy, Aufstieg und Tragik einer Dynastie, Brandenburg Verlagshaus, 1996; Robert B. Kaiser, R. F. K. Must Die! Dutton, New York, 1970; Die Zeit, 22. 05. 1981

K

Nancy Kerrigan
Amerikanische Eiskunstläuferin. * 1970

»Warum ich? Warum jetzt? Warum?« Zusammengekrümmt und wimmernd lag Nancy Kerrigan am 6. Januar 1994 auf dem Eis der Cobo Arena von Detroit. Ein Attentäter hatte der 24jährigen Eiskunstläuferin gezielt mit einer Metallstange auf ihr rechtes Knie geschlagen, das Knie, das sie bei ihrem Sport am meisten belasten mußte.

K

Es war 14.30 Uhr, Nancy Kerrigan hatte ihr Training gerade beendet. Es galt, den letzten Feinschliff für die anstehenden amerikanischen Meisterschaften zu erarbeiten, gleichzeitig ging es um die Qualifikation für die Olympischen Winterspiele in Lillehammer. Die Sportlerin war in bester Verfassung und hatte, so ihr Coach, *»noch nie so hart trainiert wie jetzt«*. Kein Zweifel, daß sie sich für Norwegen qualifizieren würde.

Nancy wollte vom Eis, gab am Rand der Eisbahn der Reporterin Dana Scarton noch ein Interview. Ein junger, kräftiger Mann mit schwarzer Lederjacke, schwarzem Hut und Khakihosen stieg die Ränge hinab. Die Sicherheitsvorkehrungen bei diesem Training waren lau, jeder konnte ungehindert unten ans Eis gelangen. Der Mann erkundigte sich bei den Zuschauern nach Nancy Kerrigan: *»Ist sie das?«* Er trug eine Kamera bei sich, schwitzte heftig und schoß wahllos und ziemlich hektisch Fotos. Dann trat er wortlos zwischen die beiden Frauen, zog eine Metallstange unter der Jacke hervor und schlug der Eiskunstläuferin aufs Knie. Er verschwand ebenso unbemerkt, wie er gekommen war. Hätte er nur einen Zentimeter höher getroffen, wären langfristig alle sportlichen Ambitionen der Eisprinzessin zerschmettert gewesen.

Was zunächst als Einzeltat eines Gestörten erschien, wirkte wenig später eher wie ein geplantes Manöver gegen mißliebige Konkurrenz. Fast stündlich gab es neue Nachrichten, die den Verdacht nährten, daß Nancy Kerrigan Opfer eines Komplotts geworden war. Ihre direkte Rivalin auf dem Eis, Tonya Harding, und deren Umfeld gerieten ins Zwielicht. Ein Skandal, wie ihn die Sportgeschichte bisher nicht kannte; selbst in der von Eifersüchteleien geprägten Eislaufbranche ein einmaliger Vorgang.

Nach der Attacke im Stadion meldete sich zunächst ein Zeuge bei der Polizei in Portland und berichtete, er habe ein Gespräch mitgehört, bei dem Sätze wie dieser gefallen waren: *»Warum bringen wir sie nicht gleich um …«* und *»Es reicht, wenn wir ihr aufs Knie schlagen …«* Das FBI schaltete sich ein. Die ersten Verdächtigen wurden festgenommen. Zunächst Hardings Leibwächter Shawn Eric Eckardt aus Oregon. Der korpulente 26jährige war bereits polizeibekannt. Vor Jahren war angeblich bereits gegen ihn wegen des Verdachts auf Förderung der Prostitution ermittelt worden. Der nächste, der sich in Handschellen abführen lassen mußte, war Derrick Brian Smith. Von ihm vermutete die Polizei, er habe das Fluchtfahrzeug gefahren. Ein Radiosender aus Chicago meldete, Eckardt und Smith hätten zwischen Oktober und Dezember 1993 31mal miteinander telefoniert. Beim Fernsehsender ABC tauchte ein gewisser Russell Reitz auf, ein Bekannter von Eckardt, der verkündete, jener habe ihm erzählt: *»Wir haben Nancy Kerrigan erwischt.«* Außerdem habe ihm Eckardt zwei Tage vor dem Attentat 65 000 Dollar dafür geboten, wenn er jemanden töten oder verletzen würde. Angeblich sagte er: *»Würdest du demjenigen ein Bein brechen?«*, worauf Russell gesagt haben will: *»So etwas mache ich nicht.«*

Wenige Tage später stellte sich in Phoenix ein junger Mann namens Shane Minoaka Stant der Polizei und gab an, umgerechnet 100 000 Mark für die Tat erhalten zu haben. Die Ermittlungen des FBI ergaben, daß er bereits einmal vergebens in Boston versucht hatte, Kerrigan anzugreifen, mangels Gelegenheit jedoch unverrichteter Dinge wieder abzog. Ebenso wie Leibwächter Eckardt behauptete auch Shane, Tonya Harding und ihr Ex-Mann Jeff Gillooly steckten als Drahtzieher hinter der Aktion. Beide bestritten dies jedoch standhaft. Kurz nach dem Anschlag ließ Harding durch ihren Anwalt jede Mitwisserschaft kategorisch zurückweisen. Gleichzeitig unterstrich sie ihre Ambitionen für Lillehammer und begann sofort wieder mit dem Training.

Die Verbindung Harding/Gillooly war eine von besonderer Art: Als 15jähriges Mädchen lernte Tonya den Spirituosenverkäufer kennen und heiratete ihn 1990. Es folgten turbulente Szenen einer Ehe, die in drei Scheidungsanläufen gipfelten, bis das Paar 1993 amtlich getrennt wurde, was die beiden jedoch nicht daran hinderte, fortan immer wieder zusammenzuleben. Jeff Gillooly, von den Behörden bald nach dem Anschlag verhört, wurde auf freien Fuß gesetzt und tauchte unter. Damit entging er dem gegen ihn beantragten Haftbefehl.

Auf der Suche nach möglichen Motiven wurden Kerrigan und Harding gleichermaßen durchleuchtet. Zum Vorschein kamen zwei sehr unterschiedliche Frauen mit sehr unterschiedlichen Biografien. Auf der einen Seite die attraktive Nancy Kerrigan mit wasserblauen Augen und einnehmendem Lächeln, die 1993 von dem Magazin »People« zu den 50 schönsten Frauen der Welt gezählt wurde, gleichermaßen hofiert von Medien und Sponsoren, versehen mit lukrativen Werbeverträgen. Eine, die nach dem Attentat Briefe wie diesen erhielt: *»Wir sind so dankbar, daß Sie nicht wirklich verletzt sind.«* Unterschrift: Nancy und Ronald Reagan. Dazu die anrührende Geschichte ihres aufopferungsvollen Vaters, der auch mal drei Jobs gleichzeitig machte, um seiner Tochter das Eiskunstlaufen zu ermöglichen. Schließlich die Mutter, die nach Nancys Geburt ihr Augenlicht verlor: *»Ich habe nie ihre Hände gesehen, nie ihr Gesicht, ich würde alles tun, um sie einmal zu sehen. Manchmal sage ich zu ihr: Komm her, wir drücken unsere Nasen aneinander und ich versuche sie so zu sehen, wie alle anderen sie auch sehen können.«*

Ganz anders ging es bei Tonya Harding zu. Ihre Mutter war sechsmal verheiratet. Ihr Vater, der fünfte Ehemann, verließ nach der Scheidung 1987 Oregon. Gemeinsam mit ihrer Mutter suchte Tonya die Straßenränder nach Dosen und Flaschen ab, um vom Pfand den Trainer zu bezahlen. Ihre Wettkampfkostüme nähte die Mutter selbst. *»Sie ist zäh, süß, schwierig, empfindlich, starrköpfig und ungeheuer talentiert«*, sagte ihr Manager, der der Sportlerin darüber hinaus ungeheure Energie und Ehrgeiz bescheinigte. Trotz ihres Asthmas kämpfte und arbeitete sie hartnäckig für ihr Ziel, dem Sumpf, in den sie geboren wurde, zu entkommen. Wo ihre Rivalinnen große Oper spielen, mag sie es lieber rustikal: *»Um ganz ehrlich zu sein, das einzige, woran ich wirklich denke, sind Dollar-Scheine.«* Das und die Skrupellosigkeit ihres Ex-Ehemannes führten zu dem von ihm geplanten »Eisenstangen-Attentat«, das Stant ausführte. Harding wurde rechtskräftig zu 160000 Dollar Strafe verurteilt. Zusätzlich mußte sie die Prozeßkosten von 10000 Dollar tragen und eine Zwangsspende von 50000 Dollar an den US-Verband zahlen. Der Meistertitel wurde ihr nachträglich aberkannt, sie hatte 500 Stunden Sozialdienst abzuleisten, und der Amateurverband ihres Landes sperrte sie auf Lebenszeit. Nancy Kerrigan erholte sich von ihrer Verletzung und gewann bei den Olympischen Spielen in Lillehammer die Silbermedaille.

Jutta Deiss/Doris Henkel, Eiskunstlauf, Die großen Stars, Copress Verlag, München, 1995; Stern, 20. 01. 1994; Süddeutsche Zeitung, 20. 10. 1999

Martin Luther King jr.
Amerikanischer Bürgerrechtler und Baptistenpfarrer.
1929–1968

K

Inspiriert durch Mahatma Gandhi entwickelte Martin Luther King jr. gewaltlosen Widerstand und zivilen Ungehorsam zur wirksamen Waffe der Bürgerrechtsbewegung der amerikanischen Schwarzen. 1955/56 organisierte er einen Omnibusboykott, der zur Aufhebung der Rassentrennung in den öffentlichen Verkehrsmitteln von Montgomery führte und zum Vorbild ähnlicher Aktionen wurde. 1957 wählten ihn die Mitglieder der Bewegung für den gewaltlosen Widerstand gegen Diskriminierung und Rassenhetze »Southern Christian Leadership Conference« (SCLC) zu ihrem Vorsitzenden. In dieser Funktion initiierte King mehrere Demonstrationen, deren Höhepunkt der Marsch auf Washington D. C. war. Dort hielt er am 28. August 1963 vor etwa 250000 Teilnehmern seine berühmte Rede *»I Have A Dream«*, in der er die Vision von einer freiheitlichen und gleichen Gesellschaft vermittelte. Für seine Ideen mußte King nicht nur mehrfach ins Gefängnis, sondern schwebte dauerhaft in tödlicher Gefahr.

Am 3. April 1968 checkte der 39jährige Dr. Martin Luther King im »Lorraine Motel«, Memphis, in Zimmer 306 ein. Später sollten sich die Angestellten des Hotels erinnern, daß kurz zuvor ein Mann an die Rezeption gekommen war, um Kings Reservierung zu überprüfen. Er fiel dem Personal auf, weil er von weißer Hautfarbe, aber nach Art der Schwarzen gekleidet und zurechtgemacht war. Der Mann zeigte sich unzufrieden mit der Vorbestellung des etwas abgelegenen Eckzimmers 202 und bestand darauf, den prominenten Gast ein Stockwerk höher im zentraleren und deutlicher sichtbaren Zimmer 306 unterzubringen. Nach Martin Luther Kings Tod ergaben die Ermittlungen, daß dieser Mann in keinerlei Verbindung zu King, seinen Mitarbeitern oder seiner Partei stand.

Am selben Abend hielt King eine Rede vor mehr als 2000 Menschen, die ihm frenetisch zujubelten. Einige seiner Worte bekamen im nachhinein geradezu prophetischen Charakter: *»Wir haben eine Reihe schwieriger Tage vor uns, aber das macht mir nicht wirklich etwas aus. Denn ich habe den Gipfel des Berges erklommen. Wie jeder würde ich natürlich gerne ein langes Leben führen … aber das kümmert mich im Augenblick herzlich wenig.«*

Den folgenden Tag verbrachte King in seinem Hotelzimmer. Als der Abend anbrach, trat er mit ein paar Freunden auf den Balkon und schaute auf den Parkplatz vor dem Hotel. Dort standen Reverend Jesse Jackson und ein guter Freund, der Musiker Ben Branch. Kings Chauffeur Solomon Jones, der neben Jackson und Branch stand, rief herauf, daß es etwas kühl sei und daß King sich lieber seinen Mantel anziehen sollte. Sein Chef stimmte ihm zu und schickte sich gerade an, ins Zimmer zu gehen, als er von einer Kugel in den Hals getroffen wurde. Die Wucht des Geschosses schlug ihn hinterrücks zu Boden; seine Krawatte war abgerissen, er blutete heftig. Freunde und Stabsmitglieder waren sofort bei ihm, versuchten, Erste Hilfe zu leisten. Der Krankenwagen traf binnen einer Viertelstunde ein. Die Sanitäter brachten den Verletzten ins Sankt-Josefs-Krankenhaus, wo man ihn um 19.05 Uhr für tot erklärte – eine Stunde und vier Minuten, nachdem der Schuß gefallen war.

Sofort nach dem Attentat war die Polizei zur Stelle und fand vor einem Vergnügungscenter in der Nähe einen Rucksack mit Reißverschluß, ein Bettlaken und einen Karton mit einem Remington-Gewehr mit Zielfernrohr. Zwei Zeugen hatten einen Mann die Gegenstände fallen lassen und weglaufen sehen, konnten aber keine präzise Beschreibung liefern. Unweit des Vergnügungscenters lag eine Pension, deren Bewohner sich wunderten, daß sich ein Mann im einzigen Badezimmer des Hauses für längere Zeit eingeschlossen hatte. Die Polizei vermutete, daß der tödliche Schuß auf Martin Luther King aus dem Fenster eben dieses Badezimmers gefeuert worden war. Man durchsuchte den gefundenen Rucksack sorgfältig, fand neben unwichtigen Kleinigkeiten einen Zettel für eine nahegelegene Reinigung und konnte auf diese

Weise alsbald mit einem Namen aufwarten: Eric Starvo Galt, der wenig später mittels eines Fotos als James Earl Ray, so sein wirklicher Name, identifiziert wurde. Die Fahndung der Polizei lief auf Hochtouren, doch der Täter schien entkommen zu sein. Mehr als zwei Monate später ging er seinen Verfolgern dann durch einen Zufall doch noch ins Netz. Auf dem Flughafen Heathrow in London hatte Martin Luther Kings Mörder soeben versucht, an Bord einer Maschine nach Brüssel zu gelangen, als ihm ein Mißgeschick unterlief. Bei der Paßkontrolle zeigte er nicht wie üblich nur einen seiner vielen gefälschten Pässe vor, sondern aus Versehen gleich zwei der handgefertigten Dokumente. Die Sicherheitsbeamten durchsuchten ihn, fanden eine Waffe und hielten ihn fest, bis Scotland Yard eintraf. Ray verhielt sich völlig ruhig, bis der Beamte ihm mitteilte, daß man seine wahre Identität kenne und er wegen Mordes in Amerika gesucht würde. Da hob der Killer die Hände vor sein Gesicht und begann bitterlich zu weinen.

Der Verhaftete blickte auf vier ziemlich verkorkste Lebensjahrzehnte zurück. Er stammte aus dem Mittleren Westen aus ärmlichen Verhältnissen. Seine Mutter war alkoholkrank, hatte weder viel Zeit noch viel Zuneigung für ihre acht Kinder und arbeitete gelegentlich als Putzfrau. Sein Vater hielt nicht viel von der Familie und betätigte sich außer Haus als engagierter Schürzenjäger. Ray trug mit 16 ein Hitler-Bild in der Tasche und entwickelte einen glühenden Haß auf alle Schwarzen. Die Liste seiner Delikte und Vorstrafen war ellenlang.

Am 10. März 1969, mehr als elf Monate nach Dr. Kings Ermordung, bekannte sich James Earl Ray schuldig und wurde zu 99 Jahren Gefängnis verurteilt. Binnen 24 Stunden widerrief er sein Geständnis allerdings und wartete mit einer bizarren Geschichte von Hintermännern und abhanden gekommenen Gewehren auf. Bis Februar 1997 hatten seine Anwälte achtmal bei Gericht vorgesprochen und versucht, das Verfahren wiederaufnehmen zu lassen – und waren jedesmal abgewiesen worden.

Stephen B. Oates, Martin Luther King, Wilhelm Heyne Verlag, München, 1986; Arnulf Zitelmann, Keiner dreht mich um. Die Lebensgeschichte des Martin Luther King, Beltz und Gelberg Verlag, Weinheim, 1992; Die Zeit, 22. 05. 1981

K

August von Kotzebue
Dramatiker. 1761 – 1819

Kotzebue, der bereits 19jährig als Advokat in Weimar tätig war, stand von 1781 bis 1790 in russischen Diensten und arbeitete von 1797 bis 1799 als Theaterdichter in Wien. 1800 ging er zurück nach Rußland, wo er wegen eines seiner Dramen verhaftet und nach Sibirien verbannt wurde. Nach einigen Monaten rehabilitiert, berief man ihn zum Direktor des Deutschen Theaters in St. Petersburg. 1813 wurde Kotzebue russischer Generalkonsul in Königsberg (heute Kaliningrad), 1816 Staatsrat in St. Petersburg und 1817 schließlich persönlicher Berichterstatter des Zaren, in dessen Auftrag er Deutschland bereiste. In seinem 1818 gegründeten »Literarischen Wochenblatt« verspottete er die Ideen der Burschenschafter und machte sich damit in deren Kreisen viele Feinde.

Zu seiner Zeit erfolgreicher als Goethe und Schiller, stand August von Kotzebue der Sinn nach Höherem, doch nach seiner raschen Karriere in Rußland packte ihn das Heimweh, und so ließ er sich im April mit seiner dritten Frau, elf Kindern und einem Gefolge von Gouvernanten, Hauslehrern und Bedienten wieder in seiner Heimatstadt Weimar nieder. Mit spitzer Feder verfaßte er die Berichte für den Zaren, nicht ahnend, welche Gefahren ihm drohten.

Karl Ludwig Sand, 1795 im bayerischen Oberfranken in Wunsiedel geboren und Sohn eines preußischen Justizrates, hatte beschlossen, ein Zeichen zu setzen. Der stille, etwas schwerfällige Junge, der bereits in seiner Schulzeit in Bayreuth und Regensburg zur Turnbewegung stieß, ging 1814 nach Tübingen und zwei Jahre später nach Erlangen, um Theologie zu studieren. Zwischendurch trat er anläßlich der Nachricht von Napoleons Rückkehr von Elba dem Freiwilligen Jägerkorps bei. Die Truppe kam jedoch wegen der Kürze des Feldzugs von 1815 nicht zum Einsatz; aus dem *»Opfertod für das Vaterland«*, von dem Sand in Briefen an seine Eltern schwärmte, wurde also nichts, und der junge Mann kehrte voll unerfüllten vaterländischen Tatendrangs in das Zivilleben zurück. Konfrontiert mit den von Kotzebue verfaßten Spötteleien wuchs sein Zorn auf den Dramatiker, und im Mai 1818 notierte er in seinem Tagebuch: *»Wenn ich sinne, so denke* *ich oft, es sollte doch Einer muthig über sich nehmen, dem Kotzebue oder sonst einem Landesverräter das Schwert ins Gekröse zu stoßen.«* Und während seine Lehrer ihm die besten Zeugnisse ausstellten, ihn als fleißigen, bescheidenen jungen Mann lobten, begann er in monatelanger Kleinarbeit akribisch einen Mord vorzubereiten.

Der kleine Dolch, den er auf einem Jahrmarkt in Erlangen erstanden hatte, schien ihm nicht ausreichend, und so ließ er einen weiteren, deutlich größeren aus einem französischen Hirschfänger anfertigen. Um ganz sicherzugehen, besuchte er Anatomievorlesungen und notierte gewissenhaft die präzise Lage des Herzens. So informiert, lud er eines Tages einen Freund zu sich ein. Kaum war der im Zimmer, erhielt er zu seiner Überraschung einen leichten Hieb ins Gesicht, und als er instinktiv die Hände schützend erhob, einen zweiten, heftigeren vor die Brust. Triumphierend lächelte Sand: *»Siehst du, so muß man es machen, wenn man einen erstechen will.«*

K

Insgesamt verfaßte er fünf Schriften, in denen er das Attentat begründete. Eine trug den Titel: »Todesstoß dem August von Kotzebue«. Es hieß darin: *»Ich hasse nichts mehr, als die Feigheit oder Faulheit der Gesinnung dieser Tage. Ein Zeichen muß ich Euch geben, muß mich erklären gegen diese Schlaffheit, weiß nichts Edleres zu tun als den Erzknecht und das Schutzschild dieser feilen Zeit, Dich Verderber und Verräther meines Volkes – August von Kotzebue – niederzustoßen.«*

Er verstand seine Tat als die Vollendung der Reformation. *»Ein Christus kannst Du werden! Auf mein Volk, besinne Dich, ermanne, befreie Dich!«*

So überzeugt von seiner Sache, ließ er entlarvende Papiere, mit denen er sich mehrere Monate beschäftigt hatte, bei seinem Aufbruch nach Mannheim offen auf seinem Schreibtisch liegen. Doch als er am 23. März an seinem Ziel eintraf, hatte noch niemand einen Blick darauf geworfen, und Sand konnte völlig ungehindert bei Kotzebue vorsprechen. In der Annahme, als russischer Staatsbürger leichter eingelassen zu werden, stellte er sich als ein gewisser »Heinrichs aus Mitau« vor. Der Fremde erklärte dem öffnenden Diener, er käme aus dem russischen Kurland und habe dem Herrn Staatsrat Briefe von dessen Mutter zu übergeben.

Da der Staatsrat erst am späten Nachmittag zu sprechen war, machte sich Sand auf den Weg in ein Wirtshaus, aß mit großem Appetit zu Mittag, unterhielt sich angeregt mit den anderen Gästen und kehrte gegen 17.00 Uhr zurück zu Kotzebues Haus. Diesmal wurde er vorgelassen und stand binnen weniger Minuten seinem Opfer gegenüber. *»Sie sind also aus Mitau?«* begrüßte ihn der Hausherr. Statt zu antworten, zog Sand den im linken Ärmel verborgenen Dolch hervor und stieß mit den Worten: *»Hier, du Verräter des Vaterlandes!«* erst in das Gesicht und dann, als Kotzebue dieses wie erwartet mit den Händen schützte, mehrmals kräftig in die Seite. Die Stiche drangen durch Rock, Weste, zwei Hemden und eine wollene Unterjacke, durchtrennten eine Rippe und durchbohrten das Herz. Kotzebue griff nach seinem Mörder und riß ihn im Fallen mit sich zu Boden, kurz darauf war er tot.

Eigentlich hatte der Mörder vorgehabt, sofort zu fliehen, doch als er sich umdrehte, sah er im Türrahmen den entsetzten vierjährigen Sohn seines Opfers stehen, der sofort laut zu schreien begann. Daraufhin stach sich Sand den Dolch in die eigene Brust, allerdings wenig erfolgreich, wie er sogleich feststellte. Also raffte er sich auf und rannte auf die Straße, kniete vor den herumstehenden Passanten nieder und rammte sich die Waffe mit den Worten *»Ich danke dir Gott für diesen Sieg«* nochmals in die Brust. Diesmal kippte er bewußtlos zur Seite. In einem nahegelegenen Krankenhaus kam er bald darauf wieder zu sich und überlebte dank seiner außergewöhnlich kräftigen Konstitution. Es dauerte nicht lange, und Sand, der zwar unter heftigen Schmerzen litt und teilweise gelähmt war, konnte vernommen werden. Mit größtem Entgegenkommen beantwortete er alle ihm gestellten Fragen und verteidigte sich: Es sei *»die heilige Pflicht«* einzelner Bürger, Verräter zum Schweigen zu bringen. Am 5. Mai 1820 verurteilte das badische Oberhofgericht den Angeklagten zum Tod durch das Schwert. Das Urteil wurde am 20. Mai auf einer Wiese vor dem Heidelberger Tor vollstreckt. Da die Obrigkeit Demonstrationen befürchtete, setzte man den Zeitpunkt der Hinrichtung auf 5.00 Uhr früh fest. Dennoch waren viele Zuschauer gekommen, die von 1500 teils berittenen Soldaten vom Schafott ferngehalten wurden. Kaum war Sands Kopf vom Rumpf gefallen, gab es jedoch kein Halten mehr. Die Menschen umlagerten das Schafott, wischten das Blut des Attentäters mit Tüchern auf, seine Haare kamen als Reliquien auf den Markt, desgleichen der Stuhl, auf dem er während der kurzen Fahrt zur Hinrichtung gesessen hatte. Ein Splitter davon ist noch heute im Museum in Wunsiedel zu besichtigen.

Alexander Demandt (Hrsg.), Das Attentat in der Geschichte, Böhlau Verlag, Köln, 1996; Peter Kaeding, August von Kotzebue, auch ein deutsches Dichterleben, Deutsche Verlagsanstalt, Stuttgart, 1988; Jörg von Uthmann, Attentat, Wolf Jobst Siedler Verlag, Berlin, 1996

L

Oskar Lafontaine

Deutscher Politiker. * 1943

Der Diplom-Physiker Lafontaine ist seit 1966 Mitglied der SPD und wurde 1985 nach dem Wahlsieg seiner Partei Ministerpräsident des Saarlandes. 1990 und 1994 bestätigten ihn die Wähler in seinem Amt. An der Seite der Friedensbewegung wandte sich Lafontaine Anfang der 80er Jahre gegen die Durchführung des NATO-Doppelbeschlusses von 1979. Mit provokanten Vorschlägen zur Lösung brisanter sozialer und wirtschaftlicher Probleme löste er immer wieder innenpolitische Diskussionen aus.

Am 25. April 1990 starten Oskar Lafontaines grauer Mercedes mit der Saarbrücker Nummer und ein Begleitwagen mit saarländischen Sicherheitsbeamten in Richtung Köln zu einer Wahlkampfveranstaltung mit Johannes Rau. Rushhour, Staus, Berufsverkehr. Kurz nach 19.00 Uhr trifft Lafontaine zusammen mit seiner Bonner Büroleiterin Pia Wenningmann in der Stadthalle von Köln-Mühlheim ein.

Die Halle ist brechend voll. In der zweiten Stuhlreihe am Mitteleingang sitzt eine Frau, die ein weißes Sommerkleid trägt. Ihre Lippen sind hellrot geschminkt, das schwarze Haar ist glatt zurückgekämmt und mit einer auffallenden Silberspange gerafft. Die Frau hat vor, Johannes Rau umzubringen. Ihr Name: Adelheid Streidel. 1947 geboren, besuchte die Tochter des Chefcroupiers des Bad Neuenahrer Spielcasinos zunächst eine Klosterschule, wechselte dann auf eine Hauswirtschaftsschule und ließ sich schließlich zur Arzthelferin ausbilden. Von immer häufiger auftretenden Wahnvorstellungen geplagt, beantragte Adelheid Streidel zweimal einen Waffenschein mit der Begründung, sie sei schon mehrmals vergewaltigt worden. Doch die Behörde lehnte ihre Anträge ab, und so versuchte sie auf illegalem Weg an eine Waffe zu kommen. Ohne Erfolg. 1986 wurde sie wegen Brandstiftung verhaftet und von einem Psychiater für »nicht schuldfähig« erklärt. Sie leide an paranoider Schizophrenie, einer Persönlichkeitsstörung mit Wahnvorstellungen. Nach monatelanger stationärer Behandlung in einer psychiatrischen Klinik war Adelheid Streidel nicht mehr bereit, sich ambulant weiter versorgen zu lassen, und nahm die Termine mit dem Psychiater nur sehr unregelmäßig wahr. Statt dessen verbrachte sie ihre Zeit damit, mit Handzetteln gegen »Menschentötungsfabriken« zu protestieren. Ihre Schwester, die sie für eine Gefahr für sich und andere hielt, beantragte eine Pflegschaft, doch das Amtsgericht rührte sich nicht. Erst am 24. April 1990 forderte die zuständige Amtsärztin ein psychiatrisches Gutachten an, doch da hatte Adelheid Streidel bereits zwei Fleischermesser gekauft, mit denen sie Johannes Rau töten wollte.

Am 25. April nahm sie sich ein Taxi in Bad Neuenahr und ließ sich zur Stadthalle Köln-Mühlheim chauffieren. 15.30 Uhr war es, als sie dort eintraf. Mit den beiden Messern bewaffnet, kaufte sie zwei Sträuße Schnittblumen, dann ging sie in die Stadthalle, setzte sich in die zweite Reihe und wartete. Die Attentäterin hatte sich vorgenommen, in die Nähe von Johannes Rau zu gelangen und ihm mit einem der beiden Messer einen Stich in die Luftröhre zu versetzen. Als ausgebildete Arzthelferin wußte sie, daß ein solcher Stich tödlich sein würde. Um 19.30 Uhr zogen die beiden Wahlkämpfer in die Halle ein. 2000 Menschen jubelten ihnen zu. Als sie das Podium erreichten, stand eine weißgekleidete Frau aus der zweiten Reihe auf und wollte zu ihnen, doch die Ordnungshüter hinderten sie daran, und so zog sich die Frau wieder auf ihren Sitzplatz zurück. Oskar Lafontaine hielt eine von heftigen Ovationen unterbrochene Rede, dann sprach Rau. Wieder donnernder Applaus, Jubel, Festtagsstimmung. Um 20.44 Uhr hielt es Adelheid Streidel nicht mehr auf ihrem Sitz aus. Sie packte die Blumensträuße und versuchte erneut, auf das Podium zu gelangen. Wieder wurde sie von Sicherheitskräften zurückgehalten, doch diesmal ließ sie sich nicht abweisen und stand schließlich direkt vor den beiden Politikern: *»Ich möchte Ihnen ein paar Blumen überreichen,* *weil ich Sie so sehr verehre.«* Sie hielt Lafontaine ein grünes Poesiealbum hin und wartete, bis der zu schreiben begann. Dann zog sie das größere der beiden Messer aus ihrer Handtasche und stach zu. Oskar Lafontaine brach schwer am Hals verletzt zusammen. Während Adelheid Streidel von Bodyguards an der Flucht gehindert und Johannes Rau eilig aus dem Saal gebracht wurde, lag das Opfer des Anschlags bei vollem Bewußtsein auf dem Boden und preßte seine Hand auf die Halswunde, aus der unablässig Blut floß. Eine knappe Dreiviertelstunde später wurde Lafontaine in die Universitätsklinik und dort sofort in den Operationssaal gebracht. Zwei Stunden später konnte der Leiter des Ärzteteams den wartenden Menschen mitteilen, daß Oskar Lafontaine die Operation überstanden habe, jedoch noch nicht außer Lebensgefahr sei.

L

Adelheid Streidel verbrachte die Nacht in einer Zelle des Kölner Polizeipräsidiums. Sie schlief bis morgens um 7.00 Uhr und wurde eine Stunde später verhört. Freimütig gab sie zu, sie habe bis zuletzt eigentlich Rau töten wollen und sich erst in letzter Minute für Lafontaine entschieden, weil der ihr *»politisch wertvoller«* erschienen sei. Die Beamten waren sich schnell einig, daß die Delinquentin eher ein Fall für den Arzt als ein Fall für Juristen war, denn Frau Streidel erzählte ihnen von einem für die Tat ausschlaggebenden Erlebnis: Jesus Christus sei unlängst in ihrer Wohnung gewesen, habe sie an die Hand genommen und sei mit ihr über das nächtliche Land nach Hamburg geflogen. Dort habe er ihr eine große Lebensmittelfabrik gezeigt, in der unschuldige Menschen zu Plätzchen verarbeitet werden, die andere Menschen wieder essen würden. Alle verantwortlichen Politiker wüßten davon, würden aber nichts dagegen tun. Das Verhör dauerte bis 15.00 Uhr. Eine Vernehmung zum Tathergang stellte sich als sinnlos heraus. Der Staatsanwalt beantragte die Verlegung Adelheid Streidels in eine Nervenklinik – das Gericht stimmte zu.

Oskar Lafontaine erholte sich erstaunlich schnell von seiner schweren Verletzung und konnte bereits einen Monat nach der Tat wieder in die Öffentlichkeit gehen; in einem Interview sagte er später: *»Das Attentat ist ein Ereignis, das ins Leben integriert werden muß und das mich zu einem anderen Menschen gemacht hat.«*

Werner Filmer/Heribert Schwan, Oskar Lafontaine, Econ Verlag, Düsseldorf, 1996; Stern, 03. 05. 1990/10. 05. 1990/31. 10. 1990

Wladimir Iljitsch Lenin

Russischer Revolutionär und Politiker. 1870–1924

Wladimir Iljitsch Uljanow, der sich später den Decknamen »Lenin« zulegte, wurde als drittes von sechs Kindern einer Intellektuellenfamilie geboren. Nach dem Abitur auf einem humanistischen Gymnasium studierte Lenin Jura und mußte sein Examen wegen Beteiligung an Studentenunruhen 1891 als Externer ablegen. Anschließend erhielt er in St. Petersburg eine Zulassung als Rechtsanwalt und betätigte sich intensiv in der revolutionären Bewegung. 1897 wurde er wegen seiner politischen Tätigkeit verhaftet und für drei Jahre nach Sibirien verbannt. Wieder frei, kehrte er aus dem Exil nach Rußland zurück, mußte aber Ende 1905 erneut außer Landes fliehen. Im November 1917 wurde er zum Vorsitzenden des Rats der Volkskommissare gewählt. Unter dem Leitbegriff der Diktatur des Proletariats errichtete Lenin ein Regierungssystem, das sich von Anfang an nur unter Einsatz von Gewalt und Terror zu behaupten vermochte.

L

Im Kampf gegen die Sowjetmacht war den ausländischen Imperialisten und der inneren Konterrevolution jedes Mittel recht. Sie bereiteten eine Verschwörung vor, deren Ziel es war, die Sowjetregierung zu stürzen, indem Lenin und andere Führer der kommunistischen Partei und des Sowjetstaates ermordet wurden. Am 30. August 1918 sprach Wladimir Iljitsch vor den Arbeitern des ehemaligen Michelson-Werks. Als er nach der Kundgebung zu seinem Auto ging, traten einige Frauen auf ihn zu und beschwerten sich über die offiziellen Schrankenkommandos, die die Bauern hinderten, nach Moskau zu kommen und ihr Getreide zu verkaufen. Während Lenin noch mit den Frauen sprach und sein Chauffeur Gil den Motor des Wagens ein paarmal aufheulen ließ, fielen plötzlich mehrere Schüsse. Eine sozialrevolutionäre Terroristin namens Kaplan hatte auf Lenin gefeuert und brachte ihm durch eingekerbte und vergiftete Kugeln schwere Wunden bei.

Im Werkshof brach ein Tumult aus; die bolschewistischen Parteiaktivisten suchten sich um ihren Führer zu scharen und die Verdächtigen festzuhalten. Das Wichtigste war jedoch, Lenin in den Wagen zu schaffen. Als der Schwerverletzte anfing, Fragen zu stellen, schnitt Gil ihm barsch das Wort ab und verbot ihm das Sprechen. Der Chauffeur behielt den Überblick und beschloß, kein

Krankenhaus anzusteuern, um nicht einer weiteren Mörderbande in die Hände zu fallen. Statt dessen fuhr er direkt zurück in den Kreml. Bei der Ankunft verhielt sich der stark blutende Lenin völlig unvernünftig und lehnte das Angebot seines Chauffeurs, ihn in sein Zimmer zu tragen, stolz ab. Mühsam wankte er die Treppe hinauf, schleppte sich in sein Schlafzimmer, taumelte und brach auf einem Stuhl zusammen. Bis vertrauenswürdige Krankenhausärzte zur Stelle waren, leisteten zwei Frauen mit geringen medizinischen Kenntnissen Erste Hilfe und versuchten die Blutung zu stoppen.

Lenins Leben hing an einem seidenen Faden. Die eine Kugel hatte ihm die linke Schulter zerschlagen, die andere die linke Lungenspitze durchbohrt. Er verlor so viel Blut, daß sein Puls manchmal aussetzte, das Herz hatte sich etwas verschoben. In den frühen Morgenstunden des 31. August waren schließlich zwei Professoren zur Stelle. Der Patient wurde entkleidet, seine Wunden versorgt und verbunden. Die Ärzte befürchteten eine Blutvergiftung und taten alles, um das Leben des Patienten zu retten. Wladimir Iljitsch selbst war außerordentlich beherrscht, er fragte: *»Geht es zu Ende? Sagen Sie es mir ganz ehrlich, damit ich nichts unerledigt lasse.«* Als man ihm versicherte, daß sein Zustand sich wieder stabilisieren werde, tröstete er seine Angehörigen und die besorgten Mediziner und sagte: *»Ach was, beruhigt euch, das kann jedem Revolutionär passieren.«*

Das verbrecherische Attentat auf den Führer der Revolution hatte das ganze Land erschüttert. Die Partei, die Arbeiter, Bauern und Rotarmisten, alle verfolgten aufgeregt die in den Zeitungen veröffentlichten Bulletins über den Gesundheitszustand des Verletzten. Lenin erhielt zahllose Briefe und Telegramme, in denen ihm die Werktätigen von ganzem Herzen baldige Genesung wünschten. *»Die Arbeiter bitten und fordern, daß du wieder gesund wirst!« – »Wir werden dich, großer Kämpfer und Führer der Armen, wieder gesund machen, damit du vom Bett aufstehen kannst!« – »Es ist der eiserne Wunsch der Armen der ganzen Welt, ihren Wladimir Iljitsch wieder in ihren Reihen zu sehen!«*

In Fabriken und Werken, in Gemeinden und Dörfern, an der Front und im Hinterland, überall wurden zornerfüllte Resolutionen verfaßt: Das Volk forderte schonungslose Abrechnung mit den Terroristen und mit der bürgerlich-feudalen Konterrevolution. Die Arbeiter und Bauern schlossen sich noch enger um die Kommunistische Partei und die Sowjetregierung zusammen.

Wladimir Iljitsch hatte einen kräftigen Organismus und eine bemerkenswerte Konstitution. Sobald es ihm etwas besser ging, bestand er darauf, über alle wichtigen Angelegenheiten unterrichtet zu werden. Auf die Forderung der Ärzte, *»die Arbeit vollständig zu vergessen«*, antwortete er bestimmt: *»Dazu ist jetzt nicht die Zeit!«* Bereits acht Tage nach den Schüssen verschickte er Telegramme mit Anweisungen zu militärischen Fragen.

Am 16. September erhielt Lenin die Erlaubnis der Ärzte, seine Arbeit wiederaufzunehmen. Er nahm an einer Sitzung des Zentralkomitees teil und führte am nächsten Tag den Vorsitz der Sitzung des Rats der Volkskommissare. In den Zeitungen wurde das letzte Bulletin über seinen Gesundheitszustand veröffentlicht, dem er persönlich hinzugefügt hatte: *»Auf Grund dieses Bulletins und meines guten Befindens bitte ich sehr, die Ärzte nicht durch Anrufe und Nachfragen zu stören.«*

Autorenkollektiv, P. N. Pospelow, W. I. Lenin, Politisdat, Moskau, 1972; Robert Service, Lenin, Verlag C. H. Beck, München, 2000

John Lennon

Britischer Musiker. 1940–1980

John Lennon, Gitarrist, Sänger, Keyborder und Gründungsmitglied der legendären Beatles, lebte nach Auflösung der Gruppe 1970 in den USA und arbeitete als Solist. Er komponierte und textete engagierte Lieder wie »Give Peace a Chance« und betätigte sich auch als Buchautor, Stückeschreiber und Maler.

In den ersten Dezembertagen des Jahres 1980 war Lennon besonders gut gelaunt. Am Spätnachmittag ging er meist ins Studio und arbeitete, zwischen halb elf und halb zwölf kehrte er mit seiner Frau Yoko Ono zurück. *»Ich habe immer gehört, wenn sie die Tür ihrer schwarzen Limousine zuschlugen«*, sagte Jay Hastings, der an der Rezeption des Appartementhauses arbeitete. Der Abend des 8. Dezember war besonders mild und lau. John und Yoko hatten fünf Stunden im Studio verbracht, und um 22.48 Uhr fuhr ihr Wagen vor dem Haus vor. Der Portier ging hinaus, um die

Autotür zu öffnen. John trat vor Yoko in den Bogengang. Eine Männerstimme rief: *»Mr. Lennon?«* John war gerade im Begriff, sich umzudrehen, da schoß ihm sein Mörder aus einem 38er-Revolver fünf Kugeln in den Rücken. Yoko schrie hysterisch nach einem Krankenwagen. John taumelte sechs Stufen zu Jay Hastings hinauf. Dort fiel er auf den Fußboden und stöhnte: *»Auf mich ist geschossen worden.«* Hastings riß sich sein Jackett herunter und deckte den Verletzten damit zu. Dann drückte er auf eine Alarmtaste, die ihn direkt mit dem Polizeirevier verband. Innerhalb von zwei Minuten traf ein Streifenwagen ein. Man entschloß sich nicht länger auf den Krankenwagen zu warten, Hastings half den Polizisten, John zum Auto zu tragen, dann rasten die Beamten so schnell wie möglich zum nahegelegenen Roosevelt Hospital. Die Ärzte taten ihr Möglichstes, John Lennons Leben zu retten, doch der hatte zu viel Blut verloren und starb wenig später. Intern war sich ein Teil des Ärzteteams einig, daß die Überlebenschancen des Verletzten deutlich größer gewesen wären, hätte man ihn an Ort und Stelle versorgt und nicht erst in die Klinik gebracht.

Als Yoko aus dem Krankenhaus zurückkehrte, hatte sie sich so weit gefaßt, daß sie der Öffentlichkeit sagen konnte: *»John hat die Menschheit geliebt und für sie gebetet. Tut bitte dasselbe für ihn.«*

John Lennon wurde im Hartsdale Crematorium, New York State, verbrannt. Millionen trauerten um ihn. Pilgerscharen aus aller Welt machten sich auf den Weg, auf Yokos Initiative hin versammelten sich allein 400 000 Menschen im Central Park und hielten ein zehnminütiges Gedenkschweigen ab.

Der Attentäter wurde festgenommen und abgeführt: Mark David Chapman stammte aus Georgia und hatte als Sicherheitswächter in einem Krankenhaus und als Drucker gearbeitet. Am 8. Dezember 1980 war er allein nach New York gekommen und quartierte sich im Olcott Hotel ein, nur zweihundert Meter vom Schauplatz des Mordes entfernt. An jenem Tag lungerte er zunächst vor dem Appartementhaus der Lennons herum und hatte erfolgreich versucht, ein Autogramm von John zu bekommen. Niemand schöpfte Verdacht, denn immer wieder standen Fans vor dem Haus des berühmten Paares und wollten sich Platten signieren lassen.

Später am Abend kehrte Chapman zurück; diesmal hörte er auf

die inneren Stimmen, die ihm sagten, daß er Lennon zu töten habe. Dann ließ er sich festnehmen: *»Ich war ein Niemand und wollte, daß man mich beachtet. John Lennon war nur ein Bild auf meinem Album-Cover. Er war nicht real.«*

Bei einem 15 Minuten langen Verhör vor dem überfüllten Gerichtssaal von Manhattan am 9. Dezember sagte der Staatsanwalt: *»Dieser Mann ist zu einem bestimmten Zweck nach New York gekommen. Er hat durchgeführt, was er sich vorgenommen hatte. Chapman hat die Hinrichtung John Lennons kühl, ruhig, rational und intelligent vorausgeplant.«* Chapmans Anwalt sagte, sein Mandant habe ihm erzählt, er sei immer ein großer Lennon-Fan gewesen: *»Er sagte mir, schon mit zehn Jahren habe er Lennon sehr bewundert. Ich habe den Eindruck gewonnen, daß sein Geist verwirrt ist.«*

Chapman wurde zu einer lebenslangen Freiheitsstrafe verurteilt. Die erste Zeit verbrachte er im Rikers Jail, wurde aber später im Attica State Prison, New York, inhaftiert, das für seine besonders scharfe Bewachung bekannt war und ist. Als Häftling Nummer 81A3860 wurde er bewacht wie kaum ein anderer, da sich der Zorn der anderen Gefangenen vehement gegen ihn richtete. Täglich trafen Haßbriefe aus aller Welt ein, doch keiner dieser Briefe konnte es mit dem aufnehmen, den Chapman 1983 selbst verfaßte. Er war an Yoko Ono, die Witwe seines Opfers, gerichtet. Der Mörder bat sie allen Ernstes um ihre Einwilligung, seine Geschichte schreiben und die Einnahmen des Buches für einen wohltätigen Zweck spenden zu dürfen. Yoko Ono war vor Schock wie betäubt.

20 Jahre nach der Tat wurde über eine vorzeitige Entlassung des »Vorzeigehäftlings« Chapman beraten. Der Mörder John Lennons hatte einen Antrag auf Begnadigung gestellt, doch trotz seiner Versprechen, im Falle seiner Freilassung als Missionar tätig werden zu wollen, wurde sein Antrag abgelehnt.

Ray Coleman, John W. Lennon, Knaur Verlag, München, 1987; Bild am Sonntag, 26. 09. 2000; Hamburger Morgenpost, 26. 09. 2000

Abraham Lincoln
Präsident der USA. 1809–1865

Nach dem Abschluß seines Jurastudiums machte der Anwalt aus einer armen Grenzerfamilie eine rasche politische Karriere. Lincoln, ein glänzender Redner und gewandter Parteitaktiker, wurde 1860 in Chicago, Illinois, von den Republikanern als Präsidentschaftskandidat nominiert. Die Spaltung der demokratischen Partei ermöglichte seine Wahl, die den Austritt der Südstaaten aus den USA und den Sezessionskrieg (1861–1865) verursachte. Seine auf schnelle Wiedereingliederung der Südstaaten abzielende Aussöhnungspolitik stieß auf Ablehnung der Radikalen, doch 1864 wurde er mit 212 gegen 21 Wahlmännerstimmen wiedergewählt und gilt vielen Amerikanern bis heute als Verkörperung der politischen Tugenden ihrer Nation.

Am Abend des 11. April 1865 saß Abraham Lincoln mit einigen engen Freunden zusammen und erzählte ihnen von einem Alptraum, den er zehn Tage zuvor gehabt hatte:

Er war nach einem eher unerfreulichen und anstrengenden Tag eingeschlafen und fühlte plötzlich im Traum eine merkwürdige Stille um sich herum. Dann hörte er unterdrücktes Schluchzen, gerade so, als weinte eine größere Anzahl Menschen leise vor sich hin. Als er aufstand und die Treppe herunterging, wurde das Schluchzen zwar lauter, zu sehen war aber niemand. Lincoln ging von Zimmer zu Zimmer, die ihm alle bekannt vorkamen, hörte immer noch und überall die Klagelaute, sah aber keinen Menschen, bis er schließlich einen Raum betrat, in dem zu seinem Entsetzen ein aufgebahrter Leichnam lag. Um den Toten herum standen viele Soldaten und Trauergäste, von denen einige herzzerreißend weinten. Da das Gesicht des Verstorbenen mit einem Tuch bedeckt war, ging Lincoln zu einem der Soldaten und fragte ihn, wer denn da liege. *»Der Präsident«*, lautete die Antwort. *»Er wurde von einem Attentäter umgebracht.«* In diesem Augenblick schluchzten die Trauernden noch lauter und Lincoln wachte auf.

Er war so verstört, daß er die ganze Nacht nicht mehr schlafen konnte. Der Traum ließ ihn nicht los. Er erzählte ihn noch mehrmals und ein letztes Mal am Tag des Attentats während einer Kabinettssitzung.

Am 14. April 1865 war Lincolns Tag bis zur letzten Minute verplant. Seit den frühen Morgenstunden hatte er im Oval Office gearbeitet und besuchte nach vielen Terminen gegen Nachmittag das Kriegsministerium. Dort bat er, noch immer beunruhigt wegen des Traumes, für den Abend um verschärfte Sicherheitsmaßnahmen und besonderen Personenschutz, der ihm jedoch, da es dafür keinen augenscheinlichen Grund gab, nicht gewährt wurde.

Am Abend war ein Theaterbesuch geplant, doch als der Zeitpunkt nahte, war der Präsident erschöpft und zog in Erwägung, diesen letzten Termin des Tages nicht mehr wahrzunehmen. Dann fiel ihm ein, daß seine Frau General Grant und dessen Gattin eingeladen hatte, mit ins Theater zu gehen, daß der Besuch bereits in den Zeitungen annonciert war, und so beschloß er, doch noch auszugehen. Was er nicht wußte, war, daß die Frau des befreundeten Generals ihrerseits die Pläne geändert und ihre Karten an andere Freunde der Lincolns weitergegeben hatte.

Auch John Wilkes Booth hatte einen im wahrsten Sinne des Wortes »vollen« Terminkalender an diesem 14. April 1865. Der gutaussehende Schauspieler machte mit seinem dunklen Haar und dem gepflegten Schnurrbart zwar auf der Bühne einen guten Eindruck, doch war es ihm zeitlebens nicht gelungen, auch nur annähernd die Erfolge zu erzielen, die seinen ebenfalls schauspielernden Vater und Bruder vergönnt waren. Eifersüchtig versuchte er aus beider Schatten herauszutreten und wählte dafür schließlich statt Shakespeare ein reales Drama. Am nämlichen Tag begann er um 15.00 Uhr nachmittags in einer Bar zu trinken, wechselte eine Stunde später den Standort und bestellte sich eine Flasche Brandy, der er kräftig zusprach, bis er sich weitere zwei Stunden später in einem Etablissement neben dem Ford's Theater dem Whiskey zuwandte.

Mit einstündiger Verspätung trafen der Präsident und seine Frau im Theater ein und begaben sich zu ihrer Loge. Die Vorstellung wurde kurz unterbrochen, während die Zuschauer die Lincolns mit einem Applaus begrüßten; dann wurde das Stück weitergespielt. Der 65jährige Präsident saß mit dem Rücken zur Tür – niemand hatte bemerkt, daß dort im Laufe des Tages offenbar ein Loch hineingebohrt worden war. Als die Vorstellung weiterging, verließ die offizielle Bewachung Lincolns, ein alkoholkranker Polizist namens John Parker, seinen Platz, um es sich in der nächsten Kneipe bequem zu machen. So blieb zum Schutz des Präsidenten nur ein Mitarbeiter mit Namen Charles Forbes vor der Tür der Loge.

Kurz nach 22.00 Uhr betrat John Wilkes Booth das Theater. Im Foyer sah ihn Jeannie Gourlay, eine seiner Kolleginnen, die später zu Protokoll gab, er habe einen verstörten Eindruck gemacht und sei mit wirrem Blick umhergelaufen. Ungehindert kam Booth bis zu Charles Forbes, dem er sagte, er sei ein Bote, der dem Präsidenten eine Nachricht zu bringen habe. Forbes war leicht zu überzeugen und ließ den Attentäter passieren. Der blockierte eine Tür hinter sich, so daß man ihn nicht verfolgen konnte, und spähte durch das Loch in der Tür, das er zuvor gebohrt hatte, in die Präsidentenloge. Dort saß Lincoln und schaute auf die Bühne. Booth war zufrieden und wartete nur noch auf seinen großen Auftritt. Den wollte er inszenieren, wenn im dritten Akt eine bestimmte Szene gespielt würde, die meist zu großem Gelächter im Publikum führte, so daß der Schuß nicht zu hören sein würde. Das Lachen kam, Booth öffnete die Tür, schlich in die Loge, zog seine Pistole und schoß dem Präsidenten von hinten direkt in den Kopf. Während der nach vorne kippte, trat Booth ins Scheinwerferlicht und schrie: *»Hic semper tyrannis!«* In diesem Augenblick griff ihn der Begleiter des Präsidenten an, doch mit den Worten *»der Süden ist gerächt«* verletzte ihn Booth mit einem Messer. Dann kletterte er auf die Brüstung der Loge und sprang beherzt in die Tiefe. Booth kam so unglücklich auf der Bühne auf, daß er sich das linke Schienbein brach und fast auf sein Gesicht fiel. Dennoch gelang es ihm in der allgemeinen Verwirrung, den Ort des Geschehens humpelnd zu verlassen, sein draußen wartendes Pferd zu besteigen und im Schutz der Dunkelheit zu entkommen.

Inzwischen waren mehrere Ärzte an Lincolns Seite und stellten übereinstimmend fest, daß er tödlich getroffen war. Man brachte den Präsidenten in eine kleine Pension in der Nähe, wo er in den folgenden neun Stunden mit dem Tod kämpfte. Seine Frau wurde so hysterisch, daß man ihr befehlen mußte, den Raum zu verlassen. Abraham Lincoln starb am Morgen des 15. April um 7.22 Uhr.

Es dauerte nicht lange, und die Ermittlungen ergaben, daß Booth keineswegs ein verrückter Einzeltäter war, der den Präsidenten getötet hatte, sondern Mitglied einer Bande von Verschwörern. Und tatsächlich wurde bald darauf klar, daß Booth Lincoln und General Grant hatte ermorden wollen, während seine Mitverschwörer gleichzeitig ihre Aufgaben hätten erfüllen sollen. Lewis Paine hatte den Befehl, Staatssekretär William Seward umzubringen, und George Atzerodt sollte Vizepräsident Andrew Johnson für immer zum Schweigen bringen. Am 14. April um 22.00 Uhr, als Booth seinen Teil des Plans ausführte, hatte sich Paine in das Haus des Staatssekretärs eingeschlichen und attackierte ihn heftig mit einem Messer. Doch keine der Wunden, die er ihm an Kopf und Hals zufügte, war tödlich. In einem anderen Teil der Stadt verlor derweil Atzerodt die Nerven und beschloß, sich lieber zu betrinken, als den Vizepräsidenten umzubringen.

Booth hatte inzwischen die erste Etappe seiner Flucht bewältigt und einen weiteren Verschwörer, David Herold, getroffen. Mit dessen Hilfe gelang es, einen Arzt zu finden, der sich seines Beines annahm. Gemeinsam mit Herold gelangte Lincolns Mörder schließlich in den Bundesstaat Virginia und wähnte sich in Sicherheit. Doch seine Verfolger waren nicht untätig. Überall hingen Fahndungsplakate, die hohe Belohnungen für die Ergreifung der Bande versprachen. Im Verlauf der Untersuchungen wurden fast 2000 Leute verhaftet, meist jedoch schnell wieder auf freien Fuß gesetzt. Schließlich gelang es Truppen am 26. April 1865, Booth und Herold in einem Schuppen zu stellen. Die beiden wurden aufgefordert, sich zu ergeben, doch während Herold sich zitternd vor die Tür des Schuppens wagte, weigerte sich der Attentäter, es ihm gleich zu tun. Die Truppen umzingelten die Hütte und setzten sie in Brand. Dann hörte man einen Schuß. Bis heute ist nicht eindeutig geklärt, ob Booth sich selbst verletzte oder ein Soldat auf ihn feuerte. Er wurde schwer verwundet aus dem brennenden Schuppen geborgen, seine letzten Worte lauteten: *»Sagt meiner Mutter, ich sterbe für mein Land.«* In dem Tagebuch, das man nach seinem Tod bei ihm fand, klagte er über das mangelnde Verständnis für seine Tat. *»Ich bin verzweifelt. Und warum? Weil ich getan habe, wofür man Brutus ehrte, wofür man Tell unter die Helden hob. Aber auf mich, der ich einen größeren Tyrannen erschlug als alle bisher bekannten, sieht man herab wie auf einen gemeinen Meuchelmörder.«*

Vidal Gore, Abraham Lincoln, Hoffmann und Campe, Hamburg, 1985; Edmund Lindop, Assassinations That Shook America, F. Watts, New York,1992

Huey Pierce Long
Amerikanischer Politiker. 1893–1935

Der Rechtsanwalt und Demokrat mit dem Spitznamen »Kingfish« errichtete als Gouverneur und Senator von Louisiana während der Weltwirtschaftskriese mit Demagogie, Einschüchterung, Korruption und einem autoritär durchorganisierten Parteiapparat eine diktaturähnliche Herrschaft mit antikapitalistischer Tendenz. Arbeitsbeschaffung durch lange vernachlässigte öffentliche Bauten, Förderung des Bildungswesens und ein zugkräftiges Programm einer Umverteilung des Besitzes »Share our Wealth« machten Long zum gefährlichsten Gegner des ursprünglich von ihm unterstützten Franklin D. Roosevelt in der Demokratischen Partei. Sein Machtstreben und seine brutalen Methoden trugen ihm den Vorwurf des Faschismus ein.

L

Engagiert versuchte Huey P. Long seine populären Reformen für einen steigenden Wohlstand durchzusetzen, um gleichzeitig durchaus von den persönlichen und politischen Vorteilen, die seine Ämter mit sich brachten, zu profitieren. In der Hoffnung auf das höchste Amt im Staat, versuchte Long, sich gegen Präsident Roosevelt zu profilieren. Die Wahlen 1936 nahten – und es sah so aus, als könnte er Erfolg haben. Viele arme Weiße waren begeistert von seinem Vorschlag, hohe Erbschafts- und Vermögenssteuern zu erheben, um den Wohlstand im Land umzuverteilen. Wütend nahm Roosevelt den werbewirksamen Slogan seines Gegners zur Kenntnis: *»Jeder ist ein König, doch keiner sollte eine Krone tragen.«*

Long war jedes Mittel recht, um populär zu werden, er kooperierte sogar mit der Mafia, die sich mit großzügigen finanziellen Zuwendungen erkenntlich zeigte. Doch auch wenn ihm seine Parolen in den unteren weißen Schichten viele Anhänger bescherten, gab es genügend Menschen, die gegen Long waren. Einer von ihnen war der 29jährige Carl Austin Weiss, ein exzellenter Hals-Nasen-Ohrenarzt und friedlicher Familienmensch. Weiss war verheiratet mit Yvonne Pavy, der Tochter eines Richters, der wenn auch in untergeordneter Position, so doch mit Verve Oppositionspolitik gegen Long betrieb. Ihn hatte Huey P. Long – wie viele andere vor ihm – entmachtet, um sicherzustellen, daß er in seinem Wahlkreis keine Chance gegen ihn hatte. Die Aktion hatte Weiss, dessen Eltern Long verabscheuten, hochgradig erbost. Der Arzt selbst war bis dahin niemals politisch in Erscheinung getreten. Wenn er nicht behandelte oder operierte, beschäftigte er sich mit seiner Familie oder entwarf neue medizinische Instrumente.

Am Morgen des 8. September 1935 ging er wie üblich seiner Arbeit nach und bestätigte gegen Spätnachmittag noch einen Operationstermin, den er am folgenden Tag wahrzunehmen hatte. Gegen Abend begab sich Weiss nach Hause, zog sich einen weißen Leinenanzug an und sagte seiner Frau, er habe noch ein paar Hausbesuche zu machen. Der Arzt setzte sich in sein Auto und fuhr zum Statehouse, das Long in seiner Zeit als Gouverneur für etwa fünf Millionen Dollar hatte bauen lassen. Weiss parkte seinen Wagen, stieg die Stufen des Gebäudes hinauf und ging direkt zum Büro des von Long persönlich inthronisierten Nachfolgers Oscar Allen. Zeugen beschworen später, daß er vor dem Zimmer auf und ab ging, indem er fortwährend wiederholte: *»Jetzt dauert's nicht mehr lange.«*

Long hatte am Abend gegen 21.30 Uhr eine Sitzung verlassen und hastete von seinen Bodyguards verfolgt einen Flur entlang, als plötzlich ein in weißes Leinen gekleideter Mann vor ihm auftauchte, ein paar Schritte an seiner Seite ging, eine automatische Pistole zog und sie Long in die Seite drückte. Dann feuerte Weiss wortlos in den Unterleib seines Opfers. Long schrie auf, schwankte, hielt sich die rechte Seite und floh heftig blutend in Richtung Ausgang. Am Fuß der Treppe fiel er einem Angestellten in die Arme und brach mit den Worten *»Jimmy, mein Junge, ich bin angeschossen«* zusammen. James O'Connor zog seine Waffe und half dem verletzten Senator in einen Wagen, der ihn zum nächsten Krankenhaus brachte.

Inzwischen war Weiss von den Leibwächtern überwältigt worden. Sie hatten ihn zu Boden geworfen und nicht weniger als 61 Kugeln auf ihn abgefeuert. 30 Geschosse drangen in seinen Brustkorb, 29 in seinen Rücken, zwei steckten im Kopf. Der tote Attentäter lag auf dem polierten Marmorboden, sein ehemals weißer Anzug rot vor Blut. Sein Opfer befand sich derweil bei vollem Bewußtsein auf einem Operationstisch. Die Ärzte teilten ihm mit, sie müßten die Wunde erst reinigen. Long schnappte: *»Also los, dann macht sie sauber!«* und biß die Zähne zusammen, um den Schmerz ohne Narkose aushalten zu können. Zehn Leute hatten sich bereit erklärt, die überlebensnotwendige Blutspende zu leisten, die Wahl fiel auf einen engen Freund des Senators. Während der folgenden Notoperation gelang es den Medizinern, die Blutung zu stoppen, sie sahen jedoch, daß die Kugel eine Niere durchschlagen und lebensgefährlich verletzt hatte. Senator Huey P. Longs Zustand verschlechterte sich, er mußte mit weiteren Blutkonserven versorgt werden und starb am 10. September um 4.20 Uhr morgens. Etwa 30 000 Menschen erwiesen ihm die letzte Ehre.

1946 schrieb Robert Penn Warren eine meisterhafte Novelle über Longs Leben mit dem Titel »All the King's Men« und gewann damit den Pulitzerpreis. Drei Jahre später wurde das Buch verfilmt – der Film wurde 1949 mit dem Academy Award ausgezeichnet.

William Ivy Hair, The Kingfish and his Realm: The Life and Times of Huey P. Long, Louisiana State University Books, Baton Rouge, 1991; David Zimman, The Day Huey Long Was Shot, Obolensky, New York, 1975

Louis Philippe

»Bürgerkönig« der Franzosen. 1773–1850

Nach der Hinrichtung seines Vaters erhielt Louis Philippe den Titel Herzog von Orléans und focht zunächst als General in den französischen Revolutionsheeren. 1793 wechselte er zu den Österreichern über und lebte – mit einer Unterbrechung 1814/15 – bis 1817 in der Emigration. Während der Restauration näherte sich Louis Philippe der liberalen Opposition. Nach der Julirevolution bestieg er aufgrund des Kammerbeschlusses vom 7. August 1830 den Thron und führte seine Regierung gestützt auf das liberale Großbürgertum im Geiste des »Justemilieu«. 1848 wurde er gestürzt, entsagte dem Thron, floh nach Großbritannien und lebte dort als Graf von Neuilly.

Wie durch ein Wunder entging Louis Philippe während seiner Regierungszeit einer ganzen Reihe von Anschlägen, die vor allem aus den Reihen der Republikaner gegen ihn unternommen wurden. So auch am 19. November 1832, als sich der König zu Pferde auf dem Weg zum Palast Bourbon zur Eröffnung der Deputiertenkammer befand. Gerade hatte er das Ende der Königsbrücke erreicht, da fiel ein Schuß. Ein General warf sich sofort in die Menschengruppe, aus der der Schuß gekommen war, und sah, wie eine junge geistesgegenwärtige Frau den Attentäter am Ärmel packte. Sie vermochte ihn jedoch nicht zu halten, so daß der Mann unerkannt fliehen konnte. Derweil ritt der unverletzte König weiter. Er war nicht einmal vom Pferd gestiegen und eröffnete mit seiner Rede die Kammer, als wäre nichts geschehen.

Im Juli 1835 sollte ein großes Fest gefeiert werden, in dessen Rahmen am 28. die große Heerschau über die Bürgergarde auf dem Programm stand. Schon vor dem 8. Juli hatte ein Kurier aus den Provinzen gemeldet, es gebe eine Verschwörung gegen das Leben des Königs. Die polizeilichen Nachforschungen ergaben nichts, doch gingen in den folgenden Tagen immer mehr anonyme Warnungen ein, die schließlich sehr konkret wurden und die Gegend um das Theater »Ambigu« als den Tatort bezeichneten. An den für gefährlich gehaltenen Punkten wurden Wachen postiert, und das Fest nahm seinen Lauf.

Der 28. Juli glühte in der Sonne. Auf den Boulevards standen die Truppen, und der König nahm in Begleitung seiner Söhne, einiger Minister, Marschälle und Generäle sowie seines Stabes die Parade ab. Da man im Schloß die Warnungen kannte, waren alle angewiesen, das Geschehen aufmerksam zu beobachten, und einer der Söhne Louis Philippes sagte zu seinem Bruder: *»Halten wir uns dicht an den König, decken wir ihn mit unseren Körpern, wenn unsere Feinde einen Angriff wagen sollten.«* Gemeinsam hatten sie bereits die nicht unerhebliche Strecke von der Magdalenenkirche bis zu den Wasserspielen am Ende des Boulevards St. Martin zurückgelegt, als plötzlich das Krachen eines Gewehres den Jubel der Zuschauer übertönte. Pferde scheuten, Menschen schrieen, doch im allgemeinen Durcheinander erscholl: *»Der König ist unverletzt!«* Und tatsächlich, auf wundersame Weise war Louis Philippe, der mit seinen Söhnen dem Gefolge eine Pferdelänge vorausgeritten war, dem Kugelhagel entgangen. Die traurige Bilanz des Anschlags ergab 21 Verletzte, von denen elf noch am Tatort starben. Louis Philippe, der nur einen geringfügigen Streifschuß erlitten hatte, überzeugte sich zunächst davon, daß die Verwundeten versorgt wurden, dann straffte er die Zügel seines Pferdes und ritt begleitet von seinen Söhnen und den Hochrufen der Zuschauer weiter. Inzwischen hatten die Wachen ein Haus ausgemacht, aus dessen oberem Fenster unter herabgelassenen Vorhängen Pulverdampf hervorquoll. Polizisten und Nationalgarde umstellten das Gebäude, stürmten es und drangen in das Zimmer ein. Sie fanden ein noch dampfendes 20läufiges Geschütz. Einige der Gewehrläufe waren geborsten, andere nicht losgegangen, sie enthielten Kugeln und gehacktes Blei. Nachbarn hatten beobachtet, daß sich ein Mann mit blutenden Gesichtsverletzungen aus dem Küchenfenster des oberen Stockwerks mit einem Seil auf ein Vordach herabgelassen hatte und dabei einen Blumentopf umstieß, der einem unten stehenden Polizisten direkt vor die Füße fiel. Dieser schrie aus voller Kehle: *»Da ist der Mörder – er flieht über das Dach!«* Der Mann kletterte in ein Fenster des Nachbarhauses, versuchte dort über die Treppe ins Freie zu gelangen und lief unten der wartenden Polizei direkt in die Arme. Mühsam gelang es, den Verdächtigen vor der aufgebrachten Menge zu schützen, während er abgeführt wurde.

Inzwischen nahm der König – äußerlich völlig ungerührt – weiterhin die Paraden ab. Gegen 17.00 Uhr kehrte er in die Tuilerien zurück, wo ihn viele Gratulanten erwarteten. Er entzog sich den überschwenglichen Glückwünschen, um mit seiner Frau die Witwe eines seiner bei dem Anschlag getöteten Marschälle zu besuchen. Dieser war schon etwas betagter gewesen, und man hatte ihn am Morgen des Tages versucht zu überreden, wegen der sengenden Hitze und den damit verbundenen Strapazen nicht an der Parade teilzunehmen. *»Nein! Nein! – Es könnte etwas vorfallen; ich bin groß, vielleicht kann ich den König decken«*, war die Antwort des loyalen Offiziers gewesen.

Die Polizei vernahm den Gefangenen, der seinerseits so schwer verletzt war, daß man ihn nur unvollkommen verhören konnte. Es handelte sich um den Korsen Joseph Fieschi, der weder bereit noch in der Lage war, mehr als seinen Namen und ein Geständnis der Tat von sich zu geben. Über mögliche Mittäter oder Hintermänner schwieg er sich beharrlich aus. Mittels Zeugenaussagen gelang es schließlich, herauszubekommen, daß er mehrfach von denselben Männern Besuch gehabt hatte. Unter ihnen war auch ein Onkel Fieschis, der wie die anderen festgenommen wurde. Am 30. Januar, sechs Monate nach dem Attentat, begann die Verhandlung. Fieschi, der wegen Viehdiebstahls bereits eine mehrjährige

Zuchthausstrafe verbüßt hatte, gab zu, daß es ihm vor allem darum ging, berühmt zu werden. Wissend, daß er dem Schafott nicht entgehen würde, genoß er grinsend die Aufmerksamkeit, die ihm das Verbrechen verschaffte. Am Abend des 15. Februar sprach der Pairgerichtshof das Urteil: Fieschi, sein Onkel und ein weiterer Mittäter wurden zum Tode verurteilt, ein weiterer Verschwörer erhielt 20 Jahre Zwangsarbeit. Am Morgen des 19. Februar wurde der Schuldspruch vollstreckt. Der alte Onkel konnte wegen eines Gichtanfalls die Stufen zum Schafott nicht allein heraufsteigen und ärgerte sich: *»Schade, daß die Beine mir den letzten Dienst versagen. Man wird glauben, ich hätte Furcht.«* Das von Fieschi gebaute Geschütz ist heute als eines der Prachtstücke des französischen Nationalarchivs im Hôtel de Soubise zu besichtigen.

L

Im Juni 1836 hielt sich der Hof in Neuilly auf. Von dort kam der König oft nach Paris, um an Ministersitzungen teilzunehmen oder Staatsaudienzen zu gewähren. Am 25. Juni gegen 18.00 Uhr bestieg Louis Philippe in Begleitung seiner Frau und seiner Schwester die Kutsche, um zum Abendessen nach Neuilly zu fahren. Der Wagen stand an einem Seitenflügel im Inneren des Tuilerienhofes und mußte rechts in einen schmalen Torweg einbiegen, der zur Uferstraße an der Seine führte. Gerade als er dort ganz langsam fuhr, legte ein Mann, der sich hart am Eingang des Tores postiert hatte, seine Stockflinte auf das Kutschenfenster auf und schoß in die Kabine – ohne jemanden zu treffen. Die Kugel wurde später aus dem Wagenkasten gezogen, wo sie steckengeblieben war. Louis Philippe hatte sich just im Augenblick des Schusses vorgebeugt, um die salutierende Schildwache zu grüßen, diese Geste rettete ihm das Leben. Ein Polizeiaufseher packte den Attentäter, während die Kutsche sofort weiterfuhr. Gattin und Schwester des Königs waren außer sich, doch Louis Philippe zeigte sich auch diesmal ungerührt. Er werde der Vorsehung nicht entgehen, bis jetzt habe sie es gut mit ihm gemeint, aber in seiner Position könne man eben jederzeit Opfer eines Anschlags werden, beschwichtigte er die beiden Frauen fatalistisch.

Der Schütze wurde auf die Wache geführt, wo man binnen kürzester Zeit seinen Namen ermittelte: Alibaud, so nannte er sich, war 25 Jahre alt, blatternarbig, schlecht gekleidet und ungepflegt. Sechs Monate lang hatte er jeden Schritt des Königs verfolgt und nach einer günstigen Gelegenheit, ihn zu töten, gesucht. Eine Stunde vor dem Anschlag war er vor dem Tor auf und ab gegangen und hatte den fragenden Wachen gesagt, er sei hierher bestellt worden und warte auf jemanden. Alibaud war geständig und bedauerte zutiefst, sein Opfer nicht getroffen zu haben. Im Geiste fühlte er sich den republikanischen Aufrührern verbunden, fand das Volk erniedrigt und den König den Todfeind aller Völker. *»Ich habe meinen Vorsatz niemand anvertraut, aber 20000 sind bereit, wie ich, das Leben an den Tod des Königs zu setzen. Mein Name beginnt mit dem ersten Buchstaben des Alphabets, der König hat alle folgenden zu fürchten. Welches auch mein Los werde, mein Name wird in ganz Europa bekannt, und meine Hingebung wird von allen wahren Patrioten geehrt werden.«*

Am 8. Juli begann der Hochverratsprozeß gegen Alibaud. Er hielt ein derart flammendes Plädoyer für den Königsmord, daß das Gericht den anwesenden Zeitungsreportern verbot, die Rede zu drucken. Am 11. Juli wurde Alibaud hingerichtet.

Wieder gingen Hinweise auf einen bevorstehenden Anschlag ein, so daß die Parade, die für den 29. Juli vorgesehen war, abgesagt wurde. Es gelang, eine Verschwörung aufzudecken, deren Teilnehmer bis dahin vor allem Flugblätter verfaßt und verteilt hatten: *»Louis Philippe mit seiner Familie muß von der Erde vertilgt werden. Das einzig würdige Ziel eines Mannes ist, ein Volk zu revolutionieren. Das einzig würdige Ziel eines Volkes, die Welt zu revolutionieren.«* Die meisten der Verschwörer wurden der »geheimen Fabrikation von Pulver« für schuldig befunden und zu Gefängnisstrafen und Geldbußen verurteilt.

Am 27. Dezember desselben Jahres verließ der Zug des königlichen Gefolges wiederum den Tuilerienpalast, um sich zu einer Sitzung zu begeben. Vor dem Wagen des Königs fuhr der der Königin, in dem sich auch die Schwester des Regenten sowie seine beiden Töchter befanden. Dann folgte die königliche Kutsche mit Louis Philippe und seinen Söhnen. Plötzlich flog eine Kugel durch die Fensterscheibe und verfehlte den König um Haaresbreite. Sie sauste zwischen den Prinzen in den Wagenkasten und blieb dort stecken. Zwei Prinzen wurden durch die Glassplitter der Scheibe geringfügig an Hals und Wange verletzt – der König bewahrte wie immer stoische Ruhe und eröffnete kurz darauf die Sitzung der Kammer. Die Nachricht von dem erneuten Anschlag hatte sich wie ein Lauffeuer verbreitet; Pairs und Abgeordnete begrüßten den König mit donnernden Hochrufen, während die Königin und ihre Töchter weinend auf der Tribüne standen. Louis Philippe hielt seine vorbereitete Rede und wich nur vom Konzept ab, um dem Himmel für seinen Schutz und der Nation für die Teilnahme zu danken.

Der Attentäter war sofort festgenommen und abgeführt worden. Als er an der Nationalgarde vorbeikam, rief diese: *»Es lebe der König!«* Worauf der Gefangene erbost zurückgab: *»Tod dem König! Man wird ihn schon treffen!«*

Im Verhör gestand er seine Tat und bedauerte mehrmals, sein Opfer nicht getroffen zu haben. Der Mann weigerte sich, seinen Namen zu nennen, und gab an, keine Mittäter zu haben. Um nicht identifizierbar zu sein, hatte er sogar die Zeichen aus seiner Wäsche getrennt. Die Polizei gab eine detaillierte Beschreibung des Mannes heraus und ließ sie in verschiedenen Zeitungen veröffentlichen. Wenig später meldete sich tatsächlich eine gewisse Madame Meunier mit dem Verdacht, es könne sich um ihren Sohn handeln. Unfähig, dem Gefangenen selbst gegenüberzutreten, schickte sie ihren Bruder auf die Wache, der seinen Neffen sofort erkannte. Mit seiner Aussage gelang es, die Hintergründe der Tat zutage zu fördern. Meunier Junior entpuppte sich als wüster Trunkenbold mit liederlichem Lebenswandel. Offenbar hatte er in einer Wirtschaft zwei Mitglieder der berittenen Nationalgarde kennengelernt, mit ihnen ein Komplott ausgeheckt und schließlich gelost, wer von ihnen Louis Philippe töten sollte. Am 26. April wurde er zum Tode verurteilt, wenig später jedoch vom König zu lebenslanger Haft begnadigt und später im Rahmen einer allgemeinen Amnestie nach Amerika verbannt. Die beiden Nationalgardisten wurden freigesprochen mit der Begründung, außer der Aussage Meuniers gebe es keinen Beweis für ihre Mitschuld.

Am 20. Februar 1837, also zwei Monate nach Meuniers Attentat, wurde ein Arbeiter namens Champion verhaftet. Sein Hauswirt hatte bemerkt, daß der Mann an einer Maschine bastelte, die er immer hektisch zudeckte, sobald jemand in seine Nähe kam. Er meldete seinen Mieter der Polizei. Champion war so überrascht vom Besuch der Gendarmen, daß er sich von seinen Mitverschwörern verraten glaubte und unumwunden zugab, soeben eine Tötungsmaschine für den König fast fertiggestellt zu haben. Er wurde verhaftet und entzog sich den Verhören, indem er sich trotz strengster Bewachung in der Zelle mit seinem Halstuch erhängte.

Im selben Jahr am 6. Dezember traf ein Mann mit dem Londoner Paketboot in Boulogne ein, der, als er den Zollhafen verließ, seine Brieftasche verlor. Die Zollbeamten fanden sie und gaben die Börse gewissenhaft bei der Polizei ab. Die staunte nicht schlecht über den Inhalt, denn außer eindeutig gefälschten Papieren fanden sie ebenso eindeutige Hinweise auf ein geplantes Attentat. Noch war der Mann, der sich Hubert nannte, nicht weit gekommen, nämlich nur bis zur nächsten Kneipe, da wurde er auch schon verhaftet. Die Ermittlungen ergaben, daß er bereits bei dem Anschlag in Neuilly dabeigewesen und später anläßlich einer Amnestie aus der Haft entlassen worden war. In Huberts Hutfutter entdeckten die Polizisten den kolorierten Plan einer Tötungsmaschine, die der seinerzeit von Fieschi gebauten auf die Schraube glich. Es gelang, auch die Mitverschwörer zu entlarven, deren einer den Gendarmen bereitwillig Auskunft gab. Hubert wurde zu lebenslanger Haft, seine Komplizen zu Gefängnisstrafen zwischen drei und fünf Jahren verurteilt.

Doch noch immer war kein Ende der Verschwörungen abzusehen, Arbeiter, Handwerker, Buchdrucker, Mützenmacher, Sattler, Tischler und Zeichner, alle möglichen Männer schlossen sich zu verschiedenen Verbindungen zusammen und waren sich einig, die Monarchie mußte ein für allemal beendet werden, eine Republik an ihre Stelle gesetzt werden. Am 12. Mai 1889 tauchte ein Flugblatt auf, dessen Inhalt dies eindeutig bewies: *»Die erste Aufgabe ist, Louis Philippe anzugreifen; die Personen seines Gefolges kommen nachher. Es ist unbedenklich schön, ein Gottesleugner zu sein, aber das allein ist nicht hinreichend. Man ist nicht ein Mann des Blutes, um das Blut der Schuldbeladenen sparsam fließen zu lassen. Es gibt nur ein einziges Mittel, dessen Anwendung fruchtet: Königsmord, Tyrannenmord, Meuchelmord, oder wie immer man diese heldenmütige Handlung nennen will!«*

Am 15. Oktober 1840 fühlte sich wieder jemand berufen, dem Leben des Königs ein Ende zu machen. Gegen 17.45 Uhr war

Louis Philippe mit Gattin und Schwester in seine Kutsche gestiegen, um nach St. Cloud zum Essen zu fahren. Als der Wagen am Seine-Ufer an den Wachposten vorbeifuhr, fiel ein Schuß, und mehrere Kugeln trafen die Kutsche. Zwei Lakaien trugen leichte Verletzungen davon, die königliche Familie blieb unbeschadet. Der Attentäter wurde von der Schildwache überwältigt und abgeführt. Marie Ennemond Darmès, so der Name des 43jährigen Kommunisten, war schwer verletzt. Sein mit fünf Kugeln und Schrot völlig überladener Karabiner war beim Schießen zersprungen und hatte ihn so verwundet, daß ihm am nächsten Morgen drei Finger abgenommen werden mußten. Er gestand die Tat, zeigte sich verärgert darüber, daß er nicht getroffen hatte, und nahm sein Urteil mit Gleichmut entgegen: Am 29. Mai 1841 wurde er zum Tode verurteilt und einen Tag später morgens um 7.00 Uhr hingerichtet.

Im September 1846 fand ein Konzert im Garten der Tuilerien statt. Wie üblich zeigte sich der König mit seiner Familie auf dem Balkon des Palastes, als ein arbeitsloser Stahlarbeiter namens Henry aus einer Pistole auf ihn feuerte, jedoch nicht traf. Henry war pleite, ein unpolitischer Wirrkopf und zweifelsfrei Einzeltäter – er kam mit Zwangsarbeit auf Lebenszeit davon.

Louis Philippe regierte noch eineinhalb Jahre, dann trat er zurück und verbrachte die Zeit bis zu seinem 77. Lebensjahr in Großbritannien.

Christian Reich, Ludwig Philipp der Erste, Hallberger'sche Verlagsbuchhandlung, Stuttgart, 1851, 3 Bände

Patrice Hemery Lumumba
Kongolesischer Politiker. 1925–1961

Nach dem Besuch von Missionsschulen trat Lumumba in den Postdienst ein. 1958 war er einer der Mitgründer des »Mouvement National Congolais« (MNC) und setzte sich für einen zentralistischen und »fortschrittlichen« Einparteienstaat ein. Am 30. Oktober 1959 von der belgischen Kolonialregierung zu sechs Monaten Haft verurteilt, wurde er jedoch im Januar/Februar 1960 zu der Unabhängigkeitskonferenz für Belgisch-Kongo hinzugezogen. Am 23. Juni 1960 wählte das Parlament Lumumba zum Ministerpräsidenten der Zentralregierung der ab 30. Juni 1960 unabhängigen Demokratischen Republik Kongo (1971–1997 Zaire). Nach dem Militärputsch vom September 1960 und dem Einsatz von UN-Truppen wurde Lumumba am 2. Dezember 1960 verhaftet, nach Katanga verschleppt und ermordet.

Lumumba war im Dezember 1958 der unangefochtene Held der Panafrikanischen Konferenz in Accra, der Hauptstadt des gerade unabhängig gewordenen Ghana. War damals auf belgischer Seite noch von einem langsamen Übergang der Kongo-Kolonie zur Unabhängigkeit die Rede gewesen, erzwang Lumumba im Januar 1960 die Festsetzung des Unabhängigkeitstermins auf den 30. Juni desselben Jahres – in einem Land, dessen Kolonialherren jegliche höhere Bildung oder selbstverantwortliche Tätigkeit auf seiten der Afrikaner bis dahin verboten hatten. Lumumba wollte die Freiheit im Laufschritt, die Belgier wollten ihren unruhig gewordenen Besitz loswerden. Der Unabhängigkeitstag war begleitet von ethnischen Unruhen in der Hauptstadt. Binnen drei Wochen herrschte das komplette Chaos: Belgische Truppen kämpften gegen Kongolesen, es entwickelte sich ein Bürgerkrieg.

»Wir wollen, daß der Kongo ein wirklich freies Land wird, in dem die schwarzen und weißen Einwohner gemeinsam in Frieden leben können …« Lumumbas Ziel war der Aufbau einer nationalen Identität der freien Bürger des Kongo, sein Traum ähnelte dem Nelson Mandelas: die Versöhnung alter und neuer Herrscher in einem allumspannenden Werk nationaler Einheit. In der Wahl der Mittel war er allerdings, wie in dieser Zeit üblich, unbekümmert. Am 25. August 1960 eröffneten seine Soldaten das Feuer auf Demonstranten in der Hauptstadt, als gerade eine internationale Konferenz beginnen sollte. Kommandeur: ein gewisser Joseph Désiré Mobutu. Er, ehemals ein loyaler Anhänger Lumumbas, sollte in den Jahren nach dessen Sturz und Ermordung die Macht im Kongo an sich reißen und in dem von ihm in »Zaire« umbenannten Land eines der schlimmsten Willkürsysteme der Welt errichten. Er begann sein Werk als Fortführer der Arbeit Lumumbas, doch am 1. Dezember 1960 waren es Mobutu-treue Soldaten, die Lumumba verhafteten und in Mobutus Privathaus in der Hauptstadt brachten. *»Presse- und Radioberichte ergeben, daß Lumumba bei seiner Verhaftung brutal mißhandelt und von den Sol-*

daten mit Gewehrkolben geschlagen wurde«, hieß es einige Tage später in einem UN-Bericht. *»Als er am Flugplatz in Njili aus dem Flugzeug stieg, berichteten UN-Beobachter, daß er seine Brille nicht mehr hatte und ein schmutziges Hemd trug; sein Haar war zerzaust; er hatte einen Bluterguß auf der Wange und seine Hände waren hinter dem Rücken zusammengebunden. Er wurde in ein Armeefahrzeug gestoßen und weggefahren.«*

Zu seiner Ermordung wurde der Ex-Premier von Leopoldville nach Katanga geflogen. Auf dem Weg gab es ernste Schwierigkeiten mit dem Piloten, der sich bei den Soldaten beschwerte, daß ihre endlosen Schlagorgien gegen Lumumba das Flugzeug beschädigen könnten. Nach der Landung wurde Lumumba von der Plattform der Gangway in einen LKW gestoßen, der im angrenzenden Busch verschwand und einige Kilometer südlich des Flughafens vor einem Termitenbau hielt. Nach tagelanger Folter wurde Lumumba schließlich in der Nacht vom 17. auf den 18. Januar 1961 erschossen. *»Na, bist du immer noch unverletzbar? Kannst du immer noch Kugeln ausspucken?«* Das sollen die letzten Worte gewesen sein, die Lumumbas Peiniger an ihn richteten. Der kongolesische Unabhängigkeitsheld soll zu diesem Zeitpunkt halb bewußtlos vor einem Termitenbau gelegen haben; um ihn herum standen Soldaten der Katanga-Armee, belgische Söldner und vermutlich höchstpersönlich Moise Tshombé, der Präsident von Katanga. Nachdem man Lumumba zum Abschluß noch ein Bajonett in der Brust gebohrt hatte, gab man ihm endlich den Todesschuß. Doch der Mord blieb Staatsgeheimnis. Am 24. Januar, eine Woche später, veröffentlichte UN-Generalsekretär Dag Hammerskjöld Briefe an die Regierung Katangas, in denen er bat, den vermeintlich immer noch gefangengehaltenen Lumumba freizulassen. Am 10. Februar meldete der katangische Rundfunk, Lumumba sei mit seinen Mithäftlingen aus der als Gefängnis dienenden Farm Kasavi ausgebrochen, und es wurde ein Kopfgeld von 400000 belgischen Francs ausgeschrieben. Drei Tage danach meldete Innenminister Godefroid Munongo, die Bewohner eines kleinen Dorfes hätten Lumumba und die anderen massakriert. Die Begründung lieferte der Politiker gleich mit: Die angeblich verantwortlichen Dorfbewohner *»haben den Kongo und die Welt um ein Problem erleichtert, das die Existenz der Menschheit gefährdete«*. So unbeteiligt, als sei ein alter Laternenpfahl abhanden gekommen, teilte der Innenminister in einer Pressekonferenz am 13. Februar mit, Lumumba sei auf der Flucht erschlagen worden. Wo, sei geheim, wo er begraben sei, ebenfalls – und wer dieser Darstellung nicht glaube, der möge das Gegenteil beweisen. Im übrigen sei es die Sache nicht wert, noch länger darüber zu reden. Selbst die ausgekochtesten und abgebrühtesten der anwesenden Journalisten trauten ihren Ohren nicht. Noch nie war ihnen der Tod eines Mannes, der wenige Wochen zuvor noch Ministerpräsident eines großen Landes und ein weltpolitischer Faktor gewesen war, in so nüchtern-kaltschnäuziger Form mitgeteilt worden wie der Tod von Patrice Lumumba.

Die Ermordung Lumumbas war ein Komplott zwischen Mobutu und Tshombé, um denjenigen aus dem Weg zu räumen, der das gesamte Land zu einer Revolution aufzuhetzen drohte. Immer wieder wurde allerdings auch der Verdacht geäußert, der CIA habe dabei eine Rolle gespielt. Tshombé wehrte sich vehement gegen eine unabhängige Untersuchung des Vorfalls und behauptete noch 1964 in einem Interview, Lumumba und seine beiden Mithäftlinge seien bereits tot gewesen, als sie in Elisabethville aus dem Flugzeug geladen wurden. Dann habe man sie begraben. Um alle Fährten zu verwischen, habe die Regierung Kongos die Leichen am 28. Februar 1961 allerdings wieder ausgraben lassen und sie vernichtet – aufgelöst in Schwefelsäure.

Werner Raith/Thomas Schmid (Hrsg.), Politische Morde, 17 Fälle des 20. Jahrhunderts, Verlag die Werkstatt, Göttingen, 1996; Stern, 11/1967

M

Francisco Indalecio Madero
Mexikanischer Politiker. 1873–1913

Als der amtierende Präsident seine Legislaturperiode eigenmächtig von vier auf sechs Jahre verlängern wollte, organisierte Francisco Madero eine Anti-Wiederwahl-Partei und führte – ein Novum in der Geschichte – den Wahlkampf mit seiner Frau an der Seite. Gemeinsam bereisten sie das Land, Madero sprach vor allen Schichten der Bevölkerung. Anfangs belächelte ihn die Regierung, doch im Laufe der Zeit merkte man, daß seine Kampagne nicht ungefährlich war, und begann, ihn unter Druck zu setzen. Vergeblich, denn der zierliche Madero mauserte sich für die Mexikaner zu einer Art Symbolfigur – der kleine David, der dem mächtigen Regierungs-Goliath die Stirn bot. Der Nachfahre einer erfolgreichen Spirituosen-Dynastie und Sohn eines vermögenden Grundbesitzers wurde zum Führer der Opposition gegen Präsident Díaz. Mit seinen liberalen Reformvorhaben provozierte er die Konservativen ebenso wie die Sozialrevolutionäre.

Nachdem der amtierende Präsident Porfirio Díaz seinen Herausforderer Madero während der Wahlen hatte inhaftieren lassen und so für weitere sechs Jahre im Amt bestätigt worden war, wurde Madero am 5. Oktober 1910 aus der Haft entlassen und floh nach Amerika. Aus sicherer Entfernung bereitete er revolutionäre Aktivitäten vor, lehnte es ab, Díaz als Staatsoberhaupt anzuerkennen, und proklamierte statt dessen sich selbst als provisorischen Präsidenten, bis Neuwahlen stattfinden würden. Schließlich klagte er Díaz sogar wegen Amtsmißbrauchs an und rief am 20. November die Mexikaner zum Widerstand auf. Verbündete waren schnell gefunden, Pascual Orozco und Francisco »Pancho«

Villa schlugen sich auf Maderos Seite – sie wurden später seine ersten militärischen Führungskräfte –, die Revolution hatte begonnen.

Díaz' Truppen kämpften wacker, wurden jedoch in Nordmexiko in vier großen Schlachten besiegt und mußten klein beigeben. Als alle Versuche, die Situation unter Kontrolle zu halten, fehlschlugen, trat Präsident Díaz schließlich zurück und floh seinerseits nach Amerika. Madero hingegen hielt einen triumphalen Einzug in Mexico City und wurde 1911 zum Präsidenten erklärt. In seinem Bemühen, die Interessen des Landes zu vertreten, die divergenten Gruppen zu harmonisieren und illegale Machenschaften der Vergangenheit zu korrigieren, machte Madero auch vor Verhaftungen nicht halt. Zwei seiner Gefangenen, die Generäle Felix Díaz und Bernardo Reyes, verbündeten sich hinter Gittern und schworen bittere Rache. Im Februar 1913 entließ Madero die beiden Männer aus der Haft; kurz darauf waren sie die Schlüsselfiguren in einem Plan zum Sturz des Madero-Regimes.

Sie organisierten eine militärische Revolte, die zehn Tage dauerte und als die »Tragischen zehn Tage« in die Geschichte Mexikos einging. Präsident Madero vertraute derweil darauf, daß der ihm vermeintlich ergebene General Victoriano Huerta den Aufstand niederschlagen würde, doch Huerta hatte sich heimlich längst mit Díaz und Reyes verbündet. Statt Madero zu unterstützen, forderte er ihn zum Rücktritt auf. Als der Präsident sich weigerte, den Forderungen des Generals nachzukommen, wurden er und sein Vize, Pino Suarez, am 17. Februar 1913 verhaftet. Am selben Tag mußte Gustavo Madero, der Bruder des Regierungschefs, schreckliche Foltern erleiden und wurde schließlich kaltblütig umgebracht.

Die Frau des Präsidenten war außer sich vor Sorge und bat Huerta persönlich um Gnade für ihren Mann. Am 20. Februar traten Madero und Suarez offiziell zurück, nachdem man ihnen Unversehrtheit und freies Geleit ins Exil zugesichert hatte. Zwei Tage später fand in der amerikanischen Botschaft ein Empfang statt. Huerta fragte den Botschafter, Henry Lane Wilson, wie er weiter mit Madero verfahren solle: ins Exil schicken oder in einer Nervenheilanstalt unterbringen? Wilson antwortete angeblich, er solle tun, was für den Frieden in Mexiko am dienlichsten sei.

Am selben Tag bestiegen Madero und Suarez – beide im Glauben, die Reise ins Exil anzutreten – je ein Auto in Richtung Bahnhof. Doch als die Fahrzeuge dort nicht hielten, wurde ihnen beiden klar, daß ihre Fahrt wohl etwas anders als geplant verlaufen würde. Gegen 23.00 Uhr hielten die Wagen plötzlich. Madero und Suarez wurden herausgezerrt, während Fahrer und Wachen sie beschimpften. Einer der Begleiter, Major Francisco Cardenas, zog eine Waffe und tötete Madero mit einem Schuß in den Hinterkopf. Dann richtete er die Waffe auf den entsetzten Suarez und erschoß auch ihn.

Die offizielle Version lautete: Die beiden Männer hätten während des Transports in ein Gefängnis versucht, zu fliehen. Huerta übernahm die Regierung. Bis 1914 hatte er so viele kriminelle Delikte begangen und Konfliktherde inner- und außerhalb des Landes geschaffen, daß sein Ruf ruiniert war und er zurücktreten mußte. Sein Nachfolger im Amt des mexikanischen Präsidenten wurde Venustiano Carranza.

Samuel H. A. Mayo, A History of Mexico, Englewood Cliffs, N.J., Prentice Hall, 1978

Malcolm (X) Little

Amerikanischer Bürgerrechtler. 1925–1965

Malcolm Little wurde als Sohn eines engagierten Baptisten in Omaha, Nebraska, geboren, verließ jedoch sein Elternhaus bereits mit 16 Jahren und zog zu seiner Schwester nach Boston. 1946 kam er wegen Einbruchs ins Gefängnis und konvertierte zu den Black Muslims, einer Sekte, die von Elijah Muhammad geführt wurde. Aus der Haft entlassen, beteiligte sich Malcolm als aktives Mitglied an der Arbeit der Bewegung und reiste während der folgenden zehn Jahre durch Amerika. Er hielt Reden gegen die Ausbeutung der Schwarzen und gründete muslimische Tempel. Seine rednerische Begabung und Ausstrahlung waren so groß, daß er mehr Mitglieder für die Black Muslims gewinnen konnte, als es Elijah Muhammad jemals gelungen war. Als dieser in einen Sex-Skandal verwickelt wurde und Malcolms politische Parolen immer militanter wurden, kam es zum offenen Konflikt der beiden, der damit endete, daß Malcolm X, wie er jetzt hieß, seine eigene Bewegung gründete. Die Fundamentalisten der Black Muslims sahen diesen Schritt äußerst ungern und Malcolm X fühlte sich ständig bedroht.

Am Sonntag, den 21. Februar 1965, war Malcolm X, der inzwischen tatsächlich kontinuierlich anonyme Todesdrohungen erhielt, besonders beunruhigt. Er verbot seiner Frau Betty Shabazz und seinen vier Töchtern, die Rede, die er am Nachmittag in Harlem zu halten hatte, anzuhören. Doch die Familie gab keine Ruhe, bis Malcolm schließlich nachgab. Freunden sagte er kurz vor seinem Auftritt, er werde von düsteren Vorahnungen gequält, *»ich sollte heute besser nicht hier sein«*.

Gerade hatte er zu sprechen begonnen, da entbrannte ein Streit zwischen zwei Männern, die in unmittelbarer Nähe der Bühne saßen. Malcolm X streckte die Hand in ihre Richtung und setzte an, sie zu beruhigen, da zog einer der beiden eine Waffe, bewegte sich auf den Redner zu und schoß ihm direkt in die Brust. Wenige Sekunden später wurde im hinteren Teil des Raumes eine Rauchbombe gezündet, während zwei weitere Männer ihre Waffen anlegten und auf den bereits schwerverletzten Malcolm X feuerten. Dann traten sie den Rückzug an, indem sie wie in einem amerikanischen Western rückwärts aus dem Gebäude rannten, während sie wie wild um sich schossen. Einer von Malcolms Leibwächtern verletzte einen der Attentäter. Sofort stürzte sich die Menge auf ihn und warf ihn zu Boden. Die anderen vier konnten im allgemeinen Chaos entkommen. Gene X Roberts, ein Bodyguard, rannte zu Malcolm X und versuchte, dem Sterbenden mit Mund-zu-Mund-Beatmung zu helfen. Betty Shabazz, Krankenschwester von Beruf, begann beim Anblick der tiefen Wunden in seiner Brust bitterlich zu weinen. Sie wußte, daß Malcolm X wohl kaum eine Chance hatte, zu überleben. Am Rande der traurigen Szene stand ein Mann, der aus vollem Hals lachte, an seinem Revers war ein Anstecker der Black Muslims befestigt.

Malcolm X wurde in ein Krankenhaus gebracht, und Hunderte seiner Anhänger versammelten sich dort in einem Warteraum, beteten leise für ihn oder flehten Gott laut an, er möge sein Leben retten. Etwa 15 Minuten später betrat ein Arzt das Zimmer und sagte: *»Der Mann, den Sie Malcolm X nennen, ist tot.«*

Malcolm X wurde am 27. September beerdigt, seine Anhänger weigerten sich, weiße Totengräber an das offene Grab zu lassen, und schaufelten, bekleidet mit ihren schwarzen Traueranzügen, mit bloßen Händen die Erde auf den Sarg.

Der gefangene Attentäter, ein Mann namens Talmage Hayer alias Thomas Hayer alias Thomas Hagan, 22 Jahre alt, verheiratet und zweifacher Vater, gab zu Protokoll, daß er und seine vier Komplizen, deren Namen er um nichts in der Welt preisgeben wollte, für den Mord bezahlt worden seien. Von wem sie wieviel bekommen hatten, verriet er allerdings nicht. Am 11. März wurde er zu lebenslanger Haft verurteilt und brach schließlich 1977 sein Schweigen, indem er die Namen der anderen Beteiligten nannte. In der Haft erwies sich Hayer als absoluter Vorzeigesträfling, holte seinen College-Abschluß nach und wurde schließlich in ein New Yorker Rehabilitationsprogramm entlassen.

Karl Evans, The Judas Factor: The Plot to Kill Malcolm X, Thunder's Mouth Press, New York, 1992; Michael Friedly, Malcolm X: The Assassination, Carroll&Graf/R.Gallen, New York, 1992

Jean-Paul Marat
Französischer Revolutionär. 1743–1793

Der vielseitig begabte Sprachlehrer, Publizist und Arzt war in der Revolution von 1789 einer der radikalsten Volksführer. Seit September 1789 gab er den »Publiciste Parisien« heraus, dessen Titel er bald in »Ami du Peuple« umwandelte. Nach dem Sturz des Königtums wurde Marat 1792 Mitglied des Konvents und hatte einen entscheidenden Anteil an den Septembermorden. Im Frühjahr 1793 begann er einen fanatischen Kampf zur Vernichtung der Girondisten. Von den Sansculotten fast kultisch verehrt, galt er deren politischen Gegnern als Symbolfigur revolutionärer Ausschreitungen.

Marat sah überall Konterrevolutionäre am Werk, auf deren Verschwörungen es nach seiner Meinung nur eine Antwort gab: Todesurteile und öffentliche Hinrichtungen. Im Juli 1790 sagte er: *»Fünf- bis sechshundert rollende Köpfe könnten euch Ruhe, Freiheit und Glück bringen.«* Ein Jahr später phantasierte er von 200 000 Todesopfern. Den königlichen Beamten, forderte er, sei das rechte Ohr abzuschneiden, den königlichen Offizieren die beiden Daumen. Ein andermal schlug er vor, die vom Hof bestochenen Parlamentarier zu pfählen und mit ihren blutigen Gliedmaßen die Zimmer der Tuilerien zu schmücken. Selbstverständlich gehörte Marat zu den 361 Abgeordneten, die am 17. Januar 1793 für den Tod des Königs stimmten.

Im April 1793 setzten die Girondisten einen Antrag durch, Marats Immunität aufzuheben und ihn wegen seiner Aufrufe zu Umsturz, Plünderung und Mord anzuklagen. Das Verfahren erwies sich jedoch als Bumerang: Marat wurde nicht nur freigesprochen, sondern vom gesamten Revolutionstribunal – den Staatsanwalt inbegriffen – wie ein Volksheld gefeiert. Es sollte Marats letzter Triumph werden, denn wegen einer schweren Hautkrankheit war er seit dem 3. Juni 1793 nicht mehr in der Lage, seine Wohnung zu verlassen. Die letzten Wochen seines Lebens verbrachte er gar in der Badewanne, um den Juckreiz zu lindern. Hier traf ihn am 13. Juli 1793 seine Mörderin.

Charlotte Corday d'Armont entstammte dem normannischen Kleinadel. Ihr Ururgroßvater war der Dichter Pierre Corneille. In Caen, wo die Familie ein altes Herrenhaus bewohnte, gaben die Royalisten den Ton an. Hierher flohen die meisten der am 2. Juni entmachteten Girondisten und schmiedeten Pläne, Paris mit militärischer Gewalt zurückzuerobern und die Pöbelherrschaft zu brechen. So lernte das 25jährige Fräulein von Corday Flüchtlinge kennen und beschloß, ihren Beitrag zur Befreiung des Vaterlandes zu leisten.

Am 9. Juli 1793 bestieg sie die Postkutsche nach Paris. Sie nahm sich im nächstbesten Hotel ein Zimmer und verfaßte eine Botschaft an: *»Die Franzosen, die die Gesetze und den Frieden lieben: Verbrecher haben das Gemeinwohl ihrem Ehrgeiz geopfert, um auf den Ruinen des verwüsteten Frankreich das Gebäude ihrer Tyrannei zu errichten. O mein Vaterland! Dein Unglück zerreißt mein Herz. Ich habe Dir nichts anzubieten als mein Leben!«*

Am frühen Morgen des 13. Juli kaufte sie unter den Arkaden des Palais Royal für 40 Sous ein Küchenmesser. Mit dem festen Plan, Marat im Konvent vor aller Augen zu töten, mußte sie enttäuscht feststellen, daß ihr Opfer an den Sitzungen längst nicht mehr teilnahm. Corday setzte sich in eine Kutsche und ließ sich zur Wohnung Marats chauffieren. Hier wurde sie abgewiesen mit der Begründung, der Hausherr sei krank und empfange keine Besuche mehr. Hartnäckig versuchte die junge Dame eineinhalb

Stunden später erneut, sich Zutritt zur Wohnung zu verschaffen, diesmal war es Marats Lebensgefährtin Simonne Evrard, die ihr den Weg versperrte. Doch Charlotte Corday gab nicht auf. Nach zwei schriftlichen Bitten um einen Termin, auf die sie keine Reaktion bekommen hatte, stand sie gegen 19.00 Uhr am Abend ein drittes Mal vor der Tür. Diesmal öffnete das Dienstmädchen, die die Besucherin zumindest in den Vorraum einließ. Dort forderte sie, das Küchenmesser im Ausschnitt verborgen, lautstark vorgelassen zu werden. Jean-Paul Marat saß in seiner Wanne und schrieb. Er hörte die Auseinandersetzung der beiden Frauen und gestattete Fräulein von Corday, einzutreten. Während der folgenden zehn Minuten erzählte diese Marat von den Plänen der Girondisten und nannte ihm jede Menge Namen, die er eifrig mitschrieb, während er murmelte: *»Ich werde sie alle guillotinieren lassen.«* Der Satz sollte sein Todesurteil werden. Charlotte Corday zog ihr Messer hervor und stieß es ihm in die Lunge.

Marats Geliebte, sein Personal, alle standen um den Sterbenden herum, lamentierten und versuchten zu helfen, doch weder sie noch ein aus der Nachbarwohnung herbeigerufener Arzt konnten sein Leben retten. Währenddessen machte die Attentäterin keinerlei Anstalten zu fliehen, sondern stand völlig teilnahmslos daneben. Jemand schlug sie dennoch mit einem Stuhl nieder, und bald darauf war die Polizei zur Stelle, die das erste Verhör noch in der Wohnung durchführte. Corday leugnete keine Minute, präzisierte einige Stellen des Protokolls und unterschrieb. Dann führte man sie ab.

Kaltblütig ließ sie die Verhandlung vor dem Revolutionstribunal über sich ergehen, obwohl man ihr das Kleid heruntergerissen hatte, so daß die Zuschauer freien Blick auf ihre bloßen Brüste hatten. Man fragte sie: *»Was haßten Sie an Marat!« – »Seine Verbrechen!« – »Was verstehen Sie darunter?« – »Die Verheerungen, die er in Frankreich angerichtet hat!« – »Diese Tat ist Ihnen wohl eingegeben worden?« – »Man führt schlecht aus, was man nicht aus sich selbst tut.« – »Was erhofften Sie sich von der Tötung Marats?« – »Meinem Vaterland den Frieden wiederzugeben.« – »Glauben Sie denn, alle Marats getötet zu haben?« – »Wenn dieser tot ist, werden die anderen vielleicht Furcht empfinden.«*

Auch am 17. Juli, dem Tage ihrer Hinrichtung, gab sich Charlotte Corday beherrscht. Während sie zur Guillotine geführt wurde, betrachtete sie die Konstruktion höchst interessiert: *»Ich habe ein Recht auf Neugier, denn ich habe vorher noch nie so etwas gesehen. Sieht nach Tod aus, aber es führt zur Unsterblichkeit.«* Man schlug ihr den Kopf ab, der in den dafür vorgesehenen Korb fiel. Angeblich hob ein Zuschauer ihn hoch und gab ihm ein paar kräftige Ohrfeigen.

Werner Fuld, Lexikon der letzten Worte, Eichborn Verlag, Frankfurt a. M., 2001; Jörg von Uthmann, Attentat, Wolf Jobst Siedler Verlag, Berlin, 1996

William McKinley
Präsident der USA. 1843–1901

Der studierte Jurist McKinley setzte als republikanischer Abgeordneter im Repräsentantenhaus seine politischen Ideen mit Eloquenz und Autorität durch. 1892–1896 hatte er das Amt des Gouverneurs von Ohio inne. Enge Beziehungen zu dem mit der Geschäftswelt verbundenen Flügel der Republikanischen Partei verschafften ihm 1896 die Nominierung zum Präsidentschaftskandidaten. Aus dieser und der nächsten Wahl ging er als Sieger hervor, doch führte seine Politik in der kubanischen Frage zum Spanisch-Amerikanischen Krieg. McKinleys Amtszeit wird heute als der Übergang zur modernen Präsidentschaft in den USA gesehen.

Am 6. September 1901, kurz nach 16.00 Uhr am Nachmittag, ließ sich Präsident McKinley auf einer Tour durch Buffalo, New York, von einer großen Menschenmenge feiern und schüttelte willig die vielen Hände, die ihm entgegengestreckt wurden. Einer der Zuschauer in allererster Reihe wartete allerdings nicht mit guten Wünschen auf den Regierungschef. Der 28jährige polnisch-amerikanische Anarchist Leon Czolgosz war gegen die Regierung der USA, weil er unter dem Immigrantenstatus seiner Familie litt. Kurz nachdem seine Eltern aus Polen eingewandert waren, wurde er 1873 in Detroit geboren. 1898 erlebte der junge Czolgosz, wie eine friedliche Demonstration von Arbeitern in Illinois blutig niedergeschlagen wurde, und erlitt einen Nervenzusammenbruch. Er hörte auf zu arbeiten, zog sich auf die kleine Farm seiner Familie zurück und verbrachte seine Zeit mit Töpfern und Lesen. Im Juli 1900 hörte er von den Taten eines gewissen Gaetano Bresci, der in

Italien ein Attentat auf König Umberto I. verübt hatte. Czolgosz war begeistert. So mußte man mit Tyrannen umgehen, dessen war er sicher. Er suchte Anschluß an anarchistische Gruppierungen, fühlte sich jedoch nirgends wirklich zugehörig und entwickelte einen Plan, den er eben an jenem 6. September realisieren wollte. Nun stand er in der ersten Reihe und hielt Ausschau nach Präsident McKinley.

Czolgosz hatte ein großes weißes Taschentuch um seine rechte Hand gewickelt. Ein Agent des Secret Service tippte ihm auf die Schulter und fragte freundlich: *»Haben Sie sich verletzt?«* Czolgosz nickte. *»Vielleicht sollten Sie besser zu einer Erste-Hilfe-Station gehen«*, sagte der Agent. *»Später, erst will ich den Präsidenten treffen, ich habe so lange gewartet«*, murmelte der Angesprochene vieldeutig. Kurz darauf stand William McKinley leibhaftig vor ihm. *»Entschuldigen Sie meine linke Hand, Sir«*, sagte Czolgosz höflich und folgte dem Präsidenten einige Meter durch das Gedränge. Jemand griff nach seiner Schulter, um ihn weiter nach vorne zu schieben, doch der Attentäter trat statt dessen drei Schritte näher an sein Opfer heran und feuerte seine 32kalibrige Pistole ab. *»Ich habe meine Pflicht getan«*, brachte er noch heraus, bevor er von acht oder neun Männern zu Boden geworfen und nach Strich und Faden verprügelt wurde. McKinley war getroffen, sank zu Boden und sagte, während sein Bewußtsein schwand: *»Seid nicht so grob mit ihm.«* Ohnmächtig wurde der Präsident in das nächstgelegene Krankenhaus gebracht, dort versorgt und dann in das Haus seines Gastgebers in Buffalo transportiert. Zunächst schien es ihm besser zu gehen, die Wunde nicht so schlimm zu sein, doch am 14. September, acht Tage nach dem Anschlag, verstarb der 58jährige in den frühen Morgenstunden. Heute geht man davon aus, daß er bei adäquater und steriler medizinischer Versorgung hätte überleben können.

Czolgosz wurde verhaftet und vor Gericht gestellt. Nach seinem Namen gefragt, antwortete er frei nach Odysseus: *»Fred Niemand (Fred Nobody), Niemand brachte den Präsidenten um!«*

Die medizinischen Untersuchungen ergaben, daß der Mörder geistig völlig gesund und zurechnungsfähig war; folgerichtig wurde er des Mordes für schuldig befunden und zum Tode durch den elektrischen Stuhl verurteilt. Weil der Angeklagte jegliche

Aussage verweigerte und auch mit seinem Anwalt kein Wort wechselte, dauerte der Prozeß nicht besonders lang. Czolgosz' letzte Worte waren: *»Ich habe den Präsidenten umgebracht, weil er der Feind der guten Menschen war, der guten arbeitenden Menschen. Das Verbrechen tut mir nicht leid. Mir tut nur leid, daß ich meinen Vater nicht mehr sehen konnte.«*

Am Morgen des 29. Oktober 1901 jagte man ihm im Auburn-State-Gefängnis 23 Sekunden 1800 Volt, dann vier Sekunden 1800 Volt, dann 26 Sekunden 300 Volt und schließlich noch einmal fünf Sekunden 1800 Volt durch den Körper, bis der Arzt endlich seinen Tod feststellen konnte. Leon Czolgosz' Bruder bat darum, den Leichnam bestatten zu dürfen, doch das Gesetz wollte es anders. Er wurde mit Schwefelsäure übergossen in einem Gefängnisgrab verscharrt. Die Ärzte schätzten, daß sein Körper binnen zwölf Stunden zerfallen sein würde.

William McKinley war der dritte amerikanische Präsident, der einem Attentat zum Opfer fiel. Sein Nachfolger, der 42jährige Theodore Roosevelt, sorgte als eine seiner ersten Amtshandlungen dafür, daß dem Secret Service die gesamte Verantwortung für den Schutz des Staatsoberhauptes übertragen wurde.

James MacKinley, Assassination in America, Harper&Row, New York, 1977

Ross McWhrither

Mitherausgeber des »Guinnessbuch der Rekorde«. 1925–1975

In Großbritannien als Kinder schottischer Eltern geboren, waren Ross und sein Zwillingsbruder Norris schon früh interessierte Leser jeder Zeitung, die sie in die Finger bekamen. Nach dem Zweiten Weltkrieg nannten sie sich die »McWhrither Zwillinge« und verdienten ihr Geld als Rechercheure. 1955 trat ein Manager der Guinness Brauerei an die beiden Männer heran und fragte sie, ob sie nicht ein Buch zusammenstellen könnten, mit dem sich die üblichen Kneipendiskussionen und -wetten schlichten und lösen ließen. Die erste Ausgabe des »Guinnessbuch der Rekorde« erschien noch im selben Jahr. Mitte der 90er Jahre erreichte es weltweite Verkaufszahlen von 74 Millionen Exemplaren und wurde in 29 Sprachen übersetzt.

Mit ihrem Buch wurden die Brüder berühmt, und vor allem

Ross nutzte seine Popularität, um sich politisch zu engagieren und vehement gegen die Terroranschläge der IRA zu protestieren. Lautstark forderte er die Wiedereinführung der Todesstrafe für Terroristen. Als eines Tages acht Zivilisten durch Autobomben der IRA ihr Leben verloren, wurde McWhrither aktiv. Er klagte die Regierung an, nicht genug zur Aufklärung des Verbrechens zu tun, und setzte eine Belohnung von 50000 Pfund aus seinem Privatvermögen auf Hinweise zur Ergreifung der Täter aus. Anlaß für seinen Zorn war besonders der Tod von Gordon Hamilton Fairley, der am 23. Oktober 1975 Opfer der IRA wurde. Fairley war Krebsforscher von Weltrang und befand sich soeben auf einem kleinen Spaziergang durch die Nachbarschaft. Als er am Haus von Hugh Fraser, einem konservativen Mitglied des Parlaments und erklärten Terrorismusgegner, vorbeikam, verließ dieser gerade sein Haus in Begleitung von Caroline Kennedy, der Tochter des ermordeten Präsidenten. Noch bevor Fraser und die junge Frau in sein Auto steigen konnten, explodierte der Wagen; der völlig unbeteiligte Fairley wurde getötet, das eigentlich vorgesehene Opfer kam mit dem Schrecken davon. Kaum hatte Ross McWhrither von dem Vorfall gehört, geriet er völlig außer sich, kündigte die Belohnung an und rief eine Kampagne ins Leben, die er »Beat The Bombers« nannte. Reportern vertraute er an: *»Ich lebe in ständiger Angst um mein Leben. Ich weiß, daß die IRA auch mich auf der Todesliste hat!«*

Er hatte recht. Am 27. November 1975 versteckten sich zwei Schützen im Garten von McWhrithers Haus. Als seine Frau von einem Einkauf nach Hause kam, öffnete er die Tür, um sie zu begrüßen. In diesem Augenblick schossen die Attentäter. McWhrither wurde in Kopf und Körper getroffen und brach schwer verletzt zusammen. Die Mörder hatten ganze Arbeit geleistet, Mrs. McWhrither war kein Haar gekrümmt worden, sie rief einen Krankenwagen und die Polizei. Ihr bewußtloser Mann wurde auf dem schnellsten Weg in eine Klinik gebracht, wo er jedoch wenig später starb.

Am 6. Dezember wurden vier Mitglieder der IRA, von denen man glaubte, sie seien verantwortlich für McWhrithers Tod, bis in eine Londoner Wohnung verfolgt. Dort entzogen sie sich durch Geiselnahme fast eine Woche ihrer Verhaftung, wurden aber schließlich überwältigt und festgenommen. Man sprach sie des Mordes an neun Menschen (Fairley eingeschlossen) und Verletzung von 200 weiteren Personen schuldig und verurteilte sie zu lebenslangen Gefängnisstrafen.

Norris McWhrither blieb bis 1986 Herausgeber des »Guinnessbuch der Rekorde« und zog sich dann ins Privatleben zurück.

Linda Laucella, Assassination, The Politics of Murder, Lowell House, Los Angeles, 1998

Giuliano I. de'Medici
Italienischer Fürst. 1453–1478

Durch Handel, Bankgeschäfte und ihre Verbindungen mit den Popolaren (Volkspartei) stieg die Familie der Medici zu einer führenden Rolle in der mittelalterlichen Republik Florenz auf. Giovanni di Bicci war es, der den Erfolg des späteren Hauptzweiges der Familie begründete. Als Bankier der Kurie taktierte er geschickt zwischen der Oligarchie des alten Stadtadels und dem Volk. Seine Söhne Cosimo (der Alte) und Lorenzo führten das vom Vater begonnene Werk in zwei Linien fort. Zunächst blieb Florenz unter der Führung der älteren Linie; auf Cosimo den Alten folgte sein Sohn Piero der Gichtige und schließlich Lorenzo der Prächtige, dessen mitregierender Bruder Giuliano einer Verschwörung zum Opfer fiel.

Giuliano, gesund, kräftig und sehr attraktiv, eignete sich charakterlich eher zum Playboy denn zum Staatsmann. Er verstand passable Verse zu schreiben und liebenswürdige Komplimente zu machen, hatte Glück im Spiel und war ein ausgezeichneter Turnierreiter. Längst nicht so ehrgeizig wie sein Bruder Lorenzo, war er zufrieden, diesem die Staatsgeschäfte zu überlassen, und Lorenzo und die Stadt teilten seine Ansicht. Die Bürger von Florenz liebten ihn, Zeitgenossen beschrieben ihn als ausgesprochen liebenswürdig und auf *»harmlose Art dekorativ«*.

Drei Männer der Kirche, Franceschino de' Pazzi, aus dem mächtigen Geschlecht der Pazzi, Girolamo Riario und Francesco Salviati, brüteten in Rom ein Komplott aus. Es hatte kein geringeres Ziel, als das Regime der Medici in Florenz zu stürzen. Das war nur zu erreichen – so beschlossen die Verschwörer –, indem man Lorenzo und seinen Bruder tötete. Verschiedene Pläne wurden geprüft. Zuerst wollte man Lorenzo unter einem Vorwand nach Rom locken und ihn dort beseitigen, während Giuliano zeitgleich in Florenz umgebracht werden sollte. Doch Lorenzo, der offenbar Verrat witterte, nahm die Einladung Riarios nicht an.

Die Verschwörer wurden ungeduldig und entschieden sich, mit offener Gewalt vorzugehen. Die Brüder sollten während einer öffentlichen Zeremonie in Florenz ermordet werden, während außerhalb der Stadt ein Berufsheer auf den Befehl, Florenz zu besetzen, wartete. Das Kommando glaubte man in guten Händen eines gewissen Giovan Battista Montesecco. Doch der Söldnerkaufmann im Dienst des Papstes, der seinen lukrativen gesellschaftlichen Aufstieg Riario verdankte, gab sich zögerlich. Nur im Auftrag des Papstes dürfe er zu den Waffen greifen, ließ er wissen, und außerdem sei er nicht der Ansicht, daß die mächtigen Medici so einfach aus dem Feld zu schlagen seien. Er bestand auf einer persönlichen Unterredung mit dem Papst und beharrte darauf, sich ohne dessen genaue Anweisung nicht vom Fleck zu rühren. Als Montesecco dem Heiligen Vater gegenüberstand, warnte er Sixtus IV. gleich zu Beginn des Gesprächs. Das Vorhaben bedeute nicht nur Lorenzos und Giulianos Tod, sondern auch den vieler anderer Italiener. Der Papst antwortete: *»Ich wünsche auf gar keinen Fall irgend jemandes Tod, denn es ist nicht unseres Amtes, dem Tod irgendeiner Person zuzustimmen. Lorenzo war unhöflich zu uns, und er behandelt uns schlecht. Trotzdem wünsche ich auf keinen Fall seinen Tod – sondern nur einen Regierungswechsel in Florenz.«*

Riario und Salviati trauten ihren Ohren nicht; sie waren sicher, daß der Tod der Medici-Fürsten genau das war, was der Papst wollte, auch wenn er es nicht aussprach. Salviati fragte mit fester Stimme: *»Seid Ihr einverstanden, daß wir dieses Schiff steuern, und daß wir es gut steuern?«* Der Papst neigte sein Haupt und murmelte: *»Ich bin einverstanden.«*

Im April 1478 tauchte Erzbischof Francesco Salviati in Florenz auf. Es galt, die Tat vorzubereiten. Zu diesem Zweck war ein vom Papst zum Kardinal ernannter, erst 16jähriger Knabe eingeladen worden. Gastfreundlich, wie man ihn kannte, ließ Lorenzo ein festliches Hochamt für den jugendlichen Prälaten arrangieren. Am festgesetzten Sonntag verspätete sich Giuliano jedoch, so daß

M

seine beiden gedungenen Mörder, Franceschino de' Pazzi und Bernardo Bandini, zum Palast der Medici gingen, um ihn zu holen. Scherzhaft schubsten und stießen sie Giuliano vor die Brust, um herauszufinden, ob er ein Kettenhemd unter seinem Festgewand trug, dann begleiteten sie ihr Opfer zur Kirche.

Der Priester zelebrierte die Messe, als ein Schrei die absolute Stille zerriß: *»Prendi, traditore!« – »Nimm das, Verräter!«* Bernardo Bandini hatte einen Ausfallschritt gemacht und mit aller Kraft ein kurzes Schwert in Giulianos Herz gestoßen. Der junge Mann stürzte, und Franceschino de' Pazzi fiel über ihn her, um ihn mit schnellen Dolchstößen zu töten. Gleichzeitig hatten zwei andere Attentäter Lorenzo angegriffen, ihn aber nur mit einem leichten Schnitt am Hals verletzt. Lorenzo sprang zur Seite, schwang den Mantel um seinen linken Arm und parierte die folgenden Attacken, dann sprang er über die Balustrade und floh am Altar vorbei durch den Chor in die Sakristei. Bandini und seine Komplizen nutzten den entstandenen Tumult und entkamen. Giuliano war tot, doch der Versuch der Verschwörer, die Macht an sich zu reißen, war gescheitert. Medici-Anhänger fanden Franceschino in seinem Bett mit einer tiefen Wunde am Oberschenkel, die er sich versehentlich selbst beigebracht hatte, als er blindwütig auf sein Opfer einstach. Man zerrte ihn blutend und im Hemd zum Palazzo der Signoria, wo er zusammen mit den anderen Übeltätern eingesperrt wurde. Wenig später sah die wütende Menge Salviati und einige seiner Komplizen an den Palastfenstern baumeln. Die überlebenden Anhänger des Erzbischofs wurden umgebracht oder über die Leichen der Gehenkten hinweg aus den Palastfenstern auf die Piazza geworfen, wo sie von den empörten Menschen in Stücke gehauen wurden.

Inzwischen war Lorenzo in seinen Palast zurückgekehrt und sprach trotz seiner Halsverletzung zum Volk. Er bat, die Rachegelüste zu zügeln, wußte aber zu seiner Genugtuung, daß sich niemand daran halten würde. Tatsächlich metzelte der Pöbel jeden, der sich auf die Straße wagte und nur im entferntesten verdächtig war, nieder. Auf diese Weise ließen etwa 80 Menschen ihr Leben. Zwei Tage später wurden die beiden frevelhaften Priester, die sich ebenfalls an der Verschwörung beteiligt hatten, in ihrem Versteck, einem Kloster, aufgespürt. Bald baumelten auch ihre Leiber neben denen ihrer Anführer unter den Fenstern des Palazzo Vecchio. Als die Leichname zu verwesen begannen und entfernt werden mußten, befahl die Signoria, sie auf die Wand zu malen, als Hochverräter, mit dem Kopf nach unten hängend. Sandro Botticelli führte die Arbeit aus, die viele Jahre zu sehen war.

In seinem untröstlichen Kummer über den Tod des geliebten Bruders kannte Lorenzo kein Erbarmen. Er nahm den aufrührerischen Pazzi ihre Wappen, Häuser und Ländereien. Wer in die Familie einheiratete, durfte kein öffentliches Amt ausüben. Bernardo Bandini war entkommen und hatte sich in Konstantinopel versteckt. Sultan Mohammed II. hatte allerdings inzwischen von den Ereignissen des 26. April in der Kathedrale von Florenz erfahren, ließ den Verschwörer in Ketten legen und schickte ihn postwendend an Lorenzo zurück. Giulianos brutaler Mörder wurde in Florenz ohne große Umstände öffentlich aufgeknüpft.

Nach all dem war Lorenzos Stellung in der Stadt unangefochtener denn je, und die Pläne Sixtus' IV., der noch mehr Macht hatte an sich reißen wollen, waren bis auf weiteres zunichte gemacht.

James Cleugh, Die Medici, Macht und Glanz einer europäischen Familie, Bechtermünz Verlag, Augsburg, 1996

Aldo Moro
Italienischer Politiker. 1916–1978

Seit 1946 Mitglied der Democrazia Cristiana, arbeitete Moro zunächst als Professor für Strafrecht in Bari und Strafprozeßrecht in Rom, bevor er 1955 ein Ministeramt übernahm. 1963–1968 wurde Aldo Moro Ministerpräsident einer Mitte-Links-Regierung, später Außenminister und von 1974 bis 1976 erneut Ministerpräsident. 1978 entführten ihn die Roten Brigaden, hielten ihn in einem »Volksgefängnis« gefangen und töteten ihn schließlich.

Am 16. März 1978 wurde Aldo Moro, wie immer streng bewacht, nach Rom gefahren, als er in einen sorgfältig vorbereiteten Hinterhalt der Roten Brigaden geriet. Elf Mitglieder der italienischen Terrororganisation hatten sich mit gestohlenen Alitalia-Uniformen getarnt, aus einer Seitenstraße kommend, blockierten sie den Moro-Konvoi, dann eröffneten sie das Feuer. Die Leibwächter und der Chauffeur des Politikers wurden getötet oder schwer verletzt. Am Ende der blitzschnellen Attacke war Moro Gefangener der »Brigate Rosse«, eingepfercht in eine Holzkiste, 1,20 Meter lang, 80 Zentimeter breit, die in einem kleinen Lieferwagen weggebracht wurde.

Im Austausch, so teilten die Attentäter der Regierung mit, wollte man die Freilassung von 14 inhaftierten Roten Brigadisten erpressen. Statt zu verhandeln, antworteten die Politiker mit einem immensen Polizei- und Soldatenaufgebot, waren bei ihrer Suche nach dem Entführten jedoch erfolglos.

Zu dieser Zeit waren die Roten Brigaden so stark wie nie zuvor, rund 120 Genossen lebten in der Illegalität, doch in Wirklichkeit gab es ungefähr zehnmal so viele, die äußerlich eine legale, bürgerliche Existenz führten. In einem unauffälligen Viertel im Südwesten Roms, Via Montalcini 8, Erdgeschoß, hatten Laura Braghetti und Germano Maccari Monate zuvor eine unauffällige 100-Quadratmeter-Wohnung gekauft. Hier war ein sorgfältig getarntes Gefängnis eingebaut worden: eine winzige Zelle hinter einer eigens hochgezogenen Wand, versteckt hinter einem Bücherregal – die moderne Variante des aus alten Schauergeschichten bekannten Schreckens, bei dem das Opfer in einer Kammer bei lebendigem Leibe eingemauert wurde. Laura Braghetti war es, die den Lieferwagen in einer Tiefgarage erwartete; die Holzkiste wurde in ihren Wagen umgeladen und wenig später, ohne Aufsehen zu erregen, in die konspirative Wohnung gebracht. Aldo Moro mußte seinen dunklen Anzug gegen einen Trainingsanzug tauschen und die für ihn gebaute Zelle beziehen.

In den folgenden Tagen herrschte allgemeine Konfusion, Fotos vom Tatort verschwanden, Tonbänder, Protokolle und mitgeschnittene Telefonate waren nicht auffindbar, statt dessen stocherte die Polizei im Nebel, ging bisweilen sogar spiritistischen Hinweisen, die angeblich aus dem Jenseits eingegangen waren, nach und fand nichts. Tatsächlich konnten sich die Terroristen dank völlig veralteter Fahndungsfotos nicht nur in Rom ohne größeres Risiko bewegen, sondern sogar längere Fahrten quer durch Italien unternehmen. Die Polizei kontrollierte mehr als sechs Millionen Personen, doch kein Brigadist fiel auf, sie durchsuchte etwa 37 000 Wohnungen, doch die Via Montalcini 8 stand auf keiner Liste.

Außer einem Polaroidfoto, das eine Welle der Solidarität und des Mitleids mit Moro verursachte, gab es in den folgenden drei Wochen kein Lebenszeichen von ihm. Dann endlich durfte er einige wenige, von den Entführern kontrollierte Briefe verschikken, einen schrieb er an seine Familie:

»Meine liebste Noretta, zum Osterfest möchte ich dir und den anderen die herzlichsten und innigsten Wünsche zukommen lassen, voller Zärtlichkeit für die Familie und vor allem den Kleinen … Mir geht es einigermaßen, werde gut verköstigt und aufmerksam behandelt. Ich segne euch, sende allen alles Liebe und umarme euch herzlich. Aldo«

Ein zweites Schreiben ging an den Innenminister Francesco Cossiga, den er bat, unbedingt einen geeigneten Vermittler zu suchen – vielleicht den Papst? –, da er sonst möglicherweise genötigt werde, unter der Folter Staatsgeheimnisse auszuplaudern. Wenig später bot Papst Paul VI., der Moro seit über 30 Jahren kannte und schätzte, öffentlich seine Bereitschaft zur Vermittlung an und deutete der Regierung gegenüber vertraulich an, der Heilige Stuhl sei auch bereit, ein hohes Lösegeld zu zahlen, doch Ministerpräsident Giulio Andreotti verbat sich jede Einmischung in diese Angelegenheit.

Es folgten weitere Briefe des Gefangenen, doch da man annahm, daß sie alle unter Druck und/oder Drogen entstanden waren, wurden sie an entscheidender Stelle nicht mit dem nötigen Ernst zur Kenntnis genommen. Am 15. April verurteilten die Terroristen Aldo Moro, der ihnen nach vier ereignislosen Wochen nur noch im Weg war, zum Tode. Die Zeitung »La Repubblica« erhielt die Nachricht zuerst. Papst Paul VI. war schockiert und verfaßte trotz Andreottis Gebot einen Brief: *»Männer der Brigate Rosse! Laßt Aldo Moro einfach ohne Bedingungen frei!«* Darauf reagierten die Entführer nicht, nahmen jedoch Kontakt zur Familie ihres Opfers auf. Die Telefonate führten dazu, daß Eleonora Moro sich am 1. Mai öffentlich von der kompromißlosen Strategie Andreottis distanzierte, was diesen zwar Sympathien kostete, seine Einstellung jedoch nicht änderte.

Am 9. Mai bekam Moro nicht wie üblich einen Jogginganzug zum Wechseln, sondern seinen dunklen Anzug vom 16. März. Man befahl ihm, sich in einen Weidenkorb zu kauern, und brachte ihn zu einem kleinen roten Lieferwagen, dessen Heckklappe geöffnet war. Kaum lag Moro auf der Ladefläche, wurden elf Schüsse auf ihn abgefeuert, dann warfen die Mörder eine Decke über seinen Leichnam und fuhren los. Sie stellten das Fahrzeug in der Via Caetani ab, wo der Tote später gefunden wurde.

1983 verurteilte ein italienisches Gericht 32 Mitglieder der Roten Brigaden zu lebenslanger Haft, unter ihnen den Todesschützen, Prospero Gallinari, und neun Frauen. Sie waren verraten worden von Komplizen, die dafür geringere Strafen bekamen. Eine der Frauen, Laura Braghetti, brüllte einen der Informanten an: *»Du Bastard! Du würdest sogar deine Mutter verkaufen!«*

Klaus Kellermann, Der Staat läßt morden: Politik und Terrorismus – heimliche Verbündete, Henschel Verlag, Berlin, 1999; Frankfurter Allgemeine Zeitung, 16. 03. 1998; Geo, 01. 05. 1998; Der Spiegel, 16. 10. 1978; Stern, 18. 05. 1978; Süddeutsche Zeitung, 14. 03. 1998/02. 08. 1999

Louis I. Earl Mountbatten of Birma
Britischer Admiral. 1900–1979

Der Sohn des Prinzen Ludwig Alexander von Battenberg war 1943/46 Oberbefehlshaber der alliierten Streitkräfte in Südost-Asien und eroberte 1944/45 Birma zurück. Von Februar bis August 1947 war er (letzter) Vizekönig von Indien, danach bis Juni 1948 General-Gouverneur der Indischen Union. In den Jahren 1952–1954 diente er als Oberbefehlshaber der NATO-Streitkräfte im Mittelmeer, war 1955–1959 Erster Seelord und Stabschef der britischen Flotte und von 1959 bis 1965 schließlich Chef des britischen Verteidigungsstabes.

Nach seiner ereignisreichen Karriere wußte Lord Mountbatten besonders die Ruhe und den Komfort seines geliebten Sommersitzes Classiebawn zu schätzen. Dabei störte es ihn nicht im geringsten, daß das Anwesen nur zwölf Meilen von Nordirland entfernt ausgerechnet in einer Gegend lag, in der immer wieder Mitglieder der IRA die Grenze überquerten. Die Königin bot ihrem Verwandten jeden erdenklichen Schutz an, doch der lehnte sogar eine diskrete polizeiliche Überwachung seiner Latifundien ab. Für eine derartige Verschwendung öffentlicher Mittel gebe es keinen Grund, ließ er sie bestimmt wissen.

Am 27. August 1979 fuhr der 79jährige Mountbatten gegen 11.30 Uhr in Begleitung einiger Mitglieder der königlichen Familie mit seinem Schiff »Shadow V.« zum Angeln. Die Ausflügler waren erst wenige hundert Meter vom Ufer entfernt, da hörten Leute am Strand plötzlich einen ohrenbetäubenden Knall. Sekunden später stieg aus einem Feuerball auf dem Wasser beißender Rauch auf – die »Shadow V.« war in die Luft geflogen, ihre Passagiere platschten ins Wasser. Binnen Minuten waren Fischer zur Stelle, um Verletzte und Tote zu bergen. Der 14jährige Enkel Mountbattens und ein befreundeter Teenager waren tot, der Lord selbst lebte noch, doch die Bombe hatte ihm beide Beine abgerissen; er starb, kaum daß die Helfer ihn ins Boot gehievt hatten. Seine Tochter war ebenfalls schwer verwundet und überlebte das Attentat nicht. Sie, ihr Sohn und Louis Mountbatten wurden gemeinsam beigesetzt.

Die Bombe an Bord der »Shadow V.« war offenbar ferngesteuert von einem Kliff, das über der Bucht lag, gezündet worden. Es dauerte nicht lange, und ein aufmerksamer irischer Polizist, der eine Routinekontrolle durchführen wollte, stoppte einen Wagen, dessen Insassen ihm sehr verdächtig vorkamen. Die beiden Männer reagierten so nervös auf seine zunächst harmlosen Fragen, daß er sie unter dem Verdacht, IRA-Mitglieder zu sein, festnahm. Der Fahrer, ein 24jähriger Ire namens Francis McGirl, mußte bald darauf wieder freigelassen werden, doch gegen seinen Kompagnon, einen gewissen Thomas McMahon, fand man ausreichende Beweise. Nicht nur, daß an seiner Kleidung Spuren von Sprengstoff festgestellt werden konnten und der Sand an seinen Schuhen eindeutig von dem Strand kam, in dessen Nähe das Schiff explodiert war, er hatte als Bonbon für die Ermittler auch noch Farbpartikel von der »Shadow V.« an seinen Schuhsohlen. McMahon wurde überführt und zu lebenslanger Haft verurteilt. Ein paar Tage nach dem Attentat übernahm die IRA in einem Bekennerschreiben die Verantwortung für den Anschlag. Weitere Untersuchungen förderten schließlich zu Tage, warum der betagte Mountbatten eigentlich hatte sterben müssen. Die Attentäter wollten es einer Splittergruppe der INLA (Irish National Liberation Army) heimzahlen, die knapp ein halbes Jahr zuvor den britischen Tory-Politiker Airey Neave getötet hatte. Fast 80jährig wurde Louis Mountbatten Opfer eines Anschlags, weil zwei terroristische Organisationen rivalisierten.

Linda Laucella, Assassination, The Politics of Murder, Lowell House, Los Angeles, 1998

Mohammed Hosni Mubarak

Ägyptischer Offizier und Präsident. * 1928

Nach seiner umfassenden militärischen Ausbildung, die unter anderem eine Generalstabsausbildung in der UdSSR beinhaltete, diente Mubarak als Kampfflieger und in anderen Funktionen in verschiedenen Einheiten der ägyptischen Armee. Als Generalleutnant und Luftmarschall schied er aus dem aktiven Dienst aus, wurde Vizepräsident (1975–1981) und arbeitete als Sondergesandter der Friedensinitiativen von Präsident Sadat. Nach dessen Ermordung wählte man ihn zum Nachfolger und bestätigte ihn sowohl 1987 als auch 1993 im Amt.

Im Laufe seiner politischen Karriere hatte es immer wieder Verschwörungen und geplante Anschläge gegen Hosni Mubarak gegeben, doch bis zum 3. Juli 1995 gelangte keiner der konspirativen Pläne zu konkreter Umsetzung. An diesem Tag hatten sich bereits am frühen Morgen – gegen 8.15 Uhr – einige islamische Extremisten in einem gemieteten Haus postiert. Das Gebäude garantierte einen exzellenten Blick auf den Hauptflughafen von Adis Abeba, wo Mubarak von seinem äthiopischen Amtskollegen Meles Zenawi erwartet wurde. Durch ihre Ferngläser beobachteten die Attentäter, die angeblich von ägyptischen Beamten über Mubaraks Zeitplan informiert worden waren, die Begrüßung des Staatsgastes. Sie sahen, wie der Konvoi sich auf den Weg in die Hauptstadt machte. Mubaraks gepanzerte Limousine war der dritte von vier Wagen, die sich hintereinander in Bewegung setzten. In einer kleinen Seitenstraße der Strecke, die die beiden Präsidenten zurücklegten, standen angeführt von einem silbernen Volvo drei geparkte Autos, deren Insassen auf ein Signal ihrer Komplizen vom Flughafen warteten. Als der verabredete Impuls sie erreichte, fuhr eines der Fahrzeuge auf die Hauptstraße und blockierte sie. Mubaraks Wagen war noch etwa 70 Meter entfernt. Zwei oder drei Männer sprangen auf die Straße, legten an und eröffneten das Feuer auf die Limousine des ägyptischen Staatschefs. Zwei Polizisten verloren ihr Leben in dem tödlichen Kugelhagel, doch die Geschosse konnten Mubaraks gut gesichertem Wagen nichts anhaben. Noch bevor der Chauffeur gedreht und den Tatort in rasantem Tempo verlassen hatte, waren weitere Attentäter aufgetaucht, die sich eine heftige

Schießerei mit der äthiopischen Polizei und ägyptischen Leibwächtern lieferten. Zwei der Angreifer wurden erschossen, die anderen konnten entkommen. Mubarak ließ sich zurück zum Flughafen bringen, stieg dort in sein wartendes Flugzeug und flog sofort zurück nach Kairo. Um zu beweisen, daß er den Anschlag unversehrt überstanden hatte, absolvierte er mehrere öffentliche Auftritte, während derer er die Verantwortung für die Attacke muslimischen Extremisten aus dem benachbarten Sudan zuordnete. Diese wiesen die Anschuldigungen jedoch vehement zurück.

Inzwischen fahndete die Polizei in Adis Abeba nach den Tätern und entdeckte vier verlassene Fahrzeuge voller Waffen. Der Kofferraum eines der Autos war bis unter den Deckel mit Sprengstoff und zwei Granaten gefüllt, die jedes noch so gut gepanzerte Fahrzeug hätten zerstören können. In einer Wohnung, die den Attentätern als Versteck gedient hatte, fand man weitere Waffen, Kalaschnikows und Granaten. In der folgenden Woche wurden drei Verdächtige getötet – das äthiopische Radio berichtete ausführlich. Nach und nach wurden weitere Attentatspläne zutage gefördert. So hatten angeblich islamische Extremisten in den ersten drei Januarwochen des Jahres dreimal versucht, Mubarak zu töten, waren jedoch von ägyptischen Sicherheitskräften daran gehindert worden. Westliche Dienste behaupteten, aus der gleichen Richtung sei bereits im November 1994 ein Anschlag auf den Präsidenten während seines dreitägigen Rombesuches geplant gewesen. Durch die italienischen Behörden rechtzeitig gewarnt, hatte Hosni Mubarak seinen Terminplan geändert.

Am 6. September 1999 befand sich Hosni Mubarak auf einer Fahrt zum Gouverneurspalast durch die am Suezkanal gelegene Stadt Port Said. Der ägyptische Präsident winkte aus dem Fenster Passanten zu, als ein Mann ihn angriff. Mit einem scharfen Gegenstand bewaffnet, stürmte der 40jährige Sayed Hassan Suleiman auf Mubarak zu und verletzte ihn an der Hand, bevor er von den Leibwächtern des Präsidenten erschossen wurde. Während das Motiv des Täters, der nach amtlichen Angaben keinerlei politische Verbindung, aber einen Hang zu »verrückten Aktionen« gehabt hatte, im dunkeln blieb, wurden drei hochrangige Polizeioffiziere aus Port Said auf andere Posten versetzt. Der zuständige Innenminister ordnete ein Ermittlungsverfahren gegen sie an.

Frankfurter Allgemeine Zeitung, 07. 09. 1999/09. 09. 1999; Süddeutsche Zeitung, 08. 09. 1999

Benito Mussolini
Italienischer Politiker. 1883–1945

M

Sohn eines republikanisch-sozialistisch engagierten Lokalpolitikers und einer kirchlich orientierten Lehrerin, trat Mussolini beruflich zunächst in die Fußstapfen seiner Mutter und ging 1902 als Lehrer in die Schweiz. Dort agitierte er bei italienischen Arbeitern für die Sozialisten. 1914 gründete er eine Zeitung, wurde 1917 bei einer militärischen Übung verletzt und aus der Armee entlassen. Als Gründer der PNF (Partito Nazionale Fascista) machte er seit 1919 eine steile politische Karriere, die in seiner Position als Diktator gipfelte.

Bereits in den frühen 30er Jahren hatte es drei erfolglose Anschläge auf das Leben des faschistischen Staatsführers gegeben. Benito Mussolini, dem es über Jahre gelang, die Opposition im Land zu unterdrücken und die Massen auf seine Seite zu ziehen, verlor allerdings im Laufe der Zeit das Wohlwollen und die Unterstützung seiner Untertanen. Schließlich wurde seine Regierung im Juli 1943 gestürzt und er selbst inhaftiert. Zwei Monate später befreiten die Deutschen ihren gefangenen Verbündeten; Mussolini versuchte in Norditalien ein politisches Comeback. Als die Nationalsozialisten im April 1945 endlich kapitulierten, waren auch die Tage des italienischen Faschisten gezählt. Er und seine Lebensgefährtin mußten fliehen.

Auf der Flucht in die Schweiz versteckten Mussolini, seine Freundin Clara Petacci, 15 seiner engsten Anhänger und einige Familienmitglieder sich in einem Lastwagen. Als sie am 24. April 1945 Como erreichten, wurde das Fahrzeug von italienischen Partisanen angehalten und durchsucht. Die Freiheitskämpfer erkannten den Duce sofort, ließen ihn und Clara Petacci aussteigen und brachten sie in ein dreistöckiges Farmhaus außerhalb von Bonzanigo. Es werde ihnen, so versicherten seine Entführer, kein Leid geschehen. Doch als man im mailändischen Hauptquartier erfuhr, daß Mussolini gefangengenommen worden war, entschieden die

Verantwortlichen dort ganz anders. Palmiro Togliatti, der Führer der kommunistischen Partei, wollte Mussolini keinesfalls in die Hände der Alliierten geraten lassen, da diese den Duce und das Land sonst in langwierige Kriegsprozesse verwickelt hätten. Er beschloß, kurzen Prozeß zu machen, und schickte seinen Vertrauten Walter Audisio, alias Colonel Valerio, einen engagierten Kommunisten, den entmachteten Faschistenführer zu töten. Valerio und seine Leute erreichten das zum Gefängnis umfunktionierte Bauernhaus am 28. April. Ahnend, daß die Ankunft des berüchtigten Abgesandten Togliattis nichts Gutes verhieß, wollten die Partisanen ihn unter keinen Umständen zu Mussolini lassen. Doch Valerio verstand es, so drakonische Maßnahmen für den Fall weiteren Ungehorsams anzudrohen, daß die Partisanen gegen 16.00 Uhr ihren Widerstand aufgaben und ihn einließen. Stehenden Fußes platzte er in Mussolinis Schlafzimmer, der mit seiner Freundin im Bett lag. *»Beeilt euch! Ich bin gekommen, euch zu retten!«* rief er. *»Wirklich?«* antwortete Mussolini, der ihm zwar nicht glaubte, jedoch keine andere Möglichkeit sah, als in das vermeintliche Fluchtauto zu steigen und sich Richtung Azzano bringen zu lassen. Am Tor einer hochherrschaftlichen Villa hielt der Wagen endlich an. Valerio befahl Mussolini und Petacci auszusteigen und sich in den Büschen nahe des Tores zu verstecken, während er hineingehen wollte, um nachzuschauen, ob alles in Ordnung sei. Das Paar gehorchte nur zögernd. Nach einem unheimlichen Augenblick des Schweigens sagte Valerio: *»Auf Befehl des Hauptquartiers bin ich verpflichtet, Gerechtigkeit für das italienische Volk einzufordern.«* Mussolini verzog keine Miene und bewegte sich nicht, während Clara Petacci ihre Arme um seinen Hals schlang und um sein Leben flehte. *»Geh zur Seite, wenn du nicht auch sterben willst!«* herrschte Valerio sie an. Ängstlich wich Petacci ein paar Schritte von Mussolini. Valerio erhob seine Maschinenpistole, zielte und drückte ab. Doch der Abzug war blockiert, kein Schuß löste sich. Erbost zog der Mörder eine kleinere Waffe, doch auch die versagte ihren Dienst. Schließlich riß er einem seiner Männer die Maschinenpistole aus der Hand und feuerte auf sein Opfer. Von fünf Kugeln tödlich getroffen sank der einst mächtigste Mann Italiens zu Boden. Valerio zielte ein weiteres Mal und erschoß auch Clara Petacci.

Noch in derselben Nacht wurden die beiden Leichname gemeinsam mit 15 anderen Faschisten, die hingerichtet worden waren, auf die Ladefläche eines Lastwagens geworfen und nach Mailand gekarrt. An einer halbfertigen Tankstelle warf man die Toten auf die Straße – genau an der Stelle, an der ein Jahr zuvor 15 politische Gegner von den Nazis ermordet worden waren. Obwohl auf einem grausigen Haufen zurückgelassen, fand man die Toten am nächsten Tag fein säuberlich nebeneinander aufgereiht. Mussolinis Kopf lag auf Petaccis Brust. Das Paar wurde im Armengrab eines Mailänder Friedhofs beigesetzt, ein Jahr später verlegte man den Leichnam Mussolinis auf einen anderen Friedhof, wo er bis 1957 blieb. Dann wurde er erneut exhumiert und in seiner Familiengruft beerdigt.

Ivone Kirkpatrick, Mussolini, Ullstein Verlag, Berlin, 1997; Giovanni de Luna, Benito Mussolini, rororo Bildmonographie, Rowohlt Verlag, Reinbek, 1978

N

Napoleon III.
Kaiser der Franzosen. 1808–1873

Auf den klangvollen Namen Charles Louis Napoléon Bonaparte getauft, genannt Louis Napoléon, lebte der Neffe des berühmten Napoléon Bonaparte mit seiner Mutter im Schweizer und deutschen Exil und besuchte dort das Gymnasium in Augsburg und die Militärschule in Thun. Seit dem Tod des einzigen legitimen Sohnes Kaiser Napoleons galt Louis als Oberhaupt der Familie und fühlte sich zur Wiedererrichtung des napoleonischen Kaisertums berufen. Im Dezember 1848 gewann er die französische Präsidentschaftswahl mit 74 Prozent der Stimmen und wurde nach einem Plebiszit 1852 zum Kaiser der Franzosen ausgerufen.

Als junger Mann verbrachte er gemeinsam mit seinem Bruder Napoléon Louis die Sommermonate häufig in Rom bei der Großmutter.

Die Stimmung in Italien war nicht gut – 2000 politische Gefangene dämmerten in den Verliesen des Kirchenstaates vor sich hin, unliebsame Opposition wurde unnachgiebig verfolgt und geahndet. In diesem Klima gedieh in den 20er Jahren des 19. Jahrhunderts ein Geheimbund, die »Carbonari« (Köhler), dessen Mitglieder geschworen hatten, sich gegen die Unterdrücker zur Wehr zu setzen. Als die »Carbonari« wieder einmal zum Sturz des Papstes aufriefen, waren die beiden Prinzen Feuer und Flamme. Sie unterzogen sich dem mystischen Aufnahmeritual und traten der Gemeinschaft bei. Bei allerlei Protestaktionen erwischt, wurden sie schließlich ausgewiesen und hatten nur noch kurz Gelegenheit, sich Aufständischen anzuschließen, die die Ewige Stadt in Schutt und Asche legen wollten, bis die Österreicher anrückten und dem stürmischen Treiben ein Ende setzten. In Forlí erkrankte der ältere Bruder an Masern, die er nicht überlebte, so daß die eilig herbeigereiste Mutter ihren Jüngsten flink als Lakai verkleidete, um wenigstens ihn heil aus den Fängen der politischen Verfolger zu retten. Der Coup gelang, und Louis zog es vor, seine Jugendsünden zu verdrängen. Doch er hatte die Rechnung ohne seine ehemaligen Verbündeten gemacht.

Wie andere vergaß auch ein gewisser Felice Orsini nicht, daß der Kaiser einst den heiligen »Carbonari«-Eid erst geschworen und bald darauf gebrochen hatte. Daß er die Seiten gewechselt hatte, gar zum Kaiser aufgestiegen war – verzieh Orsini nie. Im Dezember 1854 reiste er – das Herz voll Groll – unter falschem Namen und mit einem gefälschten Paß nach Siebenbürgen, um die dort stationierten italienischen Einheiten aufzuwiegeln. Bei einem Opernbesuch, so wollte es der Zufall, fand sich Orsini plötzlich in nächster Nähe des verhaßten Kaiserpaares, mußte die günstige Gelegenheit jedoch mangels Waffe ungenutzt verstreichen lassen.

N

Gemeinsam mit seinem Freund Simon Francis Bernard, einem französischen Schiffsarzt, heckte er schließlich den Anschlag auf Napoleon III. aus.

Bernard, leidenschaftlicher Kommunist und Liebhaber der damals ganz neuen Fotografie, hatte sich Grundkenntnisse in der Chemie angeeignet und wußte, daß der englische Chemiker Howard 1799 das Knallquecksilber, auch Howardsches Knallpulver genannt, entdeckt hatte. Dabei handelte es sich um eine Mixtur aus Quecksilber, Salpetersäure, Alkohol und Wasser, die, wenn sie kräftig geschüttelt wurde, mit großem Getöse explodierte.

Am 4. November 1857 kaufte er in einer Apotheke hinter der Paulskathedrale die nötigen Ingredienzien zum Entwickeln von Daguerreotypien, wie er dem Apotheker erklärte. Das Datum für den Anschlag wurde auf den 14. Januar 1858 angesetzt. Am Abend des nämlichen Tages wollte der weltberühmte Bariton Jean Massol mit einer Operngala von seinem Publikum und der Bühne Abschied nehmen. Neben vielen anderen illustren Gästen wurde auch die kaiserliche Familie nebst deren Gast, der Herzog von Sachsen-Coburg, erwartet.

Um 19.30 Uhr brachen die Verschwörer zum Tatort auf und verteilten sich unter den Zuschauern. Orsini hatte zwei Sprengkapseln bei sich, jeder seiner Gehilfen eine. In dem dichten Gedränge bemerkte Orsini nicht, daß sein Mitverschwörer Pieri plötzlich verschwunden war. Ein Kriminalkommissar, der an diesem Abend in Zivil die Oper besuchte, hatte den aus Frankreich ausgewiesenen Dieb Giuseppe Andrea Pieri erkannt und vom Fleck weg verhaftet.

Gegen 21.00 Uhr nahte die Wagenkolonne Napoleons III. Seite an Seite warfen der vorbestrafte Dieb Antonio Gomez, der ehemalige Soldat Carlo di Rudio und Orsini nacheinander vier Kugeln, die alle explodierten. Die Straßenbeleuchtung erlosch, das Glasdach über dem Eingang des Opernhauses krachte klirrend zu Boden und auf dem Pflaster wälzten sich verletzte Menschen und Pferde. Auch die kaiserliche Karosse war beschädigt worden, doch als man die verkeilte Tür endlich geöffnet hatte, entstiegen die Insassen völlig unverletzt. Auch in der Oper, wo die Aufführung schon begonnen hatte, war die Detonation zu hören gewesen, und als die kaiserliche Gattin Eugénie mit blutigem Kleid die Loge betrat, ging ein besorgtes Stöhnen durch das Parkett. Erleichtert nahm man zur Kenntnis, daß es das Blut eines Adjutanten war, der, leicht am Hals verletzt, die herrschaftliche Robe befleckt hatte. In der Pause nahm das Kaiserpaar die Glückwünsche des herbeigeeilten Kabinetts entgegen. Die Rückkehr in die Tuilerien artete gegen Mitternacht in einen Triumphzug aus. Ganz Paris war auf den Beinen, um den so wunderbar Verschonten und Geretteten zuzujubeln. Währenddessen mußten 156 Verwundete versorgt werden, acht von ihnen erlagen ihren Verletzungen.

Mit Hilfe des verhafteten Pieri war es der Polizei ein leichtes, die übrigen Verschwörer zu identifizieren und festzunehmen. Orsini schlief tief und fest, als die Gendarmen in sein Haus eindrangen. Sein Kopfkissen war blutverschmiert, weil eine der Explosionen ihn an der Schläfe verletzt hatte. Vor Gericht gestand er ohne Umschweife, versuchte jedoch seine Handlanger zu entlasten. Sein aristokratischer Anstand und würdiger Ernst verfehlten ihre Wirkung nicht. *»Orsini ist der Held dieses Trauerspiels«*, berichtete der österreichische Gesandte indigniert nach Wien. *»Alle großen Damen sind hingerissen. Sie bewundern seinen Mut und seine Gelassenheit. Auch die Kaiserin ist ganz verzückt von diesem Mörder in Samthandschuhen.«* Gerüchte wollten sogar wissen, nur ein

Machtwort des Kaisers habe verhindert, daß Ihre Majestät den Attentäter im Gefängnis besuchte. Orsini, wissend, daß er sein Leben verwirkt hatte, verfaßte einen Abschiedsbrief, den er an den Kaiser richtete:

»Möge Eure Majestät die Worte eines Patrioten nicht zurückweisen, der auf den Stufen zum Schafott steht. Machen Sie mein Land frei und die Segenswünsche von 25 Millionen Menschen werden Sie überall und ewig begleiten.« Durch einen Vertrauten ließ Napoleon III. dem Gefangenen mitteilen, daß die Vollstreckung der Todesstrafe zu seinem Bedauern leider aus Gründen der Staatsräson nicht zu umgehen sei, der Abschiedsbrief des Verurteilten wurde jedoch auf Weisung des Kaisers in allen Zeitungen publiziert.

Am 13. März 1858 wurden Orsini und Pieri – letzterer als Rückfalltäter – vom Scharfrichter geköpft. Die Stelle, wo die Guillotine stand, ist in der Rue de la Roquette bis heute deutlich zu erkennen: Fünf besonders große Steine waren dazu ausersehen, den Aufprall des 40 Kilo schweren Fallbeils abzufangen. Gomez und di Rudio wurden zu lebenslangen Freiheitsstrafen verurteilt. Drei Jahre später gelang di Rudio die Flucht. Er setzte sich nach Amerika ab und starb 1913 in San Francisco. Gomez wurde nach vielen Jahren begnadigt, kehrte nach Neapel zurück und schrieb seine Memoiren.

Heinz Rieder, Napoleon III., Abenteurer und Imperator, Diederichs Verlag, München, 1998; Jörg von Uthmann, Attentat, Wolf Jobst Siedler Verlag, Berlin, 1996

Nikolaus II.

Russischer Zar. 1868 – 1918

Nikolaj II. Alexandrowitsch war nicht nur der letzte Herrscher aus der Dynastie Romanow-Holstein-Gottorp, sondern auch der letzte russische Monarch überhaupt. Zunächst führte er das autokratische Regiment seines Vaters, Alexanders III., fort, wurde jedoch vor allem durch die Revolution gezwungen, große politische Veränderungen zu vollziehen und das allgemeine Wahlrecht sowie die Schaffung einer gesetzgebenden Volksvertretung zu gewähren. Die Reformen gingen seinen Gegnern nicht weit genug, sie wollten die Abschaffung der Monarchie und nahmen die gesamte Zarenfamilie gefangen.

Es war die Nacht des 16. Juli 1918. Nikolaus II. hatte dem Thron zum Wohle seines Volkes bereits entsagt. Er, seine Gemahlin, Alice von Hessen-Darmstadt / Alexandra Fjodorowna, der Thronfolger Aleksej Nikolajewitsch sowie die vier Töchter des Kaiserpaares befanden sich in ihrem Gefängnis in Jekaterinenburg. Im zweistöckigen vornehmsten Haus am Platz warteten sie bis zu diesem Zeitpunkt auf ihren Prozeß. Doch allen vorangegangenen Zwistigkeiten zum Trotz hatten sich Lenin und Trotzkij schließlich auf etwas anderes geeinigt.

Die Wachen weckten den ehemaligen Zar und befahlen ihm und seiner Familie, sich anzukleiden. Es hieß, man wolle sie verlegen, um ihre bevorstehende Befreiung durch die Weiße Armee zu verhindern. Das Ehepaar und die Kinder wurden in einen Raum im Keller gebracht, wo sie auf einen Wagen warteten, der sie fortbringen sollte. Höflich bat der Zar um Stühle für seine Frau und den kranken Sohn.

Die Kaiserin hatte Platz genommen, neben ihr saß Nikolaus, den geschwächten Aleksej auf dem Schoß. Hinter ihnen standen die vier Töchter Tatiana, Olga, Maria und Anastasia sowie der Leibarzt Dr. Eugene Botkin, zwei Bedienstete und der Koch der Familie. Die elf Gefangenen hörten Männer im Gang marschieren, als auch schon die Tür aufgestoßen wurde und Jakob Yurovsky mit zehn Soldaten erschien, allesamt die Gewehre im Anschlag und auf die Häftlinge gerichtet. Die Situation bedurfte keiner Erklärung, doch Yurovsky sagte: *»Man hat versucht, euch zu retten, doch eure Beziehungen haben versagt. Wir müssen euch jetzt erschießen.«* Nikolaus wollte nicht glauben, was er soeben gehört hatte. Seinen Sohn noch immer auf dem Arm, erhob er sich und sagte fassungslos: *»Was!«* Es war das letzte Wort, das gesprochen wurde, bevor die Mörder das Feuer auf die wehrlose Familie und ihr Personal eröffneten. Die Zofe der Zarin floh in eine Ecke, aber einer der Täter folgte ihr und ermordete sie mit seinem Bajonett. Während sorgfältig überprüft wurde, ob auch wirklich alle Opfer tot waren, entdeckte man im kleinen Aleksej noch einen letzten Hauch von Leben. Befehlshaber Yurovsky beugte sich nach vorne und feuerte zwei Kugeln direkt in das Ohr des Jungen. In dem Glauben, die grausige Tat sei nun vollbracht, zogen sich die Schützen zurück, als sie bemerkten, daß Anastasia sich noch bewegte.

Vermutlich war sie während der ersten Schüsse in Ohnmacht gefallen. Mit Kolbenschlägen und Bajonetten wurde auch sie umgebracht.

Die Leichname wurden zu einem nahegelegenen Stollen verfrachtet und in die Tiefe geworfen. Dann ließ man im Stollen eine Ladung Dynamit explodieren, schüttete Benzin in den Stollen und entzündete ein Feuer, das mehrere Stunden brannte. Als es erloschen war, zerhackten und zersägten die Feinde der Monarchie die letzten sterblichen Überreste der Romanows, brachten sie noch tiefer in den Stollen und bedeckten sie mit Schwefelsäure, um die Zarenfamilie endgültig zu beseitigen. Dann machten sie sich auf den Weg, um auch deren nächste Verwandte auszulöschen, sofern sie ihrer habhaft werden konnten. Großherzogin Elisabeth, Alexandras Schwester, war bereits in ihren Händen. Am 17. Juli 1918, einen Tag nach dem Attentat, wurde sie zu einem Wagen gebrachte, in dem sich mehrere Mitglieder ihrer Familie befanden. Lebendig warf man sie in einen anderen stillgelegten Stollen und versuchte sie mit Sprengstoff und Schüssen zu töten. Das Killerkommando hatte den Ort des Geschehens gerade verlassen, als ein zufällig vorbeikommender Passant hörte, daß aus dem Inneren des Stollens menschliche Stimmen drangen. Doch als die weißrussischen Gegner der Bolschewiken ankamen, waren alle tot. Man barg die Leichen und sah, daß der Kopf eines der ermordeten Männer liebevoll mit Elisabeths Taschentuch bandagiert war.

Die neue Regierung leugnete jedes Wissen um den Verbleib der Toten, doch 1919 übernahm die Weiße Armee das Kommando und kam den Verschwörern auf die Spur. 28 Menschen wurden verhaftet, fünf von ihnen für schuldig befunden und hingerichtet.

Erst 1991 entdeckte man in einem Wald bei Jekaterinenburg das wahrscheinliche Grab der Zarenfamilie. Die Gebeine der Romanows konnten lange nicht zweifelsfrei identifiziert werden, doch im Januar 1998 erklärte eine Expertenkommission sie für echt. Ende Februar 1998 beschloß die russische Regierung schließlich die Beisetzung. Genau 80 Jahre nach ihrer Ermordung durch die Bolschewiken wurden die Überreste der letzten Zarenfamilie und ihrer Bediensteten in der Peter-und-Paul-Kathedrale von St. Petersburg bestattet. 52 Mitglieder der in alle Welt verstreuten Romanow-Familie und Vertreter aus 114 Ländern nahmen an der feierlichen Zeremonie teil. Boris Jelzin, der noch zwei Tage zuvor abgelehnt hatte, zu erscheinen, hielt eine kurze Rede, in der er davon sprach, *»die so lange verschwiegene historische Wahrheit«* müsse ans Licht. Nicht dabei war Alexij II., der Patriarch der mächtigen orthodoxen Kirche. Die Geistlichkeit sah – trotz genetischer Beweise – die Authentizität der Überreste nicht als *»über alle Zweifel erhaben«* an.

Elisabeth Heresch, Nikolaus II., Feigheit, Lüge und Verrat, Ullstein Taschenbuch Verlag, Berlin, 1994; Der Spiegel, 19. 01. 1998; Der Spiegel des Jahres, Chronik 1998

N

O

Alvaro Obregón

Mexikanischer General und Politiker. 1880–1928

Obwohl Alvaro Obregón ein Mann aus einfachen Verhältnissen und von sehr geringer Schulbildung war, wurde er lange vor seiner Präsidentschaft zu einem der erfolgreichsten Generäle der mexikanischen Revolution. Obregón hatte nicht an Francisco Maderos Aktivitäten der Jahre 1910/11 teilgenommen und verbündete sich nach dessen Ermordung mit den verschiedenen Gruppierungen um Venustiano Carranza, Emiliano Zapata und Pancho Villa. Besonders mit letzterem verband ihn eine äußerst zwiegespaltene Beziehung. Beide schätzten den jeweils anderen, hielten ihn aber auch für gefährlich, was dazu führte, daß sie ständig Verschwörungen gegeneinander planten, jedoch immer wieder vor der letzten Konsequenz zurückschreckten. Der Höhepunkt war erreicht, als Villa binnen drei Tagen viermal den Tod Obregóns anordnete und den Befehl viermal widerrief.

Nachdem Alvaro Obregón für kurze Zeit Mitglied von Carranzas Kabinett gewesen war, erklärte er seinen Rücktritt und lebte zwei Jahre weitgehend ohne politische Ambitionen auf einer Farm. 1920 sah er sich schließlich außerstande, Carranzas reaktionäre Politik weiterhin schweigend zu tolerieren. Erbost über die wiederholten Mißachtungen der Verfassung und die Versuche, einen Marionettennachfolger zu etablieren, initiierte Obregón einen Aufstand gegen den Regierungschef, der mit der Ermordung Carranzas endete und Obregón zum mexikanischen Präsidenten machte. Seine Reformen sorgten für mehr Wohlstand und Frieden im Land und verbesserten die wirtschaftlichen Bedingungen für Arbeiter und Bürger. Doch den USA war seine Politik zu radikal, so daß sie sich bis 1923 weigerten, seine Regierung anzuerkennen. Als die Amerikaner den Schritt endlich vollzogen, war die Amtszeit des mexikanischen Präsidenten fast zu Ende. Obregón war besessen von dem Gedanken, seinen Nachfolger selbst auszusuchen, um einen Fortbestand der begonnenen Politik zu gewährleisten. Geschickt lancierte er seinen Favoriten Plutarco Elias Calles, der 1924 das Amt übernahm. Wie viele andere vor ihm, hing Calles an Macht und Einfluß, und als 1928 die Zeit der Amtsabgabe nahte, fiel ihm der Schritt so schwer, daß er statt dessen beschloß, die Verfassung zu ändern. Zwei Generäle, die dagegen opponierten, bezahlten ihren politischen Einsatz mit dem Leben, das Gesetz wurde neu geschrieben und galt. Calles verlängerte die Amtszeit des Regierungschefs von vier auf sechs Jahre und verfügte, daß anders als bisher auch zwei Legislaturperioden für eine Person möglich wurden – wenn sie nicht direkt aufeinander folgten. Sein Plan schien aufzugehen. Die nächste Wahl gewann wieder Freund Obregón, und die beiden Männer stellten sich auf ein munteres Bäumchen-wechsle-dich-Spiel an der Spitze des Landes ein. Intellektuelle und Politiker protestierten – vergeblich. Die Verfassung war geändert, Obregón wieder Präsident.

Am 17. Juli 1928, wenige Tage nach der Wiederwahl, fand in einem Restaurant mit dem sinnigen Namen »La Bombilla« (Kleine Bombe) die Siegesfeier statt. Neben vielen anderen Gästen hatte sich auch José de León Toral, ein bekannter Zeitungscartoonist und engagierter Katholik, eingefunden. Zwar wußten viele der Anwesenden, daß er Obregón verabscheute, doch dachte sich niemand etwas dabei, als Toral irgendwann aufstand, um dem Präsidenten seine Zeichnungen zu zeigen. Statt der Entwürfe hatte er allerdings plötzlich eine Waffe in der Hand, aus der er drei Schüsse auf sein Opfer abgab. Obregón war sofort tot. Vermutungen, die Kirche könne hinter dem Anschlag stecken, wurden verworfen, viele hielten Calles für den Verantwortlichen. Als einziger Mann im Staat mit ausreichend Macht, die Regierung zu übernehmen, tat er genau das und führte die Geschicke des Landes bis zum Jahr 1935. Als er schließlich freiwillig zurücktrat, registrierte die ganze Nation den Schritt mit großem Erstaunen.

Samuel Mayo, A History of Mexico, Prentice Hall, Englewood Cliffs, New York, 1978

P

Sven Olof Palme
Schwedischer Politiker. 1927–1986

Das abgeschlossene Jurastudium in der Tasche, machte Sven Olof Palme eine stringente politische Karriere, deren Stationen im Vorstand des sozialdemokratischen Jugendverbandes begannen und schließlich in seiner Funktion als schwedischer Ministerpräsident gipfelten. Der engagierte Sozialdemokrat widersetzte sich hartnäckig den Bitten seiner Geheimpolizei, intensiveren Sicherheitsvorkehrungen für seine Person zuzustimmen, und amüsierte sich heimlich über andere Staatsoberhäupter, die sich vor lauter Bodyguards kaum bewegen konnten. Stolz darauf, unbewacht durch Stockholms Straßen gehen zu können, entließ er die kleine Gruppe seiner Leibwächter meist spätestens dann, wenn er sich in der Nähe seines Wohnhauses befand.

Am 28. Februar 1986 informierte Olof Palme die Sicherheitspolizei, daß er gedenke, einen ruhigen Abend zu Hause zu verbringen, und sie nicht bräuchte. Wenig später lud Marten, einer seiner drei Söhne, Vater und Mutter ein, mit ihm ins Kino zu gehen. Eltern, Sohn und dessen Freundin trafen sich vor dem Kino und reihten sich in die Schlange der Wartenden ein.

Die Vorstellung war um 23.04 Uhr zu Ende. Palme nickte am Ausgang Björn Rosengren, dem Vorsitzenden der Angestelltengewerkschaft, freundlich zu. *»Ist Schweden nicht ein phantastisches Land? Da geht der Ministerpräsident ins Kino wie ein ganz normaler Bürger«,* sagte der daraufhin zu seiner Frau. Nach kurzer Überlegung entschieden sich draußen Olof und Lisbet Palme, nicht mit der U-Bahn oder dem Taxi nach Hause zu fahren, sondern noch einen Spaziergang zu machen, und verabschiedeten sich von ihrem

Sohn und seiner Freundin. Später erinnerte sich Marten genau an den Mann, der in das verdunkelte Schaufenster des Möbelgeschäfts neben dem Kino starrte und dann seinen Eltern folgte. Der Verkäufer einer Imbißhalle sah ihn auch. Marten hätte sicher Verdacht geschöpft, wenn es auch nur den leisesten Hinweis darauf gegeben hätte, daß sein Vater in Gefahr war. Aber seit König Gustav III. 1792 bei einem Maskenball erschossen wurde, war in Schweden kein Attentat auf einen Politiker mehr verübt worden.

Es war genau 23.21 Uhr, als Lisbet, die wenige Schritte vor Olof Palme ging, einen lauten Knall hörte. 700 Meter vom Kino entfernt hatte der Mörder sein Opfer an der linken Schulter gefaßt, ihn an den Revolver herangezogen und abgedrückt. Sie drehte sich um und sah einen Mann, dunkler Mantel, die Kappe tief in die Stirn gezogen, der ihren Mann soeben in den Rücken geschossen hatte. Das Geschoß trat zehn Zentimeter unterhalb des Nackens in den Körper ein. Es durchschlug das Rückgrat, riß Aorta, Luftröhre und Speiseröhre auf. Palme fiel mit dem Gesicht nach vorn auf den Bürgersteig; ein Blutstrahl schoß aus seinem Mund, sein linker Fuß zuckte, dann blieb er reglos liegen.

Wenige Sekunden nach dem ersten war ein zweiter Schuß gefallen. Diesmal hatte der Täter die Waffe – genau auf den gleichen Punkt – auf Lisbet Palme gerichtet. Die drehte sich jedoch exakt in der Zehntelsekunde, in der er feuerte, um. Die Kugel durchschlug ihren linken Ärmel, streifte die Schulterblätter und trat am rechten Ärmel wieder aus – ohne der Frau des Ministerpräsidenten auch nur ein Haar zu krümmen. Sie wankte ein wenig, kniete dann nieder, griff nach dem Kopf ihres Mannes und dachte in ihrer Verwirrung, jemand habe Knallfrösche geworfen. Unfähig, etwas zu unternehmen, sah sie zu, wie zwei 17jährige Schwesternschülerinnen inzwischen versuchten, Olof Palme das Leben zu retten. Doch der hatte keine Chance, und auch ein junger Mann, der ihm mit Mund-zu-Mund-Beatmung helfen wollte, gab bald wieder auf. Der Verletzte wurde in ein nahes Krankenhaus gebracht, war jedoch bereits eine halbe Stunde tot, als die Ärzte die offizielle Mitteilung machten. Etwa zwei Minuten nachdem Sven Olof Palme auf dem Bürgersteig zusammengesackt war, hielt ein Funkstreifenwagen neben Lisbet Palme. Der Streifenführer stieg aus, ging zu ihr und fragte: *»Kennen Sie den Mann?«* Verzweifelt schrie sie ihn an: *»Sehen Sie doch hin, Sie Idiot! Das ist der Premierminister!«* Ungerührt antwortete der Beamte: *»Kann ich bitte mal Ihren Personalausweis sehen?«* Ein junger Mann begriff etwas schneller, er sah den mutmaßlichen Täter fliehen, versuchte ihm zu folgen, verlor ihn jedoch zwischen den parkenden Autos. Die schwedische Polizei bekleckerte sich zunächst nicht mit Ruhm, als sie begann, den Fall zu untersuchen. Fast eineinhalb Stunden waren bereits vergangen, als endlich die Züge am Bahnhof gestoppt und die Straßen gesperrt wurden. Die Sicherung der Flughäfen wurde erst um 2.05 Uhr angeordnet. Statt den Tatort für die Spurensicherung möglichst unverändert zu lassen, erlaubten die Beamten trauernden Passanten, den Bürgersteig über und über mit roten Rosen zu bedecken. Das Foto von der Blutlache im Schnee und den Blumen darauf ging um die Welt. Die beiden Projektile, die viel später entdeckt wurden, fanden Bürger und nicht die Polizei. Gerüchte um Terrororganisationen wie die RAF wurden laut, doch die Ermittler vermuteten eher einen Einzeltäter mit persönlichem Groll gegen den Ministerpräsidenten. Davon, so wußte in Stockholm jeder, gab es eine ganze Menge. »Palmehaß« war ein geflügeltes Wort, Morddrohungen und Hetzkampagnen gegen seine Person keine Seltenheit. Auch bei der Polizei selbst hatte Palme durchaus nicht nur Freunde. Ein pensionierter Sicherheitsbeamter sagte nach der Tat aus, daß Kollegen in seiner Gegenwart Morddrohungen gegen den Ministerpräsidenten ausgestoßen hätten. Es gab sogar einen Polizeiinspektor, der seinem Hund beigebracht hatte, zu knurren, wenn Herrchen den Namen »Palme« aussprach.

Viele schwedische Patrioten hatten im ersten Moment den gleichen Gedanken, wie ihn ein Justiz-Ombudsmann formulierte, als er von dem Anschlag erfuhr: *»Lieber Gott, mach, daß es ein Verrückter war!«* Ein jähzorniger, irrer Einzeltäter wäre Balsam für die Seele der Nation gewesen, doch spätestens am Dienstag nach dem Mord schwand die Hoffnung, daß ein Verrückter der Mörder war. Die Rekonstruktion der Tat legte die Vermutung nahe, daß der Mord eine konzertierte Aktion gewesen sein mußte. Die Chronik der polizeilichen Ermittlungen der Fahndungsgruppe unter Hans Holmér zeigt allerdings, wie tief die Beamten im Nebel stocherten:

5. März: Hans Holmér präsentiert ein Phantombild des Täters. 12. März: Ein gewisser Erik Hansson wird verhaftet. 19. März: Hansson wird wieder freigelassen. 24. März: Holmér präsentiert ein Phantombild eines Mannes, der Palme angeblich vor seinem Tod tagelang beschattete. 31. März: Holmér präsentiert in einer Pressekonferenz zwei Smith&Wesson-Revolver als Tatwaffentypen. 17. April: Ein Freund von Hansson wird unter Tatverdacht verhaftet. 18. April: Der Festgenommene wird wieder auf freien Fuß gesetzt; Holmér erklärt: *»Das Bild des Mörders wird immer klarer.«* 20. April: Kriminologe Leif G. W. Persson veranschlagt die Chancen, daß der Mord jemals aufgeklärt wird, noch auf 10 bis 20 Prozent. Holmér antwortet via TV: *»Gut, daß Persson nicht bei uns in der Fahndungsleitung sitzt!«*

24. April: Die Polizei gibt triumphierend bekannt, am Tatort sei eine verdächtige Brille gefunden worden. 27. April: Die Polizei teilt beiläufig mit, die Brille gehöre einem Autofahrer, der nichts mit dem Mord zu tun habe. 28. Mai: Holmér erklärt in einer Pressekonferenz: *»Ich glaube, wir haben jetzt den Schlüssel!«* 31. Juli: Eilmeldung *»Wir schlagen in Kürze zu!«* 10. August: Holmér erklärt vor der Presse: *»Wir fangen an, Licht im Tunnel zu sehen!«* Nun gebe es eine Hauptspur. 25. November: Holmér fühlt sich bedroht. In den Palme-Raum werden bombensichere Türen und schußsichere Fenster eingebaut. 2. Dezember: Zwölf Kriminalisten der Holmér-Kommission geben bekannt, daß sie unter Protest den Dienst quittiert haben. 7. Dezember: Die Staatsanwaltschaft erklärt: *»Wir sind weit von einer Festnahme entfernt.«* 9. Dezember: Holmér gibt, umgeben von sechs Leibwächtern, im Fernsehen bekannt: *»Unsere Hauptspur ist jetzt 95prozentig.«* 13. Dezember: Nach einer Schießerei veranlaßt Holmér Hausdurchsuchungen in mehreren kurdischen Wohnungen und einem Café. Fünf Kurden werden festgenommen. 15. Dezember: Vier der fünf Kurden werden wieder freigelassen. 24. Dezember: Fototermin – Schweden soll erfahren, Hans Holmér hat auch in der Heiligen Nacht den Mörder gesucht! 29. Dezember: Ein Fernsehmagazin kürt Holmér zum »Schweden des Jahres«. 20. Januar: Holmér läßt 26 Personen, die meisten von ihnen Kurden, aus den Betten heraus verhaften. Abends sind alle wieder frei.

Es folgten Krisensitzungen, Fernseherklärungen, Rücktrittsforderungen, und am Ende wurde die Holmér-Kommission aufgelöst, der Chef zum Berater degradiert. Am 5. März zog er die Konsequenzen und reichte sein Abschiedsgesuch ein.

Am 14. Dezember 1988 wurde der arbeitslose Gustav Christer Pettersson verhaftet. Sein Vorstrafenregister wies nicht weniger als 63 Straftaten auf, darunter Körperverletzung und 1977 ein versuchter Mord. Als er jedoch am 5. Juni 1989 vor Gericht stand, glaubten nur 18 Prozent der Schweden, daß er schuldig sei. Die Polizei konnte weder eine Tatwaffe noch ein Motiv präsentieren, aber Lisbet Palme war sicher, den Mann wiedererkannt zu haben. Die Jury befand auf schuldig, doch das Hohe Gericht selbst widersprach mit der Begründung, die Gattin des Ermordeten könne den Täter nach so langer Zeit nicht mit Sicherheit wiedererkennen. Pettersson wurde zu lebenslanger Haft verurteilt. Im Oktober 1989 wurde das Verfahren erneut aufgenommen, diesmal entschied der Vorsitzende: *»Unsere momentane Meinung ist, daß die Untersuchungsergebnisse nicht für eine Verurteilung ausreichen.«* Pettersson wurde am selben Tag entlassen, doch die Polizei versicherte, man werde die Untersuchungen wiederaufnehmen. Und tatsächlich beantragte die Staatsanwaltschaft im Dezember 1997 eine Wiederaufnahme des Verfahrens gegen den inzwischen 51jährigen Schweden. In dem 300 Seiten starken Antrag wurden neue Zeugen präsentiert, die Pettersson in der Mordnacht am 28. Februar 1986 am Tatort gesehen haben wollten. Die obersten Richter kamen jedoch zu dem Ergebnis, daß die Glaubwürdigkeit der Zeugen in Frage gestellt werden muß. Der Staatsanwaltschaft waren die Personen schon seit 1988 bekannt. Diese Belastungszeugen hätte man bereits in den ersten beiden Prozessen gegen Pettersson einbringen müssen, argumentierten die Richter einstimmig. Damit stand die Polizei wieder am Anfang ihrer Ermittlungen. 1999 gab sich der amtierende Oberstaatsanwalt deutlich verstimmt, wichtige Unterlagen niemals auf den Tisch bekommen zu haben, und sagte: *»Ich kann mir im Moment keine sinnvollen neuen Fahndungsmaßnahmen vorstellen.«*

Inzwischen gibt der mutmaßliche Täter munter Zeitungsinterviews, in denen er sich des Mordes an Sven Olof Palme schuldig bekennt. Ohne die Tatwaffe, dessen ist er sicher, kann er nicht verurteilt werden. Die jedoch, so triumphiert Christer Pettersson, sei nach dem Attentat von einer Finnland-Fähre in die Ostsee geworfen worden und bleibe für immer verschwunden.

Frankfurter Allgemeine Zeitung, 05. 06. 1989; Frankfurter Rundschau, 17. 03. 1986/20. 02. 1996/01. 04. 1996; Der Spiegel, 23. 11. 1987/30. 11. 1987/07. 12. 1987/28. 12. 1987/14. 10. 1996/24. 03. 1997/23. 03. 1998; Stern, 20. 03. 1986; Süddeutsche Zeitung, 28. 02. 1996/13. 2. 1998/29. 05. 1998; Tageszeitung, 11. 8. 1999; Weltwoche, 01. 11. 2001

Park Chung Hee
Südkoreanischer General und Politiker. 1917–1979

Nach dem Militärputsch von 1961 stand Park Chung Hee als Vorsitzender des »Obersten Rates für Nationalen Wiederaufbau« an der Spitze einer Militärdiktatur und sicherte seine Macht durch einen neu geschaffenen Geheimdienst, »Korean Central Intelligence Agency« (KCIA). Nach der Errichtung eines Präsidialsystems war er, getragen von der Demokratisch-Republikanischen Partei, 1963 bis 1979 Staatspräsident. Park Chung Hee verfolgte jedoch einen zunehmend diktatorischen Kurs und engte besonders den Aktionsraum der Opposition stark ein, so daß es zu erheblichen innenpolitischen Spannungen und Auseinandersetzungen kam.

Politische Gegner mußten befürchten, ohne Vorwarnung verhaftet und ohne Prozeß ins Gefängnis gesperrt zu werden. Studenten, religiöse Aktivisten, Intellektuelle und Arbeiter, wer unter den Verdacht der Illoyalität geriet, wurde ausspioniert und bestraft.

Am 15. August 1974 hielt Präsident Park Chung Hee im National Theater von Seoul eine Rede vor etwa 1500 Menschen. Er hatte noch nicht lange gesprochen, als ein Attentäter den Mittelgang des Saales herunterkam und aus einer Pistole auf den Redner schoß. Der Präsident stand hinter einem kugelsicheren Podium und blieb unverletzt, doch seine Frau, die hinter ihm saß, wurde von einer Kugel am Kopf getroffen. Ein zweites Geschoß tötete eine unbeteiligte 17jährige Zuhörerin.

Unmittelbar nach den Schüssen eröffneten die Sicherheitskräfte das Feuer, verletzten den Angreifer und nahmen ihn gefangen. Die Gattin des Präsidenten wurde inzwischen in ein Krankenhaus gebracht. Park Chung Hee beendete zunächst seine Rede, dann fuhr er in die Klinik, wo seine Frau sechs Stunden später starb. Der 22jährige Attentäter wurde als Mun Se Kwang identifiziert und behauptete, man habe ihm gesagt, daß der Tod Parks vom nordkoreanischen Präsidenten Kim Il Sung angeordnet worden wäre. Mun wurde wegen Mordes an der Frau des südkoreanischen Staatsoberhauptes zum Tode verurteilt und am 10. Dezember 1974 hingerichtet.

Knapp fünf Jahre später, am 16. Oktober 1979, lud der Chef des KCIA, Kim Jae Kyu, seinen Präsidenten ein, mit ihm zu Abend zu speisen. Im Hauptquartier des KCIA saßen am reichlich gedeckten Tisch Park Chung Hee, fünf seiner Vertrauten – darunter auch sein hochgeschätzter Chefleibwächter Cha Chi Chol – sowie der Gastgeber. Es entbrannte ein heftiger Disput über Geheimdienstangelegenheiten, währenddessen besonders der Chef des KCIA und der Chef der Bodyguards aneinandergerieten. Kim Jae Kyu, der um den Einfluß des Leibwächters wußte, klagte diesen an, ihn in Gegenwart des Präsidenten desavouieren zu wollen, und verließ schließlich den Raum. Draußen traf er auf zwei seiner Angestellten, zu denen er angeblich sagte: *»Heute mache ich ihn fertig. Also, wenn ihr Schüsse im Eßzimmer hört, kümmert euch um seine Leibwächter!«* Er bewaffnete sich mit einer Pistole, kehrte in den Speiseraum zurück, ging aber gleich darauf noch einmal heraus, um sicherzustellen, daß seine Leute wirklich bereit waren, ihn bei seinem mörderischen Plan zu unterstützen. Wieder an seinem Platz, begann er, Cha Chi Chol wüst zu beschimpfen. Ein Insekt sei der Chefleibwächter, ein unwürdiges Nichts; dann zog er seine Waffe und schoß auf den unbewaffneten Cha. Der wurde nur leicht verletzt und floh in ein angrenzendes Badezimmer. Kim richtete die Waffe auf Park, schoß ihn in die Brust und rannte Cha hinterher. In einer Ecke hinter Möbeln kauernd, fand er ihn und erschoß ihn. Dann rannte der Chef des Geheimdienstes wiederum zurück ins Eßzimmer, wo er den noch lebenden Präsidenten mit einem Kopfschuß tötete. Als Kims Leute die ersten Schüsse hörten, reagierten sie sofort, wie ihnen befohlen worden war, und »kümmerten« sich um Parks Begleiter, die binnen Sekunden tot waren.

In einer ersten offiziellen Bekanntgabe hieß es, Park sei versehentlich ums Leben gekommen, doch einer der Täter gestand sehr schnell die Wahrheit. Kim Jae Kyu und vier weitere Mitglieder des KCIA wurden am 24. Mai 1980 gehenkt.

Bis heute konnte nicht eindeutig geklärt werden, ob der Tod des Präsidenten Teil eines Umsturzplanes oder nur die Kurzschlußtat des Geheimdienstchefs war.

Jonathan Vankin, Conspiracies, Cover-Ups and Crimes: From JFK to the CIA Terrorist Connection, Paragon House, New York, 1992

Paul I. Petrowitsch
Russischer Zar. 1754–1801

Paul I. war der Sohn Peters III. und Katharinas II., die ihn von allen Staatsgeschäften fernhielt. Als er 1796 auf den Thron gelangte, stellte er sich in scharfen Gegensatz zur Politik seiner Mutter. Zur Sicherung der eigenen Macht, jedoch zum Schaden des Landes, machte er viele ihrer Reformen rückgängig. Seine Grausamkeit schockierte bisweilen sogar seine Anhänger, mit seiner Unberechenbarkeit gefährdete er den Frieden des Reiches. Sein zwanghaft despotisches Auftreten, die willkürlich-kleinliche Strenge in der Armee und die Planlosigkeit seiner Außenpolitik machten ihn bei Untertanen und Offizieren unbeliebt und schließlich verhaßt.

Möglicherweise ahnte Paul I., daß eine Verschwörung gegen ihn im Gange war, jedenfalls zog er es vor, sich hinter den dicken Steinmauern seines Winterpalastes außerhalb von St. Petersburg zu verschanzen, und ließ die fünf Zugbrücken ständig von Wachen seines Vertrauens patrouillieren. Angeführt von den Grafen von der Pahlen und von Bennigsen hatte sich eine Gruppe von militärischen und zivilen Persönlichkeiten zusammengetan, um dem tyrannischen Regime ihres Zaren ein Ende zu machen.

In der Nacht des 24. März 1801 gelang es neun Verschwörern, sich Zutritt zum Winterpalast zu verschaffen und ungehindert zum Schlafgemach Pauls I. vorzudringen. Vor der Tür schlief einer der wenigen verbliebenen loyalen Anhänger des Herrschers, ein älterer Husar, der laut um Hilfe schrie, als er die Eindringlinge bemerkte. Kaum hatte er den ersten Laut von sich gegeben, da wurde er auch schon von den Schwertern der Attentäter zum Schweigen gebracht. Die Männer platzten in Pauls Zimmer, wo dieser in voller Uniform und mit seinen Stiefeln bekleidet auf dem Bett lag und schlief. Er wachte sofort auf, sprang auf die Füße und kämpfte verzweifelt um sein Leben. Mit Hilfe eines Stuhles versuchte er, die Schwerthiebe seiner Feinde abzuwehren. Schließlich lehnte er, völlig in die Enge getrieben, mit dem Rücken an einem Fenster und flehte die Angreifer an, sie mögen ihn am Leben lassen. Er schwor, sofort abzudanken, oder, noch besser, sie alle zu Prinzen zu machen und mit großen Ländereien zu bestücken, wenn sie ihn am Leben ließen. Das verlockende Angebot ließ die Attentäter einen Augenblick zögern, bis einer von ihnen rief: *»Wir haben den Rubikon überschritten! Wenn wir ihn jetzt verschonen, sind wir morgen seine Opfer!«* Das saß. Paul I. wurde ohne Gnade erwürgt. Die Mörder verließen das Schloß ebenso leise und unbemerkt, wie sie gekommen waren. Pauls I. Sohn, Alexander, wurde Zar und keiner der Verschwörer jemals bestraft.

Linda Laucella, Assassination, The Politics of Murder, Lowell House, Los Angeles, 1998

Peter III. Fjodorowitsch
Russischer Zar. 1728–1762

Als Karl Peter Ulrich Herzog von Holstein-Gottorp in Kiel geboren, wurde er 1742 von seiner Tante, Kaiserin Elisabeth Petrowna, als Thronfolger nach Rußland gerufen und 1745 mit Sophie Friederike Auguste von Anhalt-Zerbst, der späteren Zarin Katharina II., vermählt. Nach Elisabeths Tod bestieg er 1762 den Thron und schloß als eine der ersten Amtshandlungen Frieden mit Friedrich dem Großen und verfügte eine Reihe politischer Veränderungen. Seine Gattin Katharina war damit so unzufrieden, daß sie sich noch im selben Jahr an die Spitze einer Verschwörung gegen den Zaren stellte.

Da es mit der Ehe zwischen Katharina und Peter nicht zum besten stand, hatte die Gattin des frischgebackenen Zaren große Angst, er könne sich von ihr scheiden lassen und sie in die sibirische Verbannung schicken. Dafür, soviel stand fest, hatte sie nicht ein halbes Leben lang gekämpft. Mit Hilfe ihres aktuellen Liebhabers, Grigorij Orlov, plante sie einen Staatsstreich, in dessen Ausführung sie auch die beiden Brüder ihres Geliebten – wie er Offiziere der berittenen Palastwache – einbezog.

Begleitet von seiner Lieblingsmätresse Lizanka, reiste Peter III. im Juni 1762 von St. Petersburg nach Oranienbaum, um dort die Sommerfrische zu genießen. Katharina ergriff die Gelegenheit, verkleidete sich als Leutnant, ritt in dieser Aufmachung zum Palast und erklärte sich zur Kaiserin und Regentin. Binnen kürzester Zeit konnte sie sich der Zustimmung aller wichtigen Männer bei Hof, der Kirche und natürlich der Palastwache sichern. Letztere machte sich stehenden Fußes auf nach Oranienbaum, um auf Befehl der selbsternannten Zarin den ahnungslosen Peter zu ergreifen. Man nahm ihn fest und inhaftierte ihn in Ropscha. Peter erkannte die Ausweglosigkeit seiner Situation und dankte zugunsten seiner Gattin ab. Verärgert über seine Behandlung und den Machtverlust, schickte er jedoch ständig böse Briefe in den Zarenpalast. Abwechselnd haderte er mit seiner Frau, dann wieder bat er sie um seinen geliebten zahmen Affen, seine Geige und seine Geliebte Lizanka. Katharina erlaubte den Affen und die Geige – die ehemalige Konkurrentin Lizanka schickte sie allerdings in ein sibirisches Gefängnis.

Im Juli beschloß Katharina die Große, jetzt legale Zarin Rußlands, daß es an der Zeit sei, sich des Ärgernisses, wie sie ihren Mann nannte, dauerhaft zu entledigen. Alexej Orlov, ein Bruder ihres Geliebten, wurde geschickt, die Tat zu vollbringen. Er reiste nach Ropscha und gab vor, Peter III. besuchen zu wollen. Nachdem er das Quartier des abgesetzten Regenten betreten hatte, setzte er sich zu Peter, der nur noch der »Verrückte« genannt wurde, und begann ihn Schluck um Schluck und Glas für Glas unter den Tisch zu trinken. Als der ehemalige Zar endlich vollkommen betrunken war, legte Orlov seine starken Hände um dessen Hals und drückte zu.

Er und seine Brüder wurden von der Zarin fürstlich entlohnt.

Vincent Cronin, Katharina die Große, Claassen Verlag, Düsseldorf, 1978

Philipp II.

König von Makedonien. 382–336 v. Chr.

Obwohl Philipp II. ein großer Feldherr und Eroberer war, ist sein Name bei weitem nicht so geläufig wie der seines Sohnes Alexander des Großen. Es war jedoch Philipp, der das Makedonische Reich zur Großmacht ausweitete und den größten Teil der Balkaninsel in Abhängigkeit brachte.

Als Sohn eines Königs wurde Philipp 15jährig als Geisel nach

Theben gebracht, damit man von dort aus das Treiben seines Bruders, König Alexander, kontrollieren konnte. Während seiner Gefangenschaft wurde Philipp jedoch gut behandelt und lernte Wissen und Kultur der Griechen kennen und schätzen. Kaum war er nach Makedonien zurückgekehrt, da wurde sein Bruder Alexander ermordet, und ein zweiter Bruder, Perdikkas, bestieg den Thron, um wenig später ebenfalls Opfer eines Anschlags zu werden.

Der inzwischen 23jährige Philipp kämpfte mit brutaler Entschlossenheit, um sich die Macht langfristig zu sichern. Sorgfältig suchte er seine Verbündeten aus, wachsam beobachtete er das Treiben am Hof. Während sich der Vater auf einen großen Schlag gegen das mächtige Persien vorbereitete, wuchs sein Sohn Alexander heran. Philipp war verärgert und enttäuscht darüber, daß sein Erbe auch nach dreijähriger Ausbildung bei Aristoteles keinerlei Affinität zur griechischen Kultur zu entwickeln schien.

336 v. Chr. war es soweit, die so lange vorbereitete Schlacht stand kurz bevor. Doch ehe er ins Feld zog, wollte Philipp II. noch die Hochzeit seiner Tochter feiern. Das freudige Ereignis wurde jedoch ein wenig getrübt, denn häßliche Gerüchte waren Olympias, der Gattin des Königs, zu Ohren gekommen. Philipp, so hieß es, plane, eine zweite Ehe zu schließen, um so einen weiteren männlichen Erben zu bekommen. Olympias war höchst beunruhigt und fürchtete um die Thronfolge ihres geliebten Sohnes Alexander. Ihr Mann bemühte sich nach Kräften, die Befürchtungen zu zerstreuen, verwies auf die rein politischen Zwecke der avisierten Verbindung und versicherte, dies alles habe nichts mit Alexanders Position zu tun. Olympias' Bedenken waren jedoch nicht vollständig zerstreut; argwöhnisch wachte sie über den König. Der wiederum hielt sich für mehr oder weniger unverwundbar und bewegte sich bei öffentlichen Anlässen völlig frei und ohne Leibwachen. So auch auf der Hochzeit seiner Tochter. Das Fest war in vollem Gange, als plötzlich ein junger Adliger namens Pausanias neben Philipp II. auftauchte und ihn aus heiterem Himmel beschuldigte, sich in einer Auseinandersetzung ihm gegenüber ungerecht verhalten zu haben. Noch bevor Philipp ein Wort der Rechtfertigung hervorbringen konnte, rammte Pausanias ihm eine Stichwaffe in die Seite und verletzte ihn tödlich. Philipps Leibwa-

chen eilten herbei, ließen dem Täter keine Sekunde Zeit, sich zu erklären, sondern töteten ihn auf der Stelle. Trotz der anders lautenden offiziellen Erklärung nahm man allgemein an, daß Olympias den Attentäter engagiert hatte, um ihrem Sohn die Thronfolge zu sichern.

Linda Laucella, Assassination, The Politics of Murder, Lowell House, Los Angeles, 1998

Gnaeus Pompeius Magnus

Römischer Feldherr und Politiker. 106–48 v. Chr.

P

Obwohl Pompeius nicht die übliche Ämterlaufbahn absolviert hatte, wurde er 70 v. Chr. zum Konsul gewählt. 67 und 66 v. Chr. erhielt er vom Volk, aber gegen den Willen der Optimaten, außerordentliche Vollmachten für den Kampf gegen die Seeräuber und gegen Mithridates VI. Eupator. Mit beispielhafter militärischer Organisation befreite er das Mittelmeer von den Seeräubern, die er unter anderem in Kleinasien ansiedelte, und besiegte Mithridates. Obwohl viele ihn als einen außerordentlich egoistischen General empfanden, war seine Karriere eine der beeindruckendsten der römischen Geschichte. Zurück in Rom, verbündete er sich mit Crassus und Caesar, gemeinsam gründeten sie 60 v. Chr. das erste Triumvirat. Nach dem Tod seiner vierten Gattin, Caesars Tochter, und nach dem Ende des Crassus, verschlechterte sich das Verhältnis zu Caesar so sehr, daß Pompeius schließlich Zuflucht in Ägypten suchte.

Während Caesars Popularität beim Volk gestiegen war, hatte der rücksichtslose Pompeius erheblich an Anhängern verloren. Da sich jedoch viele Mitglieder des Senats vor Caesars Ehrgeiz fürchteten, witterte Pompeius hier eine Chance und verbündete sich mit diesen. 49 v. Chr. kam es zum Eklat: Pompeius und große Teile des Senats stellten sich gegen Caesar. Letzterer stellte seine Truppen auf und führte sie über den Rubikon. Pompeius hatte zwar mehr Soldaten und politische Verbündete, doch Caesars Mut und strategisches Geschick waren gleichermaßen berühmt und berüchtigt. Mal für Mal führte er seine kleine Armee zum Sieg gegen Pompeius' beeindruckende Übermacht.

Am 9. August 48 v. Chr. kommandierte Pompeius bei Pharsalus 48 000 Infanteristen mit 7000 Pferden. Caesar hatte 22 000 Männer und 1000 Pferde. Wissend, daß hier Bruder gegen Bruder kämpfte, befahl Caesar seinen Leuten, jeden Römer, der sich ergab, am Leben zu lassen. Seine besondere Order lautete, Marcus Brutus sogar die Flucht zu ermöglichen oder unverletzt gefangenzunehmen. Caesars Männer schlugen eine außergewöhnliche Schlacht. Sie töteten und verwundeten 15000 Soldaten und zwangen 22000, sich zu ergeben. Wütend riß Pompeius sich die Insignien des Kommandanten von der Uniform und floh mit dem Rest seines Heeres. An Bord des Schiffes, das sie nach Ägypten bringen sollte, begann er jedoch sogleich neue Pläne zu schmieden, wollte neue Truppen zusammenstellen und hoffte auf ägyptische Hilfe. In Mytilene angekommen, traf er seine Frau, die ihn verzweifelt bat, nicht nach Alexandria weiterzureisen. Doch Pompeius, besessen von seinem Kampf gegen den einstigen Freund, machte sich auf den Weg. Als man am alexandrinischen Hof Kunde von Pompeius' bevorstehender Ankunft erhielt, begab sich König Ptolemäus XII. unverzüglich zum Hafen, um Pompeius den Großen willkommen zu heißen. Auf dem Weg bearbeiteten ihn seine Ratgeber jedoch ohne Pause, daß diese Geste Caesar – der die Auseinandersetzung gewinnen würde – ganz sicher verärgern würde. Ptolemäus XII. dachte einen Augenblick nach, dann ließ er ein kleines Boot zum Schiff des Pompeius schicken, das den Römer an Land bringen sollte. Als der Feldherr den ersten Schritt auf ägyptischem Boden tat, befahl der Eunuch und Ratgeber des Königs, Pothinus, seinen Sklaven, Caesars Werk zu vollenden. Sie stürzten sich auf Pompeius und erstachen ihn. Wenig später kam Caesar nach Alexandrien. Stolz präsentierten ihm die Attentäter den Kopf ihres Opfers. Mit Tränen in den Augen wandte sich Caesar ab.

M. Gelzer, Pompeius, F. Steiner Verlag, Stuttgart, 1998

Jürgen Ponto
Bankier. 1923–1977

Der studierte Jurist Ponto war seit 1964 im Vorstand der Dresdner Bank und wurde 1969 zu deren Vorstandssprecher.

Am Dienstag nach Pfingsten 1977, wenige Wochen nach dem Stammheimer Urteil, besuchte die Hamburger Rechtsanwaltstochter Susanne Albrecht die Familie des Bankiers Jürgen Ponto in Oberursel im Taunus. Ponto war der Patenonkel einer ihrer Schwestern, sie selbst hatte zwar nur losen Kontakt zu dem Chef der Dresdner Bank, war jedoch ein paar Jahre zuvor einmal über Nacht Gast im Hause Ponto gewesen.

Am 1. Juli kam Susanne erneut, diesmal unangemeldet, zu Besuch. Sie unterhielt sich längere Zeit mit Pontos Tochter Corinna und erkundigte sich beiläufig nach dem Personal des Hauses, möglichen Alarmanlagen und der Anzahl der Hunde. Knapp einen Monat später rief sie bei Pontos an und fragte nach *»Onkel Jürgen«*. Ponto war nicht zu Hause, und seine Frau sagte Susanne, sie möge am Abend gegen 20.30 Uhr noch einmal anrufen. Als sie sich erst um 22.30 Uhr meldete und fragte, ob sie wohl noch vorbeikommen dürfe, sagte Frau Ponto: *»Susanne, mein Schätzchen, du wolltest doch um halb neun anrufen. Jetzt gehen wir zu Bett.«* Sie könne aber gerne am nächsten Tag um 16.30 Uhr zu einer Tasse Tee kommen.

Susanne Albrecht hatte bei der ganzen Sache eigentlich nicht mitmachen wollen. *»Sie hat geheult«*, erinnerte sich später Peter Jürgen Boock, *»aber sie war auf eine Art und Weise dazu gebracht worden, die fast an Gehirnwäsche erinnert.«* Fast zwei Tage war sie von der Gruppe beharkt worden, bis sie endlich ja sagte. Dann hatte sie ihre verschiedenen Besuche unternommen und dabei versucht, herauszubekommen, wie die Sicherheitsvorkehrungen im Hause Ponto waren. Nach ihrem letzten Besuch hatte sie der Gruppe mitgeteilt, daß Ponto die Absicht habe, nach Südamerika zu fahren. Damit stand fest, daß die Aktion sofort laufen mußte.

Die Eheleute Ponto saßen am späten Nachmittag des 30. Juli 1977 auf der Terrasse ihres Hauses, als es klingelte. Am Gartentor stand Susanne Albrecht, zusammen mit zwei gutgekleideten Begleitern, einer Frau und einem Mann. Pontos Chauffeur fragte durch die Sprechanlage: *»Wer ist da?«* – *»Hier ist Susanne!«* Ponto telefonierte gerade, gab den Hörer an seine Frau weiter und sagte zu seinem Chauffeur: *»Susanne soll sich in die Halle setzen.«* Der Chauffeur drückte den Summer und sagte zu Frau Ponto: *»Sie ist mit noch zwei jungen Leuten gekommen.«* – *»Wie sehen die denn aus?«* wollte die Gattin des Bankiers wissen. *»Sehr manierlich.«* Der junge Mann trug einen Feinkordanzug, ein weißes Hemd mit Krawatte und kurzgeschnittene Haare. Die Frau hatte einen gelbbeigen Hosenrock und eine gleichfarbige Jacke an, dazu ein Kopftuch. Jürgen Ponto begrüßte die Besucher mit Händedruck und führte sie auf die Terrasse. Frau Ponto war noch immer am Telefon und reichte den Gästen die Hand über den Teewagen hinweg. *»Ich muß das Gespräch noch beenden«*, sagte sie und zog sich ins Haus zurück.

Die drei manierlichen jungen Leute hatten Blumen mitgebracht. *»Ach, da wollen wir mal eine Vase holen«*, sagte Jürgen Ponto. Der junge Mann folgte ihm und zog plötzlich eine Pistole, die er auf den Bankier richtete. *»Sie sind wohl wahnsinnig!«* sagte Ponto, packte den Arm des Angreifers und drückte ihn so weg, daß der Lauf der Waffe in Richtung des Fensters zeigte. Plötzlich löste sich ein Schuß, der durch den Vorhang in die Terrassentür schlug. Auf dieses Signal hin stürmte Susannes Begleiterin – die Ermittlungen ergaben später, daß es sich um Brigitte Mohnhaupt handelte – ins Eßzimmer und feuerte fünf Schüsse auf Jürgen Ponto ab.

Ein Geschoß traf den Bankier aus nächster Nähe in die Schläfe, ein anderes drang von oben durch die Schädeldecke ins Gehirn und hinter dem rechten Ohr wieder aus. Die nächste Kugel streifte den Kopf, zwei weitere durchschlugen die rechte Brustseite und seine Hand. Jürgen Ponto brach zusammen. Die drei Besucher flohen aus dem Haus und rasten in einem Ford Granada davon. Um 18.30 Uhr starb Jürgen Ponto in der Neurochirurgischen Klinik in Frankfurt am Main.

Susanne Albrecht war vollkommen aufgelöst. *»Nein, das habe ich nicht gewollt!«* schluchzte sie. *»Wie soll ich das meinen Eltern erklären?«* Boock, der im Fluchtwagen draußen gewartet hatte und nicht im Haus gewesen war, versuchte sie zu beruhigen. Er legte seinen Arm eng um ihre Schultern und redete beschwichtigend auf sie ein. Doch weder ihr Tränenfluß noch ihre Selbstanklagen waren zu stoppen. Ponto, so stammelte sie, habe die ganze Sache anfangs nicht ernst genommen. *»Was wollt ihr denn? Ihr habt sie wohl nicht alle! Die Waffen weg, ihr spinnt ja wohl …«* – *»Dann die Rangelei mit Brigitte, und dann kommt der Klar, dieses Arschloch, mit der Waffe und schießt, und dabei war doch fest verabredet worden, keine Waffen und nur einen auf die Nuß, wenn er sich wehrt.«* Ihre Worte wurden von Tränen erstickt. Hinterher gab es in der Gruppe vehemente Kritik an Christian Klar, der sich nicht verteidigte, sondern selbst anklagte, und zwar so vehement, daß Boock meinte: *»Hör mal, so ganz haut das ja nicht hin. Du bist nicht am ganzen Elend der Welt schuld.«*

In der folgenden Zeit mußte die Gruppe rund um die Uhr auf Susanne Albrecht aufpassen, die in immer tiefere Verzweiflung versank. Boock brachte sie im Zug nach Köln. Auf der Fahrt brach sie immer wieder in Weinkrämpfe aus. In einer konspirativen Wohnung in Köln setzte Brigitte Mohnhaupt das Bekennerschreiben auf, Susanne Albrecht sollte unterschreiben. *»Nein, das mache ich nicht!«* wehrte sie immer wieder von Weinkrämpfen geschüttelt ab. *»Das mach ich nicht, nein, ganz entschieden nein!«*

P

Da fielen die anderen wieder über sie her. *»Was willst du dann überhaupt hier? Hattest du etwas mit dem bewaffneten Kampf zu tun, oder wolltest du nur ein bißchen den weiblichen Robin Hood heraushängen lassen und dir nicht die Finger schmutzig machen?«* Nach bewährter Methode wurde ihre gesamte Identität, ihr Dasein in der Gruppe in Frage gestellt, bis sie reif war und sagte: *»Ich unterschreibe!«*

Zwei Wochen später gingen bei verschiedenen Zeitungen Eilbriefe ein: *»Wir haben in der Situation, in der Bundesanwaltschaft und Staatsschutz zum Massaker an den Gefangenen ausgeholt haben, nichts für lange Erklärungen übrig. Zu Ponto und den Schüssen, die ihn jetzt in Oberursel trafen, sagen wir, daß uns nicht klar genug war, daß diese Typen, die in der Dritten Welt Kriege auslösen und Völker ausrotten, vor der Gewalt, wenn sie ihnen im eigenen Haus gegenübertritt, fassungslos stehen.«* Unterzeichnet war die Erklärung: *»Susanne Albrecht aus einem Kommando der RAF«.*

Stefan Aust, Der Baader Meinhof Komplex, Wilhelm Goldmann Verlag, München, 1998; Stern, 04. 08. 1977

Jerzy Popieluszko
Katholischer Theologe. 1947 – 1984

Der politisch stark engagierte Popieluszko wurde 1980 Vikar der Stanislaw-Kostka-Gemeinde in Warschau. In seinen Predigten verurteilte er die Ausrufung des Ausnahmezustandes und immer wieder das Verbot der Gewerkschaft »Solidarność«. Die Entführung und Ermordung des Priesters durch den polnischen Sicherheitsdienst löste machtvolle Kundgebungen in Polen aus, durch die eine gerichtliche Verurteilung der Täter erzwungen wurde. Der Prozeß gegen die politisch verantwortlichen Generäle des Geheimdienstes wurde 1997 in zweiter Instanz wieder aufgenommen.

»Sie werden bewacht wie in der Bundesrepublik die Mitglieder der Baader-Meinhof-Gruppe«, sagte der polnische Informationsminister über die Gefangenen. Die Sonderbewachung der drei Geheimdienstler war nur zu verständlich: Man befürchtete, daß sie einem Anschlag zum Opfer fallen könnten, weil die Hintermänner des Mordes an Priester Popieluszko verhindern wollten, daß die Täter der Polizei unliebsame Informationen lieferten. Die Getränke und das Essen wurden nicht nur in einem gesonderten Teil der Gefängnisküche zubereitet, sondern auch noch regelmäßig vorgekostet. Hofgang und Kontakte mit anderen Gefangenen waren strengstens verboten. In pausenlosen Verhören versuchten die Gefolgsleute von General Jaruzelski die drei geständigen Mörder über die Auftraggeber ihrer Tat auszuquetschen.

Seit Verhängung des Kriegsrechtes über Polen und seit dem Verbot der Gewerkschaft »Solidarität« im Dezember 1981 war die Stanislaw-Kostka-Kirche mit dem mutigen Pfarrer Popieluszko ein Zentrum des Widerstandes gegen die Militärregierung gewesen. Hier predigte der Pfarrer in seinen »Messen für das Vaterland« für die Solidarität und gegen den »Krieg«, wie die Polen das Kriegsrecht nannten. Und hier – am Grab des Geistlichen – entstand ein neuer polnischer Wallfahrtsort. Tausende von Blumensträußen schmückten den Zaun. »Das Gute wird siegen!« und »Jerzy, deine Seele ist bei uns« stand auf riesigen Transparenten zu lesen. Bei Dunkelheit flackerten auf dem Kirchengelände Tausende von Kerzen, die zu Ehren des Gottesmannes schon seit dem Tag seiner mysteriösen Entführung am 19. Oktober 1984 entzündet worden waren. Gut zwei Wochen später hatten Froschmänner der polnischen Armee Popieluszko tot aus der Weichsel geborgen. Die Leiche war an Händen und Füßen gefesselt, ein Strick lag auch um den Hals.

Der Autopsiebericht wurde zunächst nicht veröffentlicht, doch auf Fotos war zu erkennen, daß der Tote an Kopf und Gliedern schwere Verletzungen aufwies. Deutlich waren Spuren von Folter und Schlägen vor dem Stoß in die Weichsel zu erkennen. Anders als sein Chef überlebte Waldemar Chrostowski, der Fahrer und Leibwächter von Jerzy Popieluszko, den Anschlag. Der durchtrainierte 40jährige war früher Fallschirmjäger, dann bei der Armee und landete schließlich als Angestellter bei der katholischen Kirche. Am Freitag, den 19. Oktober 1984, chauffierte er Popieluszko von einem Besuch zurück nach Warschau. *»Wir wurden plötzlich auf freier Strecke angehalten. Drei Männer forderten mich auf, auszusteigen. Sie sprangen plötzlich auf mich zu und fesselten mich an den Händen. Als sie mir einen Knebel in den Mund schoben, sagten sie: Damit du deine Schnauze nicht aufmachst.«* Auch der Priester wurde aus dem Auto gezerrt. Sein Leibwächter hörte einen heftigen Wortwechsel zwischen ihm und den Entführern, dann einen dumpfen Schlag. Der Priester wurde im Kofferraum des Geheimdienstwagens verstaut, sein Chauffeur auf den Beifahrersitz gezwungen, dann raste das Auto davon. Nach einer Weile entdeckte Chrostowski im Scheinwerferlicht zwei Fußgänger auf der Landstraße. Gleichzeitig tauchte hinter dem Wagen der Kidnapper ein anderes Auto auf. Mit dem kleinen Finger seiner rechten Hand öffnete er die Türverriegelung und warf sich bei einer Geschwindigkeit von etwa 80 Stundenkilometern aus dem Wagen. Kaum war der sportliche Mann über die Schulter abgerollt, als sich auch schon die beiden Fußgänger um ihn kümmerten. Außer einer gebrochenen Hand und geringen Abschürfungen war ihm nichts geschehen. Dank seiner Zeugenaussagen gelang es relativ schnell, drei Verdächtige zu ermitteln: die beiden Oberleutnants Waldemar Chmielewski und Leszek Pekala sowie deren Vorgesetzten, Hauptmann Grzegorz Piotrowski vom polnischen Sicherheitsdienst, der die Entführung und den Mord bald gestand. Im Verhör gab er zu Protokoll: *»Ich habe die politischen Äußerungen des Priesters für gefährlich gehalten. Popieluszko ist ein Aufwiegler gewesen.«* 1997 leitete die katholische Kirche das Seligsprechungsverfahren für Popieluszko ein.

Stern, 15. 11. 1984

R

Itzhak Rabin

Israelischer General und Politiker. 1922–1995

Itzhak Rabin, der Sohn der weißrussischen Mitbegründerin der Histadrut, Rosa Cohen, wurde 1941 Mitglied und später Kommandeur der Palmach. Als Generalstabschef leitete er im Juni 1967 die israelischen Operationen im Sechstagekrieg. Danach war Rabin Botschafter in Washington sowie Vorsitzender der israelischen Arbeiterpartei und Abgeordneter der Knesset. Zweimal wurde er zum Ministerpräsidenten gewählt und erhielt 1994 gemeinsam mit Shimon Peres und Jasir Arafat den Friedensnobelpreis.

Samstag, 4. November 1995, 21.30 Uhr in Tel Aviv. Soeben war die erste große Kundgebung seit dem Beginn der Verhandlungen mit der palästinensischen Befreiungsorganisation zu Ende gegangen. Seit der Massendemonstration nach dem Massaker von Sabra und Shatila im Libanon im September 1982 hatte sich keine derartig große Menschenmenge mehr in Tel Aviv zusammengefunden. Ministerpräsident Itzhak Rabin war zufrieden über die 150000 versammelten Menschen.

Zur Aufrechterhaltung von Recht und Ordnung hatte man Tausende von Polizisten und Sicherheitsbeamten eingesetzt. Rabin trat an den Rand der Bühne und nahm die Ovationen der Menschen entgegen. Ein Reporter des Zweiten Israelischen Fernsehens, Dov Gilhar, war bis auf die Bühne vorgedrungen, wo er Rabin im Laufe der Kundgebung wiederholt interviewte, und ohne es zu wissen, hielt er so die letzten Augenblicke im Leben des Ministerpräsidenten fest. Später sagte er, er habe Rabin nie so glücklich gesehen. Tief bewegt habe er dem ganzen Fernsehteam gedankt. Das war eineinhalb Minuten vor dem tödlichen Schuß. Der Korrespondent betonte ausdrücklich: *»Nie habe ich erlebt, daß sich der Ministerpräsident bei einem Fernsehteam samt Fotografen und Tontechnikern bedankt.«*

Einige Momente später zog ein junger Jurastudent, ein 25jähriger religiöser, nationalistischer Fanatiker, seine Pistole und richtete sie direkt auf den ahnungslosen Rabin. Der junge Mann hieß Yigal Amir. Er war von kleiner Statur, mager und hatte einen dunklen Teint. Bei seiner Vernehmung sagte er aus, er habe darum gebetet, daß es ihm gelingen möge, Rabin zu töten, ohne selbst getötet zu werden. Denn er schätzte die Chance, bei der Verwirklichung seines Plans selbst erschossen zu werden, auf eins zu zehn ein. Zwei Jahre habe er davon geträumt, Rabin zu ermorden, immer wieder habe er in letzter Minute aufgegeben. Aber an jenem Samstag hoffte er auf den Erfolg. *»Wenn Gott will, wird es mir gelingen«*, vertraute er seinem Bruder an. Amir schilderte einem Untersuchungsbeamten die letzte halbe Stunde vor dem Attentat folgendermaßen:

»Ich wollte nicht, daß ich entdeckt werde, noch, daß man sich an mich erinnert. Ich stand also dort herum, hielt mich an derselben Stelle auf, niemand forderte mich auf, zu verschwinden. Die Sicherheitsbeamten mußten wohl den Eindruck gehabt haben, ich gehörte dazu. Ich verhielt mich übrigens sehr ruhig. Stellen Sie sich vor, Sie stehen neben einem Polizisten und sagen kein Wort. Wenn er dann die Leute fortschickt, bleiben Sie einfach stehen, und er denkt: Der Bursche gehört zum Team. Ein Polizist hat mich angeschaut. Es schien mir, als störe ihn irgend etwas. In diesem Augenblick traf der Popstar Aviv Gefen ein, und ich sagte mir, ich nutze diesen Umstand, um den Polizisten auszuschalten. Als Aviv Gefen an uns vorbeiging, habe ich ihn kritisiert, und es stellte sich heraus, daß er auch dem Polizisten nicht sonderlich gefiel. Angesichts dieses stillschweigenden Einverständnisses wäre es dem Polizisten sicher unangenehm gewesen, mich zu fragen, wer sind Sie, oder was machen Sie hier, denn anscheinend gehörte ich ja zum Team. Die anderen Polizisten sahen, wie ich mit ihm sprach. Ich hatte Deckung und befand mich in einer ausgezeichneten Lage. Plötzlich trat ein Polizist auf mich zu und fragte mich: Wo ist Ihr Wagen? Ich antwortete, hier. – Gut, bleiben Sie bei Ihrem Fahrzeug. Ich antwortete, in Ordnung, und rührte mich nicht vom Fleck. Der Polizist ging weg, ohne mir

weitere Fragen zu stellen. So habe ich mich unter die Sicherheitsbeamten gemischt. Das war aber noch nicht alles, ich hörte, wie ein Polizist einen anderen fragte, wer ist das, und auf mich zeigte. Der zweite antwortete, ein Polizist in Zivil. Der erste darauf, warum schreist du das so laut, das darf doch niemand wissen.«

Es grenzte schon an Lächerlichkeit, denn gleich danach trat noch ein dritter Polizist zu seinen beiden Kollegen und fragte, indem er auf Menachem Damti, Rabins Chauffeur, deutete, ausgerechnet Amir, wer das sei. Frech antwortete der Attentäter: *»Der ist in Ordnung, der gehört zu uns!«* Am Ende des Verhörs schloß Amir mit den Worten: *»Der Himmel hat mir meine Tat erlaubt. Hätte ein Polizist mich vom Ort gewiesen, ich hätte es als ein Zeichen aufgefaßt, es an jenem Tag nicht zu versuchen. Ich stand 40 Minuten auf demselben Fleck, und niemand hat mich angesprochen. Da begriff ich, das war der Augenblick, mein Vorhaben auszuführen.«*

Ministerpräsident Itzhak Rabin erschien in Begleitung seiner Frau Lea auf den Stufen, die zu seinem Wagen führten. Es waren keine Fotografen um ihn, denn gemäß der Auflage der für die Sicherheit Verantwortlichen durften sie ihm nicht folgen. Nur vier Leibwächter schützten ihn. Lea Rabin ging etwa drei Meter hinter ihrem Mann, ebenfalls begleitet von einem Sicherheitsbeamten. Zwei der vier Leibwächter entfernten sich, einer vorne, einer blieb hinten zurück. Links auf dem Bürgersteig saß Yigal Amir auf einem großen Blumentopf und stellte fest, daß er mühelos an Rabin herankam. Niemand konnte ihn daran hindern. Er beschloß zu handeln und schob sich an einem Studenten vorbei, der Rabin gerade etwas gefragt hatte. Jetzt zog Amir seine Pistole und streckte seinen Arm aus, so daß er fast Rabins Rücken berührte. Um 21.50 Uhr traf der erste seiner Schüsse, doch der Attentäter drückte noch zwei weitere Male ab, *»um sicherzugehen, daß ich ihn treffe«*. Dann ließ er die Pistole fallen, um zu zeigen, daß er nicht mehr schießen wollte. Yigal Amir wurde sofort überwältigt und gegen eine Betonmauer gestoßen. Man legte ihm Handschellen an. *»Warum Handschellen? Ich bin doch kein Araber – das tut weh!«* protestierte er und fügte hinzu: *»Ich hätte nicht gedacht, daß es so leicht sein würde ...«*

Amon Kapeliuk, Rabin, ein politischer Mord, Palmyra Verlag, Heidelberg, 1997

R

R

Grigorij Jefimowitsch Rasputin
Russischer Wanderprophet. 1869–1916

Nachdem Rasputin seinen Bauernhof verlassen hatte und eine Weile als Pilger und Prediger durch Rußland gezogen war, tauchte er 1904 in St. Petersburg auf. 1907 zog er fest an den Zarenhof und gewann durch seine angebliche Fähigkeit, dem an der Bluterkrankheit leidenden Thronfolger durch hypnotische Kräfte helfen zu können, großen Einfluß auf Zar Nikolaus II. und seine Frau. Von beiden entsprechend protegiert, lebte Rasputin immer anmaßender und ausschweifender und entwickelte sich in den Augen der Hofgesellschaft zu einer Belastung für die Monarchie.

Angeführt von Graf Felix Jussupow, verschwor sich eine Gruppe von Adligen gegen den mächtigen Rasputin. Unter einem Vorwand luden sie ihr Opfer ein und planten, ihn mit Zyankali zu vergiften. Die mitgebrachte Dosis, dessen war sich der Arzt, Dr. Lasawert, sicher, hätte ausreichen müssen, um fünf Menschen zu töten. Persönlich ging er an den Tisch, auf dem die Diener Gebäck, Torten und Tee aufgebaut hatten, nahm drei Stücke Torte, hob die obere Schicht behutsam ab, streute das Gift auf den anderen Teil und bedeckte es sorgfältig wieder. Dann präparierte er drei Weingläser, indem er je eine dünne Schicht Zyankali hineingab. Das Treffen mit Rasputin war gegen Mitternacht vom 16. auf den 17. Dezember 1916 geplant. Nervös empfingen die Verschwörer ihr Opfer und boten ihm Wein, Tee und Kuchen an. Als ahnte Rasputin etwas, lehnte er, der sonst ein Glas nach dem anderen trank, ein Stück Torte nach dem anderen verschlang, alles ab. Gastgeber Jussupow war der Verzweiflung nahe, als Rasputin endlich doch zugriff und nach den drei präparierten Kuchenstükken auch dem vergifteten Wein ordentlich zusprach. Doch die Dosis, die eigentlich einen Ochsen hätte umbringen sollen, schien bei dem Mann mit den angeblich magischen Kräften nicht zu wirken. Was den Attentätern wie ein Wunder vorkam, bedeutete wohl eher, daß Rasputin vermutlich unter Dyspepsie litt, einer Veranlagung, die seinen Magen davon abhielt, Hydrochloridsäure zu produzieren, die wiederum notwendig war, um das Cyanid zu aktivieren. Jussupow und seine Männer entschlossen sich, von ihren Schußwaffen Gebrauch zu machen. Der Fürst näherte sich seinem ahnungslosen Gast, zog den Revolver und schoß. Sekunden später brach das Opfer zusammen. Überzeugt, den Wanderprediger getötet zu haben, verließ Jussupow hastig das Zimmer, um mit den anderen das weitere Vorgehen zu besprechen. Plötzlich verspürte er den unüberwindlichen Zwang, noch einmal nachzuschauen, ob Rasputin auch wirklich tot war. Weil keiner der Mitverschwörer ihn begleiten wollte, ging der Fürst allein. Zögernd betrat er den Raum, den er eben so hastig verlassen hatte, und sah zu seiner Beruhigung, daß Rasputin reglos noch immer an der gleichen Stelle lag. Jussupow kniete sich neben ihn, befühlte den leblosen Körper und war sicher, die grausame Tat ein für allemal vollbracht zu haben, als der Totgeglaubte auf einmal die Augen öffnete, den Attentäter haßerfüllt anstarrte und auf die Beine sprang. Blitzschnell war auch Jussupow aufgesprungen, doch ehe er fliehen oder um Hilfe rufen konnte, umspannten Rasputins Hände seinen Hals und würgten ihn. Noch war er so stark, daß Jussupow in Todesangst mit ihm rang. Endlich gelang es ihm, sich loszureißen; er stieß Rasputin von sich, der hintenüberfiel. Die Komplizen konnten kaum fassen, was der atemlose Jussupow ihnen berichtete. Rasch griff der sich die Pistole wieder und gemeinsam stürzten sie in den Raum, in dem sich ihr Opfer befand. Dem war es inzwischen gelungen, auf allen vieren zur Haustür zu kriechen. Vor den Augen der schockierten Attentäter richtete er sich mühsam auf, öffnete die Tür und stolperte in die Dunkelheit. Vier Schüsse peitschten durch die Nacht, bis Rasputin endlich regungslos im Schnee lag. Der Lärm hatte das ganze Haus alarmiert, Jussupow trat seinen Dienern entgegen, erklärte, was geschehen war, befahl ihnen mit dem Hinweis auf ihre vaterländische Pflicht, Stillschweigen zu bewahren und den Leichnam fortzuschaffen. Noch während er sprach, waren plötzlich knirschende Schritte im Schnee zu hören. Hastig ging Jussupow zum Tor, wo er auf einen patrouillierenden Polizisten traf, den die Schüsse alarmiert hatten. Er beruhigte den Mann und kehrte zurück ins Haus. Die Diener hatten Rasputins Leiche inzwischen in den Vorraum geschafft und dabei eine breite Blutspur durch den Schnee gezogen. Jussupow wandte sich angewidert ab und wollte gerade gehen, da meldete ihm ein Bediensteter, daß der Polizist noch einmal zurückgekehrt sei und weitere Informationen wünsche. Während er mit dem Beamten sprach, fesselten die Diener Rasputin, wickelten ihn in eine Decke und luden ihn in einen Wagen. Als der Polizist endlich gegangen war, fuhren die Verschwörer zur Newa und warfen ihn in den Fluß.

Am frühen Morgen des 19. Dezember wurde in der Nähe der Neuen Petersbrücke über die kleine Newa der Leichnam entdeckt, der an der Oberfläche schwamm. Rasputin mußte Schreckliches durchgemacht haben. Die Hände, die unter Wasser offenbar versucht hatten, die Verschnürung zu lösen, waren erhoben. Man konnte sehen, daß der Mann im Auto noch gelebt, sich aber totgestellt hatte, vermutlich in der Hoffnung, sich befreien zu können. Die Obduktion ergab einwandfrei, daß Rasputin nicht etwa seinen Schußverletzungen erlegen, sondern ertrunken war. Er wurde einbalsamiert und nach einem Gottesdienst am 21. Dezember beigesetzt.

Alle Mitglieder der kaiserlichen Familie unterzeichneten einen Bittbrief an den Zaren, das Attentat als patriotische Tat zu würdigen und nicht zu sühnen. Auf die Eingabe schrieb Nikolaus II.: »*Niemandem ist das Recht zum Mord gegeben.*« Einen Mordprozeß gab es jedoch nicht. Jussupow wurde aufs Land verbannt. Mittäter Großfürst Dimitrij, ein Neffe des Zaren, mußte nach Persien an die Front. So überlebten beide und konnten das Land verlassen, als acht Wochen nach Rasputins Tod die Revolution ausbrach.

Edward Radsinski, Die Geheimakte Rasputin, Albrecht Knaus Verlag, München, 2000; Der Spiegel, 46/2000

Ernst vom Rath

Diplomat. 1909–1938

Ernst vom Rath, Sohn eines höheren Beamten, studierte bis 1932 Rechtswissenschaften und trat direkt nach seinem ersten juristischen Staatsexamen in die Nationalsozialistische Deutsche Arbeiterpartei (NSDAP) ein. Ein Jahr später wurde er Mitglied der Sturmabteilung (SA). Nach einer Diplomatenausbildung begann vom Rath eine Laufbahn als persönlicher Sekretär seines Onkels, des deutschen Botschafters in Paris. Er bestand die diplomatisch-konsularische Prüfung und wurde 1936 am Generalkonsulat in Kalkutta eingesetzt. Im Juli 1938 kehrte er an die deutsche Botschaft in Paris zurück, wo man ihn zum Gesandtschaftsrat 1. Klasse ernannte.

1912 kam in Hannover Herschel Feibel Grynszpan, Sohn des russisch-polnischen Schneiders Sendel Grynszpan und seiner Frau Ryfka, auf die Welt. 1935 ging er nach Frankfurt am Main an eine rabbinische Lehranstalt. Als in Deutschland geborener polnischer Staatsangehöriger hatte er vom polnischen Generalkonsulat in Hamburg einen polnischen Paß erhalten, der bis Mitte 1937 gültig war. 1936 brach er seine Talmudstudien ab und kehrte nach Hannover zurück. Aufgrund der Rassenpolitik des NS-Regimes fand er jedoch keine Arbeit und bemühte sich um ein Visum nach Palästina. Statt dessen ließ man ihn nach Belgien, wo er einige Zeit bei Verwandten in Brüssel lebte, bevor er illegal zu einem Onkel in Paris reiste. Auch hier ohne geregelte Tätigkeit, beantragte er 1937 eine ständige Aufenthaltsgenehmigung, die ihm jedoch nur provisorisch gewährt wurde. Als er 1938 bei der deutschen Botschaft darum bat, wieder nach Deutschland zu seinen Eltern reisen zu dürfen, wurde sein Gesuch abgelehnt, gleichzeitig verwies ihn die französische Regierung wegen seiner illegalen Einreise des Landes. Grynszpan versteckte sich bei seinem Onkel, während die französische Polizei vergeblich nach ihm suchte.

Am 28. Oktober 1938 wurden 15 000 Juden in einer großangelegten Aktion von der deutschen Regierung gewaltsam nach Polen abgeschoben – unter ihnen Herschel Grynszpans Eltern. Die meisten von ihnen waren ohne Staatsangehörigkeit, einige mit polnischem oder deutschem Paß. Die deutsche Regierung bezeichnete sie als Polen. Vom Schicksal seiner Eltern erfuhr Grynszpan am 3. November durch eine Postkarte seiner Schwester, die ihn um Hilfe bat.

Am 7. November besorgte sich Herschel Grynszpan einen Revolver und machte sich auf den Weg zur deutschen Botschaft in Paris. Ernst vom Rath empfing den »unbekannten Besucher«, der plötzlich fünf Schüsse auf ihn abgab. Von zwei Kugeln getroffen, wurde vom Rath ins Spital gebracht; sein Zustand wurde als *»ernst, nicht zu unmittelbarer Besorgnis Anlaß gebend«* bezeichnet. Georg Magnus, ein Professor aus Münster, und Hitlers Leibarzt Karl Brandt wurden nach Paris geflogen, um den Patienten zu betreuen. Vom Raths Mutter wurde ans Krankenlager gebracht, erhielt von den Ärzten jedoch keine Erlaubnis mehr, mit ihrem Sohn zu sprechen. Ernst vom Rath starb am 9. November kurz nach 16.00 Uhr. Staatssekretär Ernst von Weizsäcker flog nach Paris, um die Überführung der Leiche zu regeln. In Berlin fand dann ein großangelegtes Schaubegräbnis statt, bei dem Hitler sprach.

Am 9. November 1938 war Hitler mit einigen Gefährten im Hotel »Vier Jahreszeiten« in München, als die Nachricht vom Tode vom Raths eintraf. Wenig später gab der Führer Goebbels und Heydrich grünes Licht für eine Aktion, die als »Kristallnacht« in die Geschichte einging. Was dann geschah, war mit Sicherheit nicht die Reaktion des aufgebrachten Volkes auf das Attentat auf einen Diplomaten niedrigen Ranges und niedrigen Adels, sondern vielmehr ein durch die Sicherheitspolizei der SS und das Reichssicherheitshauptamt (RSHA) unter Heydrich koordinierter gezielter Angriff auf die jüdische Bevölkerung. 48 Stunden nach den tödlichen Schüssen in der deutschen Botschaft in Paris brach eine Nacht des Grauens an. Jüdische Häuser, jüdischer Besitz wurden in Brand gesteckt, zerschlagen und zerstört. Innerhalb weniger Stunden, so berichtete Sturmtruppenführer Reinhard Heydrich stolz an seine Vorgesetzten, wurden 815 jüdische Geschäfte, 171 Wohnhäuser zerstört, 191 Synagogen angezündet und 20000 Juden verhaftet. Der Materialschaden belief sich auf 5000000 Mark allein an Glasbruch. Vor Wut kochend, warf Hermann Göring Heydrich vor: *»Mir wäre lieber gewesen, ihr hättet 200 Juden erschlagen und hättet nicht solche Werte vernichtet!«*

Herschel Grynszpan wurde direkt nach dem Attentat verhaftet. *»Jude sein ist kein Verbrechen!«* sagte er vor der Polizei: *»Ich bin kein Hund. Ich habe ein Recht auf Leben, und auch das jüdische Volk hat ein Recht, auf dieser Erde zu leben. Doch egal, wo ich war, man hat mich fortgejagt wie ein Tier.«* Die französischen Beamten lieferten ihn ins Jugendgefängnis Fresnes bei Paris ein. Der bekannte Antifaschist Vincent Moro-Giafferi übernahm seine Verteidigung. Deutschland schickte Professor Friedrich Grimm, der den Prozeß zu beschleunigen und auf deutsche Interessen zu trimmen hatte und dabei große Unterstützung vom französischen Außenminister erhielt. Doch die französisch-deutschen Beziehungen verschlechterten sich rapide. Damit nahmen auch die Chancen für prodeutsche Propaganda während eines Grynszpan-Prozesses ab.

Grimm stellte seine Taktik auf Verzögerung um. Im Mai 1940 marschierten deutsche Truppen in Frankreich ein. Die Insassen des Gefängnisses Fresnes wurden nach Bourges evakuiert. Grynszpan wurde dort gestattet zu fliehen. In Toulouse holte ihn jedoch ein auf ihn angesetzter SS-Trupp ein, verhaftete ihn, brachte ihn zurück ins besetzte Frankreich und von dort ins Konzentrationslager Sachsenhausen. Grynszpan wurde dort deutlich besser behandelt als die anderen Gefangenen, wurde nicht geschlagen, nie gefoltert, damit er für den Fall eines Prozesses stets vorzeigbar blieb. Doch dieser Prozeß fand nie statt. Angeblich überlebte Herschel Grynszpan als »Sondergefangener« den Krieg im Konzentrationslager, seine Spur verliert sich in den Wirren der letzten Kriegsmonate. 1961 sagte Sendel Grynszpan im Prozeß gegen Adolf Eichmann aus, daß er trotz aller Bemühungen kein Lebenszeichen von seinem Sohn erhalten habe.

R

Joachim C. Fest, Hitler, Verlag Ullstein GmbH, Frankfurt a. M., 1973; Stefan Lorant, Sieg Heil! Eine deutsche Bildergeschichte, Zweitausendeins, Frankfurt a. M., 1983; John Toland, Adolf Hitler, Gustav Lübbe Verlag, Bergisch Gladbach, 1977; Neue Züricher Zeitung, 04. 11. 1998

Walther Rathenau
Industrieller und Politiker. 1867 – 1922

Im Jahr 1881 erwarb der Ingenieur Emil Rathenau die Patente des Erfinders Edison und gründete damit die Deutsche-Edison-Gesellschaft, die zwei Jahre später den Namen erhielt, unter dem sie weltbekannt werden sollte: Allgemeine-Elektrizitäts-Gesellschaft, kurz AEG. Der Sohn des Firmengründers, Walther Rathenau, war 1899 in das Direktorium der AEG gerufen worden, wechselte von dort 1902 in den Vorstand der Hausbank der AEG und kehrte 1912 als Aufsichtsratspräsident zurück. Trotz seiner vielfältigen Verpflichtungen fand Rathenau ausreichend Zeit, seinen politischen Interessen mit großem Engagement nachzukommen.

Ende 1921 verhandelte er im Auftrag der Reichsregierung mit den Siegermächten über einen Aufschub für die im Februar fälligen Reparationszahlungen. Auf der Reparationskonferenz in Cannes erreichte er mit britischer Hilfe, daß Deutschland zu einer geplanten Weltwirtschaftskonferenz in Genua als gleichberechtigter Partner eingeladen werden sollte. Daraufhin entschloß sich

Reichskanzler Joseph Wirth, das Amt des Außenministers, das er bislang selbst mit übernommen hatte, Rathenau anzutragen. Am 31. Januar 1922 wurde Walther Rathenau gegen erheblichen Widerstand aus Politik und Wirtschaft zum Minister des Äußern ernannt.

Am Morgen des 24. Juni verließ er leicht verspätet um 10.45 Uhr das Haus, um sich zu einer Prüfung von Konsularanwärtern in das Auswärtige Amt zu begeben. Sein Chauffeur sagte später aus, er habe, als Rathenau aus dem Haus ging, wie an jedem anderen Tag sorgsam um sich geschaut und sich vergewissert, daß nichts Verdächtiges zu erkennen sei. Schon im Herbst 1921, nach Antritt seines ersten Ministeramtes, war Rathenau dazu bewogen worden, ständig eine kleine automatische Pistole bei sich zu tragen, außerdem waren zwei Polizisten in Zivil zu seiner Begleitung abkommandiert. Diesen Personenschutz empfand Rathenau allerdings als solche Einschränkung seines persönlichen Freiraums, daß er sich der beiden Männer nach Möglichkeit zu entledigen suchte. Ein mit Rathenau befreundeter Journalist erlebte bei seinem letzten Besuch in dessen Haus, wie unwillig sich der Minister polizeiliche Schutzmaßnahmen gefallen ließ: *»An seinem Haus riefen mich zwei Polizisten in Zivil an und ließen mich dann durch. Ich erzählte ihm, wie froh ich sei, ihn so gut bewacht zu sehen. ›Oh! Die sind bestimmt nicht mehr lange da‹, sagte er ärgerlich, ging zum Telefon, rief im Innenministerium an und befahl, daß man die Wachen entferne.«*

Der Hauptgrund für Rathenaus Abneigung war allerdings nicht die Sorge um seine Privatsphäre, sondern vielmehr die Tatsache, daß er das Haus mit seiner Mutter teilte und fürchtete, die ständige Anwesenheit von Polizisten könne die alte Dame unnötig erschrecken.

Walther Rathenau war sich der Risiken, denen er ausgesetzt war, durchaus bewußt. Vier Wochen vor seiner Ermordung sagte er einem Freund, daß er ständig Drohbriefe bekäme. Außerdem kannte er natürlich die antisemitischen Veröffentlichungen in den völkischen Publikationen. Als er der Witwe des im August 1921 ermordeten Politikers Matthias Erzberger kondolierte, tat er es mit den Worten, daß er selbst das nächste Opfer sein werde. Seine Einstellung gegen die offensichtliche Gefahr war allerdings fatalistisch: *»Was sein wird, wird sein. Ich habe eine Aufgabe zu erfüllen – vielleicht nicht zu vollenden. Wenn meine Stunde geschlagen hat – und nicht früher – werde ich genommen werden.«*

Einen ernstzunehmenden Hinweis, daß der Minister mit einem Überfall zu rechnen habe, übermittelte der pazifistische Schriftsteller Helmut von Gerlach. Ihm hatte ein Informant mitgeteilt, daß der Heidelberger Privatdozent Arnold Ruge nach Berlin gekommen sei und die feste Absicht habe, Rathenau zu töten. Der völkische Fanatiker Ruge hatte tatsächlich den Plan gefaßt, sich bei Walther Rathenau als Hausierer einzuschleichen, um den Minister zu erschießen. Seine radikal antisemitischen Auffassungen hatte er zuvor bereits so nachdrücklich und laut propagiert, daß ihm als einzigem Hochschullehrer in der Weimarer Republik die Venia legendi aus politischen Gründen entzogen wurde. Trotz eines bestehenden Haftbefehls gegen ihn war er Ende Februar 1922 nach Berlin gekommen. Davon erhielt der Reichskommissar für Überwachung der öffentlichen Ordnung Kenntnis. Umgehend wurden die Pförtner im Außenministerium sowie in Rathenaus Haus mit Steckbriefen von Ruge versehen und gewarnt. Dennoch gelang es dem Dozenten wenige Wochen später, als Hausierer verkleidet in die Villa des Ministers zu gelangen. Sein Plan scheiterte allerdings zum einen daran, daß der Hausherr nicht zu Hause war, zum anderen an der resoluten Frau eines Dieners, die den ungebetenen Gast vor die Tür beförderte.

Daß es noch einen anderen Hinweis auf ein geplantes Verbrechen gegeben hatte, erfuhr die Öffentlichkeit erst viel später. 1928 schilderte der ehemalige Reichskanzler Wirth, daß ein *»katholischer Priester in das Reichskanzlerhaus kam und mir in ernster Form eröffnete, daß das Leben des Ministers Rathenau bedroht sei. Ein Mann habe ihm gebeichtet, daß er ausgelost sei, Rathenau zu töten«*. Wirth gab die Meldung an seinen Außenminister weiter. *»Meine Mitteilung machte auf Minister Rathenau einen tiefen Eindruck. Bleich und regungslos stand er wohl zwei Minuten vor mir. Er kämpfte sichtlich lange mit sich. Plötzlich nahmen sein Gesicht und seine Augen den Ausdruck unendlicher Güte und Milde an. Mit einer Seelenruhe, wie ich sie nie an ihm gesehen hatte, näherte er sich mir, legte beide Hände auf meine Schultern und sagte: ›Lieber Freund, es ist nichts. Wer sollte mir denn etwas tun?‹«*

R

Nicht einmal die Attentatswarnung eines Priesters konnte verhindern, daß Rathenau seine Gefährdung als Minister in einer Republik ignorierte, in der die Gegenrevolution auf dem Vormarsch war und Freikorpssoldaten im Takt der Verse marschierten: *»Knallt ab den Walther Rathenau, die gottverdammte Judensau!«*

Am 24. Juni 1922 saß Rathenau eine Zigarre rauchend im Fond seines offenen Wagens, während sein Chauffeur mit 30 bis 40 km/h durch die Koenigsallee fuhr. Sie hatten beide nicht bemerkt, daß in einer Seitenstraße nahe Rathenaus Haus ein großer Kraftwagen ohne Verdeck mit abgestelltem Motor gewartet hatte und genau in dem Augenblick gestartet war, in dem Rathenaus Chauffeur die Seitenstraße passierte. Ein Zeuge erinnerte sich später: *»Ich sah zwei offene Autos mit einem Abstand von ca. 100 Metern herannahen. Als der erste Wagen etwa noch 200 Meter von mir entfernt war, bemerkte ich, wie der hintere Wagen denselben zu überholen versuchte. In meiner Höhe fuhren beide Wagen etwa Seite an Seite (...). Als der große Wagen etwa um eine halbe Wagenlänge voraus war, und der einzelne Insasse des anderen Wagens herübersah, ob es wohl einen Zusammenstoß geben würde, bückte sich der eine Herr in dem feinen Ledermantel nach vorn, ergriff eine lange Pistole, deren Kolben er in die Achselhöhle einzog, und legte auf den Herren in dem anderen Wagen an. Er brauchte gar nicht zu zielen, so nah war es. Da krachten auch schon die Schüsse, ganz schnell, so schnell wie bei einem Maschinengewehr. Als der eine Mann mit dem Schießen fertig war, stand der andere Mann auf, zog ab – es war eine Eierhandgranate – und warf sie in den anderen Wagen, neben dem er dicht herfuhr. Vorher war der Herr schon auf seinem Sitz zurückgesunken, ganz zusammengesunken und lag auf der Seite. Jetzt hielt der Chauffeur an, ganz an der Erdener Straße, wo ein Schutthaufen war, und rief um Hilfe. Der fremde große Wagen sprang plötzlich mit Vollgas an und brauste ab.«*

Auch der Chauffeur, Josef Prozeller, war von dem Anschlag vollkommen überrascht worden. Er hatte sich auf den Verkehr konzentriert und nahm beim Knall der ersten auf Rathenau abgefeuerten Schüsse an, daß ein Reifen geplatzt sei: *»Ich hielt mich vorschriftsmäßig auf der rechten Seite der Straße. Plötzlich hörte ich hinter mir mehrere Schüsse, ich drehte mich um, sah den Minister zusammensinken, wobei er mich groß ansah, bemerkte im selben*

Augenblick einen links vorbeifahrenden Wagen und hörte im selben Moment eine Detonation. Inzwischen war mein Wagen vollends zum Stehen gekommen, weil ich auf die Schüsse hin die Bremse scharf angezogen hatte. Inzwischen war eine Frau herübergekommen und stieg mit in den Wagen, indem sie den Minister stützte.« Diese Frau war eine Krankenschwester, die auf einer Bank an der Straßenecke gesessen und auf die Straßenbahn gewartet hatte. Während sie sich dem bereits bewußtlosen, sterbenden Rathenau zuwandte, gelang es Prozeller, seinen an Motor und Getriebe unversehrten Wagen wieder anzukurbeln. Prozeller wollte zu einer nahen Polizeiwache fahren, wurde aber durch die Krankenschwester umgestimmt. *»Der Chauffeur wendete den Wagen, und ich sagte, als ich die Schwere der Verwundung sah, schnell, schnell zum Arzt. Hierauf erwiderte der Chauffeur, daß er in fünf Minuten zu Hause sei. Ich stützte den Herren und auf der Fahrt merkte ich, daß er in meinen Armen verschied.«*

Prozeller benachrichtigte das nächste Polizeirevier und einen Arzt, der kurz darauf den Tod Rathenaus feststellte. Die polizeilichen Ermittlungen ergaben, daß fünf der insgesamt neun aus einer Maschinenpistole abgegebenen Schüsse ihr Ziel getroffen hatten. Dem Obduktionsbericht zufolge war bereits der erste Rückenschuß tödlich gewesen, der am linken Schulterblatt eingedrungen war und Wirbelsäule, Brusthöhle und rechten Lungenflügel durchbohrt hatte.

Die Polizei nahm bereits zehn Minuten nach der Tat ihre Ermittlungen auf, doch von den Tätern fehlte jede Spur. Allerdings deutete von Anfang an alles darauf hin, daß der Anschlag von langer Hand vorbereitet worden war. Nachdem die Maschinenpistole am 3. Juli 1922 auf einer Wiese gefunden worden war und sich herausgestellt hatte, daß Waffe und Munition aus Heeresbeständen stammten, wurde für Hinweise, die zur Ergreifung der Täter führten, eine Belohnung von 1 000 000 Mark ausgesetzt.

Ein stellungsloser Gärtner namens Theodor Brüdigam aus Frankfurt am Main hatte kurz zuvor bei der Polizei angegeben, daß er zur Aufklärung eines anderen Attentats, des Anschlags auf Philipp Scheidemann, beitragen könne. Durch Mißverständnisse und Fehleinschätzungen hatte man ihn nicht sonderlich ernst genommen – jetzt nach Rathenaus Tod wurde plötzlich seine Festnahme angeordnet, doch Brüdigam war inzwischen untergetaucht. Dafür erwischten die Ermittler binnen zwei Tagen Alfred Hoffmann, Friedrich Wilhelm Heinz, Heinrich Tillessen und Alfred Plaas, vier Männer, die Brüdigam seinerzeit schwer belastet hatte. Außer seiner Aussage wurde allerdings nichts gefunden, und die vier bestritten vehement, irgend etwas mit dem Attentat zu tun zu haben. Bereits am 25. Juni war eine wichtige Information eingegangen: Der Korpsdiener der Studentenverbindung »Teutonia« meldete, daß am Tag vor dem Attentat der Verbindungsstudent Ernst Werner Techow mit einem dunkelbraunen Auto in Begleitung dreier Herren in der Stammkneipe der »Teutonia« vorgefahren sei und dort für einige Stunden zwei Lederkoffer deponiert habe. Die Beschreibung des Autos und seiner Insassen stimmte exakt mit den ersten in den Zeitungen abgedruckten Zeugenaussagen überein. Aus unerfindlichen Gründen verzichtete die Polizei jedoch darauf, dieser Spur nachzugehen.

Die offizielle Trauerfeier für den ermordeten Außenminister wurde für den 27. Juni anberaumt, und am selben Tag ging eine Anzeige ein: Der Student Willi Günther habe sich in einer Versammlung des deutschnationalen Jugendbundes »Hansa« mit der Mittäterschaft am Rathenau-Mord gebrüstet und behauptet, während des Anschlags auf einem Notsitz des Täterwagens gesessen zu haben. Er wurde sofort festgenommen und zeigte sich wenig später geständig: Er stehe in Kontakt zu einem Gymnasiasten namens Heinz Stubenrauch, der ihm vor etwa sechs Wochen seinen Plan, Walther Rathenau zu erschießen, eröffnet hatte. Günther hatte diesen Plan seinem früheren Schulkameraden Ernst Werner Techow mitgeteilt, und der wiederum brachte ihn am 19. Juni mit zwei Männern zusammen, die sich sehr für Stubenrauchs Vorhaben zu interessieren schienen. Die Männer stellten sich mit den Namen Knauer und Fischer vor und behaupteten ihrerseits, längst intensive Vorbereitungen für ein Attentat auf Rathenau getroffen zu haben, wenn Günther und Techow es ernst meinten, könnten sie aber gerne mit von der Partie sein. Gemeinsam veranstalteten sie Schießübungen im Grunewald und fachsimpelten über die besten Waffen. Schließlich begleitete Günther die beiden Täter am Tage des Mordes auf ihrem Weg, bis sie in den von Techow gesteuerten Wagen gestiegen seien. Als dieser später zurückkehrte, sagte er: *»Die Sache hat geklappt, Rathenau liegt.«* Mit Willi Günthers Beschreibung der Täter formulierte die Polizei einen Fahndungsaufruf, demzufolge Techow am 29. Juni verhaftet werden konnte. Er gestand, das Auto gefahren zu haben, konnte aber bezüglich der beiden Mörder keine hilfreichen Hinweise geben. In mühsamer Kleinarbeit fand die Polizei schließlich heraus, daß die Namen der beiden Männer Erwin Kern und Hermann Fischer lauteten und sie beide Mitglieder rechtsgerichteter Organisationen waren, doch die Spuren hatten sich zunächst in Luft aufgelöst.

Am 8. Juli rief der Bürgermeister von Lenzen an der Elbe im Polizeipräsidium in Berlin an und sagte, im Ort seien zwei Männer gesehen worden, auf die die Beschreibung von Kern und Fischer passe. Sie hätten in einem Gasthof Quartier bezogen, sich der Festnahme durch die örtlichen Beamten jedoch durch Flucht entzogen. Schnell war klar, daß es sich tatsächlich um die beiden Gesuchten handelte, und eine der größten Fahndungsaktionen, die Deutschland je gesehen hatte, wurde gestartet. Alle Zugstationen der Staats- und Kleinbahnen wurden überwacht, alle aus der Altmark nach Berlin führenden Chausseen mit Polizeiposten versehen, überall, auch in den kleinsten Orten wurden Steckbriefe aufgehängt. In Bekanntmachungen wurde die Bevölkerung unter Androhung schwerster Freiheitsstrafen davor gewarnt, den flüchtigen Mördern irgendwie behilflich zu sein. Kern und Fischer wechselten daraufhin Kleidung und Strategie. Tagsüber verbargen sie sich, nachts radelten sie auf Feldwegen südwestlich Richtung Braunschweig. Am 14. Juli mußte die Polizei zugeben, die Spur erneut verloren zu haben. Zwei Tage später meldeten sich zwei Spaziergänger. Sie hätten auf Burg Saaleck Licht gesehen, obwohl der Besitzer nicht da sei, und hätten zwei Männer gesehen, die denen auf den Steckbriefen glichen.

Mit Verstärkung umzingelte die Hallenser Polizei die Burg. Aus dem Fenster des Burgturmes ragte ein Gewehrlauf – die Polizisten blieben in Deckung. Schließlich kletterten einige in den dem Fenster gegenüberliegenden Turm und schossen. Sie konnten jedoch nicht feststellen, ob sie jemand getroffen hatten. Gegen 21.00 Uhr stürmten sie das Turmzimmer und fanden die Leichen Kerns und Fischers. Die Obduktion ergab, daß Kern durch einen Schuß der Polizei tödlich am Kopf verletzt worden war. Fischer hatte versucht, seinem Kameraden Erste Hilfe zu leisten und ihm einen Kopfverband angelegt, bevor er die Aussichtslosigkeit seines Bemühens einsah und den Toten auf das Bett legte. Er faltete dessen Hände, legte Packpapier unter die Schuhe und gab zwei Probeschüsse aus seinem Revolver gegen die Wand ab. Dann legte er sich in das andere Bett, lehnte sich etwas heraus, um die Bezüge zu schonen, und erschoß sich.

R

Inzwischen versuchte man mit Günthers und Techows Hilfe, die Hintermänner des Anschlags zu entlarven. Doch obwohl äußerst geständnisfreudig, konnten die beiden wenig zur Aufklärung beitragen. Am vierten Tag ihrer Verhandlung kam es zu einem mysteriösen Zwischenfall. Willi Günther hatte Pralinen gegessen, die angeblich von der Firma Sarotti aus Berlin geschickt worden waren, und in der Mittagspause auch anderen Leuten davon angeboten. Er selbst fühlte sich bereits am Nachmittag so unwohl, daß die Sitzung abgebrochen werden mußte. Die anderen erkrankten noch in der Nacht. Eine Untersuchung förderte zutage, daß die Konfektschachtel geöffnet und jede Praline mit einer vielfach tödlichen Dosis Arsen präpariert worden war. Wegen heftigen Erbrechens waren die Opfer mit dem Leben davongekommen. Trotz einer ausgesetzten Belohnung von 500000 Mark blieb die Tat ungeklärt. Man vermutete jedoch Mitglieder der Geheimorganisation »Consul« (O.C.) hinter dem Giftanschlag, ein Verdacht, der sich erst Jahre später bestätigen sollte. Tatsächlich war auch der Tod Walther Rathenaus das Werk einer großangelegten Verschwörung. Schon im Frühherbst 1911 hatten Mitglieder der O. C. Überlegungen angestellt, Rathenau zu beseitigen.

Zunächst mußte sich das Gericht jedoch an Ernst Werner Techow halten. Er wurde wegen Beihilfe zum Mord zu 15 Jahren Zuchthaus verurteilt. In der Haft begann er zu lesen, setzte sich mit der Kultur seines Opfers auseinander, lernte Hebräisch und rettete im Zweiten Weltkrieg in Südfrankreich etwa 700 Juden das Leben.

Daß ihm die Todesstrafe erspart blieb, verdankte er keiner Geringeren als Walther Rathenaus Mutter. Diese hatte einen Brief an Techows Mutter geschrieben:

»In namenlosem Schmerz reiche ich Ihnen, Sie ärmste aller Frauen, die Hand. Sagen Sie Ihrem Sohn, daß ich im Namen und im

Geiste des Ermordeten ihm verzeihe, wie Gott ihm verzeihen möge, wenn er vor der irdischen Gerechtigkeit ein volles und öffentliches Geständnis abgelegt und vor der göttlichen bereut. Hätte er meinen Sohn gekannt, den edelsten Menschen, den die Erde trägt, er hätte eher die Mordwaffe auf sich selbst gerichtet als auf ihn. Mögen diese Worte Ihrer Seele Frieden geben. Mathilde Rathenau.«

Martin Sabrow, Die verdrängte Verschwörung, Fischer Taschenbuch Verlag, Frankfurt a. M., 1999

Ronald Wilson Reagan
Präsident der USA. * 1911

R

Ronald Reagan, der seine Karriere als Radioreporter begann, arbeitete seit 1937 als Filmschauspieler und wirkte in mehr als 50 Leinwandproduktionen mit. 1962 trat er in die Republikanische Partei ein und machte sich bald einen Namen als streng konservativer Politiker. 1967–1975 war Reagan Gouverneur von Kalifornien, wurde als bis dahin ältester Amerikaner 1980 zum Präsidenten gewählt und vier Jahre später mit großer Mehrheit im Amt bestätigt.

John Warnock Hinckley war ein abgebrochener Student, der keine wirklichen Anstalten machte, sein Leben in den Griff zu kriegen und einen Beruf zu ergreifen. 1978 trat er der Nationalsozialistischen Partei von Amerika bei, die sich jedoch im folgenden Jahr weigerte, seine Mitgliedschaft zu verlängern: *»Er lief herum und sprach davon, Leute zu erschießen und alles in die Luft zu jagen. Wenn jemand so was losläßt, halten wir ihn entweder für bescheuert oder für einen Spion, der uns eine Falle stellen will, beides wollen wir nicht.«* So ein Parteioffizieller zur Begründung.

Nachdem Hinckley die Schauspielerin Jodie Foster in dem Film »Taxi Driver« gesehen hatte, wurde er zum fanatischen Fan. Mit Briefen, Anrufen und Zetteln in ihrer Wohnung versuchte Hinckley, Fosters Aufmerksamkeit zu erregen, doch die ignorierte den lästigen Verehrer. Am 8. Dezember 1980 bekam Hinckleys zerbrechlicher Bezug zur Realität einen schweren Schlag, als sein Idol John Lennon von einem Fan erschossen wurde. Drei Monate später, im März 1981, folgte ein weiterer Schock: Enttäuscht von dessen Haltlosigkeit, enterbte Hinckleys schwerreicher Vater seinen

Sohn. Der strebte jetzt mehr denn je nach der Aufmerksamkeit seiner Angebeteten: *»Ich tue es für Dich!«* schrieb er an Jodie Foster in seinem letzten Brief – den er allerdings nicht mehr abschickte.

Am 29. März 1981 checkte Hinckley in einem Hotel in Washington D. C. ein. Bei sich trug er zwei Pistolen Kaliber 22 und eine 38er, derselbe Typ Waffe, mit der John Lennon erschossen worden war. Am nächsten Morgen lud er die eine der beiden 22er, schrieb ein paar Zeilen an Jodie Foster, legte den Brief in seinen Koffer und verließ das Zimmer. Vor dem Washington Hilton warteten Fans auf Ronald Reagan, der drinnen gerade eine Rede gehalten hatte. Der Präsident kam heraus, lächelte und winkte den Menschen zu, während er zu seinem Auto ging. Plötzlich feuerte Hinckley mehrere Schüsse aus seinem Revolver. Ronald Reagan schien vor Schreck unfähig, sich zu bewegen, doch ein Agent des Secret Service bugsierte ihn brüsk in den Wagen, der sofort davonbrauste. Sicherheitskräfte überwältigten Hinckley und verhinderten mit gezückten Maschinenpistolen und klaren Befehlen den Ausbruch einer Panik, während drei schwerverletzte Männer auf dem Boden lagen.

Timothy McCarthy, ein 33jähriger Secret-Service-Agent war von einer Kugel in die Leber getroffen worden. Thomas Delahanty, ein 45jähriger Polizist, hatte ein Geschoß im Hals stecken. James S. Brady, der Pressesekretär des Präsidenten, war am schwersten verwundet, die Patrone hatte ihn über dem linken Auge getroffen und steckte auf der rechten Seite über seinem Ohr im Gehirn.

Die Limousine des Präsidenten jagte in Richtung Weißes Haus. Reagan klagte über Schmerzen an der Seite, glaubte aber, sie seien von dem Stoß, mit dem er ins Auto geschubst worden war. Man brachte ihn in die Notaufnahme, und als er ausstieg, zitterten seine Knie. Zunächst hatte es geheißen, der Präsident sei mit einem Schrecken, aber unverletzt davongekommen, doch die ärztliche Untersuchung förderte etwas ganz anderes zu Tage. Ein Geschoß war unterhalb des linken Armes in den Körper eingedrungen, hatte seinen Brustkorb durchschlagen, war an der siebten Rippe abgeprallt und steckte im unteren linken Lungenflügel. Die Ärzte entschieden, sofort zu operieren. Nach dem zweistündigen Eingriff konnte um 19.30 Uhr der Öffentlichkeit mitgeteilt werden, daß der Zustand des Staatschefs stabil war. Der Präsident sei wach und dank seiner außergewöhnlichen Konstitution bereits morgen wieder in der Lage, Entscheidungen zu treffen. Für den gesamten Heilungsprozeß veranschlagten die Mediziner einen Zeitraum von zweieinhalb bis drei Monaten. Noch im Krankenhaus bewies Reagan, daß er seinen sprichwörtlichen Sinn für Humor nicht verloren hatte. Als man ihn in den Operationsraum brachte, sagte er zu den Ärzten: *»Bitte sagen Sie mir, daß Sie Republikaner sind!«* Viel mehr als sein eigener Zustand beunruhigte ihn die Verfassung seiner drei Mitarbeiter.

R

Im August 1981 war das FBI sicher, Hinckley hatte allein gehandelt. Ein Verdacht des CIA, der KGB könnte die Finger im Spiel gehabt haben, erwies sich als nichtig. Zumal die Ermittler den Brief fanden, den der Attentäter im Hotel verfaßt hatte: *»Liebe Jodie, es gibt eine große Wahrscheinlichkeit, daß ich getötet werde, bei dem Versuch, Reagan zu erwischen. Deshalb schreibe ich Dir jetzt ... Obwohl wir ein paarmal am Telefon miteinander gesprochen haben, hatte ich nie den Mut, einfach zu Dir zu gehen und mich Dir vorzustellen ... Jodie, ich würde die Idee, Reagan zu ermorden, sofort verwerfen, wenn ich Dein Herz gewinnen und für den Rest meines Lebens mit Dir sein könnte ... Ich möchte Dir gestehen, daß ich diesen Versuch unternehme, weil ich nicht länger warten will, um Dich zu beeindrucken. Ich muß etwas tun, jetzt tun, um Dir eindeutig klarzumachen, daß ich das alles für Dich tue. Indem ich meine Freiheit und vielleicht sogar mein Leben opfere, hoffe ich Deine Meinung über mich zu ändern.«*

Im Mai 1982 stand John Hinckley vor Gericht. Überzeugend konnten die psychiatrischen Gutachter darlegen, daß der junge Mann über keinerlei Fähigkeit verfügte, zwischen Realität und Phantasie zu unterscheiden. Die Nation reagierte jedoch schokkiert, als Hinckley von der Jury wegen Unzurechnungsfähigkeit für nicht schuldig befunden wurde. Man wies ihn in eine psychiatrische Klinik ein. Als er von dort aus später allerdings schriftlichen Kontakt mit einem Serienkiller aufnahm, der auf seine Hinrichtung wartete, wurden die vom Krankenhaus vorgenommenen Lockerungen seiner Verwahrungsbedingungen wieder zurückgezogen.

Die drei mit Reagan Verwundeten überlebten alle ihre Verletzungen, doch Brady trug bleibende Schäden davon, so daß er die meiste Zeit im Rollstuhl verbringen mußte. Er und seine Frau wurden engagierte Kämpfer für strengere Waffengesetze und errangen einen großen Erfolg, als Präsident Clinton 1993 das »Brady Handgun Violence Protection«-Gesetz unterzeichnete.

Frankfurter Allgemeine Zeitung, 02. 04. 1981; Newsweek, 13. 04. 1981; New York Times, 01. 04. 1981/05. 04. 1981; Der Spiegel, 20. 04. 1981; Stern, 09. 04. 1981/28. 06. 1984; Süddeutsche Zeitung, 01. 04. 1981/02. 04. 1981; Time, 13. 04. 1981; Die Welt, 24. 01. 1997; Die Zeit, 10. 04. 1981

Detlev Carsten Rohwedder

Jurist und Wirtschaftsmanager. 1932–1991

Der Sohn eines Buchhändlers, im thüringischen Gotha geboren, hatte in Mainz und Hamburg Rechts- und Wirtschaftswissenschaften studiert, bevor er 1961 promovierte und als Rechts- und Steuerberater in Düsseldorf arbeitete. Während seiner außergewöhnlichen Karriere hatte Rohwedder verschiedene politische und wirtschaftliche Ämter inne. So war er in den Jahren 1969–1978 Staatssekretär im Bundeswirtschaftsministerium, wechselte 1980 als Vorstandsvorsitzender zur Hoesch-AG und ließ sich 1990 von der Treuhand verpflichten.

Der Mörder von Detlev Carsten Rohwedder hatte es denkbar einfach: Der Chef der heftig angefeindeten Treuhandanstalt in Berlin saß am 1. April, dem Ostermontag 1991, abends mit seiner Frau Hergard im ersten Stock seines gediegenen Düsseldorfer Backsteinhauses vor einem erleuchteten weißen Sprossenfenster. Durch einen Feldstecher verfolgten Terroristen in der Nacht zum 2. April jede Bewegung ihres Opfers, das sich wie auf einer Guckkastenbühne bewegte. Die Täter verschmolzen auf der gegenüberliegenden Straßenseite mit der dunklen Masse von Bäumen und Büschen, hinter denen sie sich verborgen hatten. Inzwischen stand der Topmanager im Schlafanzug an seinem Schreibtisch. Von den Augen, die ihn fixierten, merkte er nichts. Um 23.30 Uhr peitschten mindestens drei Gewehrschüsse durch die stille Straße und zerschlugen die Fensterscheibe. Die erste Kugel traf den Familienvater durch den Rücken in die Brust. Das Geschoß bohrte sich links neben der Wirbelsäule in den Körper. Im Protokoll hieß es später: *»Die Verletzungen führten sofort zum Tod.«*

Außer besagtem Fernglas ließen die Attentäter drei Patronenhülsen zurück, Kaliber 7,62 x 51 Millimeter. Ferner ein königsblaues Handtuch und einen schwarzen Plastikstuhl. Daneben lag der Bekennerbrief mit RAF-Emblem.

Als die Schüsse fielen, saß Hergard Rohwedder nebenan auf der Bettkante und plauderte mit ihrem nur wenige Schritte entfernten Mann. Sie hörte ein Geräusch, als ob eine Glühbirne geplatzt wäre. Geschockt glaubte die Frau an einen elektrischen Schlag. Sie wollte zu Hilfe eilen, da erwischte sie der zweite Treffer. Die Kugel schrammte an einem Acrylkästchen ab und zertrümmerte ihren linken Ellenbogen – dann der letzte Schuß. Die Salve aus 63 Metern Entfernung durchschlug die Scheiben wie nichts. Bei der Distanz brauchte es keine Scharfschützen, um ein dünnes Einscheibenglas zu durchschlagen und den 1,90 Meter großen Mann zu treffen. Die sechs zur Polizei geschalteten Notrufanlagen im Haus, die im First montierte Überwachungskamera für draußen, eine Alarmstation – nutzlose Vorkehrungen im entscheidenden Moment. Während die Polizei bei einer Ringalarmfahndung noch immer die Rheinbrücken sperrte, die Schrebergärten durchkämmte und am Tatort unter gleißendem Flutlicht nach Spuren suchte, meldete sich um 0.45 Uhr ein unbekannter Mann bei der Nachrichtenagentur Agence France Presse (AFP) in Paris. Der Anrufer sagte militärisch knapp zuerst in deutscher, dann in englischer Sprache: *»Hier ist die Rote Armee Fraktion. Wir haben jemand Wichtiges in Düsseldorf getötet.«* Zunächst glaubte der AFP-Redakteur an einen verspäteten Aprilscherz, rief dann aber doch das Büro der Agentur in Bonn an. Dort sorgte gerade die Meldung vom Mordanschlag auf Rohwedder für Entsetzen. Am folgenden Morgen spekulierte Hamburgs Verfassungsschutzchef, womöglich steckten versprengte Stasi-Leute hinter den Todesschüssen. Die meisten Sicherheitsexperten hatten allerdings wenig Zweifel daran, daß das Attentat von RAF-Terroristen verübt wurde. Der Kampf der RAF galt inzwischen nicht mehr in erster Linie dem US-Imperialismus und dem militärisch-industriellen Komplex. Zu den Feindbildern zählte jetzt vor allem das neue Großdeutschland. Schon seit Monaten hatten Experten mit einem Attentat gegen eine Symbolfigur der deutschen Einheit gerechnet. Auf der Todesliste der RAF waren nach Einschätzung des Bundeskriminalamtes all jene ganz nach oben gerückt, die in den Augen der Terroristen für den totalen Ausverkauf der DDR standen: neben Politikern aus dem Westen vor allem Wirtschaftsmanager.

Detlev Carsten Rohwedder mußte für die Attentäter eine Schlüsselfigur dieser neuen Weltmacht gewesen sein. Mit der undankbaren Aufgabe bekannt, mehr als 8000 zumeist marode volkseigene Betriebe zu sanieren, zu privatisieren oder zu liquidieren, stieg der Manager rasch zum Buhmann der Ostdeutschen auf. Daß die umstrittene Treuhand Ziel von terroristischen Anschlägen war, war spätestens seit Karfreitag klar, als in der Außenstelle am Prenzlauer Berg mehrere Brandsätze detonierten. In einem Bekennerschreiben einer Gruppe »Thomas Münzers Wilder Haufen« hieß es: *»Zuvor haben wir etliche Akten und Disketten mitgehen lassen, um mal genauer zu sehen, in welche Hände tatsächlich die vielen Milliarden aus Bonn fließen und wer dadurch geschmiert wird oder saniert.«* Trotz der offensichtlichen Bedrohung war Rohwedder nicht ausreichend geschützt. Er war bekannt dafür, daß er den Personenschutz im Privatleben so gering wie möglich halten wollte. Er fühlte sich von Bodyguards eingeengt und verzichtete deshalb lieber auf Leibwächter. Die Mahnungen und Warnungen, abends die Rolläden seines Hauses herunterzulassen oder doch wenigstens die Vorhänge zuzuziehen, ignorierte er und machte sich damit in der Dunkelheit zur gut erkennbaren Zielscheibe seiner Mörder. Ihn zu finden, war für die Attentäter denkbar einfach: Im Amtlichen Telefonbuch der Deutschen Bundespost war in der Ausgabe Düsseldorf, 1990/91, auf Seite 650 folgender Eintrag zu finden: Rohwedder, Detlev Dr., Kaiser-Friedrich-Ring 71, 57 81 57.

Doch das war nur ein Teil der Faktoren, die die Tat begünstigt haben mögen. Etwas anderes wog in den Augen der entsetzten Angehörigen viel schwerer: Obwohl man wußte, daß Detlev Rohwedder hochgefährdet war, wurde das oberste Stockwerk seines Hauses nicht mit Sicherheitsglas ausgestattet, patrouillierte kein bewaffneter Schutz rund um die Uhr um das Anwesen. Die Familie ist bis heute überzeugt: *»Bei hinreichendem Schutz wäre die Tat so nicht passiert.«*

Im Mai 2001 konnte ein am Tatort gefundenes Haar durch ein neuartiges Verfahren eindeutig dem mutmaßlichen Terroristen

Wolfgang Grams zugeordnet werden. Die Ermittler des BKA arbeiten weiter an der Aufklärung des Attentats.

Süddeutsche Zeitung, Magazin, 30. 10. 1997; Stern, 04. 04. 1991

Franklin Delano Roosevelt
Präsident der USA. 1882–1945

Franklin Roosevelt wurde 1910 als demokratischer Kandidat in den Senat von New York gewählt. 1913–1920 war der gelernte Jurist Unterstaatssekretär der Marine; seine Bewerbung für das Amt des Vizepräsidenten blieb erfolglos. Obwohl er 1921 durch Kinderlähmung schwer gehbehindert wurde, kehrte er in die aktive Politik zurück, wurde 1928 und 1930 zum Gouverneur von New York gewählt und gewann unter Ankündigung eines Reformprogramms 1932 die Präsidentschaftswahlen.

Vor seiner Vereidigung am 13. März 1933 nahm der gewählte Präsident einen 12tägigen Angelurlaub auf einer Yacht, die seinem wohlhabenden Freund Vincent Astor gehörte. Am Abend des 15. Februar, zwei Tage später, machte Roosevelt einen Zwischenstopp in Miami und beschloß spontan, in einem Park nahe des Hafens eine Rede zu halten. Salopp hockte er auf der Sitzlehne eines Kabrios, als er die letzten Worte sprach und den anwesenden Bürgermeister von Chicago, Anton J. Cermak, zu sich bat. Gerade stand der Bürgermeister am Auto, als sich aus der Menge der Zuhörer ein Mann erhob, auf einen Stuhl kletterte und mit einer 32kalibrigen Waffe, die er in Miami für acht Dollar gekauft hatte, zu schießen begann. Fünf schnell aufeinanderfolgende Schüsse waren zu hören und fünf Menschen wurden verletzt.

Als er gewahr wurde, daß er getroffen war, schrie Bürgermeister Cermak: *»Der Präsident! Schafft ihn weg!«* und an Roosevelt gerichtet: *»Ich bin froh, daß ich es war und nicht Sie.«* Im davonbrausenden Auto hielt Roosevelt den Verletzten und sagte später: *»Ich habe ihn während der ganzen Fahrt in den Armen gehalten … Ich erinnere mich, gesagt zu haben, Tony, halten Sie still und bewegen Sie sich nicht. Es wird nicht weh tun, wenn Sie sich nicht bewegen und stillhalten.«* Anton Cermak rang drei Wochen mit dem Tod. Bis zuletzt war er sicher, selbst das Ziel des Anschlags gewesen zu sein.

Inzwischen war der Täter längst gefangen und identifiziert worden: Giuseppe/Joseph Zangara begründete das Attentat mit seiner grundsätzlichen politischen Unzufriedenheit. Als er vor Gericht stand, sagte er aus: *»Ich hätte genausogut Calvin Coolidge oder Herbert Hoover umbringen können, aber Roosevelt war zufällig in Miami, als ich auch da war. Hätte ich Herrn Hoover zuerst gesehen, hätte ich ihn erschossen. Das macht doch keinen Unterschied, diese Präsidenten sind doch alle gleich.«* Gefragt, warum er auf Cermak geschossen habe, antwortete Zangara*: »Ich habe nicht auf ihn geschossen, aber es tut mir nicht leid, daß ich ihn getroffen habe.«* Der Attentäter wurde am 21. März 1933 zum Tode durch den elektrischen Stuhl verurteilt. Auf dem Weg zur Hinrichtung tönte er: *»Wenn ich noch mal rauskäme, würde ich ihn (Roosevelt) sofort erschießen.«* Als er schließlich auf dem elektrischen Stuhl saß, schrie er plötzlich: *»Kein Kameramann, kein Film da, um Zangara aufzunehmen? Lausige Kapitalisten, nicht mal einen Film!«* Dann machte er eine kurze Pause. *»Auf Wiedersehen. Addio der ganzen Welt. Und jetzt los! Drückt endlich den Knopf!«*

Robin Edmonds, Die großen Drei, Churchill, Roosevelt und Stalin in Frieden und Krieg, btb Goldmann Verlag, München,1999; James F. Kirkham, Assassination and Political Violence, Praeger, New York, 1970; Alan Posener, Franklin Delano Roosevelt, Rowohlt Taschenbuch Verlag, Reinbek, 1999

S

Mohammed Anwar as-Sadat

Ägyptischer Politiker. 1918–1981

Nachdem der Offizier Anwar as-Sadat 1942 auf Initiative der Briten wegen deutschfreundlicher Aktivitäten verhaftet worden war, tat er sich im folgenden Jahr als Mitbegründer des »Komitees der freien Offiziere im Untergrund« hervor und fungierte nach dessen erfolgreichem Staatsstreich gegen König Faruk (1952) als Mitglied des Revolutionsrates. 1969–1970 war Sadat Vizepräsident und wurde nach dem Tod Gamal Nassers dessen Nachfolger.

Die Attentäter, die am 6. Oktober 1981 den ägyptischen Präsidenten Anwar as-Sadat erschossen, hatten zuvor bei einer religiösen Autorität Rat gesucht. Die Auskunft, die ihnen der blinde Scheich Omar Abd El-Rahman erteilte, war allerdings eindeutig zweideutig. Zwar bejahte er die allgemein gestellte Frage, ob es rechtens sei, einen gottvergessenen Führer umzubringen – ob Sadat zu dieser Kategorie gehörte, ließ er jedoch offen.

Die Bewunderung, die Sadat in Europa und Amerika genoß, wurde von seinen Landsleuten nicht geteilt. Von den epochalen Entscheidungen, die ihn im Ausland als weitblickenden Staatsmann auswiesen, sahen sie oft nur die Schattenseiten. Die Vertreibung der sowjetischen Berater und die Öffnung zum Westen hatten an der wirtschaftlichen Misere wenig geändert. Der Friede mit Israel hatte Ägypten in der arabischen Welt isoliert. Überdies schien es, als habe Menachem Begin seinen Vertragspartner hereingelegt. Zwar ging der Abzug der israelischen Truppen aus der Sinai-Halbinsel programmgemäß vonstatten. Aber der zweite Teil des Abkommens von Camp David, das Selbstbestimmungsrecht der Palästinenser, blieb unausgeführt.

Nicht einmal mit der »gelenkten Demokratie«, die den autokratischen Herrschaftsstil seines Vorgängers ersetzte, machte sich Sadat beliebt. Statt sich über die Lockerung der Zügel zu freuen, weckte sie bei den Unzufriedenen Appetit auf mehr. Zu ihnen gehörten auch die islamischen Fundamentalisten, vor allem die »Muslimbruderschaft«. Ihre Ziele waren die Säuberung der Gesellschaft von westlichen Einflüssen, eine am islamischen Recht der Scharia orientierte Theokratie und die Wiedererrichtung des Kalifats. Sadat war keineswegs der erste ägyptische Staatschef, der mit den Muslimbrüdern zusammenstieß. Zwei Premierminister des Königs Faruk wurden von ihnen erschossen. Im Januar 1954 war die Bruderschaft verboten worden, ihre Führer und Hunderte von Mitgliedern verschwanden im Gefängnis. Die frommen Brüder rächten sich durch zwei Mordanschläge, denen Nasser nur durch Zufall entgangen war. Sadats Versuche, seine Gegner mit Milde zu gewinnen – er ließ die Inhaftierten aus dem Gefängnis und gab sich ganz als gläubiger Muslim –, schlugen fehl. Sie nahmen ihm übel, daß seine Politik westliche Sitten ins Land brachte.

Als sich Sadat Anfang 1980 großmütig bereit erklärte, dem todkranken Schah Asyl zu gewähren und kurz darauf den Bau einer interkonfessionellen Begegnungsstätte auf dem Sinai ankündigte, reagierte die orthodoxe Presse mit einem Wutschrei. Am 3. September 1981 schlug Sadat zurück. In einer großangelegten Polizeiaktion ließ er 3000 Fundamentalisten – Geistliche, Politiker, Journalisten und Studenten – verhaften. Zu ihnen gehörte auch Mohammed, der ältere Bruder von Khaled Ahmed Shawki El-Islambouli, einem 23jährigen Oberleutnant der ägyptischen Armee, der wahrscheinlich auf Betreiben seines politisch aktiven Bruders einer fundamentalistischen Zelle beigetreten war, in der die Beseitigung des Präsidenten offen erörtert wurde. Verschiedene Methoden wurden erwogen und wieder verworfen, darunter auch der Abschuß seines Hubschraubers und ein Raketenangriff auf sein Ferienhaus.

Jehan Sadat, die Witwe des Ermordeten, erinnerte sich später: *»Der 6. Oktober gehörte zu den wenigen Tagen von Tausenden, an denen ich nicht um das Leben meines Mannes bangte. So sicher war ich, daß Anwar an diesem ganz besonderen Tag keine Gefahr drohte, daß ich beinahe nicht an der traditionellen Militärparade in*

Nsr City teilgenommen hätte. Statt dessen wollte ich mir die Parade mit Anwars Zustimmung gemeinsam mit meinen drei Töchtern im Fernsehen ansehen. Weil mir ein Sicherheitsoffizier Vorwürfe machte, als er entdeckte, daß ich nicht beabsichtigte, mit Anwar an der Feier teilzunehmen, änderte ich meinen Entschluß in letzter Minute und fuhr doch noch hin.«

Als Khaled zur Parade am 6. Oktober eingeteilt wurde, mit der die Streitkräfte alljährlich ihre Anfangserfolge im Krieg von 1973 feierten, waren sich die Betbrüder keineswegs einig. Abd El-Salem Farag, der geistliche Steuermann der Truppe, hielt die Gelegenheit für günstig und setzte sich durch. Khaled sollte bei der Parade einen Lastwagen kommandieren. Die Anordnung, keine scharfe Munition mitzuführen, war in der allgemeinen Schlamperei leicht zu unterlaufen. Schwieriger war es, die übrige Besatzung des Lastwagens gegen drei Mitverschwörer – den Sergeanten Hussein Abbas Mohammed, den Ingenieur Ata Tayel Hemida Raheel und den Buchhändler Abd El-Salam Abd El-A'al, keiner von ihnen älter als 30 Jahre – auszutauschen. Doch es gelang, und der Fahrer war nicht in das Komplott eingeweiht.

Als der LKW an der Tribüne vorbeifuhr, zog Khaled seinen Revolver und zwang ihn anzuhalten. Danach sprang er aus dem Wagen, lief auf die Tribüne zu und schleuderte eine Handgranate in Richtung des Präsidenten. Im gleichen Augenblick eröffnete Abbas Mohammed, ein mehrfach ausgezeichneter Scharfschütze, das Feuer. Schon der erste Schuß aus seinem Maschinengewehr traf Sadat am Hals. 30 Sekunden beherrschten die Verschwörer in dem heillosen Durcheinander die Szene. Khaled hatte schließlich die Bühne erklommen und schoß Kugel um Kugel in den zusammengesunkenen Körper des Präsidenten.

Da er eine neue, in London geschneiderte Uniform trug und nicht dick erscheinen wollte, hatte es Sadat abgelehnt, eine kugelsichere Weste zu tragen. Außer ihm kamen sieben Menschen ums Leben; 28, darunter Vizepräsident Mubarak, wurden verletzt.

Nach der Verhaftung seines Bruders hatte Khaled in sein Tagebuch eingetragen: *»Der höchste Lohn winkt einem Gläubigen, wenn er im Namen Gottes tötet oder getötet wird.«* Auf die Frage, ob er denn gar nicht an seine Familie gedacht habe, antwortete er: *»Nein, ich habe nur an Gott gedacht.«* Vor Gericht sagte er: *»Ich* *habe ihn umgebracht, aber schuldig bin ich nicht. Was ich getan habe, geschah für meinen Glauben und mein Vaterland.«* Der Staatsanwalt wollte wissen, ob es nicht unmoralisch sei, den Mann zu töten, der Ägypten den Weg zur Demokratie gewiesen habe. *»Von welcher Demokratie sprechen Sie? Etwa von der englischen, wo das Oberhaus soeben ein Gesetz verabschiedet hat, das die Homosexualität legalisiert? Ist das Demokratie?«*

Von den 24 Angeklagten wurden die vier Täter und Farag zum Tode verurteilt. Die beiden Soldaten wurden am 15. April 1982 erschossen, die drei Zivilisten gehenkt. Alle anderen erhielten lange Freiheitsstrafen. Nur zwei der Angeklagten wurden freigesprochen. Einer von ihnen war der blinde Scheich, den die Attentäter um ein Gutachten gebeten hatten.

Im Frühjahr 1995 saß er wieder auf der Anklagebank, diesmal in New York. Die Staatsanwaltschaft warf ihm vor, bei dem Bombenanschlag auf das World Trade Center die Hand im Spiel gehabt zu haben und darüber hinaus einem Komplott islamischer Fundamentalisten für weitere Terroraktionen seinen Segen gegeben zu haben. Diesmal wurden er und seine Gefolgsleute zu langen Gefängnisstrafen verurteilt.

Sadats Witwe lebt heute in den USA, 16 Jahre nach dem Tod ihres Mannes antwortete sie auf die Frage eines Journalisten, ob sie einen neuen Lebensgefährten habe: *»Das ist für mich undenkbar. In meinem Leben gibt es nur einen Mann, und das ist Anwar. Ich habe ihn kennen und lieben gelernt, als ich 15 Jahre alt war. Ich werde so leben, wie mein Mann es von mir erwarten würde. Das ist das mindeste, was ich für ihn tun kann.«*

Jehan Sadat, Ich bin eine Frau aus Ägypten, Wilhelm Heyne Verlag, München, 1991; Jörg von Uthmann, Attentat, Wolf Jobst Siedler Verlag, Berlin, 1996; Stern, 41/1997

Wolfgang Schäuble

Deutscher Politiker. * 1942

Wolfgang Schäuble ist studierter Jurist und seit 1972 Mitglied des Bundestages. In den Jahren 1984–1989 war er Bundesminister für besondere Aufgaben, danach bis 1991 Bundesminister des Inneren. 1990 führte er auf seiten der Bundesrepublik Deutschland die Verhandlungen über den Einigungsvertrag.

»Ich gehe zum Ausgang des Saals. Da trifft mich etwas, ich spüre eine punktuell konzentrierte Hitze. Dann werde ich ohnmächtig.« Der 12. Oktober 1990 war ein Tag wie jeder andere. Bis zum Nachmittag hetzte er in Berlin von einem Termin zum nächsten, dann stand er im Stau zum Flughafen. Ein Wochenende zu Hause im Kreis seiner Familie stand an. Doch zuvor wollte er noch etwas für seinen Wahlkreis tun. Sein Ziel war das Gasthaus »Brauerei Bruder« in Oppenau bei Offenburg im Schwarzwald, ganz in der Nähe seines Wohnhauses in Gengenbach. Dort jubelten 250 Menschen ihrem »Manager der Einheit« zu. 90 Minuten Rede, ein Heimspiel.

Auf dem Weg zum Ausgang kreisten seine Gedanken wohl schon um den Feierabend und das Wochenende. Es sollte seiner Frau und seinen Kindern gehören. Seine älteste Tochter Christine, die im »Wahlkampfteam Schäuble« mitmachte, stand neben ihrem Vater. Sie wollte ihm ein Autogramm abluchsen, um das eine rumänendeutsche Aussiedlerin gebeten hatte.

S

Es schien alles in bester Ordnung. Sekunden später lag Wolfgang Schäuble auf dem Boden, niedergestreckt durch zwei Revolverschüsse des 36jährigen Dieter Kaufmann. Aus Mund und Nase des Verwundeten rann Blut. Eine Frau schrie: *»Mein Gott, er darf nicht sterben! Er darf nicht sterben! Er muß durchkommen!«* Ein dritter Schuß traf Schäubles Leibwächter Dieter Michalski. Menschen kreischten, manche krochen blitzschnell unter die Tische, einige stürzten sich auf den Täter in der Lederjacke. *»Ich kann meine Beine nicht mehr spüren«*, flüsterte Wolfgang Schäuble, dann verlor er das Bewußtsein. Aus einer Einschußwunde zwischen rechtem Ohrläppchen und Kinnwinkel sickerte Blut über den Hemdkragen des Schwerverletzten. Vorsichtig drehten die Helfer ihn auf die Seite und sahen eine zweite Schußwunde, umgeben von einer runden grauen Schmauchspur. Nach zehn Minuten kam endlich der Oppenheimer Bereitschaftsarzt und verabreichte ein Kreislaufmittel, während Sanitäter mit einer Trage organisiert wurden. Drei Meter weiter rechts, im Durchgang zum Biertresen, lagen zur gleichen Zeit drei Männer auf dem Attentäter und preßten ihn bäuchlings platt auf die Erde. Im Liegen durchsuchten sie seine Taschen. Außer dem Revolver keine weiteren Waffen, ein kleiner weißer Kamm, eine verbeulte Blechschachtel für Zigarillos. Daneben stand der Leibwächter: *»Daß* *uns das passieren mußte, oh, was für eine Scheiße«*, stöhnte er und preßte den Unterarm auf seinen Bauch. Er hatte sich in den dritten Schuß geworfen und einen Streifschuß kassiert, jetzt hörte er kreidebleich, wie jemand im Saal tönte: *»Die haben geschlafen, die Leibwächter.«* Endlich wurde der Attentäter, Hose und Lederjacke heruntergerissen, abgeführt. *»Totschlagen sollte man dich!«* riefen ihm empörte Menschen hinterher. Weitere zehn Minuten später wurde Wolfgang Schäuble endlich auf eine Trage gebettet und herausgetragen.

S

Mit den Schüssen, die Dieter Kaufmann wenige Tage vor seinem 37. Geburtstag auf den Bundesinnenminister abfeuerte, hatte er gleich zwei Dinge erledigt: auf spektakuläre Weise Rache zu nehmen am Staat, von dem er sich mißhandelt fühlte, und seinen Abschied aus einer Gesellschaft zu inszenieren, in der er sich nie zurechtgefunden hatte. In scheinbar geordnete Verhältnisse hereingeboren, entwickelte sich Dieter Kaufmann – anders als seine beiden jüngeren Schwestern – problematisch. Nach anfänglichem Haschischkonsum stieg der Junge auf härtere Drogen um und landete 1973 wegen Einbruchs in eine Apotheke das erste Mal im Gefängnis. Auf Bewährung entlassen, verschwand er eines Tages aus dem Elternhaus. Wochenlang sorgte sich die Familie, bis endlich eine Postkarte aus Kabul, der afghanischen Hauptstadt und damaligen Drogenmetropole, eintraf: *»Helft mir! Ich brauche Geld, sonst komme ich hier nicht mehr raus!«* Dieter Kaufmann erhielt ein Flugticket, flog nach Hause und hatte durch das gesehene Fixer-Elend offenbar die Kraft gefunden, einen Entzug zu absolvieren. Weg von der Spritze, griff er jedoch wenig später wieder zu Joints und vermehrt zu Alkohol. Als er sich heftig verliebte, das Mädchen ihn jedoch zurückwies, betrank er sich und versuchte, sich mit Abgasen das Leben zu nehmen. Zwei Monate später wurde er vollgepumpt mit Psychopharmaka aus der psychiatrischen Klinik entlassen. Es folgten Drogendelikte, mehrere Gefängnisaufenthalte im In- und Ausland, aggressive Ausbrüche, Haßtiraden auf den Staat – eine schwere Zeit für die Familie Kaufmann. Bis Dieter eines Tages wie ausgewechselt schien, er verzichtete auf jeden Tropfen Alkohol. Ruhig, gelassen und vergnügt begann er ein Fernstudium und ging gleichzeitig einer geregelten Arbeit nach. Glücklich und ein bißchen stolz beobachteten die Eltern die Veränderung – schließlich hatten sie den renitenten Sohn ganz allein wieder hinbekommen. Was sie nicht ahnten: Just in dieser Zeit hatte Dieter Kaufmann den Entschluß gefaßt, Wolfgang Schäuble zu töten, *»weil ich innere Schmerzen habe«,* wie er später bei seiner Vernehmung sagte.

Am Tag des Attentats holte ein Kollege Dieter Kaufmann pünktlich um 6.30 Uhr zur Arbeit ab und brachte ihn zum Mittagessen gegen 12.30 Uhr wieder nach Hause. Nach dem Essen legte er sich auf sein Bett und vertrödelte den Nachmittag, bis er gegen Abend ein Bad und ausnahmsweise etwas von Vaters Aftershave nahm, sich fein anzog und von seiner Mutter verabschiedete. Die war ganz aufgeregt: *»Er war schon lange nicht mehr ausgegangen und hatte sich so fein gemacht; ich dachte, jetzt hat mein Junge endlich mal ein Rendezvous.«* Heimlich nahm Dieter Kaufmann den Schlüsselbund des Vaters von der Garderobe und ebenso heimlich holte er aus dessen Waffenschrank den Smith&Wesson-Revolver, mit dem sein Vater, ein leidenschaftlicher Jäger, dem Wild normalerweise den Fangschuß gab.

Dann setzte sich Dieter Kaufmann auf sein Fahrrad, fuhr zum Bahnhof und stieg dort in den Bus nach Oppenau. 20 Minuten später, gegen 20.00 Uhr, betrat er den Festsaal, in dem er nach weiteren zwei Stunden auf Wolfgang Schäuble schoß.

Gerichtsgutachter diagnostizierten dem Attentäter eine paranoid-halluzinatorische Schizophrenie, besser bekannt als Verfolgungswahn. Aus Kaufmanns Sicht war die Tat ein Akt der Selbstbefreiung, er fühlte sich vom Staat rund um die Uhr physisch und psychisch bedrängt.

»Ich wußte sofort, daß ich gelähmt war«, sagte Wolfgang Schäuble über den Moment, als er fünf Tage später in der Intensivstation eines Freiburger Krankenhauses aufwachte. Der Kampf mit dem Tod war gewonnen, die Lähmung blieb.

1991 wurde Wolfgang Schäuble Vorsitzender der CDU/CSU-Bundestagsfraktion.

Die Kugeln hatten für Schäuble eine verheerende Wirkung. Der Schuß in den Rückenwirbel drang in das Rückenmark vor, mit den bekannten Folgen: Lähmung der Muskulatur vom dritten Wirbel abwärts, Verlust der Kontrolle über die Schließmuskel von Blase und Darm. Glimpflicher ging der Schuß in den Kopf ab: Die Ku-

S

gel, die vom Ohrläppchen aus den Unterkiefer durchschlug, trat neben dem linken Nasenflügel wieder aus. Dennoch entfernten die Spezialisten der Freiburger Klinik eine Reihe von Geschoßsplittern aus Ober- und Unterkiefer, ehe sie die zerschmetterten Knochen mit Metallplatten wieder zusammenschraubten.

Ulrich Deupmann, Wolfgang Schäuble, Wilhelm Heyne Verlag, München, 1992; Psychologie heute, August 2000; Stern, 18. 10. 1990

Philipp Scheidemann

Deutscher Politiker. 1865–1939

S

Der gelernte Buchdrucker und spätere Journalist war seit 1911 im Vorstand der SPD und vertrat ab 1913 als einer der Führer der SPD-Fraktion die gemäßigte, von der Mehrheit seiner Partei getragene politische Linie. Seit Februar 1919 Ministerpräsident des Deutschen Reiches an der Spitze einer Koalition aus SPD, Zentrum und DDP, trat Scheidemann schon im Juni 1919 zurück, da er den Versailler Vertrag für unannehmbar hielt. Von 1920–1925 war er Oberbürgermeister von Kassel. Unter dem Eindruck der einsetzenden NS-Diktatur verließ er 1933 Deutschland.

Für die nationalistische Rechte wurde Philipp Scheidemann zu einem der beliebtesten Ziele für ihre Propaganda gegen die Republik. Über Jahre hinweg belästigte und beleidigte man ihn; Drohbriefe und Schmierereien an seiner Hauswand waren an der Tagesordnung.

Am Pfingstsonntag, dem 4. Juni 1922, unternahm Philipp Scheidemann in Begleitung von Tochter und Enkelin einen Ausflug nach Kassel-Wilhelmshöhe. Niemand merkte, daß sie, seit sie eine aus der Stadt herausführende Straßenbahn bestiegen hatten, von zwei Männern verfolgt wurden.

Nachdem der Bürgermeister mit seiner Familie etwa eine Stunde durch den Wald spaziert war, trennten sich seine Verfolger. Während sich der eine auf einem Parallelweg mit entsicherter Schußwaffe angriffsbereit hielt, holte der andere eine kleine, ballförmige Gummispritze aus dem Rucksack und lief auf den ehemaligen Ministerpräsidenten zu. Sobald er sein ahnungsloses Opfer erreicht hatte, zog er plötzlich den roten Spritzball aus der Tasche, ging an Scheidemann vorbei und bespritzte diesen mit einer Flüssigkeit. Der sank sofort von der später als Blausäure identifizierten Flüssigkeit an Nase und Unterkiefer getroffen zu Boden. Trotz seiner Krämpfe an Oberkörper und Beinen gelang es ihm, den Revolver zu ziehen und einen – wenn auch ungezielten – Schuß abzugeben, bevor er für kurze Zeit das Bewußtsein verlor. Die unvermutete Gegenwehr ließ seine Angreifer die Flucht ergreifen, ohne die Giftspritze ein zweites Mal auf ihn zu richten. Ein glücklicher Zufall kam Scheidemann zu Hilfe. Durch die Tatsache, daß er sich im Freien befand und eine leichte Brise wehte, konnte die Blausäure ihre eigentlich tödliche Wirkung nicht entfalten. Das Opfer erholte sich bald, doch von den Tätern fehlte jede Spur.

S

Einige rechtsstehende Zeitungen ließen es sich nicht nehmen, den Anschlag auf ihre Weise zu kommentieren. Die »Deutsche Tageszeitung« befand, *»daß bei ruhiger Betrachtung die Komik bereits überwiegt«*, und stellte den Überfall als *»Klistierspritzenattentat«* hin, während das Verhalten Scheidemanns, der sofort zur Waffe gegriffen habe, als *»Totschlagsversuch«* qualifiziert zu werden verdiente.

Sechs Tage später, am 10. Juni 1922, erschien im Kasseler Gewerkschaftshaus ein arbeitsloser Gärtner namens Theodor Brüdigam. Er stellte sich dem Oberbürgermeister zwecks *»Aufdeckung des Attentats zur Verfügung«*. Zwei Tage später gab er im Kasseler Rathaus in Anwesenheit eines Polizisten zu Protokoll, er sei mit einer rechtsstehenden Geheimorganisation in Verbindung, die sich vorgenommen habe, Rathenau und Scheidemann umzubringen. Niemand war geneigt, seine Warnungen sonderlich ernst zu nehmen. Als sich auch noch herausstellte, daß Brüdigam mehrmals wegen Betrugs und Diebstahls vorbestraft und mehrere Aufenthalte in Nervenheilanstalten hinter sich hatte, hielt man ihn als Zeugen für gänzlich unbrauchbar.

Anfang August gingen der Polizei zwei Männer ins Netz: Karl Oehlschläger, geboren 1893, und Hans Hustert, geboren 1900. Sie waren im wesentlichen geständig und wurden am 4. Dezember 1922 vor Gericht gestellt. Oehlschläger entpuppte sich als der geistige Urheber der Tat; er wollte Scheidemann als einen der Hauptschuldigen am Untergang des Kaiserreichs zur Rechenschaft ziehen. Er gewann Hustert für seine Idee, *»republikanische Führer zu beseitigen«*, und am 26. April 1922 reisten die beiden nach Kassel, um dort Wochen damit zu verbringen, die Lebensgewohnheiten ihres Opfers auszuspionieren.

Das Richtergremium war nahezu ebenso zusammengesetzt wie beim vorausgegangenen Prozeß gegen die Mörder Walther Rathenaus und ließ keinen Zweifel daran, daß es den Angriff auf den früheren Ministerpräsidenten des Deutschen Reiches für ein unnachsichtig zu ahndendes Verbrechen hielt. Die Attentäter wurden des versuchten Mordes für schuldig befunden und zu zehn Jahren Zuchthaus verurteilt.

Martin Sabrow, Die verdrängte Verschwörung, Fischer Taschenbuchverlag, Frankfurt a. M., 1999; Johannes Werthaus, Das Blausäureattentat auf Scheidemann. Aktenmäßige Darstellung auf Grund der Verhandlung vor dem Staatsgerichtshof Berlin, 1923

Hanns-Martin Schleyer
Industriemanager. 1915–1977

Von seinem Posten als Vorstandsmitglied der Daimler-Benz AG wechselte Schleyer 1973 in die Funktion des Präsidenten der Bundesvereinigung der Deutschen Arbeitgeberverbände und wurde im Januar 1977 Präsident des Bundesverbandes der Deutschen Industrie.

Montag, 5. September 1977. Wind, schwach West bis Nordwest, ist für Köln gemeldet. Federwolken, 21 Grad Celsius. Gegen 17.10 Uhr machte sich Arbeitgeberpräsident Hanns-Martin Schleyer auf den Heimweg. Als sein Dienst-Mercedes in die Vincenz-Statz-Straße fuhr, setzte ein gelber Mercedes zurück und blockierte die Fahrbahn. Schleyers Fahrer Heinz Marcisz konnte gerade noch bremsen, doch das nachfolgende Begleitkommando der Polizei prallte auf. Der Schleyer-Konvoi war in eine Falle der RAF geraten.

Die vier Entführer hatten die Aufgaben untereinander verteilt. Zwei sollten die Polizeibeamten ausschalten. Sieglinde Hofmann, geboren 1945, Arzthelferin, über das Sozialistische Patientenkollektiv Heidelberg zur RAF gestoßen, und Peter Jürgen Boock, geboren 1951, ohne Beruf, drogenabhängig. Die beiden schossen sofort auf die drei Beamten. Ihre Schnellfeuergewehre hatten sie in einem Kinderwagen versteckt.

Willy Peter Stoll, Steuergehilfe, geboren 1950, schwäbischer Bürgerssohn, erschoß Schleyers Fahrer. Dann sprang er auf die

Motorhaube des Polizeifahrzeugs, hielt auf die Windschutzscheibe und feuerte seine Maschinenpistole leer. Nur elf Kugeln trafen die Verkleidung am Wagen, 107 die drei Polizisten. Reinhold Brändle wurde 60mal getroffen, Roland Pieler wurde von 21 Kugeln durchsiebt und bei Helmut Ulmer zählte man später 26 Einschüsse, drei davon im Kopf.

Als sich niemand mehr bewegte, hechtete Stefan Wisniewski zu Schleyer. Er war der eigentliche Chef des Kommandos, Spitzname »Fury«, geboren 1953, Hilfsarbeiter, kam aus der Hausbesetzerszene in Hamburg. Schleyer hatte sich zwischen die Polster geduckt. Wisniewski zog ihn aus dem Wagen, schleifte ihn zu einem VW-Bus, den Boock sofort startete. Die Arzthelferin Hofmann setzte dem Gefangenen eine Betäubungsspritze. Es war 17.30 Uhr, die ganze Entführung und Schießerei hatte nur etwa zwei Minuten gedauert.

S

In der Tiefgarage eines Hochhauses in Köln-Junkersdorf stiegen die Entführer samt Opfer in einen grauen Mercedes um. Den Bus ließen sie stehen. Die Polizei fand darin später eine Nachricht: *»an die bundesregierung. sie werden dafür sorgen, daß alle öffentlichen fahndungsmaßnahmen unterbleiben – oder wir erschießen Schleyer sofort, ohne daß es zu verhandlungen über seine freilassung kommt. raf.«*

Abends sprach der Bundeskanzler im Fernsehen: *»Vier tote Bundesbürger verlängern seit heute abend die Reihe der Opfer von blindwütigen Terroristen, die, wir waren uns darüber stets im klaren, noch nicht am Ende ihrer kriminellen Energie sind …«*

Auch die Gefangenen im Hochsicherheitstrakt Stuttgart-Stammheim erfuhren durch die Abendnachrichten von der Aktion. Der Kern der RAF, Andreas Baader, Gudrun Ensslin, Jan-Carl Raspe und Irmgard Möller, saß hier. Isoliert von anderen Gefangenen waren sie in sich gegenüberliegenden Einzelzellen im siebten Stock untergebracht. Drei von ihnen waren zu »lebenslänglich« verurteilt und rechneten jetzt damit, freigepreßt zu werden. Die »big raushole«, so der Name des Unternehmens, hatte begonnen. In einem Kassiber hatten sie kurz zuvor Druck gemacht auf die etwa 20 Illegalen aus der sogenannten zweiten Generation: *»an den haufen, der sich raf nennt. unsere geduld mit euch ist zu ende. hat euch der tod pontos so verstört? ihr seid nicht mehr,* *was ihr vorgebt zu sein: stadtguerilla in der offensive. von euch wollen wir nur eins lesen: die kommandoerklärung zu spindy. während ihr eure wunden leckt, läuft gegen uns das vernichtungsprogramm. wir haben keine kraft mehr, aber werden uns nicht wie vieh verschieben lassen. ihr habt noch 14 tage, dann nehmen wir unser schicksal selbst in die hand.«* – »Spindy« war der Deckname für die Schleyer-Aktion, benannt nach dem Wandschrank, den das RAF-Kommando zum Gefängnis umgebaut hatte. Sie nannten es »Volksgefängnis«. Mit Schleyer, so glaubte die RAF, hatte sie den wichtigsten Repräsentanten des Kapitals und des »faschistischen« Deutschlands in der Gewalt. Den Arbeitgeberpräsidenten und den SS-Mann Nummer 227014.

S

Waltrude Schleyer erfuhr von der Entführung ihres Mannes durch den Anruf eines Journalisten. Später meldete sich Helmut Schmidt. Nach einer nächtlichen Sitzung mit den wichtigsten Ministern und Staatssekretären war die Regierung zu dem Schluß gekommen, trotz der Drohung der RAF nach den Tätern zu fahnden. Der Chef des Bundeskriminalamts, Horst Herold, leitete die Ermittlungen, während die Landesminister Kontaktsperre für alle Gefangenen der RAF – also keinerlei Verbindung zur Außenwelt – verhängten.

Hanns-Martin Schleyer lag fast acht Stunden in dem Kofferraum des grauen Mercedes, in den man ihn verfrachtet hatte. Zwischen 2.00 Uhr und 3.00 Uhr nachts zerrten die Entführer ihn in einen Aufzug und fuhren aus der Tiefgarage in den dritten Stock, Zum Renngraben 8, Wohnung Nr. 104. *»Was ist mit meinem Fahrer und den drei anderen?«* wollte Schleyer wissen. *»Die Aktion ist gut gelaufen. Das ist alles, was du wissen mußt.«* Mehr sagten die Entführer nicht.

Am Dienstag, 6. September, meldete sich das »Kommando Siegfried Hauser«, benannt nach dem in Stockholm während der Botschaftsbesetzung ums Leben gekommenen RAF-Terroristen. Die Forderungen lauteten: *»sofortige einstellung aller fahndungsmaßnahmen – oder schleyer wird sofort erschossen«*, dann die Freilassung von insgesamt elf Gefangenen aus der RAF, die ausgeflogen werden sollten. *»jedem der gefangenen werden 100000 dm mitgegeben.«* Auch ein Schreiben von Schleyer war beigefügt: *»Mir geht es soweit gut, ich bin unverletzt …«* Die Bundesregierung folgte dem

Rat von BKA-Chef Herold und setzte auf Verzögerung. In der »Tagesschau« ließ das BKA dem RAF-Kommando mitteilen: *»Ihr Brief ist der örtlichen Polizei erst am Nachmittag zugegangen. Der Termin für die von Ihnen gewünschte Veröffentlichung kann deshalb nicht eingehalten werden.«* Eine Krisensitzung jagte die nächste, und irgendwann stand fest: Schleyer sollte lebend befreit, die Entführer ergriffen und vor Gericht gestellt werden. Erklärtes Ziel war, die Handlungsfähigkeit des Staates und das Vertrauen in ihn im In- und Ausland nicht zu gefährden. Das bedeutete, Hanns-Martin Schleyers Leben stand zur Disposition.

Am Mittwoch, 7. September, um 8.00 Uhr lief das Ultimatum für die zweite Forderung der Entführer ab: die Gefangenen am Flughafen Frankfurt zusammenzubringen. Zwei Stunden später forderte das BKA ein Lebenszeichen von Schleyer.

S

Im Versteck sprach der Gefangene verschwitzt im Unterhemd in eine Videokamera: *»Zur Bestätigung, daß ich noch lebe, lese ich einen Artikel aus der ›Stuttgarter Zeitung‹ von heute, 7. September 1977, Seite fünf, vor ...«* Die Entführer fügten der Videokassette zwei Schreiben Schleyers bei. Eine persönliche Erklärung mit Grüßen an die Familie sowie das geforderte Lebenszeichen aus einer Unterhaltung vom Sonntagvormittag beim Frühstück. Am selben Tag ging bei der Polizei ein Hinweis auf die Wohnung ein, in der Schleyer versteckt wurde. Laut Vermieterin hatte eine Annerose Lottmann-Bückler 800 Mark für die Kaution in bar gezahlt und noch ein Bündel Geldscheine in der Handtasche gehabt. Der Hinweis wurde weitergeleitet, die Spur jedoch nicht verfolgt.

Am 8. September durfte Schleyer an seinen Sohn Eberhard schreiben: *»Die politische Verantwortung trägt natürlich Bonn, aber sie unterschätzen dort offenbar die Ernsthaftigkeit und Härte meiner Entführer. Man kann dieses Spiel um Zeitgewinn nicht weiter treiben ...«*

Man konnte doch. Vier Tage später schrieb Schleyer an Eberhard von Brauchitsch. Der Brief enthielt ein Tonband, die Tonbandabschrift und eine Erklärung der Entführer. Schleyer drückte auf dem Tonband sein Unverständnis darüber aus, daß weitere Zeichen gefordert wurden. Am 12. September sagte er auf dem Tonband an Helmut Kohl, CDU, Oppositionschef und Parteifreund: *»Ich habe nie um mein Leben gewinselt, immer die Ent-*

scheidung der Bundesregierung, wie ich ausdrücklich schriftlich mitgeteilt habe, anerkannt. Was sich aber seit Tagen abspielt, ist Menschenquälerei ohne Sinn …«

Am 14./15. September ahnten die Entführer, daß die Polizei im Raum Köln alle verdächtigen Wohnungen nach einem Raster überprüfen würde: Hochhaus, Tiefgarage, bar bezahlte Kaution. Sie brachten Schleyer in ein Haus nach Den Haag, Stevinstraat 206.

Am 22. September versuchten zwei niederländische Polizisten, in einem Autoverleih in Utrecht einen Verdächtigen festzunehmen. Der Mann feuerte sofort, tötete einen Beamten und verletzte dessen Kollegen schwer. Er wurde verhaftet und als das RAF-Mitglied Knut Folkerts identifiziert. Die deutschen Behörden boten ihm 1 000 000 Mark für die Preisgabe des Schleyer-Verstecks, doch Folkerts blieb schweigsam. Während der Gefangene inzwischen in einem Hochhaus in Brüssel untergebracht worden war, erhielten die Terroristen Hilfe aus dem Ausland.

Am 13. Oktober um 14.38 Uhr meldete die Flugsicherung im südfranzösischen Aix-en-Provence eine Routenabweichung der Lufthansa-Boing 737 »Landshut« aus Mallorca. Die Besatzung und 86 Passagiere hörten plötzlich aus dem Bordlautsprecher eine Stimme: *»Hier spricht Captain Martyr Machmud. Die Maschine steht unter meinem Kommando. Wer meinen Anweisungen nicht folgt, wird erschossen.«* Während er mit einer Waffe vom Kopilotensessel aus den Anflug auf Rom erzwang, übermittelte er dem Tower dort eine Botschaft: *»Dieses Flugzeug ist ganz in unserer Gewalt. Wir verlangen die Freilassung unserer Kameraden in deutschen Gefängnissen. Das ist ein Tiger gegen die imperialistische Weltorganisation.«* Beamte des BKA und Staatsminister Hans-Jürgen Wischnewski folgten der Maschine, während Kommandoerklärungen sowohl von den Fugzeug- als auch von den Schleyer-Entführern die Forderung nach Freilassung der inhaftierten Terroristen bekräftigten, mit der Tötung aller Geiseln drohten und weitere Forderungen nannten: Sie verlangten, daß Schleyer-Sohn Eberhard am 15. Oktober mittags um 12.00 Uhr am Frankfurter Hotel »Intercontinental« sein sollte, mit 15 Millionen US-Dollar Lösegeld im Gepäck und gültigem Paß. Pünktlich und ausgerüstet erschien er am Flughafen, doch durch eine gezielte Indiskretion waren bereits zahllose Journalisten vor Ort, deren Anwesenheit sein Engagement zunichte machte. Verzweifelt wandte sich Eberhard Schleyer an das Bundesverfassungsgericht, um auf diese Weise die Rettung seines Vaters zu erzwingen. Doch das Gericht gab Kanzler Schmidt Rückendeckung und wies den Antrag zurück.

Die Menschen in der entführten Boeing durchlitten Höllentage: Hitze, wenig Wasser, Angst und schießwütige Terroristen – kaum jemand wagte zu hoffen, daß sie das Grauen überleben würden. Gleichzeitig war es Hanns-Martin Schleyer gelungen, eine Beziehung zu seinen Entführern aufzubauen, bisweilen durfte er sein Schrankgefängnis verlassen, mit ihnen reden und Monopoly spielen.

S

Am 17. Oktober landete im Schutz der Dunkelheit das Einsatzkommando der GSG 9 in Mogadischu. Dort war die »Landshut« vor einiger Zeit gelandet, und dort trafen die Geiselnehmer Vorbereitungen, die Maschine samt Passagieren in die Luft zu sprengen. Jedem einzelnen wurden die Hände auf dem Rücken festgebunden. Die Sitze wurden mit Alkohol überschüttet, damit sie im Fall einer Explosion besser brannten. Sprengstoff wurde in Position gebracht, Zündschnüre gelegt.

Die Nacht des 18. Oktober wurde zur Nacht der Entscheidung. Für 86 Passagiere und vier Besatzungsmitglieder – der Kapitän war erschossen worden – brachte sie die Freiheit. Um 0.05 Uhr drang die GSG 9 an allen Eingängen zugleich in die Maschine ein. *»Köppe runter – hinlegen!«* lautete der Befehl an die Passagiere. Drei der Entführer verloren ihr Leben, alle Passagiere wurden befreit. Die Stammheimer Häftlinge hörten im Radio vom gewaltsamen Ende der Geiselnahme. Um 8.58 Uhr meldete die Deutsche Presse-Agentur den Tod von Andreas Baader und Gudrun Ensslin. Baader hatte sich selbst einen Genickschuß gesetzt und Kugeln in die Zellenwand geschossen, damit es wie Mord aussah. Gudrun Ensslin fanden die Justizbeamten am Fenster erhängt. Als seine Zellentür geöffnet wurde, lebte Jan-Carl Raspe noch, doch wenig später starb auch er an den Folgen seiner Schußverletzungen. Einzig Irmgard Möller, sie hatte sich mit einem Messer Stiche in die Brust zugefügt, die nicht tödlich waren, überlebte den Suizidversuch.

Hanns-Martin Schleyer mußte noch einmal in einen Kofferraum klettern, um zu reisen. Von Brüssel bis über die Grenze. Dann ließ man ihn aussteigen und tötete ihn mit drei Kopfschüssen. Am 19. Oktober um 21.11 Uhr fand die Polizei in Mulhouse einen grünen Audi. Im Kofferraum lag die Leiche von Hanns-Martin Schleyer. Das RAF-Kommando meldete sich ein letztes Mal zu Wort. Der erste Satz lautete: *»wir haben nach 43 tagen hanns-martin schleyers klägliche und korrupte existenz beendet.«*

Stefan Aust, Der Baader Meinhof Komplex, Wilhelm Goldmann Verlag, München, 1998; Heinrich Breloer, Todesspiel, Kiepenheuer&Witsch, Köln, 1997; Klaus Pfleger, Die Aktion »Spindy«, Nomos Verlag, Baden-Baden, 1997; Spiegel Jahreschronik 1998; Stern, 27. 08. 1987/30. 04. 1988/19. 06. 1997

Monica Seles

Amerikanische Sportlerin. * 1973

Um die Anfänge von Monica Seles in ihrem Sport ranken sich die verschiedensten Geschichten. Da heißt es einmal, daß sie schon als Kleinkind in ihrem jugoslawischen Geburtsort Novi Sad die ersten Bälle an die Mauer des 30stöckigen Wohnblocks geschlagen habe, dann soll sie mit sechs Jahren ihren ersten »Rücktritt« bekanntgegeben haben, weil sie lieber mit Puppen spielen wollte. Statt dessen blieb sie jedoch beim Racket und siegte 1985 bei der inoffiziellen Weltmeisterschaft der Zwölfjährigen, der Orange Bowl in Miami. Hier entdeckte sie Erfolgscoach Nick Bolettieri und bot der Familie an, nach Florida zu übersiedeln, um dort die kleine Monica gezielt auf eine Profikarriere vorzubereiten. Fortan hagelte es Siege und Erfolge, Monica Seles wurde amerikanische Staatsbürgerin und widmete ihr Leben dem Tennis.

Freitag, 30. April 1993: Monica Seles spielte am Center Court am Rothenbaum in Hamburg ihre Viertelfinalpartie gegen Magdalena Malewa. Seles hatte sich gerade nach vorn gebeugt, sie war dabei, von ihrem Stuhl aufzustehen und das Match fortzusetzen. Deshalb ging der Stoß, den ihr der arbeitslose Dreher Günther Parche mit einem Ausbeinmesser versetzte, beinahe ins Leere, hinterließ nur eine zwei Zentimeter lange, eineinhalb Zentimeter tiefe Wunde neben der Wirbelsäule. *»Sie weint, hustet, wird ohnmächtig, sinkt in die Arme des Zuschauers Winfried Röhrl«*, beschrieb das »Tennis Magazin« einen der schlimmsten Momente der Sportgeschichte. Man brachte die Verletzte in die Universitätsklinik nach Eppendorf, wo sie versorgt wurde. Günther Parche wurde überwältigt, festgenommen und vor Gericht gestellt. Der offensichtlich gestörte Mann gab zu Protokoll, er habe Seles *»aus dem Verkehr ziehen wollen«*, damit seine Lieblingsspielerin, Steffi Graf, wieder die Nummer eins der Weltrangliste würde.

Im späteren Prozeß gegen Parche weigerte sich Monica Seles, auszusagen oder Einzelheiten zum Heilungsprozeß preiszugeben. Damit begünstigte sie unfreiwillig das milde Urteil von zwei Jahren auf Bewährung. Steffi Graf sagte geschockt: *»Das Ausland wird wieder einmal nur mit Kopfschütteln auf uns blicken.«* Die amerikanische Tennisspielerin Martina Navratilova meinte: *»Die Deutschen brauchen wohl Nachhilfe bei ihren Gesetzen.«*

S

Monica Seles brauchte 27 Monate, bis sie im Sommer 1995 zum erstenmal wieder einen Wettkampf bestritt und den Reportern von der Angst erzählte, die sie nicht mehr los wurde. Auf Günther Parche angesprochen, antwortete sie verbittert und traurig: *»Ich kann nicht verstehen, warum er in sein normales Leben zurückkehren kann, was mir verwehrt ist.«* Als Nebenklägerin schloß sie sich der vom Staatsanwalt geforderten Berufung an, um eine höhere Strafe für Parche zu erreichen. Im April 1995 wurde ihr Antrag vom Landgericht endgültig abgelehnt. Sie zog die Konsequenz und lehnte seither ab, in Deutschland Tennis zu spielen.

Focus, 15. 01. 2001; Munzinger Intranet Archiv; Süddeutsche Zeitung, 05. 04. 1995; Die Zeit, 29. 04. 1998

Anastasio Somoza Debayle
Nicaraguanischer Politiker. 1925–1980

Nach einer Militärausbildung in Managua und den USA war Somoza 1950 Generalstabschef und nur sechs Jahre später Oberbefehlshaber der Nationalgarde. Von 1967–1972 wurde er zum ersten Mal Präsident seines Landes und riß nach der großen Erdbebenkatastrophe 1972 als Armeeoberbefehlshaber alle Notstandskompetenzen an sich. Geschickt und skrupellos nutzte er die mächtige Position, um vor allem den Wohlstand des Somoza-Clans zu mehren. Damit verstärkte er die bereits von seinem Vater – Somoza García – weit vorangetriebene Land- und Besitzkonzentration, die im krassen Gegensatz zur Armut in weiten Teilen der Bevölkerung stand. Obwohl die nicaraguanische Verfassung einen gewählten Präsidenten vorsah, war es der Familie Somoza seit 1934 gelungen, die Macht für mehr als 40 Jahre an sich zu reißen. Nachdem Somoza García seine Habgier mit dem Leben bezahlt hatte und 1956 an den Folgen eines Attentats gestorben war, trat sein Sohn das politische Erbe an. Brutal ließ er jeden Widerstand gegen seine Regierung niederschlagen. 1978 gab er jedoch den Befehl zu einem Mord, damit war der Diktator einen Schritt zu weit gegangen. Mitten in der vom großen Erdbeben immer noch schwer gezeichneten Altstadt von Managua wurde die Leiche von Dr. Pedro Joaquín Chamorro gefunden. Chamorro, Verleger und Chefredakteur der Zeitung »La Prensa«, hatte nie mit Kritik an Somozas Regierung gespart; seine Zeitung galt als Sprachrohr der Opposition. Seine Beerdingung wurde zu einer Demonstration der Macht des Regimes über die Massen. 30000 Menschen sammelten sich zu einem gigantischen Trauerzug. Soldaten der Guardia Nacional feuerten erst mit Tränengas, dann mit Maschinenpistolen in die Menge. Ein Mann wurde getötet, 20 verletzt und mindestens 150 verhaftet. In der Nacht darauf entlud sich die Volkswut. In der Ausfallstraße zum Flughafen, wo auch das Druckhaus der »La Prensa« stand, gingen ein Dutzend Autos sowie elf Fabrik- und Geschäftsgebäude in Flammen auf.

Das Mördertrio, das Chamorro mit mehreren Salven »Tigerschrot« – Patronen mit je zehn 8-Millimeter-Kugeln – aus nächster Nähe in seinem Wagen durchlöchert hatte, saß bereits zwei Tage später hinter Gittern. Doch auch wenn Somoza strengstmögliche Aufklärung versprach, kam bei den Verhören nichts weiter heraus, als daß die drei Killer für ihre Tat bezahlt worden waren. Wer sie gedungen hatte, blieb im dunkeln. Die Mehrheit der Bevölkerung war indes auch ohne Beweise sicher: Kein anderer als Diktator Somoza selbst steckte hinter dem Mord. Die USA, die die Verhältnisse in Nicaragua längst mißbilligten, klagten den Regierungschef wegen Verletzung der Menschenrechte an. Die Konflikte im Land eskalierten, bis Somoza 1979 gezwungenermaßen zurücktrat. Mit etwa 100 Millionen Dollar im Gepäck floh er zunächst nach Miami, dann auf die Bahamas und schließlich in den Polizeistaat Paraguay.

Seiner Vergangenheit und den begangenen Verbrechen konnte er jedoch nicht entkommen. Am 17. September 1980 fuhr Anastasio Somoza Debayle, begleitet von seiner Leibwache und seinem Finanzberater, in seinem Mercedes durch das Zentrum von Asunción, als ein Hagel von Bazooka- und Maschinengewehrschüssen auf ihn niederprasselte. Alle Insassen des Wagens wurden getötet, alle Mitglieder des Todeskommandos konnten unerkannt entkommen. Die Ermittlungen förderten nichts Konkretes zutage, verschiedene Organisationen wurden verdächtigt, beschuldigt und verhört, doch es gelang nicht, einen oder mehrere Täter dingfest zu machen. Schließlich brach die Regierung von Paraguay die diplomatischen Beziehungen zur Regierung von Nicaragua ab, und der Fall Somoza wurde zu den Akten gelegt.

Claribel Alegria/Darwin Flakoll, Death of Somoza, Curbstone Press, New York, 1996; Anthony Lake, Somoza Falling: A Case Study of Washington at Work, University of Massachusetts, 1990; Stern, 02. 02. 1978

Pjotr Arkadjewitsch Stolypin
Russischer Politiker. 1862–1911

Als vorbehaltloser Verfechter der zaristischen Selbstherrschaft unterdrückte Stolypin durch rücksichtslose Polizeieinsätze jede revolutionäre Bewegung. Im Mai 1906 erst zum Innenminister ernannt, nahm er im Juli desselben Jahres gleichzeitig den Posten des Ministerpräsidenten ein und leitete die grundlegende stolypinsche Agrarreform ein: Er setzte auf bäuerliche Eigeninitiative, ermöglichte den Erwerb von Anteilland und suchte durch Umsiedlung in den asiatischen Reichsteil den sozialen Druck in den überbevölkerten Agrargebieten zu mildern.

Die Sozialrevolutionäre versetzten dem Zarentum mit dem Attentat vom 1. September 1911 einen schweren Schlag. Mit dem Tod von Pjotr Stolypin verließ der einzige Mann die Bühne, der das Zeug dazu gehabt hätte, Rußland in eine konstitutionelle Monarchie zu verwandeln. Nicht ohne Grund macht Alexander Solschenitzyn ihn zum Helden seines Romans »August 1914«. Nach seiner Ernennung durch Zar Nikolaus II. blieb den Sozialrevolutionären die Gefahr, die ihnen von dem reformwilligen Ministerpräsidenten drohte, nicht verborgen. Am 12. August 1906, wenige Wochen nach seinem Amtsantritt, zerstörte eine Bombe seine Datscha auf einer der Inseln im Newa-Delta. Zwei seiner Kinder wurden schwer verletzt, Tochter Natalja blieb lebenslang verkrüppelt. Auf Einladung des Zaren zog die Familie in den Winterpalast, wo sie bis 1910 blieb. Inzwischen, so schien es, hatten sich die Verhältnisse beruhigt. Da Stolypin politische Flexibilität mit rücksichtsloser Härte gegen Rechtsbrecher zu kombinieren verstand, hatten sich die Reihen der Terroristen, denen 1907 mehr als 3000 Beamte – hauptsächlich Polizisten – zum Opfer gefallen waren, stark gelichtet. So sehr sich der Ministerpräsident für Sicherheit und Ordnung einsetzte, so wenig kümmerte er sich um den Schutz seiner eigenen Person. Er hatte sich innerlich damit abgefunden, daß wie zwei seiner Vorgänger auch ihn früher oder später die Kugel eines Meuchelmörders treffen würde. Als Gouverneur in Saratow hatte er zwischen 1903 und 1906 drei Attentate überstanden. Beim dritten hatte er seinen Mantel geöffnet und dem Revolverhelden zugerufen: *»Schießen Sie doch!«* Worauf der die Waffe erschrocken fallen ließ.

Die erwartete Stunde schlug in der Kiewer Oper. Stolypin, der den Zaren begleitete, genoß die Pause, als sich ihm ein junger Anwalt namens Dimitri Bogrow näherte und ihm zwei Kugeln in den Leib jagte. Es habe geklungen, schrieb der Zar später seiner Mutter, als sei ein Opernglas zu Boden gefallen. Er habe sich umgedreht und gesehen, wie der Ministerpräsident, kreidebleich, mit der linken Hand das Kreuz schlug, erst danach sei ihm aufgefallen, daß die rechte Seite seiner Uniform voll Blut war. Drei Tage später starb Stolypin und wurde seinem Wunsch entsprechend in der Stadt des Attentats beigesetzt.

Das Rätsel, wie der Attentäter, dessen politische Sympathien kein Geheimnis waren, in die Galavorstellung Einlaß erhalten hatte, ohne untersucht zu werden, löste sich rasch. Bogrow gehörte nicht nur den Sozialrevolutionären an, er war zugleich Agent der Ochrana, der zaristischen Geheimpolizei. Diese Enthüllung war äußerst peinlich und die Polizei tat alles, um den Prozeß möglichst schnell und unauffällig zu Ende zu bringen. Bogrows Hoffnung, eine der verbündeten Fraktionen könnte ihm zur Flucht verhelfen, ging nicht in Erfüllung. Er wurde am 24. September gehenkt. Das Ausland bedauerte den Tod des Reformers: Er sei, so schrieb die »Times«, als Märtyrer für eine noble Sache gestorben – die Umwandlung Rußlands in eine Demokratie. Solschenitzyn schloß das Kapitel über den Tod seines Helden mit den Worten: *»Er brachte der Welt das Licht. Und die Welt wies ihn ab.«*

Jörg von Uthmann, Attentat, Wolf Jobst Siedler Verlag, Berlin, 1996; Peter Waldron, Between two Revolutions, Northern Illinois University Press, 1998

T

Leo Dawidowitsch Trotzkij

Russischer Revolutionär. 1879–1940

1902 wählte der Revolutionär Leib Bronschtein den Decknamen »Trotzkij«, um auf diese Weise leichter aus der sibirischen Verbannung ins Ausland fliehen zu können. Wieder zurück in Rußland, agitierte er weiter und wurde 1905 erneut verhaftet. Wieder gelang ihm die Flucht, und Trotzkij lebte in den folgenden zwölf Jahren in Wien, Paris und Amerika. Nach Ausbruch der Februarrevolution kehrte er im Mai 1917 zurück nach Rußland und nahm dort seine politische Tätigkeit wieder auf.

Leo Dawidowitsch Trotzkijs Abstieg vollzog sich in kleinen Schritten: 1925 verlor er sein Amt als Kriegskommissar. 1926 wurde er aus dem Politbüro, 1927 aus dem Zentralkomitee geworfen. 1928 verbannte ihn Stalin nach Kasachstan, und ein Jahr später wurde Trotzkij schließlich ausgewiesen. Er ging zunächst in die Türkei, später nach Frankreich und Norwegen. Seit 1937 lebte er in Coyoacáu, einem Vorort von Mexiko City. Ein Jahr zuvor, im August 1936, waren Trotzkij und sein Sohn Leo Sedow in absentia zum Tode verurteilt worden. Mit der Beseitigung von Trotzkij beauftragte das NKWD (Volkskommissariat für innere Angelegenheiten) einen erfahrenen Agenten, Nahum Eitington, der sich zuletzt im Spanischen Bürgerkrieg verdient gemacht hatte.

Die von langer Hand geplante Aktion hatte insofern eine gewisse Dringlichkeit erhalten, als Trotzkij mit einem amerikanischen Verlag über eine Stalin-Biographie verhandelte. Im Herbst 1939 traf Eitington unter dem Decknamen »Leonow« in Mexiko ein. Mit ihm reisten seine Geliebte, die spanische Kommunistin Caridad Mercader, und zwei bewährte Killer, Vittorio Codovila und Carlos Contreras. Auf Codovilas Konto ging die Ermordung des Führers der spanischen Linkssozialisten, Andrés Nin. General Carlos hatte in seiner Einheit, dem gefürchteten 5. Regiment, dadurch für Disziplin gesorgt, daß er jeden Tag einige seiner Leute erschießen ließ. Eitingtons Wahl für die Leitung des Mordanschlags fiel jedoch auf einen Dritten: den bekannten Maler David Alfaro Siqueiros, ein fanatischer Kommunist, der im Spanischen Bürgerkrieg die Brigade der mexikanischen Freiwilligen angeführt hatte.

Am 24. Mai 1940 um 2.00 Uhr früh drangen etwa 20 als Polizisten verkleidete Männer in Trotzkijs Anwesen ein. Ob der Türhüter sie freiwillig einließ oder dazu gezwungen wurde, konnte er selbst nicht mehr aufklären. Sein Leichnam wurde Wochen später in einem von Siqueiros gemieteten Haus gefunden. Die Eindringlinge überwältigten die Leibwache, durchschnitten die Telefonleitungen und nahmen Trotzkijs Schlafzimmer, dessen Tür sie durch eine Selbstschußanlage gesichert wußten, von außen unter Maschinengewehrfeuer. Dann schleuderten sie noch zwei Brandbomben und eine Sprengbombe durch das Fenster. Letztere explodierte nicht, die beiden Brandbomben richteten nur geringfügigen Schaden an.

Trotzkij, seine Frau und sein Enkelkind hatten sich zu Boden geworfen und überstanden das Attentat mit so geringfügigen Verletzungen, daß die Polizei zunächst an eine Inszenierung glaubte, um den halbvergessenen Revolutionär wieder ins Rampenlicht zu rücken.

Ende September wurde Siqueiros in seinem Versteck aufgespürt. Die 300 abgegebenen Schüsse, behauptete er, hätten Trotzkij nur erschrecken sollen, die Absicht, ihn zu töten, habe nie bestanden. Die windige Erklärung fand vor Gericht Gehör, man entließ Siqueiros aus der Untersuchungshaft. Mit einem Visum, das ihm der Dichter Pablo Neruda, ebenfalls ein fanatischer Kommunist, besorgt hatte, entschwand Siqueiros nach Chile.

Trotzkijs Anwesen wurde mit Wachtürmen, Stahltüren und bombensicheren Wänden zu einer Festung ausgebaut. Doch Eitington gab nicht auf. Perfide hatte er dafür gesorgt, daß Ramón Mercader, der 26jährige Sohn seiner Geliebten, sich in Trotzkijs nächster Nähe einnisten konnte.

Sylvia Ageloff, eine unscheinbare, ergebene Trotzkistin, die ihrem Guru in ihrer Freizeit als Kurier diente, schmolz dahin, als sich auf einem Kongreß in Paris der belgische Student Jacques Mornard intensiv für sie interessierte. Die beiden wurden rasch ein Paar. Mornard behauptete aus einer Diplomatenfamilie zu stammen und das Geld, das er mit vollen Händen ausgab, nebenher als Sportredakteur zu verdienen. Sylvia glaubte ihm jedes Wort, auch seine Erklärung für den Namen Frank Jacson in seinem kanadischen Paß – er habe sich vor dem Militärdienst drükken wollen, versicherte Mornard. Blind vor Liebe machte sie den jungen Mann mit Familie Trotzkij bekannt, die ihrerseits zunächst keinerlei Verdacht schöpfte. Am 8. August waren Sylvia und ihr Freund zum Tee eingeladen. Bei dieser Gelegenheit fragte Mornard/Jacson/Mercader, ob er das nächste Mal einen Artikel mitbringen dürfe, um ihn begutachten zu lassen. Er durfte, und Leo Trotzkij empfing ihn am 17. August in seinem Büro. Er fand den Artikel schwach, hatte einige Verbesserungsvorschläge und bemerkte rückblickend auf den Besuch zu seiner Frau: *»Ich mag ihn nicht! Wer ist er eigentlich? Wir sollten mehr über ihn herausfinden.«*

Drei Tage später, am 20. August, erschien der Gast erneut. Trotz des warmen Wetters trug er einen Regenmantel. Drei Waffen waren darin versteckt: eine Maschinenpistole, ein langer Dolch und ein Eispickel. Mit diesem versetzte er dem ahnungslosen Trotzkij, der gerade den korrigierten Artikel las, einen heftigen Schlag auf den Hinterkopf. Doch anstatt bewußtlos zusammenzubrechen, zeigte der alte Herr eine erstaunliche Vitalität. *»Der Mann schrie, daß ich es bis ans Ende meines Lebens nicht vergessen werde. Sein Schrei war AAAAAA! Ganz lang, endlos lang; er klingt mir immer noch in den Ohren. Ich sah, daß Trotzkij wie ein Wahnsinniger aufsprang. Er warf sich auf mich und biß mir in die Hand. Ich stieß ihn von mir, so daß er zu Boden ging. Aber er stand wieder auf, und dann – ich weiß nicht wie – verließ er halb rennend, halb stolpernd das Zimmer.«*

Mercader hatte gehofft, sich nach dem Anschlag unauffällig aus dem Haus schleichen zu können. Statt dessen wurde er von den Leibwächtern, die auf Trotzkijs Schreie hereingestürzt waren, beinahe totgeschlagen. Seine Mutter und Eitington, die ihn vor der

Tür im Auto erwarteten, entnahmen dem hektischen Kommen und Gehen, daß etwas nicht nach Plan gelaufen war, und brachten sich schleunigst in Sicherheit. Als Sylvia von der Tat ihres Geliebten hörte, bekam sie einen hysterischen Anfall und schrie immer wieder: *»Bringt ihn um! Bringt ihn um!«*

Leo Trotzkij wurde ins Krankenhaus gebracht, wo er am nächsten Tag seinen schweren Kopfverletzungen erlag. In Mercaders Regenmantel fand man neben den Waffen ein schriftliches Geständnis, in dem Trotzkij beschuldigt wurde, die Ermordung Stalins betrieben zu haben. Mercader hielt an seiner Diplomaten-Sohn-Redakteurs-Geschichte fest, gab sich als enttäuschter Trotzkist und hoffte, ebenso glimpflich davonzukommen wie kurz zuvor Siqueiros. Er hatte sich getäuscht. Im April 1943 wurde er zu 20 Jahren Gefängnis verurteilt. Da er keinerlei Reue zeigte, mußte er die Strafe bis zum Ende absitzen und wurde erst 1960 entlassen. Zunächst ging er nach Prag, dann nach Moskau und schließlich nach Havanna, wo er am 18. Oktober desselben Jahres einem Krebsleiden erlag.

Ernest Mandel, Trotzki als Alternative, Dietz Verlag, Berlin, 1992; Jörg von Uthmann, Attentat, Wolf Jobst Siedler Verlag, Berlin, 1996; Harry Wilde, Leo Trotzkij, rororo Bildmonographie, Rowohlt Verlag, Reinbek, 1969

Rafael Leónidas Trujillo y Molina

Dominikanischer Politiker. 1891 – 1961

Nach einem erfolgreichen Militärputsch errichtete Trujillo als Staatspräsident (1930 – 1938 / 1942 – 1952) ein diktatorisches Regierungssystem. Auch in den Jahren, in denen er die offizielle Macht nicht innehatte, kontrollierte er die regierenden Schattenkabinette. Mit eiserner Hand setzte er die Polizei ein, um die Bürger nach Belieben zu quälen, zu unterdrücken und zu ermorden. Gleichzeitig brachte er das Land unter die wirtschaftliche und politische Kontrolle seiner Familie. 1952 überließ er das Präsidentenamt seinem Bruder Héctor Bienvenido. 1961 verließ die ganze Familie das Land.

In der Dominikanischen Republik Leute zu finden, die bereit waren, einen Anschlag auf Trujillos Leben zu verüben, war nicht schwer. Als Präsident Kennedy allerdings am 5. Mai 1961 davon in Kenntnis gesetzt wurde, daß der CIA entschlossene Widersacher des Diktators bereits mit Waffen versorgt hatte, versuchte er kurzfristig, einen Rückzieher zu machen. Die USA, so gab er zu bedenken, sollten Trujillos Sturz doch lieber nicht initiieren, bevor man nicht wisse, welche Regierung ihm folgen würde. Dafür, so widersprach der verantwortliche Amerikaner vor Ort, sei es nun zu spät. Die USA steckten bereits so tief in der Verschwörung gegen den Despoten, daß es kein Zurück gebe. Mit von der Partie waren einige Mitglieder der alteingesessenen dominikanischen Familie de la Maza, die aus persönlichen Gründen einen generationenübergreifenden Haß gegen Trujillo hegten. An die Spitze der Verschwörer stellten sich Pedro Cedeno und Leutnant Amado Garcia.

T

Am 30. Mai 1961 kleidete sich Trujillo sorgfältig in eine elegante Uniform, um eine seiner Geliebten zu besuchen. Als der Chauffeur gerade Ciudad verlassen hatte und den Wagen auf der Landstraße stadtauswärts steuerte, tauchte neben ihm plötzlich ein mit Regimegegnern vollbesetztes Auto auf. Bevor der Diktator oder sein Fahrer auch nur im Ansatz erfaßten, was da vor sich ging, schossen die Attentäter Dutzende von Kugeln in den Wagen. *»Ich bin verletzt!«* brüllte der Regierungschef seinen Fahrer an. *»Los, halten Sie an! Wir kämpfen!«* Beide Autos kamen zum Stehen. Trujillo zog seinen Revolver und schoß auf den Wagen seiner Gegner, während sein Fahrer eine Maschinenpistole leerfeuerte. Als er endlich dazu kam, sich umzudrehen und auf den Rücksitz zu schauen, war Trujillo vornübergesackt – tot.

Die Attentäter überwältigten den Fahrer, zogen den Diktator aus dem Fahrzeug und stopften ihn in den Kofferraum ihres Autos. Dann fuhren sie zurück nach Ciudad und ließen das Fahrzeug mit dem Leichnam an einer Straßenecke einfach stehen.

Der Anschlag bedeutete den Anfang vom Ende des Trujillo-Regimes, doch bis es wirklich soweit war, wurden die verschworenen Mitglieder der de la Mazas-Familie sowie die beiden aktuellen Attentäter Cedeno und Garcia gefangen, gefoltert und getötet.

Der CIA leugnete öffentlich selbstverständlich jede Beteiligung an der Tat, intern, so behaupten Insider, werten sie den Tod des Diktators jedoch als Geheimdiensterfolg.

Linda Laucella, Assassination, The Politics of Murder, Lowell House, Los Angeles, 1998

Harry S. Truman
Präsident der USA. 1884–1972

Bankangestellter, Farmer, Offizier, Inhaber eines Konfektionsgeschäfts und schließlich Politiker – Multitalent Harry S. Truman übte eine ganze Reihe beruflicher Tätigkeiten aus, bevor er sich der Demokratischen Partei anschloß, als Senator des Staates Missouri großes Ansehen erlangte und schließlich 1945, nach Roosevelts Tod, ohne jede außenpolitische Erfahrung Präsident wurde. Wenig später kursierten bereits die skurrilsten Geschichten darüber, wie man ihn von seiner neuen Pflicht in Kenntnis gesetzt hatte. Die beliebteste wurde alsbald: Nachdem ihr Mann verstorben war, bestellte Eleanor Roosevelt Harry S. Truman am 12. April 1945 in das Weiße Haus und begrüßte ihn mit den Worten: *»Herr Präsident, mein Mann ist tot.«*

T

Truman leistete den Amtseid in einer für Amerika schwierigen Zeit. Kaum war der Zweite Weltkrieg überstanden, begann der Kalte Krieg zwischen den Großmächten. Während Truman außenpolitisch extrem gefordert war, gelang es ihm innenpolitisch nicht immer, durchzusetzen, was er sich an sozialen Reformen vorgenommen hatte.

Im Herbst 1950 wurde das Weiße Haus renoviert, und Präsident Harry Truman residierte im Blair Haus gegenüber. Am Abend des 1. November hörte der Wachmann Donald Birdzell, am Fuß der Außentreppe stationiert, ein leises metallisches Klicken. Er drehte den Kopf in die Richtung, aus der das Geräusch kam, und sah einen gut angezogenen dunkelhäutigen Mann, der eine 38kalibrige Pistole auf ihn richtete. Birdzell sprang zur Straße, um die Gefahr vom Präsidentenhaus abzulenken, und hörte im selben Moment, wie die Waffe losging. Birdzell erwiderte das Feuer, wurde jedoch von einem Schuß ins Knie getroffen und fiel zu Boden. Sekunden später verletzte eine zweite Kugel sein anderes Knie, der Wachmann schlug mit dem Gesicht aufs Pflaster. Angelockt durch die Schüsse, erschienen Leibwachen und Agenten des Secret Service, deren Aufmerksamkeit sofort auf einen weiteren Schützen gelenkt wurde. Der rannte gerade auf Leslie Coffelt zu, einen allein positionierten Wächter auf der Westseite. Von Kugeln in Bauch, Brust und Beinen regelrecht durchsiebt, erlag er wenig später seinen Verletzungen. Sein Kollege Joseph Downs, durch einen Bauchschuß schwer verwundet, hatte mehr Glück und überlebte.

An beiden Knien verletzt, immer noch der Länge nach auf der Straße liegend, konnte Birdzell sehen, wie der erste Schütze verzweifelt versuchte, seine Waffe nachzuladen. Birdzell nahm seine verbliebene Kraft zusammen, zielte, schoß und traf den Attentäter in die Brust. Jetzt eröffneten die anderen Wachen das Feuer auf den zweiten Schützen, der von einer Kugelsalve getroffen rückwärts über eine Buchsbaumhecke flog und einem Kopfschuß zum Opfer fiel.

Plötzlich war alles still. Secret-Service-Agent Floyd Boring schaute zum oben gelegenen Fenster des Präsidenten und sah, wie sich Truman im Unterhemd herauslehnte.

»Zurück, Mr. President! Zurück!« schrie er – und Truman gehorchte.

Die Attentäter waren schnell identifiziert. Der Verletzte hieß Oscar Collazo, ein 36jähriger puertoricanischer Einwanderer und Vater von zwei Töchtern, der später von Zeugen ausnahmslos als sympathisch und freundlich beschrieben wurde. Der Tote war Griselio Torresola, ebenfalls aus Puerto Rico eingewandert, er lebte mit seiner Tochter in der Bronx. Beide Männer hatten keinerlei kriminelle Vergangenheit und engagierten sich für die Unabhängigkeit Puerto Ricos. Alle Experten waren sich einig, daß die Idee, auf diesem Weg auch nur in die Nähe des gutbewachten Präsidenten zu kommen, äußerst naiv und töricht gewesen war. Denn dafür hätten die Attentäter mindestens 20 Wachleute erschießen oder ausschalten müssen. Dennoch hielten die US-Behörden eine Verschwörung für nicht ausgeschlossen, konnten aber nichts dergleichen beweisen.

Collazo erholte sich von seinen Verletzungen und bestand während seiner Verhandlung darauf, daß nur er und sein toter Komplize für den Anschlag verantwortlich seien. *»Alles, was ich getan habe, tat ich für die Freiheit meines Landes, und ich werde bis zum Schluß darauf bestehen, daß wir das Recht haben, in Freiheit zu leben … Ich bin nicht hier, um um mein Leben zu bitten, ich bin hier, um um Freiheit für mein Volk zu bitten.«* Collazo wurde zum Tode verurteilt. Als er den Gerichtssaal verließ, schrie seine Frau: *»Auf Wiedersehen, meine Taube!«*

Der Verurteilte bat nicht um Gnade, doch wenige Tage bevor das Urteil vollstreckt werden sollte, wandelte Truman den Schuldspruch in lebenslänglich um.

James W. Clarke, Amerikan Assassins: The Darker Side of Politics, Princeton University Press, 1982

U

Umberto I.
König von Italien. 1844–1900

Der Sohn Viktor Emanuels II. regierte konsequent konstitutionell und schloß 1882 wegen kolonialer Gegensätze zu Frankreich mit dem Deutschen Reich und Österreich-Ungarn den Dreibund. Mit seinem Einverständnis wurden in Italien Gesetze erlassen, die sich gegen Arbeitervereinigungen richteten und die Freiheit von Presse und Versammlungen aufhoben. Die Verbannung von Hunderten von Regimegegnern und Sozialisten war die Folge.

Die volle Härte des Gesetzes traf auch den jungen Gaetano Bresci.

1869 als Sohn eines einfachen Bauern geboren, hatte Bresci den Sprung aus der Landwirtschaft in die Industrie geschafft. Mit elf Jahren bereits Lehrling in einer Spinnerei, spezialisierte er sich wenig später auf Seidenstoffe und fiel vor allem dadurch auf, daß er sich ungewöhnlich gut kleidete und außergewöhnlich intensiv pflegte. Bresci sah die Nöte der Arbeiter und organisierte einen Streik. Als Anarchist von der Polizei registriert, wurde er für ein Jahr nach Lampedusa verbannt. Er verbüßte seine Strafe, um danach nur noch vehementer gegen Ungerechtigkeit und Ausbeutung und für die Rechte der Arbeiter einzutreten. Nach einem kurzen Intermezzo als Vorarbeiter in einer Wollfabrik wanderte er nach Amerika aus, wo er sich 1898 in der Textilstadt Paterson, New Jersey, niederließ. Schnell schloß er sich einer Gruppe von Italienern an, die von Amerika aus antimonarchistische Schriften und Bücher bis nach Italien verbreitete. Bresci fühlte sich wohl und unter seinesgleichen in Paterson. Während der Woche wurde gearbeitet, diskutiert und von einer besseren Welt geträumt, am Wochenende promenierte Bresci, herausgeputzt wie ein Pfau, durch die Straßen derStadt. Angezogen wie ein Dressman, geschmückt mit Brillantring, Bauchkette und wertvoller Krawattennadel und bewaffnet mit einem Fotoapparat, machte er sich auf die Jagd nach hübschen Mädchen – die ihm nur allzugern den Arm reichten. Und so blieb es nicht aus, daß er ein Jahr nach seiner Ankunft bereits eine kleine Tochter von Sophie Knieland, einer Arbeiterin aus der Fabrik, hatte.

Zur selben Zeit steckte Italien in einer tiefen ökonomischen Krise, täglich gab es Auseinandersetzungen auf der Straße. Die Regierung erwies sich als einigermaßen hilflos, bis General Fiorenzo Bava Beccaris erschien und den Befehl gab, ab sofort auf die Demonstranten zu schießen, wenn nötig auch mit Kanonen. Das Ergebnis des harten Kommandos waren 80 Tote, 450 verletzte Zivilisten und zwei tote Ordnungsoffiziere. Die Regierung machte Ernst. Linke Organisationen wurden zerschlagen, oppositionelle Zeitungen verboten, die Universitäten von Rom, Neapel, Padua und Bologna geschlossen und Tausende von Verhaftungen durchgeführt. Umberto I. schickte ein Glückwunschtelegramm an Bava Beccaris und verlieh ihm eine Auszeichnung für besondere Verdienste.

In Paterson kamen die Nachrichten von den vielen Toten und der politischen Entwicklung zwar mit Verspätung an, doch sie verfehlten ihre Wirkung nicht. Sammlungen für die Angehörigen der Opfer wurden organisiert, mehrfach kam es zu Protestkundgebungen, auf denen Figuren von Bava Beccaris und König Umberto symbolhaft aufgeknüpft wurden. Wie viele seiner Landsleute war auch Gaetano Bresci empört über die Ereignisse in seiner Heimat. Er beschloß, etwas zu unternehmen, und entschloß sich, den König zu töten. Statt wie bisher beim sonntäglichen Picknick mit seiner Tochter zu spielen, kaufte er sich eine Waffe und machte auf der Wiese Schießübungen, bis er so weit war, den Hals einer Flasche aus zehn Metern Entfernung zu treffen. So präpariert, kündigte er seine Wohnung, ließ sich sein restliches Gehalt auszahlen, nahm sein Erspartes und buchte eine Schiffspassage nach Europa. Anfang Juli 1900 traf er bei seiner Familie ein und begab sich von dort am 27. nach Monza, wo zwei Tage später in Anwesenheit Seiner Majestät des Königs ein großes Fest stattfinden sollte. Bresci hatte zunächst den Plan verfolgt, Umberto I. bei einem seiner Ausritte im Park aufzulauern, sich dann aber für die Deckung durch die am Fest teilnehmenden Menschen entschieden.

Wie immer tadellos gekleidet, ging er am Abend des 29. Juli zwischen den Zuschauern auf und ab und setzte sich schließlich in der dritten Reihe links von der Tribüne des Königs, keine zehn Schritte von seinem Opfer entfernt. Um 22.35 Uhr waren die Premierungen der sportlichen Darbietungen beendet, die Menschen genossen den lauen Abend und die wunderbare Beleuchtung des Platzes. Umberto I. saß in seinem Wagen und grüßte huldvoll sein Volk, als plötzlich drei Schüsse durch die Nacht knallten. Aus weniger als drei Metern Entfernung hatte Gaetano Bresci den König so schwer verletzt, daß der zusammenbrach. Ein General, der ihn begleitete, fragte fürsorglich: *»Majestät, sind Sie verletzt?« – »Ich glaube, es ist nichts«*, röchelte Umberto I. und starb, kurz bevor sie die königliche Unterkunft erreicht hatten.

Kaum hatte Bresci die tödlichen Schüsse abgegeben, da fiel ihn ein herkulesähnliches Individuum in kurzen Hosen und weiß-rot gestreiftem T-Shirt an: Giorgio Pirovano hatte erfolgreich an den sportlichen Wettbewerben teilgenommen und drohte Bresci zu erdrücken. Mit letzter Kraft entwand sich der Attentäter den Armen des Muskelprotzes, als sich eine ganze Horde von aufgebrachten Zeugen der Tat auf ihn stürzten, um ihn mit Jonglierkeulen und ähnlichen Waffen zu malträtieren. Entsetzt über das Geschehen war der Bürgermeister von Monza kurzfristig in Ohnmacht gefallen und kugelte die Treppe hinab unter die Tribüne, so daß sofort jemand schrie: *»Man hat auch den Bürgermeister umgebracht!«* Gaetano Bresci wäre von der Menge in Stücke gerissen worden, wenn ihn nicht die Polizei in ein Auto verfrachtet hätte, das sie von einem Zuschauer beschlagnahmt hatte.

Man brachte ihn in die Kaserne von Monza, wo er nicht etwa eine Aussage machte, sondern sich auf eine Bank legte und auf der Stelle einschlief. Man ließ ihn eine Weile ausruhen, bevor er im Verhör gefragt wurde, ob er sich des Verbrechens bewußt sei, den König ermordet zu haben. *»Ich habe nicht Umberto I. ermordet, ich habe ein Prinzip getötet. Und sagen Sie nicht Verbrechen! Sagen Sie Tat!«* antwortete er fest. Einen Monat später wurde er wegen Mordes zu lebenslanger Haft verurteilt, die er auf San Stefano verbüßen sollte. Am 22. Mai 1901 fand man Gaetano Bresci erhängt in seiner Zelle. Die Obduktion ließ keinen Zweifel an einem Suizid, und so wurde er vier Tage später auf dem kleinen Friedhof der Insel begraben. Man gab ihm die Briefe, die ihm Sophie aus Amerika geschickt hatte, mit in den Sarg – sie waren alle ungeöffnet.

La Repubblica, 28. 07. 2000

U

V

Viktoria
Königin von Großbritannien und Irland und Kaiserin von Indien. 1819–1901

Viktoria hatte mit ihrem Mann, Prinz Albert von Sachsen-Coburg-Gotha, neun Kinder und zog sich nach dessen frühem Tod völlig aus der Öffentlichkeit zurück. Trotz ihres willensstarken Charakters fügte sie sich stets einer parlamentarischen Regierungsweise. Durch die ehelichen Bindungen ihrer Kinder an viele europäische Fürstenhöfe erhielt Viktoria den Spitznamen »Großmutter Europas«. Auch der deutsche Kaiser Wilhelm II. war ihr Enkel.

Gerade hatten die Ärzte verkündet, die Thronfolge sei gesichert, und den Termin für das erste königliche Baby auf Anfang Dezember 1840 festgesetzt, da geriet die werdende Mutter auch schon in Gefahr. Am Abend des 10. Juni unternahmen Königin Viktoria und ihr Mann einen ihrer geliebten Ausflüge im Vierspänner. Sie wählten eine etwa eineinhalbstündige Route, die sie sehr oft fuhren, und wurden begleitet von den beiden diensthabenden Stallmeistern, Sir Edward Bowater und einem Obersten der königlichen Garde. Wie immer stand eine große Menschenmenge am Straßenrand und jubelte dem Regentenpaar zu, als der Wagen Richtung Hyde Park abbog. Was dann geschah, schilderte ein Zeuge so: *»Er war ein kurzes Stück den Constitution Hill entlanggefahren und hatte die Menge vor dem Palast größtenteils hinter sich gelassen. Plötzlich hob ein junger Mann, der aus dem Green Park gekommen war und mit dem Rücken zum Parkgitter stand, eine Pistole und feuerte sie auf Ihre Majestät oder Prinz Albert. Der Prinz hörte den Schuß und wandte sich zur Seite, riß dann aber so-*

fort Ihre Majestät, die sich erheben wollte, auf den Sitz zurück. Der Mann zog eine zweite Pistole und schoß wieder auf den Wagen. Der Knall der Schüsse war sehr laut. Einige weibliche Passanten begannen zu schreien. Mehrere Männer stürzten auf den Täter zu und hielten ihn fest, bis einer der Begleiter der Königin ihn ergriff.«

Der königliche Wagen fuhr ohne anzuhalten weiter. Da Viktoria links saß und Edward Oxford, der Schütze, von rechts gefeuert hatte, war Prinz Albert in größerer Gefahr gewesen, machte sich jedoch große Sorgen wegen der Schwangerschaft seiner Frau und war sehr erleichtert, als die ihn fröhlich und völlig angstfrei anlachte.

Der jugendliche Täter wurde von der Menge fast gelyncht. Er war 18 Jahre alt, ein arbeitsloser Bierkellner und sagte nichts, außer daß er zweimal daneben geschossen habe. Trotz emsiger Suche der Polizei gelang es nicht, die Kugeln zu finden. Ein äußerst peinlicher Umstand, denn erst die Kugeln machten bloßen Pulverdampf und etwas Getöse zu einem Attentat. Oxford war zunächst aufs Revier und dann zum Stabsarzt gebracht worden. Nach mehrstündigen Vernehmungen einigten sich die Herren, daß der Angeklagte nicht zurechnungsfähig sei. Seine Mutter bestätigte gern, daß auch der Vater schon unter Anfällen gelitten habe. Als der Prozeß am 9. Juli begann, waren alle überzeugt – und die Anklage legte der Verteidigung nahe, den Beweis zu erbringen –, daß der junge Mann geistesgestört sei. Am Ende der zweitägigen Verhandlung ließen die Geschworenen ihren Spruch hören: *»Wir finden den Angeklagten schuldig, zwei Pistolen abgefeuert zu haben, ob diese mit Kugeln geladen waren, ist nach unserer Ansicht nicht hinreichend erwiesen worden. Zum Zeitpunkt der Tat war er nicht zurechnungsfähig. Keine Kugeln, kein Mordversuch.«* Das Urteil lautete: nicht schuldig. Edward Oxford kam, wie es das Gesetz verlangte, nach »Bedlam« (Bethlehem-Hospital) – einem Irrenasyl südlich der Themse.

Viktoria und Albert setzten ihre gewohnten Ausflüge unbeirrt fort, und zwei Jahre später kam es genau an der gleichen Stelle zu einem zweiten Anschlag. Genaugenommen war es schon der dritte, denn tags zuvor hatte der Prinz einen Mann beobachtet, der ganz offensichtlich mit einer Pistole zielte, dann aber nicht schoß, sondern eilig in der Menge verschwand. Dennoch wurde die Ausfahrroutine nicht geändert, sondern dem Wagen nur ein paar berittene Begleiter zur Seite gestellt und einige Polizisten in Zivil in die Menge beordert. An diesem Tag war der Wagen schon auf der letzten Etappe des Heimwegs. *»Als wir in Constitution Hill waren, hörten wir den Knall einer Pistole, nicht sehr laut. Wären wir nicht vorbereitet gewesen, wir hätten es kaum bemerkt«*, beschrieb Viktoria später den Vorfall. *»Wir sahen, wie der Mann von einem Polizisten ergriffen wurde ... und waren beide froh, daß unsere Ausfahrt zu seiner Festnahme geführt hatte ... Er wurde im Innenministerium verhört, heißt John Francis, ist Zimmermann und Sohn eines Theatermaschinisten in Covent Garden und soll gut aussehen ... Ich hatte überhaupt keine Angst.«*

V

Der 20jährige John Francis wurde vom Tory-Staatsrat für zurechnungsfähig befunden, und am nächsten Tag stand es riesengroß in den Zeitungen. Der Staatsrat hatte beschlossen, ein Exempel zu statuieren. Obwohl die Polizei wieder nicht in der Lage war, eine Kugel zu präsentieren, dauerte der Prozeß nur einen Tag. Einen Tag, an dem der Angeklagte immer wieder beteuerte, er habe nicht töten wollen. Die Geschworenen fanden Francis *»nicht schuldig, eine Pistole mit Pulver und Kugel geladen, abgeschossen zu haben«*. Sie fanden ihn jedoch *»schuldig, eine Pistole mit Pulver und einer zerstörerischen Substanz geladen abgefeuert zu haben«*. Francis wurde dazu verurteilt, *»auf einem Karren zum Schauplatz der Hinrichtung gefahren und dort am Halse aufgehängt zu werden, bis Sie tot sind, wonach Ihr Kopf vom Rumpfe getrennt und Ihr Körper in vier Stücke geteilt und mit ihm so verfahren wird, wie es der Majestät beliebt. Möge Gott Ihrer Seele gnädig sein«*. Francis fiel in Ohnmacht. 14 Tage bangte er um sein Leben, dann ließ die Königin, die wie ihr Mann die Todesstrafe ablehnte, Gnade vor Recht ergehen. Der Attentäter wurde nach Australien deportiert, mit der Auflage, ihn *»im härtesten Straflager der Kolonie zu Schwerstarbeit anzuhalten«*.

Zwei Tage nach der Deportation fand am 3. Juli 1842 der nächste Anschlag statt, wiederum mit einer Pistole von zweifelhafter Ladung verübt, diesmal in einer Mall auf der Fahrt zum Trafalgar Square. Ein kleiner, leicht verwachsener Junge namens John William Bean feuerte mit einer Mischung aus Pulver und Tabak, wurde festgenommen und zu eineinhalb Jahren Gefängnis verurteilt, wozu Viktoria bemerkte, der Junge sei *»bestimmt nicht harmlos«*.

Jetzt befand die Regierung, daß das Hochverratsgesetz von 1800 offenbar kein probates Mittel sei, um dergleichen vorzubeugen. In Zukunft, so wurde verfügt, sollten Attentate rein kriminelle Delikte sein, ganz gleich, ob die Täter geistig gesund oder nicht zurechnungsfähig seien.

Das neue Gesetz kam bald zur Anwendung. William Hamilton, ein junger Ire, wählte am 19. Mai für seinen Schuß aus einer mit Pulver, aber ohne Kugeln, geladenen Pistole wieder den Constitution Hill. Im Wagen befanden sich diesmal außer der Königin drei ihrer Kinder und eine Hofdame. Die dreijährige Helene faßte nach der Rückkehr in den sicheren Palast präzise zusammen, was zu sagen war: *»Mann hat geschossen, wollte die liebe Mama erschießen, muß bestraft werden.«*

Hamilton behauptete zwar steif und fest, er habe die Königin nur erschrecken wollen, wurde aber dennoch zu sieben Jahren Deportation verurteilt.

Gut ein Jahr später machte sich Viktoria wieder ohne ihren Mann und in Begleitung ihrer Kinder auf den Weg nach Hause. Sie hatte in Cambridge House ihren kranken Onkel, Herzog Adolph von Cambridge, besucht und freute sich, daß die Menschen ihr zujubelten. Plötzlich trat ein Mann an den offenen Wagen und schlug Viktoria mit dem Metallknauf seines Spazierstockes auf den Kopf. An Stirn und Augenbraue verletzt, verlor sie für einen Augenblick das Bewußtsein. Es war das einzige der sieben auf sie verübten Attentate, bei dem sie körperlichen Schaden nahm. Als die Hofdame sich vom ersten Schrecken erholt hatte, griff sie zur Riechflasche, die Königin kam zu sich und befahl resolut die Weiterfahrt. Statt für den Rest des Tages das Haus zu hüten, ging sie am Abend in die Oper. Das Publikum belohnte die Unerschütterlichkeit seiner Herrscherin mit stehenden Ovationen – ihr Lieblingssänger unterbrach seine Arie und stimmte spontan ein donnerndes »God save the Queen« an.

Der Täter, Robert Pate, bereitete den Behörden Probleme, denn er paßte nicht ins gewohnte Schema. Der gediente Mann hatte es bei den 10. Husaren bis zum Leutnant gebracht und konnte kein Motiv nennen. Er bezahlte die Schläge mit sieben Jahren.

Viele Jahre später, am 28. Februar 1872, drängte sich ein Mann an den Wagen, als Viktoria, längst Witwe und nur noch selten in London zu sehen, von Constitution Hill kommend in den Buckingham Palast einbiegen wollte. Er bedrohte sie mit einer Pistole, wurde jedoch von John Brown, ihrem Leibschotten, zu Boden geworfen. *»Nur dem guten Brown und seiner wunderbaren Geistesgegenwart verdanke ich mein Leben, denn er allein sah den Mann und folgte ihm um den Wagen herum. Als ich dann in der Halle stand, kam General Hardinge und zeigte mir das seltsame Schriftstück, das der junge Mann mir zur Unterschrift hatte aufzwingen wollen. Es hatte etwas mit im Gefängnis sitzenden Ganoven zu tun.«*

In den folgenden zehn Jahren herrschte Ruhe. Eines Tages tauchte eine »Hinrichtungsliste« einer irischen Terrororganisation auf, die zwar den Namen ihres ältesten Sohnes, des Prinzen von Wales, nicht aber den der Königin enthielt. Das war Viktoria gar nicht recht, und stehenden Fußes eilte sie zu ihrem Premierminister, um ihn zu fragen, warum denn ausgerechnet sie wohl ausgenommen sei.

Schneller, als ihr dann doch lieb war, wurde erneut auf sie geschossen – und diesmal scharf –, wenn auch wieder daneben. Am 2. März 1882 saß die Königin in ihrem blau ausgeschlagenen Staatszug außerhalb des Bahnhofs von Windsor, als John Brown die Abteiltür aufriß und in seiner gewohnt ungenierten Art sagte: *»Der Mensch hat auf Euer Majestät Waggon geschossen.«*

Viktoria hatte zwar ein Geräusch gehört, es aber der Lokomotive zugeschrieben. Ein Rudel Eton Boys verfolgte den Attentäter mit gezückten Regenschirmen, was die Königin stark belustigte. Etwas ernster nahm sie den Fall, als Brown ihr am nächsten Tag den Revolver zeigte. Der schottische Alleskönner verfügte offenbar über die seltene Gabe, Beweisstücke noch vor Prozeßbeginn aus den Polizeiunterlagen vorübergehend zu entleihen. Es handelte sich um eine sechsschüssige Schnellfeuerwaffe, fünf Kammern waren noch gefüllt. Roderick MacLean, der letzte Attentäter, wurde wie die ersten beiden für nicht zurechnungsfähig erklärt und landete in einer Nervenheilanstalt.

Stanley Weintraub, Queen Victoria, Benziger Verlag AG, Zürich, 1987; Karl Heinz Wocker, Königin Victoria, Claassen Verlag, Düsseldorf, 1978

Francisco (Pancho) Villa
Mexikanischer Revolutionär. 1877–1923

Der auf den Namen Doroteo Arango getaufte spätere Revolutionär Francisco Villa hatte eine schwere Kindheit, während derer er sich seinen neuen Namen aus Bewunderung für einen gefürchteten mexikanischen Banditen zulegte. Als 16jähriger Waise schien seine kriminelle Laufbahn vorgezeichnet, nachdem er einen Mann, der sich an seiner Schwester vergriffen hatte, getötet hatte. Nach unzähligen Diebstählen und Überfällen wurde er schließlich erwischt und zu einer langen Gefängnisstrafe verurteilt. Um dieser zu entgehen, ging er zur mexikanischen Armee. Was Villa dort lernte, verhalf ihm später zu seinem Ruf, ein begnadeter Stratege zu sein. Von den einen als militärisches Genie gefeiert, hielten ihn die anderen für ein blutrünstiges Ungeheuer. Ein Attribut, das er sich mit schrecklichen Taten verdiente: Eines Tages ließ er ohne einen Funken Mitgefühl 80 Frauen und Kinder, die in seinem Lager wohnten, töten, weil sie das Fortkommen seiner Truppen verlangsamten.

Im Nordwesten Mexikos leitete er eine Armee von Aufständischen und eroberte gemeinsam mit Emiliano Zapata zweimal die Hauptstadt des Landes. 1915 zog er sich aus der Politik zurück.

1909 war Villa ein Held der Armen in Nordmexiko und ergebener Gefolgsmann des späteren Präsidenten Madero. Als Dank für seine unbeirrbare Loyalität rettete dieser ihm 1912 das Leben, als Villa vor einem Erschießungskommando stand und Madero ihm die Möglichkeit gab, nach Amerika zu fliehen. 1916 – Madero war inzwischen seinerseits ermordet worden, Amerika hatte die Carranza-Regierung formal anerkannt, Villa spielte keine große Rolle mehr in der Politik, war aber immer noch bereit, für und mit seinem Volk zu kämpfen. Er scharte zwischen 1000 und 1500 Männer um sich und überquerte die mexikanisch-amerikanische Grenze, um im Nachbarland zu brandschatzen, zu plündern und zu morden. Präsident Woodrow Wilson schickte General John »Black Jack« Pershing mit 6000 Soldaten nach Mexiko, um Villa zu fangen und vor ein amerikanisches Gericht zu schaffen. Der General tat sein Bestes, doch es gelang ihm nicht, Villas habhaft zu werden.

Der wütete munter weiter, bis sein Erzfeind Carranza das Zeitliche gesegnet hatte, dann entschloß er sich, in Rente zu gehen.

Müde vom Kämpfen handelte er mit dem Übergangspräsidenten Huerta ein Geschäft aus. Villa versprach, die Waffen niederzulegen, wenn er im Gegenzug ein festes Gehalt für jeden seiner Soldaten und ein ordentliches Stück Land für sich bekäme. Huerta gab ihm zwei Millionen Dollar in Gold und eine Ranch von mehr als 1000 Hektar, auf der er seinem Größenwahn freien Lauf ließ. Mit modernstem amerikanischen Gerät ausgestattet, baute sich Villa ein eigenes Krankenhaus, eine Kirche, eine Schule und ein Telegrafenamt auf seinem Grundstück. Dann war er zufrieden. Inzwischen hatte Alvaro Obregón die Regierung übernommen. Er traute Villa nicht über den Weg und schickte, obwohl es keinen konkreten Anlaß gab, angeführt von Jesus Salas Barranzas, eine Gruppe aus, die seinen Sorgen ein Ende machen sollte.

Salas plante den Anschlag über Monate. Im April 1923 mietete er ein Haus, das direkt auf einer Route lag, die Villa regelmäßig benutzte. Das Haus wurde zur Kommandozentrale umfunktioniert, von der aus die Attentäter die Gewohnheiten ihres Opfers minutiös ausspionierten. Schließlich waren sie bereit für den Anschlag, doch in letzter Minute geriet eine Gruppe ahnungsloser Schulkinder zwischen Täter und Opfer und rettete Villa so das Leben.

Am 20. Juli 1923 bestieg der 55jährige Pancho Villa seinen massiven Dodge, um bewacht von sechs schwerbewaffneten Bodyguards mit seiner Freundin eine Fahrt in das nächste Städtchen zu machen. Nicht weit davon hatten die Attentäter einen idealen Ort für ihr Vorhaben gefunden. Sie positionierten sich auf beiden Seiten der Straße mit Gewehren und warteten auf Villa. Als dessen Auto in Schußnähe war, eröffneten Salas und seine Männer das Feuer. 40 Kugeln drangen in das Wageninnere ein, neun davon trafen Villa, der so keine Chance mehr hatte, seine berühmte Zwillingspistole abzufeuern, die er immer bei sich trug. Bis auf einen Leibwächter wurden alle Begleiter ebenfalls getötet. Die Attentäter flohen auf Pferden in die Berge. Einige Tage später verließ Salas sein Versteck und stellte sich, in der Hoffnung, die ehemals von der US-Regierung ausgesetzte Belohnung für Villas Kopf kassieren zu können. Während seines Prozesses kündigte er an, das Geld werde er nutzen, um eine wohltätige Organisation zu gründen, die sich der Opfer von Pancho Villas Greueltaten annehmen sollte.

Statt einer Belohnung erhielt Salas zunächst eine 20jährige Gefängnisstrafe, von der er allerdings nur wenige Monate absaß. Dann ließ ihn Obregón mit der Begründung, er sei in Haft in Lebensgefahr, frei. Die anderen Attentäter blieben eingesperrt und starben bis auf einen tatsächlich alle eines gewaltsamen Todes.

William Weber Johnson, Heroic Mexico, Doubleday, New York, 1968

W

George Wallace

Amerikanischer Politiker. * 1919

1963 zum ersten Mal zum Gouverneur von Alabama gewählt, errang Wallace noch im selben Jahr nationale Prominenz, weil er mit seiner rassistischen Haltung keineswegs hinter dem Berg hielt. Die kommenden Jahre ließen ihn moderater werden, so daß er schließlich von Schwarzen und Weißen gleichermaßen unterstützt und vier Legislaturperioden in seinem Amt bestätigt wurde. 1972 schickten ihn die Demokraten als Kandidaten für die Präsidentschaft ins Rennen.

Es war der 15. Mai 1972, ein warmer schwüler Nachmittag, als George Wallace auf dem großen Parkplatz vor einem Einkaufszentrum in Laurel, Maryland, eine Rede hielt. Da er grundsätzlich sehr besorgt um seine persönliche Sicherheit war, sprach er immer hinter einem kugelsicheren Podest und trug eine schußsichere Weste. Diese hatte er wegen der Hitze, die am Nachmittag herrschte, jedoch nicht angelegt. Seine Rede kam beim Publikum sehr gut an, und Wallace entschied, hinter seinem Podest vorzukommen und ein Bad in der Menge zu nehmen. Ganz in seiner Nähe stand ein junger Mann, der die Aufmerksamkeit des Politikers auf sich zog, indem er mehrmals laut rief: *»Hey, George! Hey, George! Hier rüber!«* Es gelang ihm, an den Leibwächtern vorbei direkt zu Wallace zu gelangen, und kaum war er nah genug, eröffnete er das Feuer. Von vier Schüssen getroffen, brach der Gouverneur zusammen. Die Bodyguards überwältigten den Attentäter, der sein Magazin inzwischen leergeschossen und drei weitere Menschen verletzt hatte. In Begleitung seiner Frau wurde Wallace blitzartig in das nächste Krankenhaus gebracht, wo die Ärzte sein Leben retteten, jedoch nicht verhindern konnten, daß der Patient fortan von der Taille abwärts gelähmt war.

Der Attentäter Arthur Herman Bremer war am 21. August 1950 als viertes von fünf Kindern eines trunksüchtigen Arbeiters und seiner psychisch äußerst instabilen Frau in Milwaukee geboren worden. Arthur war von durchschnittlicher Intelligenz und fiel in seiner Jugend vor allem dadurch auf, daß der Einzelgänger große Kontaktschwierigkeiten mit Mädchen hatte. 21jährig, er lebte längst nicht mehr bei seinen Eltern, gewann er schließlich die Zuneigung einer 15jährigen, die ihn jedoch bald wegen seines absonderlichen Verhaltens und seiner Vorliebe für Pornofilme verließ. Die Trennung im Januar 1972 wurde zum Wendepunkt in seinem Leben. Er rasierte sich den Kopf, kaufte sich einen 38er Revolver und begann Tagebuch zu führen. Seine Aufzeichnungen waren der Polizei später willkommene Beweise für gewalttätiges Gedankengut und den Versuch, es in die Tat umzusetzen. Nachdem er seinen Job gekündigt hatte, kaprizierte sich Bremer zunächst darauf – so sein Tagebuch –, Richard Nixon zu töten. Als seine Bemühungen, in dessen Nähe zu kommen, vergeblich waren, notierte er schließlich: *»Ich habe beschlossen, Wallace wird die Ehre haben!«* Offenbar hielt er den Gouverneur von Alabama für ein leichter zu erreichendes Ziel, da er nicht wußte, daß seit der Ermordung Robert Kennedys auch Präsidentschaftskandidaten unter dem Schutz des Secret Service standen. Als die Polizei Bremers Wohnung durchsuchte, fand sie neben dem Tagebuch einen Leitfaden mit dem Titel »101 Sachen, die man im Gefängnis tun kann« sowie ein Buch über den Mörder Robert Kennedys. Bremer selbst erklärte nie, warum er geschossen hatte. Seine Verteidiger plädierten auf geistig nicht zurechnungsfähig und damit schuldunfähig, doch die Jury entschied anders: Arthur Herman Bremer wurde zu 63 Jahren Gefängnis verurteilt. Bremers Kommentar: *»Wenn ich auf mein Leben zurückschaue, wünschte ich, die Gesellschaft hätte mich besser beschützt.«* 1976 wählte Regisseur Martin Scorsese den Attentäter als Vorbild für seinen Protagonisten im Film »Taxi Driver«.

Linda Laucella, Assassination, The Politics of Murder, Lowell House, Los Angeles, 1998

Albrecht Wenzel Eusebius von Wallenstein
Herzog von Friedland und Mecklenburg, Fürst von Sagan Feldherr des Dreißigjährigen Krieges. 1583–1634

Seit 1604 war Wallenstein im militärischen Dienst der Habsburger, für die er eine ganze Reihe von Schlachten schlug und Kämpfe focht.

1608 ließ sich der sehr sternengläubige Wallenstein ein Horoskop erstellen. Kein Geringerer als Johannes Kepler machte sich ans Werk. Ohne die Identität seines Klienten zu kennen, sagte er ihm eine heroische Zukunft voraus. Auf vielen Gebieten hochtalentiert, besaß Wallenstein allerdings keinen Funken Menschenkenntnis. Gutgläubig fiel er immer wieder auf die dicksten Lügen und Heucheleien herein und erkannte nicht, wieviel Feindseligkeit ihm oft auch in seiner engsten Umgebung entgegengebracht wurde. Sogar sein Tod wird unmittelbar davon bestimmt. Niemandem vertraute er in den letzten Monaten rückhaltloser als dem Mann, den er großgemacht hatte, keinen Offizier seines Heeres liebte er mehr als Fürst Octavio Piccolomini-Pieri. Und just der war es, der Wallenstein bei der ersten Gelegenheit verriet und seine Ermordung inszenierte.

Im Auftrag des Kaisers mit seinem Heer unterwegs, bewältigte Wallenstein im Winter 1633 weite Strecken in Rekordzeit, bis ihn die Witterung zwang, seinen Soldaten Ruhe zu gönnen und Winterquartiere aufzuschlagen. Am 3. Dezember berichtete er Seiner Kaiserlichen Majestät, Ferdinand II., daß er beschlossen hatte, seinen Eroberungszug für die Dauer des Winters abzubrechen. Seine politischen Gegner am Wiener Hof waren außer sich: Wieder sollten die Erblande die Lasten des Winterquartiers tragen! Nach Leibeskräften bearbeiteten sie den Kaiser – und der vergaß alles, was er seinem Feldherren versprochen und zugesagt hatte, und befahl Wallenstein augenblicklich, umzukehren und weitere Attakken zu reiten. Kaum hatte dieser am 14. Dezember die kaiserliche Order in der Hand, da rief er einen Kriegsrat aller Generäle und Regimentskommandeure zusammen. Einstimmig lehnten die Offiziere des Kaisers Befehl ab und fertigten ein Gutachten für Seine Majestät an: Eine Aufhebung der Winterquartiere ließe die Soldaten *»krepieren oder desperieren!«*

Nach dieser Information konnte Ferdinand II. nicht anders, als sich zu beugen, entschloß sich jedoch, sich von Wallenstein und seinen Bevormundungen zu befreien. Im Machtkampf gegen seinen mächtigen Feldherren war ihm jeder Verbündete recht; einen wichtigen fand er ganz in dessen Nähe. Ein junger General der Kavallerie namens Octavio Piccolomini-Pieri, der seinen Aufstieg ausschließlich Wallenstein verdankte, war so ehrgeizig, daß ihm die Beförderungen immer noch nicht schnell genug gingen. Anfang Oktober 1633 hatte er bereits ein militärisches Gutachten für die Wiener Partei erstellt und dem Kaiser anonym zukommen lassen. Später als die »Bamberger Schrift« bekannt, wurde dieses Gutachten zum Hauptbeweisstück im Kesseltreiben gegen Wallenstein. Piccolomini-Pieri beschrieb Wallensteins Strategien als töricht und von persönlichen Motiven bestimmt, nährte mit seinen Behauptungen die schwelende Hochverratstheorie und lieferte dem Hof eine ganze Reihe von »Beweisen« für die angebliche und illoyale Machtgier seines einstigen Mentors und Freundes. Ende Dezember war der Kaiser soweit, seinem Feldherren die Kompetenzen gewaltsam zu entziehen. Am 24. Januar 1634 erließ er ein Ächtungsdekret gegen Wallenstein und einige seiner Getreuen. Sie sollen *»wenn möglich gefangengenommen und nach Wien gebracht oder als überführte Schuldige getötet werden«*. Die öffentliche Ächtung durch Ferdinand II. ließ die Armee bis auf einige wenige schlagartig von Wallenstein abfallen. Die hohe Belohnung, die der Kaiser auf den Kopf des Feldherren ausgesetzt hatte, tat den Rest. Drei Offiziere, Walter Graf von Leslie, Walter Butler und Johann Gordon, entschlossen sich, Wallenstein samt seinen paar verbliebenen Anhängern außer Gefecht zu setzen, und beschlossen, den Feldherren zu töten.

Am 25. Februar 1634, dem letzten Sonnabend des Faschings, luden die Attentäter zu einem großen Bankett mit viel Wein, gutem Essen und Konfekt als Dessert. Gegen 20.00 Uhr trat ein Diener zu Graf von Leslie, um ihm mitzuteilen, daß die Zugbrücke hochgezogen wurde und alle Ausgänge blockiert waren. Auf ein Zeichen des Grafen wurden die Türen zum Saal aufgestoßen, und mit dem Ausruf *»Wer ist gut kaiserisch?«* begannen die Verschwörer und ihre Anhänger ihre unbewaffneten Gäste – Freunde Wallensteins – niederzumetzeln. Graf Kinsky wurde noch am Tisch stehend erstochen, ein Dragoner stieß ihm den Degen durch den

Hals. Ein anderer wurde zu Boden geworfen und ebenfalls erstochen. Trcka, ein junger Hüne, kämpfte in rasender Wut. Tische fielen um, Kerzen verlöschten, Fensterscheiben gingen zu Bruch. Es war gegen 22.00 Uhr, als sich Hauptmann Deveroux, von den Verschwörern beauftragt, mit einer Schar Dragonern auf den Weg zu Wallensteins Unterkunft machte. Der Feldherr war krank. Die Ärzte hatten dem von Gicht geplagten, einst so mächtigen Mann noch zwei Jahre zu leben gegeben. Mit sechs Dragonern stürmte Deveroux die Treppe zu Wallensteins Zimmer hinauf, verletzte einen Diener, stach einen Pagen nieder und platzte schließlich ins Zimmer. Wallenstein stand am Fenster, drehte sich um und machte ein paar schwerfällige Schritte zum Tisch. Deveroux holte mit seiner Partisane, einer scharf geschliffenen zweischneidigen Stichwaffe, aus und bedrohte Wallenstein. Der – völlig überrascht – reagierte mit der Bitte um Verschonung und dem Wort aller wehrlosen Soldaten: *»Ah! Quartier!«* Doch Deveroux war nicht gekommen, um sich ehrenhaft zu verhalten, und rammte seinem Opfer die Partisane so in die Brust, daß die Spitze zwischen den Schulterblättern wieder heraustrat. Der Feldherr war sofort tot. Einer der Dragoner wollte den Leichnam aus dem Fenster werfen, doch Deveroux befahl, ihn in einen Teppich zu wickeln und zu den anderen Toten zu bringen. Man warf sie in einfache Brettersärge, die für Wallenstein zu klein waren, so daß man dem Ermordeten die Beine zertrümmerte, um den Deckel schließen zu können. Die Opfer der Verschwörung wurden – pikanterweise begleitet von Octavio Piccolomini-Pieri – in ein Franziskanerkloster gebracht und dort beigesetzt. Zwei Jahre später gestattete der Kaiser Wallensteins Beerdigung neben seiner ersten Frau. 1785 wurde er schließlich in eine Kapuzinerkapelle auf friedländischem Gebiet in Münchengrätz an der Isar überführt und fand dort seine letzte Ruhestätte.

Helmut Diewald, Wallenstein, Bechtle Verlag, Esslingen/München, 1999

Wilhelm I.

Deutscher Kaiser und König von Preußen. 1797–1888

Mit der Thronbesteigung seines älteren, kinderlosen Bruders, Friedrich Wilhelms IV., erhielt Wilhelm als Thronfolger den Titel »Prinz von Preußen«. Nach seinem Eintreten für eine gewaltsame Niederwerfung der Berliner Märzrevolution von 1848 wurde Wilhelm im Volksmund als »Kartätschenprinz« bezeichnet und so stark angefeindet, daß er für einige Monate nach Großbritannien fliehen mußte. Friedrich Wilhelm IV. erkrankte schwer, so daß der Thronfolger 1857 zunächst die Stellvertretung und ein Jahr später die Regentschaft übernahm. In die Proklamation zum Kaiser willigte er erst 1871 ein, als er sich der Zustimmung aller Bundesfürsten sicher war.

Am Morgen des 14. Juli 1861 promenierte Wilhelm I., zur Kur in Baden-Baden, über die Lichtentaler Allee, nur in Begleitung des preußischen Gesandten in Karlsruhe, Graf Fleming.

Ein junger Mann kam ihnen entgegen, zog erst grüßend den Hut und, nachdem er vorbeigegangen war, ein Doppelterzerol (eine kleine Vorderladerpistole mit zwei Läufen) – und schoß auf Wilhelm. *»Es fiel ein Schuß in solcher Nähe von hinten auf mich, daß ich sofort einen Schmerz an der linken Seite des Halses fühlte, eine Dröhnung empfand und mit der linken Hand sogleich nach der verletzten Stelle griff, ausrufend: Mein Gott, was war das!«* Es war ein Attentat – das erste, und Wilhelm konstatierte später: *»Nur Gottes Hand konnte und hat mich gerettet vor Meuchelmord.«*

Der Attentäter hatte nicht versucht, vom Tatort zu fliehen, sondern brüstete sich lautstark: *»Ich habe auf den König geschossen!«* Zwei Zeugen warfen ihn zu Boden und schickten sich an, ihm eine gehörige Tracht Prügel zu verabreichen. Doch der König besänftigte sie, man solle ihm nichts zuleide tun, ihn aber hinter Schloß und Riegel bringen. Ein Passant machte ihn darauf aufmerksam, daß sein Rockkragen von einer Kugel zerrissen und die Halsbinde gestreift sei und entsprechend zuviel Milde wohl kaum angebracht wäre.

Der Attentäter hieß Oskar Becker, stammte aus Odessa und studierte in Leipzig. In seiner Brusttasche fand man einen Zettel. *»Ich werde den König von Preußen erschießen, weil derselbe die Einigkeit Deutschlands nicht herbeiführen kann«,* stand da geschrieben. *»Der Himmel bewahre Preußen vor solchen Beglückern«*, hatte Wilhelm dazu zu sagen.

Am 11. Mai 1878, ein Jahr nach seinem achtzigsten Geburtstag, fuhr Wilhelm I., wie er es gern und häufig tat, in seiner offenen Kutsche spazieren. Plötzlich waren zwei Revolverschüsse zu hören. Unter einer Droschke hervor hatte ein Klempnergeselle namens Max Hödel seinen Revolver abgefeuert – ohne zu treffen. Als er festgenommen wurde, fand man Bilder von August Bebel und Karl Liebknecht bei ihm. Doch der Leipziger »Vorwärts« beeilte sich zu versichern, Hödel sei längst wegen parteischädigenden Verhaltens aus der sozialistischen Arbeiterpartei ausgeschlossen worden.

W

Kaum drei Wochen später, am 2. Juni 1878, einem Sonntag, geschah ein weiterer Anschlag. Wieder war der Kaiser in seiner offenen Kutsche unterwegs, wieder fuhr er die Linden entlang und wieder wurde auf ihn geschossen. Diesmal aus dem Haus Nr. 18, das Dr. Karl Eduard Nobiling bewohnte. Wilhelm wurde von der doppelten Ladung Schrotkörner und Rehposten an Rücken, Stirn und Arm schwer verletzt. Nur der Umstand, daß er seinen dicken grauen Mantel trug, hatte ihn vor Schlimmerem bewahrt; seine Pickelhaube war von 18 Schrotkörnern durchlöchert. *»Ich begreife nicht, warum immer auf mich geschossen wird«*, sagte er unmittelbar nach dem Anschlag zu seinem Leibjäger.

Auch Nobiling, der die Schüsse abgegeben hatte, gehörte nicht der sozialistischen Arbeiterpartei an, doch führte das Attentat auf den Kaiser zu einer Welle der Antipathie gegen die Sozialdemokraten. Gleichzeitig weckte er große Sympathie für den verwundeten Kaiser. Der war diesmal wirklich ernsthaft verletzt. Generalarzt Bernhard Rudolf Konrad von Langenbeck fand ihn *»vor Blut fast unkenntlich gemacht, sterbend, wie ich zuerst glaubte«*. Bald stellte sich heraus, daß zwar keine Lebensgefahr bestand, jedoch mit einem langen Krankenlager gerechnet werden mußte. *»Gehen Sie jetzt zu meinem Sohne«*, befahl der Monarch seinen Ministern vom Bett aus. *»Sie wissen genau, wie ich es haben will, und ich verlange und ich verpflichte Sie ernstlich, daß fernerhin ganz in meinem Sinn weiter regiert wird, daß alles bleibt, wie es ist.«* Anders als der 46jährige Thronfolger gehofft hatte, übertrug ihm der Kaiser lediglich die Stellvertretung, nicht aber die Regentschaft. Noch mehr als seine Wunden plagte ihn nämlich die Vorstellung, der liberaler Bestrebungen und unpreußischer Umtriebe verdächtigte Sohn könne die Gelegenheit nutzen, um das Staatsschiff nach links zu steuern.

Bereits ein Vierteljahr nach den Schüssen stieg der alte Kaiser wieder auf sein Pferd, um die Truppen zu besichtigen. Am 5. Dezember entzog er dem Kronprinzen die Leitung der Geschäfte und übernahm *»wieder mit eigener Hand und Kraft die Pflichten meines fürstlichen Berufes«.* Gesundheitlich fühlte er sich besser als vor dem Attentat und scherzte, Nobiling sei wohl der beste Arzt gewesen, den er je gehabt hätte.

Am 7. Februar 1885 wurde ein gewisser August Reinsdorf, gelernter Setzer und vehementer Preußenhasser, in Halle dem Scharfrichter übergeben. Jahre zuvor hatte Reinsdorf bereits eine kurze Haftstrafe verbüßt, mußte jedoch schnell wieder entlassen werden, weil man ihm den Plan, den Berliner Reichstag in die Luft zu sprengen und den Polizeipräsidenten zu ermorden, nicht nachweisen konnte. Vom Leben in keinerlei Hinsicht verwöhnt, zog er von Land zu Land, kehrte schließlich 1883 unter dem Namen John Penzenbach nach Deutschland zurück und ließ sich in Wuppertal nieder. Gemeinsam mit seinem ihm ergebenen, etwas dümmlichen Kollegen Emil Küchler fand er Arbeit und begann alsbald wieder antipreußisch gesinnte Mitstreiter um sich zu scharen, so auch die beiden Weber Weidenmüller und Palm und den Schuhmacher Holzhauer. Gemeinsam und vermutlich mit Hilfe von illoyalen Beamten bei der örtlichen Polizei beschafften sie sich Sprengstoff und planten diverse Anschläge, die sie aber immer wieder verschoben, bis einer von ihnen im Willemsenschen Kasino eine Sprengladung hochgehen ließ, die außer einem Loch im Fußboden jedoch keinen nennenswerten Schaden anrichtete.

Reinsdorf hatte inzwischen einen teuflischen Plan ausgeheckt. Am 28. September sollte das Nationaldenkmal, die Kolossalstatue der Germania, in Gegenwart des deutschen Kaisers, des Kronprinzen, vieler Bundesfürsten und Bismarcks enthüllt werden. Diese Gelegenheit schien Reinsdorf günstig, einen schmerzhaften Schlag gegen das verhaßte Regime zu führen. Da Reinsdorf selbst wegen einer Verletzung am Bein ans Bett gefesselt war, übertrug er die Ausführung des Plans seinem Faktotum Küchler und einem jungen Sattlergesellen namens Franz Rupsch. Die beiden besorgten den Sprengstoff und taten willig, wie sie geheißen waren, mit einer Ausnahme: statt des von Reinsdorf gewünschten wasserdichten Kautschuks für die Zündschnur kauften sie – um 50 Pfennig zu sparen – nur geteerte Hanfschnur. Ein Umstand, an dem das Attentat möglicherweise scheiterte.

Am 25. September fand eine letzte Besprechung statt, am nächsten Tag fuhren Küchler und Rupsch nach Assmannshausen und von dort am 27. nach Rüdesheim, wo sie das Dynamit in einer Weinwirtschaft versteckten, bevor sie den Ort des bevorstehenden Anschlags erkundeten. Weil am Sockel des Denkmals, just dort, wo sie den Sprengstoff hatten deponieren wollen, noch gearbeitet wurde, beschlossen sie statt dessen den kaiserlichen Extrazug zu attackieren und installierten noch in der gleichen Nacht das Dynamit in der Nähe der Schienen. Am nächsten Tag nahte der Zug, Küchler gab das Zeichen, Rupsch legte die Zigarre an die Zündschnur, doch die war völlig durchfeuchtet und brannte nicht. Noch war nicht aller Tage Abend. Die beiden warteten auf des Kaisers Rückreise und versuchten ihr Glück noch einmal. Diesmal glimmte die Zündschnur wenige Zentimeter, bevor sie verkohlte. Küchler hatte die Idee, einen dritten Versuch in Wiesbaden zu starten, wo der Kaiser eine Theatervorstellung besuchen wollte, doch Rupsch hatte bereits der Mut verlassen. Er wollte nicht mehr mitmachen. Die beiden einigten sich darauf, es doch noch einmal in der Festhalle in Rüdesheim zu probieren. Mit einem Sprengsatz beschädigten sie eine Wand, zertrümmerten eine Reihe Flaschen und Gläser und machten den Kalbsnierenbraten, der zu Ehren der hohen Gäste hergerichtet worden war, ungenießbar.

Zerknirscht fuhren sie zu Reinsdorf, der sie nicht für ihr Versagen strafte. Knapp einen Monat später wurde er aus dem Krankenhaus entlassen, verursachte angeblich eine Explosion im Frankfurter Polizeigebäude und wurde am 11. Januar 1884 verhaftet. Seine Verhöre verliefen ergebnislos, denn Reinsdorf antwortete stets und mit Beharrlichkeit: *»Der Herr Reinsdorf hat Ihnen gar nichts zu sagen.«* Dennoch gelang es der Polizei, die meisten an der Verschwörung Beteiligten zu verhaften. Sie wurden so geschickt gegeneinander ausgespielt, daß bald brauchbare Geständnisse und eine Fülle von Informationen vorlagen.

Der Anwalt gab sich alle Mühe, seine Klienten zu retten, aber Reinsdorf wollte keine Gnade. Stolz bestand er darauf, als Märtyrer zu sterben: *»Hätte ich zehn Köpfe, ich würde sie mit Freuden für die anarchistische Sache aufs Schafott legen.«*

Am 22. Dezember wurden er, Küchler und Rupsch zum Tode nebst Zusatzstrafen verurteilt. Reinsdorf zeigte keinerlei Reaktion, Küchler fiel in Ohnmacht und Rupsch weinte. Sie legten beide Gnadengesuche ein, während Reinsdorf seinen Verteidiger schriftlich aufforderte, dies zu unterlassen. Wilhelm I. begnadigte Rupsch wegen dessen offensichtlicher Unreife zu lebenslänglichem Zuchthaus.

Als Reinsdorf zum Schafott geführt wurde, rief er mit lauter Stimme: *»Nieder mit der Barbarei, es lebe die Anarchie!«*, dann traf ihn das Beil. Küchler, der nach ihm abgeführt wurde, war verzweifelt und leistete heftigen Widerstand, bis der Henker seinen Kopf vom Rumpf trennte.

Franz Herre, Kaiser Wilhelm I., Verlag Kiepenheuer&Witsch, Köln, 1980; Max Schütte, August Reinsdorf und die Niederwald-Verschwörung, a-verbal Verlags GmbH, Berlin, 1983

Wilhelm I. von Oranien
Statthalter der Niederlande. 1533–1584

Wilhelm I. von Oranien, im Englischen »der Schweiger«, im Holländischen »der Schlaue« genannt, war kein frommer Kalvinist. Allen Überzeugungsversuchen zum Trotz blieb er bei seiner hartnäckigen Weigerung, sich zu sehr mit dem Establishment der holländischen reformierten Kirche zu verbinden. Da er auf die Politik des Vatikans und Madrids wenig Einfluß hatte, wählte er dort die Strategie, sich ihr eisern zu widersetzen. Damit machte er sich in beiden Lagern Feinde. Das Wissen um die mächtigen Gegner aus dem Ausland beunruhigte ihn allerdings nicht weiter – Spanien und Italien waren weit weg.

Trotz seiner zur Schau gestellten Unbesorgtheit hatte Wilhelm mehr Grund zur Besorgnis, als er zugeben mochte.

Bereits im März 1582 war er knapp und mit schweren Verletzungen dem Mordanschlag eines baskischen Abenteurers namens Jean Jaureguy entgangen. Mit einer Pistole bewaffnet, betete Jaureguy für Gottes Unterstützung, ging nach Antwerpen, lauerte seinem Opfer auf und schoß Wilhelm I. von Oranien in den Kopf. Die Wachen töteten den Attentäter sofort. Wochenlang schwebte der Verletzte in Lebensgefahr, doch schließlich erholte er sich und genas. Seine Frau, die ihn voller Hingabe gepflegt hatte, erlag kurz vor seiner Heilung aus Erschöpfung einem Fieber.

Wenige Monate später, im Juli 1582, beschlossen zwei Verschwörer, den niederländischen Statthalter mit Gift zu töten. Ihr Plan wurde entdeckt, die beiden Übeltäter verhaftet. Einer nahm sich im Gefängnis das Leben, der andere wurde vor Gericht gestellt, schuldig gesprochen und zum Tode durch Vierteilen verurteilt.

Im März 1583 entging Wilhelm I. einem Anschlag, weil er sich in Antwerpen unsicher fühlte und rechtzeitig in das Hauptquartier in Delft reiste. Die Attentäter folgten ihrem Opfer und versuchten ihn dort im April 1584 mit Sprengstoff zu töten. Das Unternehmen mißlang, die Männer wurden hingerichtet.

Am 10. Juli 1584 hatte Wilhelm I. nach dem Mittagessen mit einer Reihe von Bittstellern und Bekannten gesprochen, bevor er sich über eine enge Treppe ins obere Stockwerk zurückzog. Just hier, wo kein Entkommen war, traf er auf seinen Mörder.

Balthazar Gérard hatte sich unter einem Vorwand eine Audienz bei Wilhelm I. erschlichen und anschließend nicht das Haus verlassen, sondern sich versteckt. Er wurde auf der Stelle verhaftet und gab vor seiner Hinrichtung genug über sich selbst preis, um eine Mischung aus Religiosität und Habgier offenbar werden zu lassen.

Als französisch-katholischer Untertan Spaniens aus der freien Grafschaft Burgund hatte ihn eine perfide Proklamation Philipps II. von Spanien auf die Idee zu dem Anschlag gebracht:

»Damit diese … Vernichtung des besagten Oranien schneller geschehe und unser Volk schneller von seiner Tyrannei und Unterdrückung befreit werde und weil wir die Tugend zu belohnen und das Verbrechen zu bestrafen wünschen, geben wir das Wort eines Königs und Dieners Gottes: Wenn sich einer finden sollte, ob Untertan oder Fremdling, der einen so guten Willen und einen so starken Wunsch hat, uns und dem öffentlichen Wohl einen Dienst zu erweisen, daß er unserer Anordnung Geltung verschafft und uns von dieser Plage befreit, indem er uns Oranien lebend oder tot ausliefert oder ihn nur tötet, erhält er oder seine Erben die Summe von 25 000

Goldkronen in Land oder in Geld, je nach Wunsch, sobald er die Tat vollbracht hat. Sollte er ein Verbrechen begangen oder sonst das Gesetz gebrochen haben, versprechen wir, daß wir ihn begnadigen werden. Sollte er kein Edelmann sein, versprechen wir, ihn für seine gute Tat in den Stand eines Edelmannes zu erheben.«

Gérard war begeistert, Geld, der Status eines Edelmannes, alle bisherigen Missetaten amnestiert – das war so recht nach seinem Gusto. Und so zog er die Pistole und vollbrachte den Mord, der ihm all das sichern sollte. Stolz gestand er die Tat sofort bei seiner Festnahme, doch anders als erhofft erwartete ihn keineswegs die ausgelobte Belohnung. Statt dessen wurde er auf dem Delfter Marktplatz einer Reihe von grausamen Strafmaßnahmen unterzogen: Zunächst verbrannte man ihm die Hand, die die todbringende Waffe gehalten hatte, dann sengte man weitere Körperteile des Attentäters so lange an, bis das Fleisch sich mit einer Zange von den Knochen lösen ließ. Doch auch das war seinen Peinigern noch nicht Strafe genug. Sie vierteilten ihn, weideten ihn aus und schnitten sein Herz aus dem Körper. Als letzte Demütigung wurde Balthazar Gérards Kopf auf einen Pfahl gespießt und öffentlich zur Schau gestellt.

Als der spanische König vom Tod Wilhelms I. hörte, ordnete er öffentliche Freudenfeste an. Weil ihr Sohn bereits hingerichtet war, gab er den Eltern des Mörders Ländereien in der freien Grafschaft und verlieh dem Vater den Titel eines burgundischen Edelmannes.

Franklin L. Ford, Der politische Mord, Junius Verlag, Hamburg, 1990

Z

Emiliano Zapata
Mexikanischer Revolutionär. 1883–1919

Als Bauernführer spielte Emiliano Zapata eine wichtige Rolle in der mexikanischen Revolution. Bis heute beruft sich die indianische Befreiungsbewegung der Zapatisten, die seit 1994 im Bundesstaat Chiapas aktiv ist, auf den mutigen Mann mit dem großen Sombrero.

»Männer des Südens! Es ist besser im Stehen zu sterben, als auf Knien zu leben!« war Zapatas Wahlspruch, mit dem er seine Anhänger zu mobilisieren pflegte. Um seine Führungsposition hervorzuheben, trug Zapata im Kampf gegen die soziale Ungerechtigkeit eine Art Uniform und war so für alle an seinem riesigen schwarzen Sombrero, der schwarzen Jacke und den silberbenieteten Hosen zu erkennen. Ziel seiner Revolution war es, das von den Plantagenbesitzern annektierte Land den Indios und eigentlichen Eigentümern zurückzugeben. Obwohl Zapata keineswegs zimperlich mit seinen Gegnern umging, versuchte er immer, unnötiges Blutvergießen zu vermeiden, so daß ihm der Ruf der Fairneß und Ehrlichkeit vorauseilte.

Als Francisco Madero zur Revolution gegen die reaktionäre Regierung von Porfirio Díaz aufrief, stand Zapata sofort an seiner Seite und half 1910, den Diktator zu entmachten. Fünf Jahre später war der Revolutionär erschöpft, müde von all den geschlagenen Schlachten und wollte endlich Ackerbau und Viehzucht auf dem zurückgewonnenen Land betreiben. Kaum hatte er jedoch seine Offensiven eingestellt, sah der amtierende Präsident Carranza seine Chance und versuchte, Zapata zunächst mit Geld und dann mit Gewalt endgültig zu entmachten. Wieder kam es zu blutigen

Auseinandersetzungen, die schließlich dazu führten, daß General Pablo Gonzalez die größeren Städte, Zapata und seine Männer jedoch die Hügel kontrollierten.

Im März 1919 hatte Gonzalez einen heftigen Disput mit seinem Offizier, Colonel Jesus Guarjardo, der als der beste Kavallerieoffizier des Südens galt, der mit der Verhaftung des Mannes endete. Zapata hörte von dem Vorfall und schickte dem Colonel die Nachricht ins Gefängnis, er könne jederzeit bei ihm und seinen Leuten anfangen. Gonzalez fing die Nachricht ab und beschloß, eine Falle zu stellen. Unter Androhung des Todes zwang er Guarjardo, Zapata zu antworten, er werde mit 800 Mann, Waffen und Munition zu ihm stoßen. Der normalerweise äußerst vorsichtige Revolutionär stimmte ohne besondere Umstände zu, Guarjardo zu treffen, um die gemeinsame Zukunft zu besprechen.

Am 10. April 1919 zäumte Zapata sein Pferd und ritt mit 150 seiner Männer zur verabredeten Hacienda. Gegen 14.00 Uhr kamen sie an, und Zapata ließ bis auf zehn enge Vertraute alle Männer vor den Toren des Anwesens rasten. Guarjardo und 200 Soldaten bereiteten ihm einen triumphalen Empfang, den der Revolutionär stolz genoß. Er ritt direkt auf die bewaffneten Männer zu und erwiderte ihren Gruß. Plötzlich zog Guarjardo sein Schwert und brüllte: *»Präsentiert die Gewehre!«* Seine Männer gehorchten, legten an und durchsiebten Zapata und die zehn Begleiter mit einem Kugelhagel.

In der darauffolgenden Nacht brachten Guarjardo und seine Leute den Leichnam des Revolutionärs auf einem Maultier in die Stadt. Gonzalez identifizierte den Toten und informierte Präsident Carranza.

Der Mörder, mit 50000 Pesos und einer Beförderung zum Brigadegeneral reichlich entlohnt, wurde einer der engsten Gefolgsleute von Gonzalez. Bald darauf schickte dieser ihn nach Nordmexiko, um dort gegen Pancho Villa zu kämpfen. Doch inzwischen hatte General Alvaro Obregón Carranza mit einem Staatsstreich gestürzt und Gonzalez ins Gefängnis gesteckt. Binnen weniger Tage ließ er auch Guarjardo verhaften. Im Juli 1920 wurde der eines Morgens um 6.30 Uhr aus seiner Zelle geholt und ohne viel Worte von einem offiziellen Hinrichtungskommando erschossen.

Samuel Mayo, A History of Mexico, Prentice Hall, Englewood Cliffs, New York, 1978

Helmut Zilk
Österreichischer Politiker. * 1927

Die Bombe kam per Post. In einem gewöhnlichen weißen Briefumschlag steckte ein mit Nitroglycerin gefüllter Trinkhalm, der über feine Drähte mit einer Knopfbatterie verbunden war. Die Bombe steckte am unteren Rand des Briefes, damit der nicht schon beim Abstempeln in die Luft flog.

Als der Wiener Bürgermeister Helmut Zilk am Sonntag, den 5. Dezember 1993, den Brief öffnete, explodierte der Sprengstoff und riß ihm drei Finger der linken Hand ab. Seine Frau, die Schauspielerin und Sängerin Dagmar Koller, erlitt einen schweren Schock. Helmut Zilk wurde im Krankenhaus versorgt, doch seine Hand blieb irreparabel verstümmelt. Gut zwei Wochen später bewies das Opfer bei seinem ersten öffentlichen Auftritt im Krankenhaus wahrhaft Galgenhumor. Mit Liebe zum makabren Detail schilderte der Medienprofi der anwesenden Presse die dramatischen Minuten nach dem Attentat: *»In zwei Strahlen ist das Blut meterweit durch die Wohnung geschossen. Meine linke Hand ist bei den Handwurzeln heruntergehängt, wie ein zerlegtes Fleischlaberl.«* Seine vor Schock weinende Frau wurde von Zilk zurechtgestutzt: *»Wenn's d'jetzt waanst, bin i hin! Such a Schnur zum Abbinden. In einem Künstlerhaushalt findet man so was net gleich«*, lächelte er entschuldigend und erzählte fröhlich das Ende der Suche. *»Wahrscheinlich hab ich g'sagt: Dumme Gurken. Jetzt hast a Entscheidung. Entweder tuast ma jetzt weh und rettest mir das Leben. Oder net, dann kannst di' gleich verabschieden.«*

Die Adresse des explosiven Briefes war mit einer alten Schreibmaschine geschrieben, der Absender fingiert. Schon am Freitag zuvor waren zwei Briefbomben explodiert und zwei weitere rechtzeitig erkannt und entschärft worden. Alle sahen gleich aus, alle waren mit einer 7-Schilling-Briefmarke frankiert, ziemlich dick und in Kleinstädten rund um Wien aufgegeben worden. Es folgten die Bomben sechs, sieben und acht, allesamt an Menschen adressiert, die sich öffentlich gegen Rassismus gewandt hatten, so auch gegen die Moderatorin Arabella Kiesbauer, deren Mitarbeiterin den Brief öffnete und verletzt wurde. In einem der Umschläge lag ein Bekennerschreiben, das der Polizei eindeutige Hinweise auf die rechte Szene Österreichs lieferte. Dennoch gelang es dem

Bombenbauer Franz Fuchs bis 1997, den Ermittlern immer wieder zu entwischen und weiterhin sein grausames Katz-und-Maus-Spiel zu spielen. Am Abend des 1. Oktober 1997 geriet er in eine Fahrzeugkontrolle. Gegen 22.00 Uhr klopfte ein Polizist an die Seitenscheibe des Mitsubishi, in dem Fuchs saß. *»Wollt's ihr den Ausweis auch sehen?«* fragte der durch das geschlossene Fenster. Bevor der Beamte und sein Kollege antworten konnten, stieg Fuchs aus, in seinen Händen ein Paket. *»Da habt's ihn«*, sagte er noch, dann warf die Druckwelle einer Explosion die beiden Polizisten zu Boden. Während der eine verletzt liegenblieb, rappelte sich der andere hoch, feuerte mehrere Schüsse aus seiner Dienstpistole ab und rannte dem fliehenden Fuchs hinterher. Die Jagd war kurz und endete mit einer grausigen Entdeckung: Erst als der Gendarm dem zusammengebrochenen Fuchs Handschellen anlegen wollte, bemerkte er, daß die Bombe ihm beide Hände und Teile des rechten Unterarms weggerissen hatte. Nachdem ein Krankenwagen den Schwerverletzten abtransportiert hatte, brach die inzwischen eingetroffene Verstärkung Fuchs' Wohnungstür auf. Was sie fanden, lieferte den Beweis: Franz Fuchs war verantwortlich für die teuflisch-genialen Maschinen, mit denen in den Jahren zwischen 1993 und 1996 vier Menschen getötet und 15 verletzt und verstümmelt wurden.

Der 48jährige Attentäter wurde vor Gericht gestellt und 1999 von einer achtköpfigen Jury zu lebenslanger Haft verurteilt. *»Ich bin sehr zufrieden. Dieser Mann bleibt eine Gefahr, weil er nicht berechenbar ist, eben ein psychiatrischer Fall«*, kommentierte Helmut Zilk das Urteil. Am 26. Februar 2000 erhängte sich Franz Fuchs mit einem Elektrokabel in seiner Zelle im Grazer Gefängnis.

Bild am Sonntag, 27. 02. 2000; Stern, 09. 12. 1993/22. 12. 1993/26. 05. 1994/16. 02. 1995/22. 06. 1995/09. 10. 1997

Nachwort

Vielfältig sind die Motive, mit denen die Attentäter der Vergangenheit ihre Taten zu begründen oder rechtfertigen versuchten: politische Unterdrückung und Kampf um Unabhängigkeit, der Mörder als Instrument einer höheren Gerechtigkeit, religiöser Fanatismus, Rassenhaß, Machtgier, die Sehnsucht nach Berühmtheit, verschmähte Liebe, Wahnvorstellungen, Wahrung großmächtiger Interessen und schließlich Nachahmungstäter wie der Anstreicher Josef Bachmann, der sich von dem tödlichen Anschlag auf Martin Luther King inspirieren ließ. »Da habe ich gedacht, das mußt du auch machen ...« Eine Woche später verwundete er aus diesem Gefühl heraus den Studentenführer Rudi Dutschke in Berlin schwer.

Seit Jahrzehnten versuchen Psychiater und Psychologen die Seele der Attentäter zu erforschen, ein prototypisches Psychogramm zu erstellen. Warum, so fragen sie sich, beschließen einige unglückliche und verwirrte Individuen, ihren Frustrationen in dieser Form Ausdruck zu verleihen? Leicht neigen wir dazu, sie als Fanatiker oder Verrückte abzustempeln, und fühlen uns bestätigt durch die Tatsache, daß Fachleute den Tätern im nachhinein oft verminderte Zurechnungsfähigkeit attestieren. Dennoch sind die meisten Attentäter in ihrer Umgebung zuvor keineswegs als geistig krank oder gar besonders aggressiv aufgefallen.

Der amerikanische Psychiater David Rothstein untersuchte zur Zeit des Kennedy-Mordes elf Häftlinge, die verschiedenen Präsidenten verbal oder aktiv nach dem Leben getrachtet hatten. Er verglich ihre Psychogramme mit denen des Kennedy-Mörders Oswald und stieß dabei auf derartige Übereinstimmungen, daß er schließlich den Begriff »Präsidenten-Ermordungssyndrom« schuf.

Fast ausnahmslos sind die Täter Männer, die in ihrem Leben nicht wirklich etwas zustande gebracht haben. Sie sind oft einsam und haben ihr Dasein nicht im Griff, sondern driften eher ziel- und ruhelos umher. Wichtigster Faktor in ihrer oft gestörten Entwicklung ist jedoch nicht wie häufig vermutet die soziale Schicht, sondern vielmehr das zwischenmenschliche Klima des Elternhauses. Das tiefste und schwerwiegendste Problem, so analysiert Rothstein, ist hier allerdings keineswegs der oft vermutete Vaterkonflikt. Viele Väter waren in der Kindheit kaum oder gar nicht präsent, und die Beziehung zu ihnen – wenn vorhanden – war eher unproblematisch. Anders verhielt es sich mit den Müttern. Hier stellt Rothstein einen ursprünglich sehr vehementen Zorn fest, der erst im Laufe des Lebens auf männliche Autoritäten übertragen wird. Sein britischer Kollege John Bowlby, der sich mit Beziehungen und Bindungen beschäftigt, bestätigt: »Wer in seinen ersten Lebensjahren nicht frag- und bedingungslose Liebe und Fürsorge einer Bezugsperson erfährt, wird lebenslange seelische Schäden davontragen. Er hat sich in den Jahren, die seinen Charakter prägten, nicht als jemand erleben können, der um seiner selbst willen geliebt wird; die Wunde in seinem Selbstbewußtsein wird nie ganz vernarben. Der Entzug der Bindungsfigur hat den Geschädigten für sein Leben mit Haß, Feindseligkeit, Aggressivität und Mißtrauen aufgeladen.« Aus dieser Prägung erwächst ein Mensch, der keine Möglichkeit hatte, die Komponenten zu entwickeln, die Reife ausmachen, der meist große Beziehungsschwierigkeiten und -ängste hat, oftmals eher schüchtern und im Selbstwertgefühl ganz grundsätzlich erschüttert ist. Verzweifelt ob der vermeintlichen eigenen Nichtigkeit, versucht sich der Attentäter vom Gefühl des Versagens und der Bedeutungslosigkeit zu befreien, indem er seine Existenz, seinen Namen an den eines Großen und Mächtigen koppelt. Spektakulär muß sie wirken, seine Tat, denn schließlich will er damit auffallen, sich ein für allemal aus der Nichtigkeit in die Sphäre der Prominenz erheben. Zu diesem Zweck muß es ein ganz außergewöhnliches Verbrechen sein. Wie das des Mörders Charles Whitman, der 1966 den Turm der texanischen Universität erklomm und aus der im wahrsten Sinne des Wortes überhöhten Position mit seinem Gewehr 13 Menschen tötete und 31 verletzte. Die Alternative ist der Mord an einer berühmten Person, er garantiert nicht nur die erwünschte öffentliche Aufmerksamkeit, sondern auch noch ein – wenn auch kurzes – Gefühl der Omnipotenz. Indem der Attentäter einen Mächtigen tötet, kann er sich für einen Augenblick als der Überlegene und Dominante fühlen, für einen Augenblick seine lebensbestimmende Sehnsucht nach einer herausragenden Existenz stillen.

Dank

Ein Dankeschön meiner Lektorin Daniela Schlingmann für ihr ganz besonderes Engagement und die fruchtbare und angenehme Zusammenarbeit – es war auch diesmal ein Vergnügen! Ebenso danke ich Esther von Bruchhausen für ihren Einsatz und die aufmerksame Betreuung. Dank dafür auch meiner Agentin Karin Graf und ihrem Team und, last not least, Justus und Christine für die Hilfe, Daniela Leopold für ihre großzügige Unterstützung und ganz besonders meinem Mann Josef.

Register

SERIE PIPER

Katja Doubek

Lexikon merkwürdiger Todesarten

Seltsame Spielarten und Formen des Exitus von Amoklauf bis Zyankali. 334 Seiten. Serie Piper

Was passiert, wenn man mit einem Revolver telefoniert? Ist Golfspielen wirklich lebensgefährlich? Mit welchen Mordwerkzeugen operierte die Inquisition? In diesem eigenwilligen Lexikon erfährt der Leser Verblüffendes über denkbar bizarre Todesarten. Katja Doubek erzählt von Schiffsunglücken, Schierlingsbechern, Schlaftabletten und Amokläufern, vom Tod durch Elefantentritte, Meuchelmörder und Zeppelinabstürze. Ein skurriles, schauerliches, bisweilen aber auch sehr amüsantes Panoptikum.

»Ein Buch, vor dem Einschlafen zu lesen, das zeigt, zu welch makabren Scherzen der Tod oft aufgelegt ist und wie komisch und brutal er zuschlägt – Trost durch Trostlosigkeit.«
Hellmuth Karasek, Der Tagesspiegel

05/1148/01/L

Katja Doubek

Das intime Lexikon

Liebe und Sex berühmter Männer und Frauen. 538 Seiten mit 90 Abbildungen. Serie Piper

Wer wüßte nicht gerne, was andere Männer und Frauen wohl im Bett treiben, vor allem die berühmten unter ihnen! Katja Doubek hat durchs Schlüsselloch geblickt und die aufregendsten Anekdoten und Details über Politiker und Künstlerinnen, Wissenschaftler und Wirtschaftsmagnaten von Abélard bis Zola, von Woody Allen bis Mae West zusammengetragen. Witzig und fundiert erzählt sie von Enthaltsamkeit und Impotenz, von Sexorgien und homoerotischen Ausflügen, von größeren und kleineren Perversionen. Und es zeigt sich, daß nicht selten die scheinbar anständigsten Zeitgenossen wahre Schwerenöter waren und andere, die mit ihrem Liebesleben protzten, in Wirklichkeit ganz brav und monogam lebten. – Nach der Lektüre dieses Buches können Sie als Kenner pikanter Details künftig jede Party würzen.

05/1157/01/R

SERIE PIPER

Robert Anton Wilson mit Miriam Joan Hill

Das Lexikon der Verschwörungstheorien

Verschwörungen, Intrigen, Geheimbünde. Aus dem Amerikanischen von Gerhard Seyfried. Herausgegeben und bearbeitet von Mathias Bröckers. 427 Seiten. Serie Piper

Warum mußte John F. Kennedy sterben? Was hat es mit der geheimnisvollen Zahl 23 auf sich? Wollten Sie nicht schon immer wissen, wer eigentlich die Illuminaten und die Rosenkreuzer sind? Nicht erst seit der Serie »Akte X« und dem Film »23« haben Verschwörungstheorien Hochkonjunktur – schon immer haben Mythen von dunklen Mächten, die die Welt regieren, die Menschheit bewegt. Robert Anton Wilson, Kultautor der Romantrilogie »Illuminatus«, hat hier verblüffende Informationen über die wichtigsten Verschwörungen, Intrigen und Geheimbünde versammelt. Sein Kompendium eröffnet einen faszinierenden Blick auf unheimliche Zusammenhänge und regt durch die umfangreichen Querverweise, Literaturtips und Internetadressen zum Weiterstöbern an.

05/1158/01/L

Walter Gerlach

Das neue Lexikon des Aberglaubens

285 Seiten mit zahlreichen Abbildungen. Serie Piper

In unserer modernen, technisierten Welt spielt der Aberglaube noch immer eine größere Rolle, als wir uns eingestehen wollen. Viele Menschen glauben an das Walten undurchschaubarer Mächte und suchen im Alltag nach Hinweisen und Zeichen für Glück oder Unglück. Unterhaltsam und kenntnisreich erklärt Walter Gerlach in seinem »Neuen Lexikon des Aberglaubens« den Ursprung, die Geschichte und die Funktion von Symbolen des Guten und des Bösen. Wir erfahren alles Wissenswerte über die Zauberkraft von Alraune, Bilsenkraut und Fingerhut, über Geister, Hexen und Heinzelmännchen, warum wir dreimal auf Holz klopfen, anderen Menschen den Daumen drücken und nicht etwa den Zeigefinger und warum Schweine, Schornsteinfeger und Hufeisen Glück bringen.

05/1177/01/R

Klaus Waller

Lexikon der klassischen Irrtümer

Wo Einstein, die katholische Kirche und andere total danebenlagen. 293 Seiten. Serie Piper

Daß die Erde keine Scheibe ist und die »Titanic« keinesfalls unsinkbar war, daß Adlige kein blaues Blut und Männer ebensoviele Rippen haben wie Frauen – all das sind, wie wir jetzt wissen, Irrtümer und Fehleinschätzungen. Allerdings sind bis heute nicht einmal Fachleute davor gefeit, ziemlich falsche Dinge zu behaupten. So versicherte beispielsweise ein Computerfachmann im Jahr 1977: »Es gibt überhaupt keinen Grund, warum irgend jemand einen Computer bei sich zu Hause haben will.« Und ein Plattenproduzent lehnte das Angebot, Schallplatten mit den Beatles zu machen, seinerzeit mit der denkwürdigen Begründung ab, daß Gitarrengruppen ohnehin nicht gefragt seien … Klaus Waller hat in seinem unterhaltsamen Lexikon berühmte Irrtümer der Menschheitsgeschichte zusammengetragen.

05/1151/01/L

Rolf Degen

Lexikon der Psycho-Irrtümer

Warum der Mensch sich nicht therapieren, erziehen und beeinflussen lässt. 376 Seiten. Serie Piper

Dachten auch Sie, daß Psychotherapie seelische Störungen und Neurosen heilt? Daß die Persönlichkeit des Menschen durch Erziehung bestimmt wird und Kreativität sich durch geeignete Techniken erheblich steigern lässt? Alles falsch, sagt Rolf Degen und fegt die schillernden Mythen der Seele vom Tisch. Er brandmarkt vor allem die psychologischen Irrtümer, die sich besonders heimtükkisch in unserer Selbstwahrnehmung eingenistet haben, und zeigt, dass sie vor allem einem dienen – dem kollektiven Selbstbetrug. Seine provokante Erkenntnis: Unsere Erwartungen an die Formbarkeit des Menschen lassen sich empirisch in keiner Weise untermauern. Auch hundert Jahre nach Sigmund Freud ist der Schlüssel zur Seele noch nicht entdeckt und wird vielleicht auch nie gefunden werden. Sein Fazit: Der Mensch ist nicht zu ändern. Er ist, wie er ist.

05/1156/01/R

Walter Krämer, Götz Trenkler

Lexikon der populären Irrtümer

500 kapitale Mißverständnisse, Vorurteile und Denkfehler von Abendrot bis Zeppelin. 411 Seiten. Serie Piper

Vorurteile und Irrtümer bestimmen unseren Blick auf die Welt im großen und ganzen, aber auch im kleinen und im besonderen. Die Autoren, renommierte Professoren, zeigen wissenschaftlich belegt und statistisch untermauert, von wie vielen und von welchen Irrtümern wir umgeben sind und wie es sich daneben mit der Wahrheit verhält.
Daß Spinat nicht gesünder ist als sonstige Gemüsesorten, Hamburg mehr Brücken als Venedig hat und Nero nicht grausamer war als andere römische Despoten, hat sich allenthalben herumgesprochen, doch immer noch kursieren Hunderte von weiteren Irrtümern und Mißverständnissen im sogenannten Allgemeinwissen.

05/1150/01/L

Walter Krämer, Götz Trenkler, Denis Krämer

Das neue Lexikon der populären Irrtümer

Weitere Vorurteile, Mißverständnisse und Denkfehler von Advent bis Zyniker. 387 Seiten. Serie Piper

Irren ist menschlich, und weil es bekanntlich jede Menge Möglichkeiten gibt, sich zu irren, haben Walter Krämer und seine Co-Autoren nach ihrem ersten Riesenbestseller nun im »Neuen Lexikon der populären Irrtümer« weitere Vorurteile, Mißverständnisse und Denkfehler aufgespürt. Hätten Sie gewußt, daß nicht erst in der Neuzeit, sondern schon bei den alten Römern mit Beton gebaut wurde? Oder daß bei einer Blinddarmoperation gar nicht der Blinddarm entfernt wird? Haben auch Sie bisher gedacht, die »Blaue Mauritius« sei die wertvollste Briefmarke der Welt? Dieses vergnügliche Lexikon klärt Sie auf über Lügen und Legenden zu Attila und Aschenputtel, Nationalhymne und Nasenbluten, Schweinefleisch und Schwarzarbeitern, zu Waldsterben und Weihnachtsbäumen.

05/1152/01/R

SERIE PIPER

Karen Duve
Thies Völker

Lexikon der berühmten Tiere

Von Alf und Donald Duck bis Pu der Bär und Ledas Schwan. 750 Seiten mit zahlreichen Abbildungen. Serie Piper

Der Bärenmarke-Bär ist drin, Miss Piggy auch, sogar mit Bild, und daß Kinohelden wie Gromit und der weiße Hai nicht fehlen dürfen, versteht sich von selbst: Das »Lexikon der berühmten Tiere« katalogisiert alle wichtigen animalischen Stars aus Geschichte, Film, Märchen, Literatur und Mythologie, die uns im Lauf unserer Kulturgeschichte lieb und teuer geworden sind. Hier erfährt man, wann der Erdalfrosch auf die Dose hüpfte, wie Donald Duck zu seinen Neffen kam, ob sich Fritz Thiedemann mit seinem Rekordpferd Meteor eigentlich verstanden hat oder seit wann es Lakritzkatzen gibt. Ein wunderbares Kompendium mit zwölfhundert Tieren aus Wirklichkeit und Fiktion: beschrieben, abgebildet, mit Witz und Sachkunde erklärt – zum Schmökern, Staunen, Schmunzeln.

05/1154/01/L

Michael Miersch

Das bizarre Sexualleben der Tiere

Ein populäres Lexikon von Aal bis Zebra. Mit Illustrationen von Christine Faltermayr. 343 Seiten. Serie Piper

Daß Sex die Welt bewegt, wissen wir schon lange. Nahezu jede erdenkliche Spielart ist uns Menschen inzwischen bekannt. Wie aber treiben es die anderen Lebewesen? Michael Miersch gibt in seinem Buch kenntnisreich und unterhaltsam Auskunft über das Sexualleben der Tiere vom Aal bis zum Zebra. Er schildert die Liebespraktiken von Finken und Fledermäusen, Hyänen und Hühnern, Stachelschweinen und Seepferdchen und erzählt von bizarren Balzritualen, skurrilen Genitalien und den immer wieder verblüffenden Tricks, mit denen die Geschöpfe zueinander finden. Romantisch schnäbelnde Vögel und die überaus guten Sex-Manieren der Regenwürmer zeigen freilich, daß Tiere auch nur Menschen sind …

05/1155/01/R

Tatort Deutschland – Terror im Namen Gottes

Udo Ulfkotte
Der Krieg in unseren Städten
Wie radikale Islamisten
Deutschland unterwandern
272 Seiten · geb. mit SU
€ 19,90 (D) · sFr 36,–
ISBN 3-8218-3978-3

Wer sind die Schläfer und Hintermänner der Islamistenszene, die in Deutschland ein geheimes und gefährliches Netz des Terrors geknüpft haben? Udo Ulfkotte hat sie gefunden, jene viel beschriebene, gut getarnte, gewaltbereite Armee im Untergrund, die zum Angriff gegen den deutschen Rechtsstaat rüstet. Er nennt Namen von Personen, Familien und Organisationen, durchleuchtet Verflechtungen und Verbindungen, analysiert Ziele und Absichten. Aus einer Vielzahl von Geheimdienstinformationen, Spuren, Verdachtsmomenten und Hinweisen entwirft er das Szenario eines Krieges in unseren Städten, der nur durch eine schicksalhafte Entscheidung verhindert werden kann: den Vorrang der inneren Sicherheit vor Freiheit.

Eichborn.
Kaiserstraße 66
60329 Frankfurt
Telefon: 069/25 60 03-0
Fax: 069/25 60 03-30
www.eichborn.de

Wir schicken Ihnen gern ein Verlagsverzeichnis.